IRMÃOS DE ARMAS

FRANK D. MCCANN

Irmãos de armas

*A aliança entre Brasil e Estados Unidos
durante a Segunda Guerra e suas consequências*

Tradução
Laura Teixeira Motta

Copyright © 2018 by Francis D. McCann

Grafia atualizada segundo o Acordo Ortográfico da Língua Portuguesa de 1990, que entrou em vigor no Brasil em 2009.

Título original
Brazil and the United States During World War II and Its Aftermath: Negotiating Alliance and Balancing Giants

Capa
Victor Burton

Imagens de capa
Ao fundo: Maxim Apryatin/ Shutterstock
Centralizada: incamerastock/ Alamy/ Fotoarena

Preparação
Adriano Scandolara

Índice remissivo
Luciano Marchiori

Revisão
Ana Maria Barbosa
Natália Mori

Dados Internacionais de Catalogação na Publicação (CIP)
(Câmara Brasileira do Livro, SP, Brasil)

McCann, Frank D., 1938-2021
    Irmãos de armas : A aliança entre Brasil e Estados Unidos durante a Segunda Guerra e suas consequências / Frank D. McCann ; tradução Laura Teixeira Motta. — 1ª ed. — São Paulo : Companhia das Letras, 2025.

    Título original : Brazil and the United States During World War II and Its Aftermath : Negotiating Alliance and Balancing Giants.
    ISBN 978-85-359-4078-7

    1. Brasil – Relações – Estados Unidos 2. Relações internacionais – Aspectos políticos 3. Segunda Guerra Mundial I. Título.

25-255278   CDD-327.101

Índice para catálogo sistemático:
1. Relações internacionais : Ciência política 327.101

Aline Graziele Benitez – Bibliotecária – CRB-1/3129

Todos os direitos desta edição reservados à
EDITORA SCHWARCZ S.A.
Rua Bandeira Paulista, 702, cj. 32
04532-002 — São Paulo — SP
Telefone: (11) 3707-3500
www.companhiadasletras.com.br
www.blogdacompanhia.com.br
facebook.com/companhiadasletras
instagram.com/companhiadasletras
x.com/cialetras

Este livro é dedicado a Diane Marie, que o tornou possível.

Sumário

Prefácio 9
Lista de abreviaturas 17

1. Desequilíbrio na relação dos gigantes 19
2. Temores e explorações no pré-guerra 33
3. A busca por benefícios mútuos 63
4. Diminuem as opções para o Brasil 96
5. A decisão de lutar 135
6. A Força Expedicionária Brasileira: Cobras Fumantes 169
7. Decepção no pós-guerra 203
8. Vento frio do Leste 222

Créditos das imagens 257
Notas 259
Índice remissivo 321

Prefácio

O desenvolvimento deste livro se deu a partir de artigos de conferências e palestras que fiz ao longo de anos. Meu interesse pelo tema nasceu no seminário de história diplomática ministrado pelo professor Robert H. Ferrell na Universidade de Indiana, nos Estados Unidos. A intenção original do projeto era fazer um breve estudo das negociações que levaram à aliança do país com o Brasil. Porém, quanto mais me aprofundei, mais se evidenciou que uma característica dessas relações foi a contínua negociação de seus conteúdos, objetivos e responsabilidades mútuas. Como em meus outros estudos, procurei manter certo distanciamento dos dois lados e contar a história tanto da perspectiva brasileira como da norte-americana. Para isso, obviamente, seria preciso ter acesso a documentos de ambas as partes que trouxessem esclarecimentos a respeito dos acontecimentos estudados. Nem sempre isso foi possível, mas foi esse o meu objetivo. Este projeto de estudo das negociações e da consolidação gradual da confiança entre os países foi inspirado em meus estudos contínuos sobre a história do Exército brasileiro.

Como mostram as notas sobre as fontes, os registros oficiais de interações militares e diplomáticas são notavelmente ricos e minuciosos. A dificuldade partiu do fato de que os dois países não liberaram toda a documentação ao mesmo tempo: ela foi disponibilizada aos poucos, no decorrer de muitos anos. Alguns documentos americanos dos tempos da Segunda Guerra Mundial tornaram-se públicos nos anos 1970, enquanto para vários dos documentos brasileiros o fim do sigilo só veio a ser decretado bem mais tarde. Um dos mais importantes, os diários do presidente Getúlio Vargas, foi mantido em segredo pela família até sua publicação em 1995. Sua existência mudou o nível da análise.

Minha ênfase será sempre nas relações militares, por sua importância fundamental para os laços entre os países. Nos anos 1930, o Exército brasileiro foi a principal instituição nacional. A partir de 1939, um possível ataque do Eixo pelo Atlântico Sul se tornou um perigo real para os estrategistas americanos. Eles queriam trazer forças militares ao Brasil para afastar essa ameaça. Os brasileiros não admitiam a presença de tropas estrangeiras em seu território. Queriam armas para ter condições de defender eles mesmos o próprio país. Veremos aqui como os americanos finalmente negociaram até que fosse aceita a instalação de bases aéreas e navais no Brasil. A maior base aérea americana fora dos Estados Unidos acabou sendo instalada em Natal, no Nordeste brasileiro. Não demorou para que os Estados Unidos tivessem dezesseis bases locais, entre elas o quartel-general da Quarta Frota da Marinha no Recife. Os 16 mil soldados americanos alojados no país durante a guerra tiveram efeitos perceptíveis sobre a cultura nacional. Torpedos alemães afundaram navios brasileiros no mar territorial do Brasil até que, por fim, o país reconheceu a existência do estado de guerra. Com o intuito de obter armamentos, elevar seu status internacional e vingar-se, o Brasil despachou uma divisão de infantaria e um esquadrão da Força Aérea para lutar sob comando americano na Itália. Esse foi o único caso, na guerra, de uma divisão de infantaria estrangeira proveniente de um país soberano independente que se submeteu por completo ao comando e ao controle americanos.

Hoje a Segunda Guerra Mundial é um passado há muito enterrado para os Estados Unidos, mas no Brasil é como se tivesse acontecido ontem, um tema central, muito mais do que para os americanos. Isso não significa que os jovens brasileiros saibam mais do que os jovens americanos. Examino aqui a situação nos anos pós-guerra, a profunda decepção com o descumprimento de compromissos feitos pelos americanos e o tumulto dos anos 1950 e 1960, quando o Brasil se recusou a se envolver no conflito na Coreia e na Guerra do Vietnã. A Guerra Fria entre o Ocidente e as potências comunistas após a Segunda Guerra contribuiu para que as Forças Armadas brasileiras assumissem o controle do governo de 1964 a 1985. A Segunda Guerra teve grande impacto sobre o processo de industrialização do Brasil, e gradualmente o país ascendeu à condição de oitava economia mundial em 2018. Hoje os aspectos militares dessa relação avultam menos, mas sua importância permanece. Decerto é significativo que agora o número de brasileiros na América do Sul é maior do que a população somada de todos os demais países do continente, e que o português agora é falado pela maioria dos sul-americanos.

O Brasil tem sido o cerne da minha carreira acadêmica desde 1962, quando meus colegas pós-graduandos George Fodor, Teresinha Souto Ward e Iêda Dias da Silva convenceram-me a concentrar meus estudos em seu país. Continuo grato por sua intervenção oportuna.

Foram a American Philosophical Society [Sociedade Filosófica Americana] e o Woodrow Wilson International Center for Scholars [Centro Internacional para Acadêmicos Woodrow Wilson] que possibilitaram a pesquisa realizada nos National Archives [Arquivo Nacional americano]. A profusão de cópias xerográficas de pastas de documentos da inteligência militar e do Departamento de Estado americano que abarquei foi organizada e tornada acessível pelos estudantes e assistentes de pesquisa Candace Kattar e Gus Lawlor, da Universidade de New Hampshire, que também reuniram dados biográficos muito úteis de 254 oficiais-generais brasileiros. A eles, a minha eterna gratidão. E agradeço também à universidade pelas numerosas verbas de pesquisa, que frequentemente me permitiram viajar para o Brasil.

Um agradecimento especial a David Mares por me incluir em um dos grupos de pesquisa da Universidade da Califórnia em San Diego (2011-4), subsidiado pela Minerva Initiative,* que estudou o "Brasil como potência emergente". O incentivo custeou um mês de pesquisa no país em 2013 que me permitiu voltar a Natal e fazer uma visita intensiva à base aérea de Parnamirim organizada por meu colega Rostand Medeiros. E minha gratidão a José Henrique de Almeida Braga por enviar-me seu novo livro: *Salto sobre o lago e a guerra chegou ao Ceará*, que contém observações perspicazes acerca dos efeitos da presença de tantos americanos sobre a cultura local.

---

* Programa de pesquisa oferecido pelo Departamento de Defesa dos Estados Unidos. (N. E.)

Devo reconhecer que o seminário que tive o privilégio de ministrar em outubro de 2014 no Instituto de Estudos Estratégicos da Universidade Federal Fluminense permitiu-me testar ideias, expondo-as a um grupo extraordinário de alunos de pós-graduação. Agradeço ao professor Vagner Camilo Alves por me convidar e tomar as providências necessárias para tal, algumas delas complicadas. E sou grato a Nicolette Amstutz, da Lexington Books, por extrair material valioso das atas das conferências da Brazilian Studies Association.

A ajuda que recebi de bibliotecários e arquivistas permitiu-me adquirir inúmeros documentos e livros. Destaca-se em minha memória o pessoal das seções de registros diplomáticos e registros militares modernos dos National Archives. O convite de minha filha Katherine para ser editor colaborador do *Handbook of Latin American Studies* (Hispanic Division, Library of Congress) manteve-me a par dos estudos históricos mais recentes no Brasil. O Arquivo Histórico do Itamaraty, o Arquivo Histórico do Exército, o Centro de Pesquisa e Documentação de História Contemporânea do Brasil e o Arquivo Nacional contribuíram para minhas pesquisas mais do que eu seria capaz de relatar em detalhes. Meu querido amigo já falecido, o coronel Luiz Paulo Macedo de Carvalho, e sua esposa, Lúcia Maria, foram meus mestres, tradutores, guias e frequentemente acolhedores anfitriões. Macedo sugeriu ao longo dos anos que escrevêssemos juntos um livro sobre todo o espectro das relações militares dos nossos dois países. Espero que esta obra seja um passo para concretizar sua ideia. O coronel Durval Lourenço Pereira providenciou uma visita à Escola Preparatória de Cadetes do Exército, da Academia Militar das Agulhas Negras, e generosamente compartilhou comigo seu estudo sobre os ataques de submarinos alemães em 1942. Sua obra muda o modo como esses ataques devem ser interpretados.

André Gustavo Stumpf foi meu guia confiável para compreender a política brasileira e muito mais sobre seu país. Os incomparáveis relatórios semanais de David Fleischer sobre o Brasil fizeram com que o país continuasse sendo, para mim, uma presença real e imediata. O coronel Sérgio Paulo Muniz Costa há tempos ajuda a moldar minha compreensão do Exército brasileiro. Também contei com o auxílio e o incentivo de minha editora na Palgrave Macmillan, Christine Pardue, que me cutucou delicadamente para que eu não perdesse o ritmo. E agradeço a Danna Messer pelo índice excelente.

A seleção das fotos foi complicada por causa de direitos autorais, resolução adequada e burocracia. Três indivíduos e suas organizações deram-me ajuda especialmente generosa: Alexis Quinn, da Biblioteca de Pesquisas da Fundação George C. Marshall em Lexington, Virgínia; Matthew Hanson, da Biblioteca Franklin D. Roosevelt em Hyde Park, Nova York; e o major Alcemar Ferreira Jr., do Arquivo Histórico do Exército, no Rio de Janeiro. Além de fornecer fotos, o sr. Hanson identificou indivíduos cujos nomes eu desconhecia e me enviou um documento muito útil ligado ao encontro de Frank D. Roosevelt com Vargas em Natal.

Parte do texto, expandida e modificada, foi extraída de publicações anteriores. O capítulo 6 baseia-se no artigo "Brazil and World War II: The Forgotten Ally, What did you do in the war, Ze Carioca?" [Brasil e a Segunda Guerra Mundial: O aliado esquecido, o que você fez na guerra, Zé Carioca?], publicado em 1995 na revista *Estudios Interdisciplinarios de America Latina y El Caribe*. E o capítulo 8, em "The Rise and Fall of the Brazilian-American Military Alliance, 1942-1977" [A ascensão e a queda da aliança militar brasileira-americana], na *Revista Esboços* em 2016.

Uma das coisas mais valiosas para um autor é ter amigos, colegas e parentes que leem e fazem comentários com lápis na mão. Meu compadre Michael Conniff introduziu a proposta e fez comentários perspicazes ao longo de todo o tempo em que escrevi o livro. Sonny Davis e meu irmão Bernard McCann corrigiram minha pontuação com empenho impressionante e fizeram comentários criteriosos sobre o texto. Darlene Sadlier me salvou de cometer alguns erros factuais. Francisco Ferraz e Sidney Munhoz trouxeram uma perspectiva brasileira com suas críticas proveitosas. Acima de tudo, porém, sou grato à minha querida esposa Diane Marie, que leu e releu os diversos esboços e tornou o texto mais compreensível. Ela abriu mão das nossas costumeiras excursões de canoa pelo rio Lamprey em muitos dias de tempo bom, sem falar nas viagens para esquiar nas Montanhas Brancas em New Hampshire, para que eu pudesse me entocar no escritório. Seu constante incentivo, sua afabilidade, tolerância, paciência e também seu amor tornaram este livro uma realidade.

Sou gratíssimo a todos.

Frank McCann
Durham, NH, Estados Unidos
Dia de Tiradentes, 21 de abril de 2018

Mapa do Brasil, c. anos 1940. De The Brazilian-American Alliance, 1937-1945, *por Frank McCann Jr.*

Lista de abreviaturas

ADP   Airport Development Program
AG   Adjutant General
AGV   Arquivo de Getúlio Vargas CPDOC, FGV (Rio)
AHE   Arquivo Histórico do Exército (Rio)
AHMRE Arquivo Histórico de MRE (Palácio do Itamaraty, Rio)
Aman   Academia Militar das Agulhas Negras
AOA   Arquivo Osvaldo Aranha, CPDOC, FGV (Rio)
BEF   Brazilian Expeditionary Force
Ciex   Centro de Informação do Exército
CNO   Chief of Naval Operations
CPDOC Centro de Pesquisa e Documentação de História Contemporânea do Brasil
DA   Department of the Army
DAR   Division of American Republics (State Department)
Eceme Escola de Comando e Estado-Maior
EMFA   Estado-Maior das Forças Armadas
Esao   Escola de Aperfeiçoamento de Oficiais
EW   European War
EXP   Expedido (comunicado do MRE)

FBI	Federal Bureau of Investigation
FDRL	Franklin D. Roosevelt Library (Hyde Park, Nova York)
FEB	Força Expedicionária Brasileira
FGV	Fundação Getúlio Vargas (Rio)
FRUS	Foreign Relations of the United States, Diplomatic Papers (State Department)
G2	Army Intelligence
GS	General Staff
JBUSDC	Joint Brazil-United States Defense Commission
Mats	Military Air Transport System
MID	Military Intelligence Division (General Staff, War Department)
MMB	Modern Military Branch (Nara)
MRE	Ministério das Relações Exteriores
Nara	National Archives and Records Administration (Washington, DC)
NPR	National Public Radio
Ociaa	Office of Coordinator of Inter-American Affairs
OCMH	Office of the Chief of Military History
OEA	Organização dos Estados Americanos
OF	Official File (FDRL, Hyde Park)
OPA	Operação Pan-Americana
OPD	Operations Plans Division (General Staff, War Department)
OSS	Office of Strategic Services
PAA	Pan American Airways
PPF	President's Personal File (FDRL, Hyde Park)
PSD	Partido Social Democrático
PTB	Partido Trabalhista Brasileiro
RG	Record Group (Nara)
Sadact	South Atlantic Division Air Transport Command
SLC	Standing Liaison Committee (State, War, Navy Departments)
SNI	Serviço Nacional de Informações
USN	United States Navy
WD	War Department
WPD	War Plans Division (General Staff, War Department)
WWII	World War II

1. Desequilíbrio na relação dos gigantes

Brasil e Estados Unidos são os dois gigantes do hemisfério ocidental em território, população, recursos naturais e parque industrial. Jamais guerrearam entre si, seus governos têm relativamente poucas disputas como as que enchem as páginas da historiografia diplomática e militar, e muitas vezes ajustaram suas relações a novas condições regionais e mundiais desde que José Silvestre Rebello apresentou suas credenciais ao presidente James Monroe em maio de 1824 como o primeiro representante do Império do Brasil independente. Embora as relações entre os dois países tenham sido pacíficas por 194 anos e tudo indique que assim permanecerão, um fio de tensão permeia o tecido dessas relações.[1]

Essa tensão tem fontes políticas, econômicas e culturais e também tem a ver com as diferenças entre as identidades e os sistemas dos dois países. Embora Brasil e Estados Unidos tenham muitas similaridades, também diferem profundamente um do outro.

SIMILARIDADES E DIFERENÇAS

Tratemos primeiro das similaridades. Os dois países são entidades políticas enormes, com fronteiras terrestres medidas em milhares de quilômetros, vastos litorais que sustentam antigas tradições de navegação, e ambos enfrentaram uma longa luta para ocupar, controlar e desenvolver suas imensidões interioranas. Tanto um como o outro têm em seu caráter nacional marcas profundas causadas por suas experiências coloniais. Ambos refletem uma predominância de tradições europeias que prevaleceram sobre culturas e pretensões territoriais nativas, mas os dois apresentam características culturais influenciadas por valores e práticas nativos. Ambos usaram em alto grau a mão de obra escravizada e tiveram suas culturas marcadas significativamente por influências africanas oriundas de suas grandes populações afrodescendentes. Ambos absorveram imigrantes europeus e asiáticos. E suas respectivas instituições militares têm papel importante em seus respectivos sistemas, embora de modos bem diferentes. A postura militar brasileira é constitucionalmente defensiva, apesar de suas Forças Armadas terem interferido na política, chegando ao extremo de assumir o controle do governo nacional. Os americanos usam suas Forças Armadas para intervir em países vizinhos e em guerras internacionais enquanto evitam intervenções diretas na política nacional dos Estados Unidos. Ambos os países têm em comum a característica de conhecer e compreender apenas superficialmente a sociedade do outro. O Brasil aparece para os Estados Unidos numa imagem esfumaçada de culturas caribenha e hispano-americana, enquanto os brasileiros têm dos Estados Unidos uma ideia mítica destilada de Hollywood e da televisão. Ambos enxergam a si mesmos como expressões ímpares da humanidade. Para complicar a compreensão dos americanos, os governos e intelectuais brasileiros, salvo alguns da esquerda, até recentemente não consideravam seu país uma parte da América Latina (um construto cultural francês), e sim um pedaço de tamanho continental da América do Sul.[2]

As diferenças talvez sejam mais pronunciadas. O Brasil nasceu entre o fim da era medieval e o começo da Renascença na herança católica, enquanto os Estados Unidos cresceram a partir de uma experiência colonial na costa leste da América do Norte relacionada à Reforma Protestante. A monarquia portuguesa manteve o Brasil fechado aos estrangeiros e ao comércio externo de 1580 a 1808, enquanto os americanos desde cedo tiveram um movimentado comércio marítimo. Suas linhagens intelectuais produziram atitudes diferentes em relação ao direito; nos Estados Unidos, tudo o que não é proibido juridicamente é legal, enquanto no Brasil a condição para que algo seja legal é especificada em lei. Isso, por sua vez, gerou atitudes diferentes em relação ao governo. Os americanos pressupõem que são livres para agir, por isso tendem a não prestar atenção ao governo e a se ressentir de sua interferência no cotidiano deles; já os brasileiros buscam a permissão, o reconhecimento e o apoio do governo. Ou, talvez seja mais acertado dizer, da onipresente burocracia. Os americanos criaram mecanismos impessoais e imparciais, por exemplo, o sistema judiciário hierarquizado, mediante o qual procuram resolver suas disputas; o Brasil possui um sistema judiciário de aparência similar, porém, em um nível mais pessoal; os brasileiros procuram resolver problemas recorrendo à intercessão de amigos, parentes e padrinhos. A "panelinha", um grupo informal de indivíduos com interesses comuns e laços pessoais, tem "um papel significativamente difuso na natureza mediada e clientelista do sistema político-governamental brasileiro". É difícil identificar e estudar esses grupos, mas eles são um dos elos invisíveis "entre vários interesses, organizações e agências" que mantêm redes de influência por todo o Brasil. O acesso a essas redes é obtido por meio do que os brasileiros chamam de "pistolão", o uso da influência. As redes podem ser positivas ou negativas, mas seu funcionamento é capaz de solapar o estado de direito. Regulamentos e leis podem "pegar" ou "não pegar", mas com certeza haverá resistência à sua aplicação, com apelo ao conhecido "jeito" ou "jeitinho" que se procura dar para contornar ou vencer obstáculos irritantes ou inconvenientes. A panelinha e o jeitinho "são meios para conciliar o moderno e o tradicional — certamente uma necessidade contínua para os cidadãos de um Brasil mudado mas ainda não transformado".[3] Por meio do jeitinho, como observou Roberto da Matta, "fazemos o que queremos e evitamos o conflito aberto com a lei".[4]

Um exemplo extremo do jeito brasileiro de lidar com as coisas pode ser a reação do chefe do Estado-Maior do Exército Pedro Aurélio Góes Monteiro, em 1943, quando o secretário da Marinha dos Estados Unidos, Frank Knox, lhe disse que gostaria de conversar com ele sobre cooperação e ficar a par dos planos do Brasil para a guerra. Acontece que não havia planos de guerra a ser informados aos americanos, por isso Góes deu um jeito: reuniu às pressas os oficiais do Estado-Maior, vararam a noite e criaram planos de guerra fictícios. No dia seguinte, o general pôde discorrer sobre os planos brasileiros como se existissem havia meses ou anos.

Os padrões de posse da terra e os sistemas socioeconômicos e trabalhistas que se desenvolveram a partir dessas respectivas histórias também diferiam. A Lei de Terras promulgada no Brasil em 1850 reforçou a tendência às grandes propriedades exploradas com trabalho escravo ou assalariado, enquanto o Homestead Act americano, decretado em 1862, aumentou o número de pequenos estabelecimentos agrícolas familiares. Notemos também a importância que o Congresso americano dava à educação quando, em 1862, aprovou o Morrill Act, destinando terras públicas em cada estado para apoiar universidades públicas. Essa lei ensejou o surgimento das grandes universidades estaduais que tanto contribuem para o desenvolvimento da economia e da sociedade americanas. No Brasil não houve universidades públicas antes dos anos 1930, e a carência de ensino público para as massas tolheu o desenvolvimento. Em 1940, 47% dos brancos na população do Brasil eram analfabetos; entre os negros, eram analfabetos 79%, e entre os pardos, 71%.[5] Em contraste, nos Estados Unidos eram analfabetos apenas 4% da população branca e 20% da negra. Nas décadas seguintes à Guerra de Secessão, os Estados Unidos adotaram a segregação racial como uma deplorável resposta à abolição da escravidão, enquanto o Brasil escondeu o preconceito racial por trás de uma miscigenação aparentemente mais tolerante. Depois que a escravidão foi abolida, em 1888, a elite brasileira aos poucos passou a esposar a conveniente ideia de que reinava no país uma democracia racial, o que funcionava como um bom cartão de visitas, mas isso estava longe da verdade. Os dois países haviam mantido ligações estreitas na lide do tráfico de africanos escravizados. Embora cidadãos e embarcações americanas fossem proibidos por lei de se envolver nesse comércio, houve uma participação vigorosa, junto com capital americano, no infame tráfico entre África e Brasil.[6]

Os dois países têm dimensões continentais; em 1940, o Brasil contava com cerca de 41 114 000 de habitantes, e os Estados Unidos, 132 164 569, porém boa parte do território brasileiro estava fora do alcance do governo federal. Em 1940, o Brasil ainda era a terra do café e dominava a produção mundial desse gênero. A economia americana era acentuadamente industrializada e movida por vastas redes ferroviárias que percorriam o país de costa a costa e regionalmente, além de ligarem centros populacionais do território todo. A população brasileira, com exceção de Minas Gerais, concentrava-se na costa, como na era colonial. E com exceção da ferrovia que ligava Rio e São Paulo ao Rio Grande do Sul, as estradas de ferro da república, destinadas ao transporte de produtos regionais para exportação, percorriam apenas alguns quilômetros ligando portos ao interior. Nas áreas interioranas a ligação era feita por tropas de mulas, e não por estradas, que eram esparsas. Até a "estrada" entre o Rio de Janeiro e São Paulo era de cascalho em 1940. Como observou o historiador Joel Wolfe, "só quando os brasileiros começaram a fabricar automóveis, nos anos 1950, construíram-se as primeiras rodovias importantes para o interior".[7]

Outra diferença significativa entre Brasil e Estados Unidos nessa fase em que o mundo resvalava para a guerra era a forma de governo: o primeiro, uma ditadura, e o segundo, uma democracia representativa eleitoral. Getúlio Vargas tomara o poder em 1930 por meio de uma revolução que derrubou uma oligarquia liderada pela elite do estado de São Paulo. Ele era governador do Rio Grande do Sul, estado que faz fronteira com o Uruguai e a Argentina. Seus aliados militares eram oficiais reformistas empenhados em fazer do Exército uma força em favor da mudança para introduzir o Brasil no mundo moderno.[8] Franklin D. Roosevelt assumiu a presidência americana no começo de 1933 em um tipo de revolução eleitoral que levou os democratas ao poder após uma década de governo republicano que mergulhara o país na maior depressão da história. Tentando reconstruir suas economias, os dois governantes sentiram afinidade e objetivos comuns. Em 1934, Vargas fora eleito presidente pela Assembleia Constituinte, que se converteu em Congresso Nacional depois de redigir uma nova Constituição. Dificuldades econômicas e discordâncias políticas entravaram os planos para o rearmamento e a industrialização. Em 1937, já estava claro que o Brasil não conseguiria pagar sua dívida nacional nem honrar os títulos vendidos no exterior, tampouco obter armamentos. O Exército estava alarmado com sua evidente fraqueza e sua incapacidade para defender-se contra o regionalismo persistente e corrosivo, além das crescentes tensões internacionais. A política brasileira entrou em crise ao se aproximarem as eleições presidenciais de 1938. O ministro da Guerra, general Eurico Dutra, tinha certeza de que uma explosão era iminente. As leis não funcionavam, ele declarou, e "as Forças Armadas, particularmente o Exército [...] constituem o único elemento capaz de salvar o Brasil da catástrofe prestes a explodir". E prosseguiu: "Assim, é necessário agir, mesmo fora da lei, mas em defesa das instituições e da própria lei deturpada". A Câmara dos Deputados seria expurgada de seus membros reacionários, fracos e incapazes; na verdade, seria fechada. Dutra frisou que "é necessário manter as autoridades constituídas. O movimento arrastará o próprio presidente da República, cuja autoridade será por ele fortalecida".[9] Para debelar o impasse, Vargas, junto com o general Dutra e o chefe do Estado-Maior do Exército, Pedro de Góes Monteiro, derrubou o governo constitucional em nome do bem maior, a segurança da pátria. Vargas assumiu o compromisso de equipar e munir as Forças Armadas para que pudessem cumprir seu dever; em troca, os militares dariam solidez a um regime de força voltado para o desenvolvimento nacional. O regime foi chamado de Estado Novo, para marcar a ruptura com o passado. Seria esse o governo com quem os Estados Unidos teriam de trabalhar para criar uma estrutura de defesa do continente.[10] Roosevelt via a situação brasileira com certa benevolência tolerante. Fazia tempo que era fascinado pelo Brasil. Quando jovem, durante uma viagem à França, vira o imperador exilado d. Pedro II em um parque. E, obviamente, se empolgou com a aventura de seu primo Theodore pelo rio da Dúvida em companhia do coronel Cândido Rondon em 1914. A aventura gravara o nome Roosevelt nesse rio da Amazônia ocidental. Ele decerto sabia que seu primo considerava o Brasil a "última fronteira".[11] Roosevelt fez uma breve visita ao Rio de Janeiro em 1936.

As disparidades nas psicologias nacionais dos dois países afetaram as expectativas de cada um quanto ao relacionamento deles. Os brasileiros frequentemente imaginavam que poderiam obter mais dos Estados Unidos do que o sistema político americano permitia ao governo conceder. No século xx, os líderes brasileiros pensavam que os laços de "amizade" entre os dois governos lhes davam direitos sobre os Estados Unidos. Não compreendiam que uma amizade entre líderes, embora fosse extremamente útil para facilitar as relações, não se transferia para o nível da sociedade e que uma amizade pessoal não era conversível em favores nacionais. Por isso, às vezes os líderes brasileiros se decepcionavam quando suas expectativas não eram correspondidas por seus congêneres americanos. Estes, por sua vez, tomados pelo medo do Eixo, não avaliavam bem o peso do orgulho nacional e da preocupação dos brasileiros com a intromissão estrangeira em seu território. Esperavam que os brasileiros confiassem neles, desconsiderando que a história dos Estados Unidos na América Latina recomendava cautela aos brasileiros.

Não é de surpreender que surjam tensões entre dois países tão gigantescos e dinâmicos, ligados por diversos tipos diferentes de interação. Algumas das fontes de tensão são culturais, enquanto outras têm relação com o desequilíbrio das duas economias. A importância da forma de governo do Brasil — que variou entre monarquia, presidência oligárquica, ditadura e Congresso e presidência eleitos — foi menor do que a de outros fatores como fonte de tensão. Decerto no período pós-Segunda Guerra Mundial houve tensão independentemente do tipo de liderança nacional. Governos desenvolvimentistas com inclinações à esquerda, regimes militares de direita e governos civis de centro tiveram, todos, sua parcela de problemas com os Estados Unidos e vice-versa.

Alguns problemas poderiam ter sido evitados se os líderes brasileiros e americanos compreendessem melhor a sociedade, a língua, a cultura e o sistema político uns dos outros. Na ausência dessa compreensão, não surpreende que os brasileiros se inquietassem diante de um país como os Estados Unidos, tão organizado e dotado de imensa força econômica e militar. A impaciência, o etnocentrismo e a pressuposição de estar com a razão levaram Washington a assumir posições em questões como alocação de tropas, energia atômica e desenvolvimento da Amazônia que, para o Brasil, foram percebidas como ameaças à soberania nacional.

Nesses momentos, as expectativas recíprocas de brasileiros e americanos tornaram-se um fator influente. Na era pós-guerra, os brasileiros lembraram, com razão, seu papel na Segunda Guerra Mundial, muito importante em certas fases do conflito. De fato, o Brasil foi um fator na tensão pré-guerra entre Estados Unidos e Alemanha nazista, porque um dos elementos de contenda nos anos 1930 era o mercado brasileiro e o acesso às matérias-primas do Brasil. Durante a guerra, as bases aéreas e navais americanas no Nordeste brasileiro tiveram papéis cruciais na destruição de submarinos do Eixo no Atlântico Sul e nas vitórias dos Aliados no Egito e no Norte da África. O fornecimento de recursos naturais e gêneros alimentícios foi essencial, assim como a negação desses recursos ao Eixo. Na campanha da Itália, a Força Expedicionária Brasileira (FEB) foi importante para os dois países, mas por motivos diferentes; para os americanos, incorporou uma garantia de comprometimento brasileiro com a causa dos Aliados; para os brasileiros, foi um sacrifício de sangue que os ligaria aos seus aliados americanos em uma amizade especial e profunda, com promessa de benefícios futuros.

Brasileiros e americanos também diferiam no modo de ver a assistência americana durante a guerra. Para os americanos, a construção da siderúrgica de Volta Redonda no estado do Rio de Janeiro foi uma medida imediata, de curto prazo, um trunfo que ajudou a manter o Brasil fora da esfera de influência alemã; já os brasileiros enxergaram Volta Redonda, e também, mais tarde, a missão de consultoria econômica chefiada por Morris Cooke, que recomendou o apoio de longo prazo ao desenvolvimento brasileiro, como o começo de uma assistência americana contínua. Esse tipo de ajuda não seria estendido ao país rival do Brasil, a Argentina. Osvaldo Aranha, que, quando ministro das Relações Exteriores manteve o Brasil em um curso firmemente pró-americano, caracterizou a relação entre os dois países como uma troca: o Brasil apoiaria os Estados Unidos no cenário mundial, e os Estados Unidos apoiariam a hegemonia brasileira na América do Sul. Expresso com essa clareza, da perspectiva do Rio de Janeiro isso parecia um *fait accompli*, mas no Departamento de Estado americano essa noção foi tratada com cautela, tendo em mente evitar "cair na rede sutil do equilíbrio da política de poder tecida pelo sr. Aranha".[12]

Os líderes brasileiros sentiam-se compreensivelmente atraídos pelo ponto de vista de americanos como Morris Cooke, para quem a economia da era colonial estava chegando ao fim e o Brasil alcançaria a maturidade industrial por meio da energia hidrelétrica, do transporte aéreo e dos metais leves. Cooke defendia a ideia de que seria possível "obter grandes coisas para o Brasil e, em última análise, para os Estados Unidos, com a livre transmissão da nossa tecnologia como um elemento essencial na industrialização do Brasil".[13] Na época, os líderes brasileiros não sabiam que o relatório de Cooke fora recebido com ceticismo no Departamento de Estado, onde um funcionário de alto escalão comentou que ele continha "cativantes excursões pela fantasia" e que Cooke parecia contaminado pelo entusiasmo com os recursos naturais e o futuro do Brasil que inspirava "tantos visitantes americanos, que em outras situações agiriam com normalidade, a dar asas à imaginação".[14] Muitos desses americanos com experiência direta, que haviam estado no Brasil, sobretudo os que falavam o português, viam as coisas de modo diferente daqueles que não detinham essa experiência.

Brasileiros e americanos saíram da guerra com expectativas mútuas diferentes. O período de 1945-6 foi de grandes mudanças históricas para o mundo e para as duas repúblicas. A liderança americana já não era a mesma que levara os Estados Unidos à guerra; o que eles recordavam quanto ao papel especial dos brasileiros era uma lembrança vaga ou inexistente. Os acontecimentos da guerra haviam eliminado as recordações do difícil período de 1939-42. Em contraste, a liderança brasileira no pós-guerra compunha-se de muitos dos mesmos homens que haviam governado o Brasil durante o conflito, com as notáveis exceções de Getúlio Vargas e Osvaldo Aranha. A substituição das elites nos Estados Unidos foi mais rápida e contínua do que no Brasil nas duas décadas seguintes à guerra.

Quando examinamos os escritos sobre a guerra então disponíveis, vemos que o papel do Brasil perde seu relevo. As memórias do secretário de Estado Cordell Hull e do subsecretário Sumner Welles, bem como os livros dos historiadores William Langer e Everett Gleason publicados em 1952 e 1953 sobre o começo da guerra, fazem jus à participação brasileira, porém não houve nenhum estudo abrangente do envolvimento do país antes de 1973, quando a Princeton University Press publicou *The Brazilian-American Alliance, 1937--1945*. E só em 1995 esse livro veio a ser publicado em português [*A aliança Brasil-Estados Unidos 1937/1945*, pela Biblioteca do Exército Editora]. Até mesmo estudos importantes sobre a guerra não fazem referências ao Brasil. Hoje a grande maioria dos americanos nada sabe a respeito das contribuições brasileiras para a vitória dos Aliados. Aliás, os americanos ainda confundem Brasil com Argentina e pensam que o Brasil inclinou-se a apoiar o Eixo e que abrigou nazistas que fugiram após a guerra. Basta ver o livro e o filme *The Boys from Brazil* [*Os meninos do Brasil*], cujo enredo trata de uma trama para recriar o Reich alemão, ambientado no Paraguai![15] Os americanos ainda se surpreendem ao saber que o Brasil lutou ao lado dos Aliados. Por isso, as constantes referências brasileiras no pós-guerra à aliança durante o conflito não sensibilizaram o público nos Estados Unidos.

Brasil e Estados Unidos foram aliados militares de 1942 a 1977. Essa aliança foi um elemento importante na modernização do Brasil e no desenvolvimento de suas Forças Armadas. Uma observação histórica: quando o Brasil se tornou independente de Portugal em 1822, o imperador brasileiro d. Pedro I mandou um emissário a Washington com a missão de negociar uma aliança com a república setentrional. Os americanos achavam que "um tratado de aliança ofensiva e defensiva para repelir qualquer invasão de territórios brasileiros por forças de Portugal" provavelmente não era necessário, por isso recusaram a proposta; no entanto, concordaram ser "oportuno unir em caráter permanente nossas duas nações com laços de amizade, paz e comércio", e os Estados Unidos dispuseram-se a firmar um tratado nesses moldes.[16] Portanto, o comércio seria a base do relacionamento. Houve, porém, exceções cruciais à tendência do governo americano de manter os brasileiros à distância. Por exemplo, em 1893, o presidente Grover Cleveland violou as leis de neutralidade, permitindo que um empresário privado com negócios no Brasil arregimentasse uma flotilha de doze navios munida com o mais temido canhão naval da época e torpedos elétricos, tripulada e comandada por americanos, e zarpasse para o Rio de Janeiro a fim de suprimir uma rebelião contra a nascente República brasileira.[17] O governo brasileiro ficou tão grato que comemorou o 4 de Julho, dia da independência americana, como um feriado. A relação nas duas décadas seguintes foi chamada de "aliança tácita".[18] Em 1917 o Exército brasileiro enviou um grupo de oficiais para treinamento na escola de artilharia de costa nos Estados Unidos e uma missão para estudar a organização das fábricas de guerra e arsenais americanos; oficiais brasileiros serviram em navios de guerra americanos na Primeira Guerra Mundial, e o Brasil recebeu uma grande Missão Naval Americana em 1922.[19] Durante a Grande Guerra, o Brasil andava ocupadíssimo com seus próprios problemas. O Exército estava concluindo a supressão de uma grave revolta camponesa na região do Contestado em Santa Catarina e Paraná, ao mesmo tempo que tentava se modernizar e atualizar suas relações com a sociedade. A guerra na Europa parecia distante, e embora o Brasil tivesse se tornado um dos beligerantes, foi dos mais inativos. Alguns dos jovens oficiais do Exército estavam frustrados por perder uma chance de combater, e isso levou parte deles a se apresentar como voluntários para servir no Exército francês.[20] O distanciamento entre Estados Unidos e Brasil talvez seja simbolizado pela bandeira que os organizadores do desfile da vitória em Nova York deram à delegação do país: a do Brasil Império, derrubado em 1889.

ENTRE AS GUERRAS MUNDIAIS

Depois da Primeira Guerra Mundial, o Brasil quis modernizar seu Exército e recorreu à França para uma missão de consultoria. Os brasileiros pensaram em convidar os americanos, aprender com a mobilização em massa dos Estados Unidos; no entanto, consideravam-se culturalmente mais próximos dos franceses, e os interesses políticos e bancários paulistas apoiaram a escolha da França.[21] Nos anos 1930 o Estado-Maior do Exército brasileiro estava um tanto desencantado com os franceses e, aos poucos, passou a buscar a assessoria americana para um treinamento especializado em artilharia de costa, assistência médica e aviação. Os produtores americanos de aviões e armas estavam mais interessados em acolher os brasileiros em suas fábricas do que os oficiais militares americanos em treiná-los em suas escolas e bases.[22] A ideia de uma aliança militar não constava nos planos oficiais de nenhum dos dois países. De fato, entre 1933 e 1938, o Brasil, que não tinha recursos para comprar armas nos Estados Unidos (o que também era dificultado pelas leis de neutralidade), recorreu à Alemanha, já que poderia usar o "comércio de compensação". Essa decisão não teve bases ideológicas, sendo uma questão prática de economia. O chefe do Estado-Maior brasileiro alertou: "Praticamente, estamos desarmados... É lamentável o estado dos nossos próprios fuzis".[23] Esse interlúdio em que o Brasil fez negócios com o regime nazista despertou suspeitas nos Estados Unidos e levou alguns dos líderes brasileiros envolvidos a ser tachados de germanófilos.

Justamente na época em que essas compras estavam sendo negociadas, oficiais do serviço de informação brasileiro disseram que as "ambições e reivindicações da Alemanha, Itália e Japão [...] constituem perigo latente para o Brasil". E recomendaram: "A nossa política externa nos aconselha [...] uma maior aproximação dos Estados Unidos da América, nosso principal apoio em caso de guerra".[24] Esses oficiais viam os Estados Unidos como o melhor cliente do país, mas observaram: "nós lhes compramos relativamente pouco". Compreendiam que, a menos que o Brasil desenvolvesse seu poderio militar, não poderia libertar-se da "dependência norte-americana", o que eles julgavam poder fazer "sem prejuízo até de uma maior aproximação com a grande confederação do Norte".[25]

Com o mundo descambando para outra grande guerra, os líderes militares brasileiros julgavam que precisavam depender da própria sagacidade e recursos e que deviam usar as crises iminentes para obter o maior proveito possível para o Brasil. Contemplando as nuvens da guerra que assomavam, os documentos militares e presidenciais brasileiros apontavam continuamente para os Estados Unidos como o parceiro lógico.

ALIANÇA COM OS ESTADOS UNIDOS
NA SEGUNDA GUERRA MUNDIAL

Em janeiro de 1937 esse modo de pensar levou naturalmente o presidente Getúlio Vargas a propor uma discussão sobre todas as formas de cooperação militar e naval, inclusive uma base naval americana em um porto brasileiro, a ser usada em caso de agressão aos Estados Unidos. Na época, Washington não se dispôs a agir. Menos de dois anos depois, seria o governo Roosevelt quem ansiaria por obter bases no Brasil.

Na percepção dos brasileiros comuns sobre a Segunda Guerra Mundial há uma tendência curiosa, perversa e equivocada de pensar que, de algum modo, os Estados Unidos atraíram o Brasil para o conflito à revelia dos líderes brasileiros. No extremo dessa tendência alega-se, inacreditavelmente, que submarinos da Marinha dos Estados Unidos afundaram navios brasileiros para provocar a entrada do Brasil na guerra.[26] Esse mito originou-se do empenho de agentes nazistas para minar a credibilidade do esforço de guerra brasileiro. Alguns naquela época acreditaram, e essa ideia é transmitida até o presente. Parte do que se escreveu sobre a Força Expedicionária Brasileira contém insinuações desconfiadas de que os brasileiros, em especial os soldados da FEB, foram explorados pelos Estados Unidos. Alguns comentários sugerem que os Estados Unidos pressionaram o Brasil a entrar na guerra. As evidências documentais não deixam dúvida quanto ao que de fato aconteceu. No entanto, algumas dessas falsas noções estão arraigadas na imaginação de uma parcela da população brasileira.[27]

Até alguns renomados historiadores brasileiros erroneamente interpretaram os acontecimentos de forma descuidada. Por exemplo, Boris Fausto, historiador da Universidade de São Paulo, afirmou: "Em fins de 1941, *sem esperar a concordância do governo brasileiro*, tropas americanas estacionaram no Nordeste"[28] (grifo meu). Este livro mostra que se trata de uma afirmação completamente falsa. Não se deve permitir que alternativas espúrias e dúvidas não resolvidas contaminem a história. Manter a análise firmemente baseada em registros arquivísticos reduz o espaço disponível para falsas narrativas.

A FEB na campanha da Itália foi a culminância de um longo e complexo processo de negociações e intensificação da confiança de 1938 a 1944 que criou a aliança entre o Brasil e os Estados Unidos. Minha intenção é estudar a natureza das relações militares Brasil-Estados Unidos, as negociações que forjaram a aliança e os objetivos frequentemente divergentes dos dois países. A partir de 1938, os líderes americanos começaram a se preocupar com a vulnerabilidade do Brasil a um ataque alemão, sobretudo na região do Saliente Nordestino. Temiam que, se o Eixo conseguisse dominar parte do Nordeste, suas forças seriam capazes de lançar um ataque aéreo ao crucial canal do Panamá. Além disso, os Estados Unidos precisavam de bases aéreas e navais para confrontar os submarinos do Eixo que estavam ameaçando o trânsito de embarcações dos Aliados pelo Atlântico Sul e o envio de aviões, equipamentos e suprimentos para a África e dali para o Oriente Médio, Rússia, Sul da Ásia e Extremo Oriente. A solução foi obter permissão para construir bases aéreas e navais no Nordeste brasileiro, eliminar o tráfego de linhas aéreas de proprietários alemães pelos céus do Brasil, fortalecer a capacidade militar brasileira e postar tropas americanas na região para garantir sua segurança. Em 1940, para preparar os cruciais campos de aviação antes que acontecesse alguma emergência real, o Exército dos Estados Unidos fez um acordo com a Pan American Airways para que a empresa tomasse as providências junto às autoridades brasileiras e se encarregasse da construção por intermédio de sua subsidiária Panair do Brasil. Assim, quando surgiu a necessidade, em 1942, os campos de aviação necessários estavam disponíveis para receber o tráfego militar mais pesado vindo de Miami, passava pelo Brasil e seguia para a África e outros destinos mais distantes. Em retrospectiva, o Exército ficou satisfeito com seu acerto, pois sem "o previdente planejamento que precedeu o contrato de 1940 com a Pan American, *todo o curso da guerra poderia ter sido alterado*".[29]

    A historiografia da Segunda Guerra Mundial tende a se concentrar nos campos de batalha, mas as vitórias não teriam sido possíveis sem munições, equipamentos, alimentos e todo tipo de suprimentos diversos. E sem transporte aéreo e marítimo esses artigos cruciais não poderiam chegar ao seu destino. Na vasta rede logística criada pelos Estados Unidos, o Nordeste do Brasil foi o "elo indispensável".[30] Quando a rota aérea do Atlântico Norte fechava nos meses de inverno, "a rota brasileira recebia praticamente todo o tráfego aéreo para a Europa e a África, grande parte dos aviões e suprimentos de emergência para a Índia e a China e parte dos materiais enviados para a União Soviética pelo sistema de *"lend-lease"*.* Esse tráfego incluiu viagens de milhares de aviões de suprimentos e de cerca de 2500 aviões de combate para postos no ultramar. Em 1943, a vital rota aérea brasileira seria "o funil aéreo para os campos de batalha do mundo".[31]

Até o ataque a Pearl Harbor, os brasileiros não tinham as mesmas preocupações estratégicas dos americanos com o Eixo. Para eles, os combates na Europa e na Ásia eram distantes, e a ameaça imediata mais provável estava ao sul, na Argentina. Alguns líderes brasileiros pensavam que, como na Primeira Guerra Mundial, poderiam evitar o envolvimento em grande escala. Porém, acima de tudo, desejavam o controle da defesa de seu território nacional. Além disso, não estavam certos de que os Estados Unidos teriam condições ou vontade de vir em seu socorro caso o Brasil fosse atacado. Na realidade, as Forças Armadas brasileiras eram fracas e o país não possuía capacidade industrial suficiente para produzir seu próprio material bélico. Onde havia divergências nas duas perspectivas e objetivos nacionais, reinavam tensões, suspeitas e mal-entendidos. Relatórios e análises da inteligência militar e naval americana documentam profusamente as questões envolvidas, mas, como seria de esperar, foram escritos da perspectiva americana, impaciente diante das preocupações dos brasileiros com sua soberania. Marcados como confidenciais, tais documentos — bem como os arquivos brasileiros — permaneceram indisponíveis aos historiadores por décadas após a guerra até serem gradualmente disponibilizados a pesquisadores, alguns acabando por ser impressos. Com isso, hoje é possível chegar a uma avaliação mais equilibrada do que aconteceu.

---

* Programa que forneceu entre 1941 e 1945 empréstimos dos Estados Unidos a Reino Unido, União Soviética, China, França Livre e outras nações aliadas, para compra de armas e outros suprimentos. (N. E.)

2. Temores e explorações no pré-guerra

AS FORÇAS ARMADAS BRASILEIRAS
ANTES DA ECLOSÃO DA GUERRA

Os anos 1920 foram marcados por um Exército brasileiro dilacerado por uma rebelião de centenas de oficiais de baixa e média patente que insuflou a agitação política. Em seguida, a disputada eleição presidencial de 1930 terminou em um bem orquestrado levante chamado "revolução".[1] Os generais do Exército perderam o controle de comandos importantes e de todos os estados, com exceção da capital, Rio de Janeiro. O novo governo intitulou-se revolucionário e iniciou uma abrangente reforma política. Isso provocou uma guerra civil que durou três meses entre o estado de São Paulo (1932) e o governo federal, com a derrota dos paulistas. Em consequência, as Forças Armadas do país estavam cindidas de vários modos e carentes de reestruturação e reforma urgentes.[2] Em 1934-5 o próprio Exército brasileiro passava por uma reorganização. Reconhecidamente, grande parte dela não saiu do papel. Ainda assim, o Exército criou um serviço de informação e fez um estudo pormenorizado da situação militar brasileira, inclusive de possíveis ameaças à segurança nacional. A análise dessas ameaças indicou que as autoridades brasileiras estavam medindo os perigos que se acumulavam no cenário mundial e avaliando cuidadosamente as melhores formas possíveis de proteger o país. Os líderes brasileiros achavam que só podiam contar com seu próprio engenho e recursos e que deviam tentar obter a maior vantagem para o Brasil em quaisquer crises vindouras. No entanto, nas considerações sobre uma possível guerra mundial e o problema de equipar e preparar suas Forças Armadas, os documentos militares e presidenciais brasileiros repetidamente indicam os Estados Unidos como a fonte lógica de suprimentos militares.[3] Acontece que, nos anos 1930, as realidades políticas das finanças e do comércio internacional, assim como as restritivas leis americanas sobre a venda de armas, impossibilitaram a compra de material bélico dos Estados Unidos e ensejaram as compras brasileiras na Alemanha.[4]

Embora os historiadores saibam do problema dos suprimentos militares da perspectiva da competição americano-germânica pelo Brasil, existe um aspecto menos conhecido, relacionado com a Guerra do Chaco entre Paraguai e Bolívia (1932-5) e com a luta entre Peru e Colômbia pelo controle de Letícia, na Amazônia ocidental. De fato, essas guerras nas fronteiras do Brasil contribuíram para a decisão de reorganizar o Exército em 1934. O presidente Getúlio Vargas preocupava-se com o Paraguai em particular e com o modo como o conflito no Chaco poderia afetar as relações com a Argentina. O Estado-Maior do Exército estava igualmente "um tanto alarmado". A guerra parecia complicar-se. Vargas escreveu ao novo embaixador em Washington, seu velho amigo Osvaldo Aranha, que o Paraguai não saberia o que fazer com seu exército vitorioso de 70 mil homens depois da guerra. Não haveria empregos para os soldados que retornassem, por isso Vargas previa que o general no comando "dum exército descontente" provavelmente derrubaria o governo civil. Ele temia que o Paraguai pudesse "criar complicações na nossa fronteira do Mato Grosso, provocando qualquer acidente que arraste a Argentina no conflito. Esta, por sua vez, ampara abertamente o Paraguai, provendo-o de todos os recursos, acumula tropas na fronteira da Bolívia, já ocupou alguns fortins desse país e até advoga a reabsorção da Bolívia, como parte desagregada do vice-reinado [colonial] do Prata". O ministro da Guerra argentino, general Manuel A. Rodríguez, destacava-se na veemência com que preconizava essa ação. A Argentina fizera empréstimos para manter o Paraguai na luta. Os adidos militares brasileiros não foram autorizados a visitar a zona de guerra e foram tratados com "visível desconfiança". "A nossa política", escreveu Vargas, "tem sido de cordial amizade com a Argentina e abstenção de interferir na questão do Chaco." Mantendo essa política, "precisamos tomar precauções militares" para evitar problemas futuros.

"Falta-nos, entretanto, quase tudo", ele lamentou. "Como pensará a política americana a esse respeito e até onde nos acompanharia? Duas coisas necessitamos, no momento, e não temos dinheiro: algumas unidades para a defesa da costa, um ou dois cruzadores, submarinos e uma ou duas canhoneiras no rio Paraguai." O embaixador Aranha respondeu que o presidente Franklin Roosevelt lhes pedira para não fazer nada a respeito da frota brasileira sem antes consultá-lo, pois "o presidente estava decidido a fazer com que tudo fosse aqui construído em condições melhores e mais baratas". Aranha alertou que seria preciso manter o segredo entre eles, que o menor vazamento poderia comprometer seus esforços para obter armas americanas. "A verdade, porém, Getúlio, é que essa gente está convencida de que será acompanhada por nós em caso de guerra, mas se alarma com o nosso desinteresse por esse posto desde a saída do Domício da Gama [1911-8], não compreende a despedida da Missão Naval, quando duas vezes renovamos o contrato da Missão Francesa." Ele temia que os americanos se voltassem para Argentina. "Digo-te", afirmou Aranha, "que tudo é possível conseguir... Mas tudo terá que ser feito com discrição, com segredo, com seriedade, porque essa gente trata as coisas com segurança, e a menor revelação comprometerá tudo. Isso, como vês, só poderá ser feito com instruções especialíssimas, coordenando-se a ação diplomática e militar de tal forma que ninguém mais possa conhecer algo a respeito."[5] Aranha alertou que a Argentina estava tentando solapar as relações de amizade do Brasil com os Estados Unidos e aconselhou preservar a posição brasileira para que, em qualquer eventualidade, pudessem contar com os americanos.[6]

Na época, o Brasil não tinha reservas em ouro e moedas fortes para financiar seu comércio externo; por isso, em junho de 1935, o governo assinou um acordo informal de comércio de compensação com a Alemanha no qual complicados mecanismos de troca permitiam que o Brasil permutasse seus produtos naturais ou agrícolas por produtos industrializados alemães. Washington protestou com veemência contra esse sistema fechado que separava o comércio teuto-brasileiro do sistema internacional mais amplo baseado em ouro e moedas conversíveis. Dada a estreita ligação entre a obtenção de armas e o comércio externo do Brasil, o Estado-Maior do Exército prestava muita atenção às políticas de comércio.

Vargas comprometeu-se a armar e equipar as Forças Armadas e a construir uma siderúrgica nacional em troca de apoio militar para ampliar sua presidência com poderes ditatoriais que eliminassem a politicagem. A execução desse trato deu-se do modo hesitante e indireto, como costumavam ser as manobras de Vargas. Ele enviava sinais ambíguos ou mesmo contraditórios. Porém, em vez de dissimulação, sua falta de clareza provavelmente refletia indecisão e cautela. Ele assumira um compromisso com os generais Dutra e Góes Monteiro: instituir uma ditadura que armaria o Brasil.[7] Em seu diário, Vargas anotou em 15 de junho de 1936 que o único modo de fazer as compras necessárias de armamentos seria com "uma grande redução no pagamento da dívida externa", algo impossível "no regime político que estamos seguindo". E, assim, a política de defesa produziu a ditadura chamada de Estado Novo (1937-45).[8]

Os debates no Exército sobre as políticas de comércio e armas pareciam dividir a oficialidade em dois campos: o pró-americano (posteriormente, Aliados) e o pró-germânico (posteriormente, Eixo). A crise europeia provocou reações acentuadamente conflituosas e complicadas no corpo de oficiais brasileiro. É certo que havia admiração pela reconstrução das Forças Armadas e da indústria bélica na Alemanha. Além disso, crescia a aceitação da ideia de que, para enfrentar as incertezas à frente, a segurança nacional brasileira requeria um governo centralizado forte e eficiente na defesa do país. Para os observadores americanos contemporâneos era fácil enxergar nefandas influências do Eixo nos pronunciamentos e atitudes dos generais Eurico Dutra (ministro da Guerra) e Pedro A. de Góes Monteiro (chefe do Estado-Maior do Exército), mas os historiadores deveriam analisar mais a fundo em vez de meramente aceitar o que parece óbvio.[9] É comum historiadores apresentarem a noção de que o governo Vargas teria oscilado entre a Alemanha nazista e os Estados Unidos. Com frequência, essa pareceu ser a situação para os repórteres de jornais e, com isso, posteriormente para os historiadores que enxergaram uma "simpatia pela Alemanha" nos generais Dutra e Góes Monteiro.[10] No entanto, quando um repórter do *New York Times* perguntou a Dutra, em termos diretos, "Pode-se dizer que o sentimento do Exército é pró-germânico e antiamericano?", a resposta foi: "De modo algum. O Exército está preocupado em aperfeiçoar sua eficiência profissional e é exclusivamente pró-brasileiro. [E] tem buscado ajuda para isso junto aos Estados Unidos, e não à Alemanha".[11] Para os americanos, a ideia de ser pró-brasileiro geralmente era difícil de entender.

Em 1938 o governo de Getúlio Vargas seguiu a recomendação de seus generais e encomendou às empresas alemãs Krupp e Zeiss um vultoso lote de peças de artilharia e instrumentos ópticos.[12] Esse pacote de 55 milhões de dólares despertou suspeitas em Washington, embora na análise devessem ter sido considerados a relação amistosa do presidente Vargas com Franklin Roosevelt e o oferecimento espontâneo do presidente brasileiro, depois do cordial encontro dos dois no Rio de Janeiro em fins de 1936 para discutir uma plena cooperação militar e naval, inclusive a construção de uma base naval no Brasil para uso americano em caso de uma guerra de agressão contra os Estados Unidos. Vargas observou que um ataque assim aos Estados Unidos "necessariamente" envolveria "os interesses vitais do Brasil".[13] Os arquivos da inteligência do Exército americano exsudam dúvidas e desconfiança; os oficiais do Estado-Maior desconheciam a oferta de uma base naval por Vargas e tendiam a ver muitos

Roosevelt e Vargas na chegada de Roosevelt ao Rio de Janeiro, em 1936. O filho mais velho do presidente, James, é o oficial naval no banco da frente, olhando para o pai.

oficiais brasileiros como simpatizantes dos nazistas. Alguns eram mesmo, mas a maioria tinha apenas uma admiração profissional pela disciplina e eficiência do Exército germânico.[14] Infelizmente o governo Roosevelt não aceitou a oferta, e os dirigentes brasileiros voltaram-se para seus próprios problemas e soluções. Menos de dois anos depois da extraordinária proposta de Getúlio, seriam os americanos quem buscaria com urgência essa cooperação.

OS TEMORES AMERICANOS E A NEUTRALIDADE BRASILEIRA

É importante lembrar que a guerra eclodiu subitamente em setembro de 1939 com a invasão da Polônia pela Alemanha e que a conquista da Holanda e da Bélgica, bem como a chocante retirada dos britânicos em Dunquerque no começo de junho, seguida pela derrota da França em meados de junho de 1940, causaram pânico em Washington. Não estava nem um pouco claro que os britânicos eram capazes de rechaçar o forte ataque alemão ao seu reino insular. Por fim, os alemães desistiram de seus planos de invasão, embora isso não tenha ficado claro de imediato. Nesse ínterim, a Itália atacou colônias britânicas no Leste da África, e o Japão apoderou-se da Indochina francesa. Em 27 de setembro os três agressores assinaram um pacto econômico e militar de dez anos, formando a aliança do Eixo. Suas forças dominaram a Romênia e os Bálcãs e invadiram a Grécia. A incerteza reinava. Em 29 de dezembro de 1940, numa "conversa ao pé da lareira", o presidente Roosevelt falou aos seus conterrâneos pelo rádio: ressaltou a ameaça do Eixo e conclamou o país a um gigantesco esforço produtivo que transformasse os Estados Unidos no "maior arsenal da democracia". Palavras corajosas e inspiradoras, mas ainda estava tudo por fazer. E se os franceses entregassem sua frota aos alemães e estes desferissem um ataque a partir de Dacar, da África ocidental ou do Nordeste brasileiro? A distância era de apenas 2300 quilômetros, oito horas por via aérea. Os estrategistas americanos receavam que, se os alemães conseguissem controlar o Nordeste brasileiro, separariam os Estados Unidos dos recursos naturais da América do Sul.[15] Temia-se ainda mais que, se eles conseguissem um ponto de apoio no Saliente Nordestino, pudessem avançar gradativamente para o canal do Panamá e cortar essa artéria vital.

Hoje compreendemos as fraquezas da Alemanha e vemos o quanto era fantasioso esse cenário de um ataque alemão ao canal do Panamá, que na época parecia bastante possível. Os estrategistas militares em Washington, incertos quanto às capacidades do Eixo, eram forçados a pensar nos piores cenários. Assim, na conferência de oficiais de estados-maiores americanos e britânicos com o presidente Roosevelt e o primeiro-ministro Winston Churchill na Casa Branca em 23 de dezembro de 1941, os dois líderes "consideraram importante manter uma rota aérea aberta através da África, referindo-se à situação brasileira e à ameaça de Dacar". Roosevelt salientou "os perigos do Brasil"; embora Churchill se preocupasse com uma investida alemã no Norte da África e com a tomada de Dacar, imaginava a possibilidade de impedi-la com "uma expedição contra Dacar".[16]

O pesadelo da tomada de Dacar ou de Natal pelos alemães tirou o sono de líderes militares americanos por vários anos. Desde o início da década de 1930, Alemanha e Estados Unidos competiam pelo comércio brasileiro, e os militares americanos cortejavam com ardor o Exército do Brasil. Estrategistas militares ansiavam para que os Estados Unidos oferecessem armas ao Brasil em troca da permissão para instalar uma força de defesa no Nordeste. De 1939 a 1942, o planejamento militar americano enfatizou a vulnerabilidade do Saliente Nordestino e a aspiração do Departamento de Guerra a guarnecer a região com tropas americanas. Em janeiro de 1939, segundo analistas do Departamento de Guerra, as cidades costeiras do Brasil eram

> quase completamente indefesas [...] até mesmo contra um ataque de pequenas expedições navais. O Brasil é impotente diante de qualquer tipo de inimigo forte. [...] Se alguma vez tivermos complicações decorrentes da Doutrina Monroe, é 95% a probabilidade de que será em razão do Brasil sem defesa. [...] Duas mil e quinhentas milhas de linha da costa desprovidas de defesas [...], o que significa que uma força hostil só precisaria entrar, ancorar e tomar posse.

O Brasil não tinha defesa antiaérea no Rio nem em São Paulo. O analista, claramente espantado, lamentou: "Nenhum tipo de equipamento. Com aviões em voos regulares para a Europa, preciso dizer mais?".[17]

Esse comentário pode ser um pouco dramático, mas o Brasil era mesmo fraco em termos militares. Em fevereiro de 1939, oficiais do Army War College responderam a uma incomum solicitação sigilosa de um "Special Strategic

Study of Brazil" [Estudo Estratégico Especial do Brasil] especificando as ações americanas necessárias para auxiliar "na manutenção de sua independência e integridade em face de operações internas ou externas, executadas, incentivadas ou auxiliadas por países não americanos". Os oficiais envolvidos, mostrando sensibilidade para as preocupações brasileiras com a soberania, preconizaram "a imediata evacuação de território brasileiro assim que os resultados desejados fossem obtidos".[18] Ao eclodir a guerra, o governo brasileiro imediatamente declarou neutralidade. O ministro da Guerra, Dutra, alertou os oficiais brasileiros para que evitassem mostrar parcialidade em suas ações e declarações públicas.[19]

O Exército e a Marinha dos Estados Unidos tinham interpretações diferentes sobre a situação no Atlântico Sul. Segundo o Exército, ela era perigosa, enquanto a Marinha estava satisfeita com suas relações com os brasileiros e não se preocupava em ajudar o Exército americano a se estabelecer no Brasil. Claramente, qualquer invasão transatlântica seria pelas vias marítima e aérea. Quando a War Plans Division do Exército propôs ampliar a busca por bases para uso conjunto do Exército e da Marinha, encontrou objeção: a Marinha já conseguira permissão brasileira para usar os ancoradouros nordestinos e não enxergava essa urgência conjecturada pelo Exército. Ao fim da Primeira Guerra Mundial, em que alguns oficiais brasileiros serviram a bordo de navios de guerra americanos, havia oficiais americanos lecionando em instituições navais brasileiras. Além disso, a partir de 1922 a Marinha americana implementou uma missão de bom tamanho e renome no Brasil. Seus oficiais tinham um ótimo relacionamento com líderes navais brasileiros e, de modo geral, a Marinha contava com melhores relações com os brasileiros do que o Exército americano.[20]

O Brasil era uma preocupação da oficialidade americana por ser muito real a ameaça da penetração comercial, política e militar por Alemanha e Itália. A população de imigrantes e descendentes germânicos e italianos no Brasil era estimada em 1 519 000, residentes sobretudo nos estados meridionais: São Paulo, Paraná, Santa Catarina e Rio Grande do Sul. A longa história de comércio e relações amistosas entre Brasil e Estados Unidos desde fins do século XVIII era positiva e tranquilizadora, mas a ênfase dos alemães e italianos em preservar o contato e a lealdade das comunidades de imigrantes causava inquietação. Os estrategistas do Exército temiam que as comunidades alemã e italiana se rebelassem contra o governo. Os americanos, naturalmente, queriam contrabalançar a propaganda e a influência germânica e italiana.[21] E, claro, o governo Vargas estava muito apreensivo com as numerosas comunidades alemãs não assimiladas nos estados do Sul. Em 1940 o censo registrou 581 807 falantes do alemão no Rio Grande do Sul, em Santa Catarina e no Paraná.[22] O Partido Nazista no Brasil era o maior do mundo fora da Alemanha, com 2900 membros em dezessete estados. Com os italianos, mais abrasileirados, o governo preocupava-se menos. Alocou unidades do Exército em áreas estratégicas no Sul, fechou jornais e escolas de língua alemã e deixou claro ao embaixador alemão que o Partido Nazista não tinha autorização para se estabelecer em comunidades germanófonas. Vargas havia proibido todos os partidos políticos, e quando o embaixador alemão argumentou com veemência que o Partido Nazista devia ser permitido, foi declarado persona non grata.[23] O ministro da Guerra, Dutra, comentou que os imigrantes estrangeiros haviam possibilitado a ocupação de vastos espaços não cultivados e subdesenvolvidos com comunidades viáveis, mas a negligência do governo permitira que se tornassem "verdadeiros quistos que, entregues a eles próprios, procuravam socialmente organizar-se com hábitos, costumes e tradições de suas pátrias distantes. Destarte, formamos essa coisa inaudita — pior do que ocupação militar estrangeira —, verdadeiras nacionalidades embrionárias". Dutra disse que não seria possível nacionalizá-las rapidamente, mas com paciência e persistência esse "problema seríssimo" seria eliminado.[24]

O governo também estava convencido de que os alemães tinham numerosos agentes secretos operando "um sistema de espionagem bem organizado" no país.[25] A propaganda alemã visava manter os alemães residentes no Brasil como "um bloco estrangeiro que devia lealdade ao país de origem". Além disso, o governo temia que a Alemanha, e talvez o Japão, tivessem "planos de longa data para o Brasil", e esses temores haviam sido "consideravelmente acentuados desde a Conferência de Munique", em 1938. O chefe da inteligência da War Plans Divison (WPD) [Divisão de Planos de Guerra] do Exército americano informou que altos funcionários da embaixada alemã no Rio, assim como cônsules em várias cidades, "tornaram-se arrogantes ao extremo desde os acontecimentos recentes na Tchecoslováquia". Os alemães estavam implementando "um vigoroso programa que consiste em convidar eminentes profissionais especializados brasileiros a visitar a Alemanha em companhia de suas esposas, com todas as despesas pagas. Esses convites vêm sendo aceitos com maior frequência". Emissoras de rádio de ondas curtas demonstravam estar "extremamente empenhadas em transmissões em português para o Brasil. Os programas musicais são excepcionais em qualidade, e a recepção é superior às transmissões de qualquer outro país". Os noticiários davam "interpretações pró-fascistas e antiamericanas a todas as notícias possíveis". O chefe de inteligência receava que dessas atividades acabasse resultando em "um núcleo efetivo de brasileiros pró-fascistas".[26]

Em vez de encarar o fracasso da tentativa de golpe do Partido Integralista em maio de 1938 como um sinal positivo da força do governo, os analistas americanos, cientes do apoio alemão e italiano aos integralistas, preocupavam-se com a possibilidade de novo golpe.[27] Afinal de contas, o governo Vargas era uma ditadura mantida pelas Forças Armadas. Forças pró-fascistas e pró-nazistas poderiam incitar a dissensão interna a ponto de derrubar o governo ou, se conseguissem controlar parte do país, a Alemanha e a Itália poderiam enviar reforços, como vinham fazendo na Espanha desde 1936. De fato, já em junho de 1938 os integralistas tinham um plano para outra revolta nos estados do Sul, segundo um informe do embaixador alemão Ritter.[28] Se um regime fascista pudesse se estabelecer no Brasil, os interesses vitais dos Estados Unidos seriam abalados, "e o canal do Panamá ameaçado". Isso afetaria a estabilidade do Uruguai e da Argentina, países vizinhos onde também havia populações alemã e italiana numerosas, pondo em risco a segurança do continente.[29]

A TROCA DE VISITAS DOS CHEFES DE ESTADO-MAIOR GEORGE MARSHALL E GÓES MONTEIRO

Em 1939 a preocupação do governo Roosevelt com o Brasil era tão grande que o recém-indicado chefe do Estado-Maior do Exército, o general George C. Marshall, foi enviado ao Rio de Janeiro. Ele chegou no cruzador da Marinha *Nashville* para avaliar em primeira mão o Exército brasileiro e dar início às negociações. Essa foi a primeira vez na história que um chefe de Estado-Maior americano, efetivo ou indicado, fez uma viagem ao exterior com essa finalidade. Para ser exato, Marshall tinha sido escolhido para o posto, mas só viria a suceder o general Malin Craig na chefia do Estado-Maior em 1º de setembro de 1939.[30] A ideia de visitas recíprocas entre os chefes dos estados-maiores dos exércitos do Brasil e Estados Unidos partiu de Osvaldo Aranha, que, depois de ter sido embaixador em Washington de 1934 a 1938, tornou-se ministro das Relações Exteriores. Em fevereiro de 1939, durante visita a Washington, ele se reuniu com generais do Exército. Osvaldo Aranha foi a força propulsora constante no estreitamento das relações com os Estados Unidos. A Alemanha havia convidado o chefe do Estado-Maior do Exército brasileiro para uma visita durante a qual ele participaria de manobras da Wehrmacht, quando teceu preocupantes comentários favoráveis sobre o Exército alemão. Aranha julgou, acertadamente, que uma troca de visitas tolheria a ida de Góes Monteiro à Europa. Anos depois, Marshall recordou que "para suprimir aquelas intimidades, fui mandado para o Brasil como um gesto de amizade".[31] Marshall decerto estava bem preparado, pois desde 1938 participava das reuniões da Comissão Permanente de Ligação chefiada pelo subsecretário de Estado Sumner Welles, que tratava sobretudo de assuntos militares latino-americanos, especificamente a defesa do Brasil.[32] Podemos apenas supor que ele aprendeu algo a respeito do Brasil, mas não sabemos se sua preparação foi meticulosa ou não. O adido militar americano enviou uma explicação pormenorizada sobre o equilíbrio relativo de poder no Exército

Chegada de Marshall ao Brasil.

brasileiro. Talvez alguém pudesse pensar que o ministro da Guerra era mais poderoso que o chefe do Estado-Maior do Exército, mas, na realidade, segundo o adido, "o chefe do Estado-Maior controla elementos mais importantes do Exército, e ao ministro da Guerra resta o controle dos assuntos administrativos. [...] Na situação atual, o ministro da Guerra sem dúvida é eclipsado pelo chefe do Estado-Maior tanto em poder como em influência política".[33]

Como uma viagem marítima dessas requeria no mínimo catorze dias em cada sentido, era necessário tempo e esforço para fazê-la. A recepção de Marshall nas ruas do Rio de Janeiro, de Porto Alegre e Belo Horizonte foi surpreendentemente efusiva. Na doca do Rio e na avenida Rio Branco, o povo demonstrou "imensa simpatia, e os aplausos espontâneos da multidão surpreenderam até as autoridades brasileiras" designadas para recepcionar o general e sua comitiva. Em Belo Horizonte, cerca de 12 mil estudantes e milhares de adultos ao longo da avenida Afonso Pena aplaudiram encantados e deram vivas quando Marshall desceu do carro e caminhou por mais de um quilômetro acenando para o povo. Até os oficiais brasileiros ficaram admirados com a recepção e as demonstrações emocionadas. O general Francisco Pinto, ajudante de Vargas, comentou: "Nosso povo costuma ser um tanto indiferente a visitas de Estado estrangeiras, e para mim o tamanho da multidão e os aplausos para a procissão que passava pela avenida Rio Branco foram uma surpresa e uma alegria".[34] E Marshall observou que era hospitalidade exagerada designar um coronel e um major brasileiros como seus "ajudantes". Achou que as visitas a autoridades e as recepções foram "aparatosamente organizadas", com destaque, talvez, para o fato de o chefe do Estado-Maior, Góes Monteiro, servir champanhe aos que recepcionaram Marshall no Ministério da Guerra. Mesmo assim, ele tomou notas atenciosas quanto aos procedimentos brasileiros para que seu Exército pudesse retribuir à altura quando o general Góes chegasse aos Estados Unidos. Marshall escreveu ao general Malin Craig: "Estão fazendo isso em grande estilo".[35]

Em 7 de junho Marshall conferenciou com os generais Dutra e Góes Monteiro, fez uma longa e clara exposição dos motivos que o trouxeram ao Brasil e pediu a cooperação brasileira em caso de guerra. Garantiu-lhes que, se o Brasil fosse atacado, a Marinha e a Força Aérea do Exército dos Estados Unidos viriam em socorro. A fim de preparar uma defesa conjunta, Washington queria ter acesso a um porto onde pudesse concentrar seus navios e as bases no Nordeste para instalar depósitos de munição, armas, petróleo e gás para facilitar as operações. O general Góes contra-argumentou que, em caso de guerra, a principal preocupação do Brasil seria defender o Sul contra uma invasão pela Argentina e contra a subversão entre as numerosas comunidades alemãs, italianas e japonesas nos estados meridionais.[36]

Uma das dificuldades que as autoridades americanas enfrentaram ao discutir as questões de defesa com seus congêneres brasileiros foi saber o tamanho exato do Exército do Brasil. Os números não eram necessariamente secretos, porém durante anos o efetivo autorizado vinha sendo determinado anualmente e em geral era maior do que o efetivo real. Em 1936, pela primeira vez os números autorizados foram determinados para três anos (1936-8), com 4800 oficiais regulares, 1100 oficiais temporários e 74 mil praças. O problema é que, embora o número de oficiais real estivesse correto, o efetivo alistado, segundo estimativas, era 20% inferior ao autorizado. O número real de praças era de aproximadamente 60 mil.[37] A questão do efetivo do Exército era dificultada adicionalmente porque quase não havia verba para executar o Plano de Reorganização de 1934. O comando do Exército lidou com a falta de fundos, reduzindo o número de recrutas. Oficiais protestaram e fizeram misteriosas reuniões secretas, e o ministro da Guerra respondeu com declarações públicas de que as reduções eram apenas boatos e que a "eficiência das nossas forças terrestres" estava sendo mantida.[38] O descontentamento resultante na oficialidade foi uma das causas da ascensão dos integralistas e da agitação comunista entre oficiais e sargentos, além de ser um fator no levante de novembro de 1935 patrocinado por Moscou.[39]

Outra dificuldade para os observadores estrangeiros foi avaliar a qualidade das tropas. No entanto, para os oficiais brasileiros, a realidade estava bem clara e constrangedora, pois os recrutas eram, em sua maioria, deploravelmente incultos. Como admitiu um oficial brasileiro, eram "homens desprovidos, em sua quase totalidade, de noções essenciais, ignorantes de nosso passado, despercebidos de nosso presente, indiferentes, em suma, ao porvir social que temos o indeclinável dever de construir", sem "educação civil e moral" elementar e com uma compreensão muito vaga do bem e do mal.[40] O general Dutra lastimou que 60% dos recrutas em potencial eram analfabetos e quase 50% eram fisicamente inaptos.[41] Sendo o analfabetismo tão comum, o treinamento básico precisava incluir o ensino de leitura, escrita e aritmética, e os praças que se mostravam deficientes no final do período de serviço ficavam retidos por mais seis meses. O "câncer do analfabetismo", como diziam os oficiais, era uma limitação grave à capacidade militar.

A viagem de Marshall ao Sudeste e Sul do Brasil foi um sucesso de relações públicas e trouxe a oportunidade para que visitasse unidades do Exército. Com exceção do "número infernal de discursos por dia", ele considerou a recepção "notável, com um entusiasmo sempre crescente". O requinte das recepções causou-lhe uma profunda impressão. Em Porto Alegre, no Rio Grande do Sul, ele contou, havia "guarda de honra, escolta de cavalaria ao redor do meu carro, policiais de motocicleta. A rua principal estava ladeada por milhares de estudantes em uniforme escolar, 50 mil ou 75 mil pessoas aglomeravam-se atrás das crianças, havia confete e papel picado, como na Broadway, por quase um quilômetro de quarteirões, quatro ou cinco bandas". Jantares com autoridades do Estado, bailes, "guardas de penacho, com botas de montaria [...] grupos de convidados para me receber, o governador a me escoltar, hinos nacionais, uma plataforma para sentar-me. Parece piada ou certa encenação, mas era muito sério o desejo de acolher com esmero". Sua afabilidade agradou aos brasileiros; em Porto Alegre ele encantou o povo enviando grande quantidade de doces a um orfanato, e em Belo Horizonte, como já mencionado, eletrizou os mineiros quando percorreu a pé um trecho do percurso para melhor saudar a multidão. Já planejando a visita de retribuição que Góes faria, ele se preocupava porque "o que eles fizeram pessoalmente não seremos capazes de reproduzir".[42] Cabe notar que Marshall não teve uma impressão favorável dos oficiais da pequena missão militar do Exército americano que vinha dando assessoria para a defesa da costa brasileira: achou que a aparência deles não era alerta e dinâmica o suficiente e declarou que queria "só oficiais de primeira categoria no Brasil".[43] O próprio Marshall havia escolhido o major Matthew B. Ridgway para essa tarefa em razão de sua experiência anterior na América Latina; ele foi então designado para o Estado-Maior do 4º Exército em San Francisco. O comandante do Army Air Corps [Corpo de Aviação do Exército], general Henry H. Arnold, recomendara seu ex-chefe adjunto do Estado-Maior, coronel James E. Chaney. Marshall enviou Ridgway e Chaney para o Norte em um avião da Pan American para que examinassem a área de Belém a Recife. Góes voltou com Marshall aos Estados Unidos no *Nashville* para darem seguimento às conversas.[44] Durante a viagem, em um memorando a Marshall, Ridgway escreveu que o objetivo da política americana "deve ser a manutenção no Brasil de um governo determinado, capaz de preservar sua integridade territorial e oferecer plena cooperação com os Estados Unidos na defesa do continente". Ele comentou ainda que "o fornecimento de armas e munições é o primeiro passo decisivo. Se negado, o Brasil inevitavelmente se voltará para a Europa. Se concedido, os passos restantes serão relativamente fáceis".[45]

Em carta ao presidente Vargas, Góes se mostrou receoso de que Marshall havia sofrido "uma decepção verdadeira" diante da fraqueza militar brasileira, pois imaginava que as forças do país fossem maiores e agora tinha em má conta o "nosso potencial militar". Góes Monteiro mostrou compreender mal o pensamento americano quando disse a Vargas seu receio de que, se o Brasil não concordasse com uma aliança, os americanos procurariam a Argentina, onde tinham uma missão de aviação. Obviamente a Argentina não poderia defender o Nordeste brasileiro. Ainda assim, Góes Monteiro esperava que fosse possível encontrar soluções benéficas ao Brasil e que a "aproximação" com os Estados Unidos resolvesse "nossos problemas capitais".[46]

Marshall não deixou nenhum comentário que indicasse a tal opinião desfavorável temida por Góes. Naquela época, o próprio Exército americano não estava em boa forma. Em meados dos anos 1930, o Exército "chegara a um ponto baixo tanto em números como em prontidão para o combate... [em razão da] parcimônia do Congresso e do sentimento antiguerra". Em 1932, o Exército contava com pouco menos de 120 mil homens alistados em serviço ativo e estava em 17º lugar em tamanho no mundo. Quando Marshall esteve no Brasil, o Exército americano tinha cerca de 175 mil soldados, um número ainda consideravelmente inferior aos 280 mil autorizados pela Lei de Defesa Nacional de 1920. A verba destinada ao Exército era "gritantemente inadequada até mesmo para impedir a deterioração normal do desgaste e obsolescência, que dirá para desenvolver e comprar armamentos modernos à altura dos que estão sendo adquiridos pelos inimigos em potencial dos Estados Unidos". As necessidades da "absurdamente pequena e mal equipada" força aérea eram motivo especial de grande preocupação.[47]

Góes e Dutra também sabiam que seu exército não estava em boas condições. Tinham se empenhado na derrubada do governo baseado na Constituição de 1934 em novembro de 1937, porque as necessidades de defesa não estavam sendo atendidas.[48] Em seu relatório de 1937 sobre os trabalhos do Estado-Maior do Exército, Góes Monteiro acusara o descumprimento da lei de 1934, que especificava a reorganização do Exército dentro de três anos. Em poucas palavras, o Exército estava "imprestável para o campo de batalha". O quadro que ele esboçou era desalentador. O Exército, segundo ele, era "frágil, mais fictício que real", suas grandes unidades encontravam-se "desmanteladas [...] incapazes de ser mobilizadas em tempo razoável e aplicadas a uma situação que exija o seu emprego". As preocupações do Estado-Maior do Exército com a fraqueza militar do Brasil, ele escreveu, aumentaram com a notícia de que o Chile estava renovando o equipamento de seu exército e a Argentina vinha aperfeiçoando seus armamentos, expandindo sua indústria bélica e desenvolvendo todas as suas capacidades militares. Nos Estados Unidos, o presidente Roosevelt preconizava "o mais pronto e intensivo aparelhamento para as suas Forças Armadas". Os países do mundo estavam se preparando para a guerra. O general declarou que "a violência na Abissínia, na China e na Espanha [eram] verdadeiras guerras de ensaio para a experiência do material de destruição e proteção, tendo em mira uma ulterior utilização do instrumento da força na luta capital e decisiva".

Não seria possível proteger o Brasil com ilusões pacifistas e a artilharia Krupp do fim do século passado. Nas fronteiras brasileiras mesmo, os "ex-beligerantes do Chaco, a despeito da interminável conferência de paz em Buenos Aires, retomam o caminho do rearmamento mais completo na perspectiva de apelar, novamente, para as armas na resolução da pendência que afeta interesses de muitas nações sul-americanas". Góes alertou que "o momento em que vivemos impõe uma transformação radical no organismo militar [...] [porque] ficamos paralisados, retardados cerca de um decênio". Eles tinham a responsabilidade de promover uma restauração das Forças Armadas do Brasil que "nos redima da inércia anterior e que nos liberte da situação deprimente em que jazemos". Essas circunstâncias motivaram Góes e Dutra a solicitar insistentemente ao "Exmo. sr. presidente da República todos os meios exigidos pela reforma de nossa estrutura, bem como a elevação do número de membros da M. M. F. [Missão Francesa]". E mais fundamentalmente, o Exército precisava de armas para incumbir-se de sua missão de defesa.[49] Assim, cônscios de sua fraqueza, eles estavam prontos para ouvir as propostas de Marshall.

As unidades do Exército vistas por Marshall pareciam bem apresentáveis. Nos anos 1920, em um programa de construção intensivo, o Exército estabelecera 61 novos quartéis, muitos deles nos estados meridionais. Eram prédios bonitos e tão bem construídos que muitos continuam em uso até hoje. Causaram boa impressão, tanto quanto os soldados participantes da parada, que é bem provável que tenham sido selecionados a dedo.

Chegando aos Estados Unidos, Góes ficou fascinado com a pujança e a organização do país. Marshall fez o possível para assegurar que o general brasileiro de fato visse os Estados Unidos. Comentou que "nenhum oficial do nosso Exército jamais teve oportunidade de ver nosso país como a que teve [Góes] Monteiro". E Marshall fez questão de que Góes compreendesse que, embora o exército americano fosse pequeno, era disciplinado e qualificado e estava se preparando para a guerra. O general brasileiro se impressionou com o porte físico, a inteligência, a habilidade técnica e a rigorosa disciplina dos soldados americanos, e se deslumbrou tanto com o potencial de força do país que comentou com Marshall que os Estados Unidos "podiam derrotar o mundo". Em San Francisco, Góes empolgou-se com a vista aérea da "frota com suas cem ou mais embarcações passando pelo Golden Gate".[50] Em West Point, ao assistir ao desfile do Corpo de Cadetes, Góes "verteu lágrimas". Bancou o aficionado da história durante uma visita ao campo de Batalha de Gettysburg e assistiu maravilhado a manobras aéreas na base de Langley em companhia de Marshall. Obviamente ele teve a oportunidade de ver o Pavilhão Brasileiro na Feira Mundial em Nova York. Talvez o ponto alto tenha sido ir com Marshall e o secretário de Estado do Exército, Cordell Hull, à Casa Branca para conhecer o presidente Roosevelt. Durante toda a viagem ele foi acompanhado pelos principais generais do Exército americano.[51]

Marshall assim avaliou a viagem: "O general Monteiro saiu-se muito bem, considerando as limitações da língua e a falta de uma aparência imponente. No entanto, causou uma impressão esplêndida, melhor do que eu previra [...] ele teve uma recepção notável". Marshall acertou ao supor que o general se surpreendera positivamente com as forças americanas. "Talvez ele pensasse que éramos um povo relapso no aspecto militar e descobriu, nessas guarnições concentradas, que estava muitíssimo enganado."[52]

Durante a viagem no *Nashville,* Marshall preocupou-se "com a saúde [de Góes], dado o trajeto extenuante, a viagem e a altitude". Ele conta que induziu "Monteiro a submeter-se a um exame clínico fazendo o médico examinar primeiro a mim". Seu coração revelou-se "um tanto fraco, e um cardiograma indicou mau funcionamento em uma válvula". Góes garantiu que estava apto para a viagem, mas Marshall tinha suas dúvidas, por isso providenciou para que seu convidado pudesse ter repouso adequado e um médico à disposição. Ao que parece, Marshall afeiçoou-se a Góes além do requerido pelo protocolo militar.[53]

Em suas conversas, Góes Monteiro salientou que o Brasil precisava da ajuda dos Estados Unidos para proteger suas comunicações marítimas ao longo dos vulneráveis 7500 quilômetros de litoral brasileiro, especialmente para manter abertas as rotas marítimas para a região Nordeste. Em troca, o Brasil oferecia o uso de bases aéreas em Natal e Fernando de Noronha.[54] Já em 1936 Góes Monteiro havia dito que, em caso de conflito mundial, o Brasil não poderia permanecer neutro, e sua única fonte de armamentos seriam os Estados Unidos.[55] De volta ao Brasil, Góes exaltou a "liberdade, ordem e disciplina" do país setentrional.[56] Apesar disso, a inteligência militar americana manteve uma atitude acentuadamente cautelosa com o general Góes. Anos depois ele declarou: "Nunca fui um nazista ou um fascista, como muita gente pensa. Apenas fui sempre um admirador, como soldado, do Exército alemão. [...] Eu nunca admirei Hitler; admirava, sim, os generais alemães".[57]

Marshall não falava português, por isso todas as suas conversas e discursos precisaram de intérprete. Poucos oficiais americanos falavam português, mas um deles, o tenente-coronel Lehman W. Miller, participara da Missão Militar dos Estados Unidos no Brasil e adquirira fluência considerável. Ele se manteve junto de Marshall durante toda a sua viagem ao Brasil e depois foi com Góes Monteiro para os Estados Unidos. Marshall julgou o papel de Miller "da maior importância para o êxito da missão", e suas recomendações e orientações durante a viagem de Góes Monteiro pelos Estados Unidos foram "diretamente responsáveis por grande parte do sucesso da visita". Miller foi a exceção à má opinião que Marshall teve sobre os militares da missão no Brasil. Marshall não era dado a elogios imerecidos e ressaltou seu apreço numa carta ao embaixador Caffery, observando que Miller, "embora excepcionalmente discreto e modesto, teve um papel essencial nesse projeto. Ele causou ótima impressão por toda parte... Menciono isso porque ele é um homem de grande valor para nós nas relações com o Brasil. [...] Ele parece contar notavelmente com a confiança de Monteiro". A admiração de Marshall foi tamanha que ele providenciou a transferência de Miller para o War College em setembro de 1939, com a ideia de sua próxima designação ser para o Brasil.[58]

Góes prometeu a Marshall que seu Exército criaria nova artilharia de costa e unidades antiaéreas e que instalaria uma divisão do Exército no Nordeste, porém frisou muitas vezes que tudo dependeria de armas fornecidas pelos Estados Unidos. Ele apresentou uma lista de equipamentos militares que seu Exército considerava urgentes e indispensáveis. Salientou que os preços e condições de pagamento tinham de equiparar-se aos oferecidos pela Alemanha e outros países. O governo Vargas queria dar matérias-primas como o manganês em troca dos itens desejados. Queria saber "com absoluta certeza" que o Congresso americano revogaria a lei de neutralidade e que não haveria "obstáculos futuros às nossas possíveis aquisições nos Estados Unidos".[59] Com receio de guerra e cada vez mais isolacionista, o Congresso aprovara os Neutrality Acts [Leis de Neutralidade] entre 1935 e 1937. Essas leis destinavam-se a lidar com o instável cenário mundial decorrente da invasão da Etiópia pela Itália, da Guerra Civil Espanhola e da invasão da China pelo Japão, mas dificultavam quaisquer acordos para armar o Brasil.

Marshall escreveu a Góes em 5 de outubro explicando as restrições ao fornecimento e as limitações legais que eles enfrentavam. O Exército podia vender "a um governo amigo qualquer material bélico que possua em excesso e do qual não necessite mais para fins militares". Uma venda nesses moldes para o Brasil seria a preços simbólicos. Contudo, esse fornecimento seria "limitado em quantidade e qualidade, em razão de nossas deficiências em material bélico". Ele mencionou uma lista de excedentes disponíveis que o coronel Miller enviara a Góes, na qual se incluíam canhões móveis de seis polegadas que poderiam ser usados na defesa da costa. Os canhões requeriam certa modernização, com carretas que poderiam ser produzidas em fábricas comerciais. A "principal deficiência" eram as munições, Marshall lamentou, "que nos são escassas". Caso não fosse possível produzir munições no Brasil, ele sugeriu que o país as adquirisse "de fabricantes privados nos Estados Unidos".

Na época, a lei proibia a venda de "equipamentos novos fabricados em arsenais do governo". Ele esperava que um projeto de lei autorizando essas vendas fosse aprovado quando o Congresso reassumisse os trabalhos em janeiro, mas era realista e sabia que isso talvez não resolvesse o problema, "pois os arsenais do governo têm capacidade insuficiente para atender nossas necessidades na presente emergência". Por essa razão o governo americano dava prioridade à compra de equipamentos e armas de empresas comerciais. Marshall sugeriu que o Brasil fizesse o mesmo. Isso deve ter afligido Góes, uma vez que o Brasil não possuía capacidade industrial suficiente. Marshall reforçou a recomendação do coronel Miller para que Góes enviasse um oficial qualificado aos Estados Unidos a fim de selecionar equipamentos excedentes quando se tornassem disponíveis e "fazer encomendas a firmas comerciais depois de obter planos do nosso Departamento de Guerra". Marshall se declarou satisfeito porque "nosso governo aprovou provisoriamente certas medidas para aumentar a eficácia da nossa cooperação militar" e também pelo fato de o Exército brasileiro estar considerando a possibilidade de "estabelecer bases aéreas no Nordeste do Brasil"; ele se ofereceu para dar informações sobre os requisitos técnicos. Para aprimorar a cooperação, a Missão Militar dos Estados Unidos seria reforçada, alguns oficiais brasileiros seriam enviados para treinamento e Washington mandaria técnicos para orientar as indústrias bélicas brasileiras. Quanto às preocupações de Góes sobre as leis de neutralidade, Marshall tranquilizou-o afirmando que, independentemente do que o Congresso fizesse, "não deverá criar obstáculos ao seu aprovisionamento nos Estados Unidos, pois a legislação sobre neutralidade é voltada para países beligerantes". Ele prometeu a Góes que retomaria a ideia de trocar manganês por armas assim que "nossas demandas e fundos" tivessem sido determinados.

Concluiu dizendo que seu Exército despacharia sete bombardeiros B-17 "Flying Fortress" comandados pelo general de divisão Delos C. Emmons para que participassem do quinquagésimo aniversário da Proclamação da República em 15 de novembro. Garantiu ao seu "bom amigo" sua disposição de "cooperar até onde permita minha autoridade em todas as medidas que preparem melhor o seu país para defender a si mesmo e ao continente americano".[60]

Góes voltara ao Brasil com a base de um acordo de cooperação militar, mas quase três anos se passaram antes de ele ser assinado, sobretudo porque os americanos não tinham condições de fornecer armas. A troca de visitas de chefes de Estado-Maior mostrou a preocupação dos Estados Unidos com a segurança do Brasil e ajudou a conscientizar o povo americano quanto à defesa do continente.[61] Um ponto de divergência foi a pretensão americana de incluir a defesa do Brasil em um quadro mais amplo de defesa continental, enquanto os brasileiros julgavam que isso diminuiria o papel do país porque misturaria o Brasil a seus vizinhos, em especial a Argentina. As Forças Armadas brasileiras "cooperariam cem por cento" com os Estados Unidos, disse o ministro Osvaldo Aranha ao embaixador Caffery, mas não queriam "estar atreladas a nenhum outro país ou países". O Exército "não aprovaria um plano de defesa continental".[62] O Brasil não queria uma relação bilateral situada no contexto continental e multilateral. Os líderes militares brasileiros achavam que o tamanho e a localização do país conferiam-lhe "uma posição privilegiada que deve traduzir-se por uma ajuda especial por parte de Washington".[63] Contudo, parecia que as autoridades americanas estavam condicionando o fornecimento de equipamento militar à possibilidade de o Brasil participar da defesa coletiva do continente. O desacordo entre os pontos de vista adicionou um obstáculo desnecessário à defesa do Nordeste brasileiro.

Um resultado estranho dessa viagem de Góes foi um grave erro que se insinuou na historiografia brasileira. Vários autores afirmam que ele esteve na Alemanha antes da guerra. Fora divulgado o convite que lhe fizeram para ir à Itália, Alemanha, Inglaterra, França e Portugal. Anos mais tarde, muitos historiadores partiram do pressuposto de que ele teria visitado esses países.[64] Na verdade, antes mesmo de ir aos Estados Unidos ele decidira não fazer a viagem à Europa. No dia em que Marshall chegou ao Brasil, 25 de maio, o embaixador Caffery informou que havia novas tentativas para concretizar a visita de Góes à Europa após a ida aos Estados Unidos. No entanto, em 6 de junho Caffery relatou que, naquela tarde, Góes lhe dissera ter decidido não ir à Alemanha e aos outros países e que, aceitando o oferecimento de Washington, voltaria para o Brasil no Flying Fortress.[65] Os documentos sobre seus planos estão disponíveis desde o começo dos anos 1960, portanto não há razão para perpetuar o mito. Além disso, deveria ser óbvio a todos que ele permaneceu tanto tempo nos Estados Unidos que a eclosão da guerra teria impossibilitado tal viagem. Ainda mais estranho, porém, é o fato de o ministro das Relações Exteriores Osvaldo Aranha parecer desconhecer que Góes decidira não ir à Europa. Em 18 de agosto ele escreveu a Vargas que recusar os convites era difícil e poderia causar "ressentimentos, dúvidas ou reservas". O governo precisava aceitá-los, mas era preciso "agir com a máxima prudência […] de forma a não deixar o Brasil, nos vários países a serem visitados, o menor sinal de suas simpatias […] com restrição da liberdade que temos e devemos conservar"; as decisões, segundo ele, deviam ser tomadas de acordo com os interesses, a vontade e a soberania brasileira.[66] Entretanto, nada disso realmente importaria, pois em menos de duas semanas a Alemanha invadiria a Polônia.

NEUTRALIDADE E COOPERAÇÃO

Antes da troca de visitas, o Estado-Maior Geral do Exército brasileiro havia discutido como facilitar as negociações de modo a favorecer os interesses nacionais. Já haviam encomendado e pago grandes quantidades de material bélico da Alemanha, ainda não remetido, e queriam assegurar que o que ficasse combinado com os Estados Unidos não interferisse no recebimento daqueles armamentos, nem violasse a neutralidade declarada pelo Brasil.[67] Dutra, ministro da Guerra, aconselhou a Vargas que buscassem vantagem econômica em uma cooperação mútua e intensificada com os Estados Unidos, mas sem compromissos militares. Deveriam adotar uma política de solidariedade e paz com seus vizinhos sul-americanos ao mesmo tempo que preservavam a máxima neutralidade formal em relação à guerra europeia. Contudo, se Vargas decidisse aprovar a cooperação militar com os Estados Unidos como sugerido pelo chefe do Estado-Maior Góes Monteiro, Dutra recomendava que as discussões com os americanos se baseassem em três "condições essenciais":

(1) Manutenção total da soberania territorial e militar do Brasil em quaisquer ações ou cooperação das Forças Armadas;
(2) Total liberdade de ação nas relações diplomáticas e no intercâmbio cultural com todas as potências mundiais, que permitissem, sem subterfúgios ou alegações, as mais cordiais relações com os países europeus [ou seja, Alemanha e Itália];
(3) Máxima discrição nas negociações para não despertar desconfiança e animosidade entre os outros países sul-americanos [isto é, Argentina].[68]

Vargas respondeu que o Brasil deveria manter-se longe de quaisquer conflitos na Europa ou na Ásia que não afetassem interesses nacionais. No entanto, disse que deviam examinar a cooperação que os Estados Unidos estavam oferecendo, pois relacionava-se ao preparo e à defesa militar contra ataques ou ameaças ao Brasil. Como essa cooperação era defensiva, era necessário, na opinião de Vargas, que ela não afetasse as relações com outros países.[69]

Dutra comunicou a decisão de Vargas a Góes Monteiro e salientou que "o Brasil deve permanecer estranho a qualquer conflito extracontinental...". E achava que não deviam partilhar seus estudos sobre defesa e planos de operações com os americanos como lhes pedira o adido militar dos Estados Unidos. Considerando que a política tradicional do Brasil era de não agressão e que seus planos eram "exclusivamente" defensivos, Dutra julgava que os planos brasileiros não tinham nenhuma relação com a cooperação com os Estados Unidos.[70]

As relações militares começaram mal porque as leis de neutralidade americanas impediam que os Estados Unidos vendessem armas antes da eclosão da guerra e porque as forças americanas estavam tão mal armadas que Washington praticamente não tinha excedentes para fornecer ao Brasil.[71] Os brasileiros ainda não se sentiam ameaçados e estavam dispostos a permitir forças americanas no país. Os dois lados concordaram em formar uma comissão militar bilateral para dar seguimento às negociações.

Marshall podia oferecer treinamento e disse a Dutra que mandasse alguns oficiais brasileiros para escolas do Exército nos Estados Unidos. No entanto, demorou um ano até que catorze oficiais embarcassem para solo americano. Para o chefe da pequena Missão Militar estava claro que a experiência nos Estados Unidos seria um modo eficaz de combater a antipatia pelos americanos demonstrada por alguns oficiais que haviam passado por treinamento na Europa. Ele chegou até a recomendar que oficiais brasileiros selecionados servissem por um ano ou mais no Exército americano.[72] A instrução para esses brasileiros foi oferecida em português nos fortes Benning, Sill e Monroe.[73]

Maio de 1940 foi um mês crucial. Em 13 de maio Vargas fez em Belo Horizonte um discurso no qual reafirmou enfaticamente a neutralidade brasileira, alertou que não permitiria o avanço de nenhum tipo de elemento extremista e garantiu:

> Se tivermos de tomar qualquer iniciativa, não o faremos isoladamente, mas de acordo com as demais nações americanas. 'Como cautelosos Ulisses, devemos conservar os olhos e os ouvidos desviados dos encantos e dos enlevos das sereias que rondam o nosso mar, a fim de que o nosso pensamento se movimente livre e se concentre não só nos interesses do Brasil, mas nos destinos do Brasil...'.[74]

Nesse mesmo dia, Góes Monteiro conversou com o encarregado de Negócios dos Estados Unidos, William C. Burdett, e informou que oito das 28 baterias antiaéreas que o Brasil encomendara à Alemanha tinham chegado. Góes interpretou essas entregas como um desafio aos Aliados, uma demonstração para os americanos de que os alemães estavam confiantes em sua capacidade para fornecer armamentos. E afirmou que, chegada a hora, o Brasil ofereceria plena cooperação com os Estados Unidos e as demais repúblicas americanas, alertando, porém, que o Brasil estava desarmado e não possuía indústria bélica, apenas muito potencial humano. Góes estava preocupado com os avanços na aviação e receoso quanto aos rumos da guerra; parecia acreditar que os alemães tinham boa probabilidade de derrotar os Aliados. Em sua opinião, a cooperação estreita entre Brasil e Estados Unidos era muito necessária, pois ambos estavam diante de um perigo real e iminente.[75]

Naquele funesto mês de maio, forças alemãs avançaram rumo a Paris e derrotaram tropas britânicas que fugiram em desespero pelo canal da Mancha, e o pesadelo da destruição ou controle pela Alemanha das frotas francesa e britânica provocou um frenesi entre os estrategistas em Washington.[76] Estrategistas do Exército estudavam situações a serem abordadas nos planos de defesa chamados Rainbow Plans. Em abril e começo de maio, um dos grupos de oficiais estudantes da turma de 1939-40 do War College estava trabalhando no "Plano de Guerra Púrpura" para lidar com uma suposta conjunção de rebelião e invasão do Brasil pelo Eixo. O War College do Exército em Washington, DC foi um degrau na escada para o alto-comando na Segunda Guerra Mundial. Ali os oficiais estudantes aprendiam a conduzir operações de guerra planejando manobras teóricas e estudando minuciosamente campanhas históricas. O War College enfatizava o preparo de oficiais para servirem no Estado-Maior geral e no alto-comando de guerra. Não havia divisões em turmas, e o trabalho era feito em comitês.[77]

O estudo sobre o Brasil supunha uma guerra civil na qual forças rebeldes e federais brasileiras lutassem em São Paulo ao longo de um eixo leste-oeste. Postulava a criação de bases alemãs e italianas nas ilhas Cabo Verde e Canárias, próximas à costa da África, e o envio de homens e munições aos rebeldes. A Argentina, no estudo, supostamente se aliava aos rebeldes. O planejamento tinha por objetivo manter em funcionamento o governo amigo do "Brasil Lealista" e derrotar a coalizão das forças germânicas, rebeldes e argentinas. O duplo enfoque consistia em defender o Rio de Janeiro e Natal. O plano dava grande atenção à estimativa da rapidez com que os Estados Unidos e o Eixo conseguiriam deslocar tropas para o Brasil e a respectiva eficiência das frotas combatentes. De quatro comitês que estudaram o problema brasileiro, apenas um decidiu enviar uma força expedicionária americana. Talvez tenha sido reflexo de uma tendência a evitar um envolvimento direto na América do Sul? Compreensivelmente, os oficiais preocupavam-se com as dificuldades representadas pelo terreno acidentado e a escassez de rodovias e ferrovias no Brasil e com a organização da crucial frota americana. Um crítico se perguntou qual seria a reação da opinião pública americana a um desvio de tanto armamento e poderio naval para o Atlântico Sul.[78] Para piorar, em 24 de maio o almirantado britânico circulou informes de que a Alemanha embarcara 6 mil soldados em navios mercantes que talvez estivessem a caminho para atacar o Brasil. Como precaução, o presidente Roosevelt ordenou ao Exército e à Marinha que formulassem um plano durante o fim de semana de 25 a 27 de maio para enviar 100 mil soldados em defesa do Brasil. Essa operação, batizada de "Pote de Ouro", não pôde ser executada porque não havia unidades prontas no Exército americano, o Army Air Corps não dispunha de transporte aéreo suficiente, os campos de aviação brasileiros eram inadequados e o apoio naval necessário precisaria ser extraído da frota do Pacífico, uma manobra à qual a Marinha americana se opunha. Além disso, obviamente, os brasileiros não receberiam bem os milhares de soldados americanos. Não se sabe o que aconteceu com os navios que, segundo os alertas britânicos, trariam tropas alemãs.[79]

Em 4 de junho de 1940 Vargas se reuniu com os ministros das Relações Exteriores, Justiça, Exército e Marinha e os dois chefes do Estado-Maior do Exército e Marinha para discutir a situação internacional e deliberar sobre o que o Brasil deveria fazer caso os Estados Unidos entrassem na guerra do lado dos Aliados. Ficou decidido que o Brasil continuaria a se armar e a manter a neutralidade, embora a favor dos Estados Unidos. O país manteria seu compromisso de entrar na guerra apenas se houvesse agressão contra um país americano.[80] As anotações de Dutra sobre essa reunião indicaram que eles cooperariam militarmente com os Estados Unidos, mas não decidiram o que fariam se os americanos entrassem na guerra sem ser atacados primeiro.[81] Dutra assegurou ao novo adido militar americano, tenente-coronel Lehman W. Miller, então recém-formado no curso no War College já mencionado, que o Brasil colaboraria com os Estados Unidos, mas frisou que o país precisava de armas e enviou depois ao embaixador Jefferson Caffery uma lista das necessidades do Brasil. Na verdade, entre os militares brasileiros havia sempre a dúvida, e talvez o medo, de que os Estados Unidos não seriam capazes de fornecer os armamentos necessários. Preocupadíssimo, o ministro das Relações Exteriores, Osvaldo Aranha, comentou com Caffery: "Vocês mantêm conversações conosco e os alemães dão as armas".[82] Mas não foi exatamente assim. Os alemães, segundo o embaixador brasileiro em Berlim, queriam "terminar a guerra depressa" e estavam incentivando a neutralidade brasileira oferecendo-se para aumentar suas aquisições de matérias-primas do Brasil quando a guerra terminasse. Empresas alemãs estavam aceitando encomendas a preços reduzidos de mercadorias a serem entregues em setembro. Nessa fase os alemães estavam otimistas quanto à sua vitória.[83]

Em 11 de junho, Vargas, talvez sem querer, despertou preocupações em Washington com um discurso que abria margens para interpretações ambíguas. Jornais americanos viram seus comentários como fascistas, enquanto na Alemanha suas palavras foram enaltecidas como corajosas.[84] O discurso, intitulado "No limiar de uma nova era", foi feito no Dia da Marinha no encouraçado *Minas Gerais* durante um almoço para almirantes e generais. A bordo do navio, Vargas mostrara ao general Góes Monteiro uma cópia do discurso, e Góes alertara que alguns termos e frases poderiam ser interpretados como aprovação à invasão então em curso da França pela Alemanha. Apesar disso, Getúlio leu o discurso sem modificações.[85] Ele ainda não sabia que, na noite anterior, Franklin D. Roosevelt condenara a declaração de guerra por Mussolini contra a França invadida e a Inglaterra que recuava, descrevendo-a como uma facada nas costas de um vizinho.[86] O enfoque de Vargas era no Brasil, mas decerto referia-se em termos gerais à situação mundial; o pronunciamento causou grande consternação. Ele mencionou que naquele dia comemorava-se a vitória da batalha naval do Riachuelo em 1865 na guerra do Paraguai e disse ter certeza de que todos os brasileiros cumpririam seu dever naquele momento histórico em que toda a humanidade se via diante de "graves repercussões" resultantes da "rápida e violenta mudança de valores".

> Marchamos para um futuro diverso de quanto conhecíamos em matéria de organização econômica, social ou política, e sentimos que os velhos sistemas e fórmulas antiquadas entram em declínio. [...] Não é, porém, o fim da civilização, mas o início, tumultuoso e fecundo, de uma era nova. Os povos vigorosos [...] necessitam seguir o rumo das suas aspirações, em vez de se deterem na contemplação do que se desmorona e tomba em ruína. É preciso, portanto, compreender a nossa

época e remover o entulho das ideias mortas e dos ideais estéreis. [...] O Estado deve assumir a obrigação de organizar as forças produtoras, para dar ao povo tudo quanto seja necessário ao seu engrandecimento como coletividade. [...]

Estamos criando indústrias, ativando a exploração de matérias-primas, a fim de exportá-las transformadas em produtos industriais. Para acelerar o ritmo dessas realizações, é necessário algum sacrifício de comodidades, a disposição viril de poupar para edificar uma nação forte. No período que atravessamos, só os povos endurecidos na luta e enrijados no sacrifício são capazes de afrontar tormentas e vencê-las.

A ordenação política não se faz, agora, à sombra do vago humanitarismo retórico que pretendia anular as fronteiras e criar uma sociedade internacional sem peculiaridades nem atritos, unida e fraterna, gozando a paz como um bem natural, e não como uma conquista de cada dia. Em vez desse panorama de equilíbrio e justa distribuição dos bens da Terra, assistimos à exacerbação dos nacionalismos, as nações fortes impondo-se pela organização baseada no sentimento da pátria e sustentando-se pela convicção da própria superioridade. Passou a época dos liberalismos imprevidentes, das demagogias estéreis, dos personalismos inúteis e semeadores de desordem. A democracia política substitui a democracia econômica, em que o poder, emanado diretamente do povo e instituído para defesa do seu interesse, organiza o trabalho, fonte de engrandecimento nacional, e não meio e caminho de fortunas privadas. Não há mais lugar para regimes fundados em privilégios e distinções; subsistem, somente, os que incorporam toda a nação nos mesmos deveres e oferecem, equitativamente, justiça social e oportunidades na luta pela vida.

Felizmente, no Brasil, criamos um regime adequado às nossas necessidades, sem imitar outros nem filiar-se a qualquer das correntes doutrinárias e ideológicas existentes. É o regime da ordem e da paz brasileiras, de acordo com a índole e a tradição do nosso povo, capaz de impulsionar mais rapidamente o progresso geral e de garantir a segurança de todos.[87]

Quem lê esse discurso hoje não vê razão para tanto prurido. É provável que tenha sido um produto daquele momento específico. Os britânicos haviam acabado de bater em retirada pelo canal da Mancha, a Holanda e a Bélgica se viam capturadas e a França estava prestes a ser esmagada pela bota nazista. Era um tempo de grande nervosismo. Frases como "povos vigorosos", "ideias mortas e ideais estéreis", "velhos sistemas" chamaram a atenção e talvez tenham paralisado o raciocínio.

Vargas anotou em seu diário que "os alemães embandeiraram, os ingleses atacaram, os americanos manifestaram-se consternados. Internamente, acusaram-me de germanófilo". Ele encerrou sua anotação de 12 de junho dizendo que "começaram os entendimentos entre o chefe da Missão Militar americana com os nossos militares e o ministro do Exterior sobre o nosso aparelhamento bélico".[88] No dia seguinte os jornais brasileiros publicaram uma nota escrita por Vargas esclarecendo o que ele quis dizer. Ele enfatizou que era preciso manter uma política externa de solidariedade na defesa do continente americano e de neutralidade diante de conflitos europeus e declarou que seu discurso de 11 de junho destinava-se a alertar o país de que as mudanças no mundo requeriam o fortalecimento do Estado brasileiro nas esferas econômica e militar.[89] É possível, como observou o historiador Gerson Moura, que Vargas pretendesse, com seus comentários, aumentar a pressão para que Washington apoiasse a industrialização brasileira e agilizasse o fornecimento de armas; no entanto, os escassos comentários de Vargas deixam margem à dúvida.[90]

VARGAS PROCUROU NÃO ANTAGONIZAR A ALEMANHA

Um drama desnorteante acontecia nos bastidores. Em 20 de junho Vargas se reuniu com o embaixador alemão Kurt M. Prüfer, que lhe trouxe telegramas de Berlim propondo que a Alemanha encomendasse imediatamente "grande quantidade de algodão e café a ser entregue depois da guerra", cujo término ele esperava para breve. Prüfer relatou que Vargas sugeriu firmarem um acordo antes do fim da guerra. É provável que imaginasse que sua posição para negociar enfraqueceria quando a guerra cessasse. Além disso, o embaixador disse que Vargas "espontaneamente afirmou sua intenção absoluta de manter a neutralidade e sua simpatia pessoal pelos estados autoritários, referindo-se ao mesmo tempo ao discurso que havia feito em 11 de junho. Ele expressou francamente sua aversão à Inglaterra e ao sistema democrático". É estranho que os comentários de Prüfer destoem do que Vargas escreveu em seu diário sobre esse encontro. Prüfer disse que Vargas solicitara a reunião, enquanto Vargas escreveu por duas vezes ter sido Prüfer quem a pedira. A referência ao discurso de 11 de junho é condizente com as interpretações do pronunciamento pelos alemães, mas não se encaixam nos comentários no diário de Vargas. E as datas da reunião diferem por um dia. Será que Prüfer fez um relato acurado ou teria dito a Berlim o que sabia que iria agradar?[91]

As conversas de Vargas com o embaixador alemão foram muitas vezes interpretadas como jogo duplo e, segundo um renomado historiador brasileiro, "a expectativa" era "de que o Brasil ficaria ao lado dos países do Eixo".[92] A posição alemã oficial em junho de 1940 era de que Vargas, "apesar das declarações de amizade", rejeitava "a política norte-americana [...] antevendo a derrota da Inglaterra, o resultante enfraquecimento de Roosevelt e a orientação da política brasileira para o comércio com a Alemanha e a Europa".[93] A Alemanha prometia comprar grandes quantidades de produtos brasileiros "imediatamente após o fim da guerra" e construir a siderúrgica, desde que não houvesse "mudança substancial [...] no presente estado de neutralidade do Brasil".[94] Certamente a posição pública de Vargas era que, "para o Brasil, como para as Américas, a guerra europeia é coisa muito distante e alheia aos interesses do continente".[95]

No entanto, Paulo Germano Hasslocher, de longa data um homem de confiança de Getúlio, escreveu de seu posto diplomático em Washington que o discurso tinha a vantagem de chamar a atenção do mundo para o Brasil naquele momento de grande crise. A seu ver, os dois homens que decidiriam o resultado da guerra eram Roosevelt e Hitler; todos os outros teriam papéis secundários. Ele recordou uma frase de Talleyrand: "Em política internacional, quando você não é o mais forte, deve estar com o mais forte". Os Estados Unidos eram mais fortes que a Alemanha, segundo ele, e poderiam fazer tudo o que a Alemanha fizera e estava fazendo e muito mais. A guerra moderna seria decidida em favor do país com a maior capacidade industrial para dar a seus exércitos os melhores e mais eficientes armamentos. Ele afirmou ter certeza absoluta de que os Estados Unidos eram o país mais poderoso do mundo e seriam invencíveis no dia em que entrassem na batalha. Acreditava que, por sabedoria e conhecimento das coisas, os brasileiros deviam posicionar-se do lado dos Estados Unidos. Não como humildes vassalos, mas como cooperadores e colaboradores em uma tarefa de interesse comum, o que seria mais condizente com o caráter e o desenvolvimento do Brasil.[96]

Um dia depois de Hasslocher redigir esse conselho, Roosevelt assinou uma resolução conjunta do Congresso autorizando os secretários da Guerra e

Marinha a auxiliarem os governos dos países americanos a aumentar e aprimorar suas estruturas militar e naval.[97]

Curiosamente, em 22 de junho, o chefe do Estado-Maior do Exército, Góes Monteiro, fez um discurso, inequívoco em seu tom "pan-americanista", que pareceu ter por objetivo "corrigir a infeliz impressão causada pelo discurso de Vargas em 11 de junho". A ocasião foi um almoço de despedida no Jockey Club do Rio em homenagem ao general Allen Kimberley, chefe da Missão Militar americana, que voltava para os Estados Unidos depois de dois anos no Brasil. Comentaristas e a maioria dos historiadores pareceram ignorar que Góes pediu a Kimberley para transmitir ao governo americano e ao povo a mensagem "dos nossos sentimentos de confiança continental fraterna [...] que são fatores permanentes na política externa do Brasil". Ele exortou os Estados Unidos a implementar imediatamente um programa de segurança, auxiliando os povos americanos a cooperarem na defesa coletiva. Observou que era "dever, agora, dos membros dessa irmandade [pan-americana] contribuir para torná-la efetiva e eficaz".[98] Não se esperaria que um alto funcionário da inteligência americana continuasse a interpretar sentimentos desse tipo como duvidosos. Contudo, Góes estava preocupadíssimo, taciturno, andando de um lado para outro em sua sala de trabalho. Ele comentou com o general Leitão de Carvalho temer que em setembro estaria tudo acabado, "com a vitória completa das forças do Eixo".[99] Góes falava demais e revelava seus pensamentos abertamente, o que dificulta avaliá-lo. Aparência e realidade misturavam-se de modo curioso na primeira metade de 1940. Em seu relatório anual a Vargas, o ministro Dutra comentou que, depois da troca de visitas dos chefes de Estado-Maior, "uma aliança tácita está em vias de estabelecer-se objetivamente para a cooperação armada dos dois países, em caso de guerra contra uma potência europeia ou no Sul do continente".[100] Qualquer que tenha sido a motivação de Vargas ao fazer seu enigmático discurso de 11 de junho, isso contribuiu para que Roosevelt decidisse agir.

3. A busca por benefícios mútuos

ARMAMENTOS ESSENCIAIS PARA A COOPERAÇÃO BRASILEIRA

Em 1940 as autoridades americanas não tinham opinião favorável sobre as Forças Armadas do Brasil, nem sobre as de qualquer outro país latino-americano. Achavam muito melhor enviar forças próprias para defender o Brasil, porém não possuíam tropas treinadas e armadas para uma missão desse tamanho, tampouco meios de transportá-las para o país. Para os brasileiros, a ideia de aceitar defensores americanos parecia uma ameaça à soberania nacional, algo que seu amor-próprio não permitia. Erroneamente, as estimativas da inteligência americana interpretavam como atitude pró-germânica a cautela dos generais brasileiros. No começo de junho de 1940, Góes Monteiro lembrou ao chefe da Missão Militar, coronel Miller, que depois de um ano de conversas sobre cooperação militar ainda não chegara ao Brasil um só canhão ou lote de munição.[1] O atribulado ano de 1940 entrava em agosto, e os dois lados tateavam em busca de uma solução mutuamente satisfatória para o dilema da defesa.

O Departamento de Guerra anunciou para outubro uma reunião em Washington dos chefes de Estado-Maior dos Exércitos das repúblicas americanas; em preparação para esse encontro, Dutra escreveu a Vargas um memorando com as linhas gerais de suas ideias sobre a posição que o Brasil deveria adotar. Antes de tudo, ele sugeriu mandarem outro representante em vez do general Góes, para que o processo de tomada de decisão fosse mais lento; isso não sendo possível, as instruções do governo deveriam ser meticulosamente definidas de modo a manter a neutralidade brasileira. Ele se referiu à promessa do coronel Miller de que o Brasil receberia os armamentos solicitados durante um período previsto de seis meses a três anos. Esse cronograma parecia vago demais para os brasileiros. E Dutra queria ter certeza de que os brasileiros não abririam mão do direito às armas que haviam comprado do Reich. Dutra disse a Vargas que aparentemente os Estados Unidos só podiam fornecer armamentos velhos e inadequados para os planos de defesa brasileiros.[2]

Em julho o embaixador Caffery afirmara sem rodeios que Washington precisava fornecer créditos que permitissem ao Brasil comprar armas ou os brasileiros negociariam com a Alemanha. O Brasil precisava de armas de qualquer maneira. Além disso, Caffery disse ao secretário de Estado Cordell Hull que a Krupp estava disposta a assumir o compromisso de construir uma siderúrgica no Brasil após a guerra e que, para evitar essa possibilidade, Vargas queria obter financiamento do Export-Import Bank para adquirir equipamentos de siderúrgica e assistência técnica dos Estados Unidos. Portanto, a defesa e o desenvolvimento industrial do Brasil estavam intimamente ligados ao perigo de "o Brasil cair por completo na órbita germânica". Era hora de Washington decidir-se, escreveu o embaixador.[3]

O general Góes Monteiro lamentou-se com um diplomata americano "que os Estados Unidos não tinham percebido que falharam em convencer o Brasil de que tinham um programa definido, e contrastou a 'vaga' política americana com a 'ação' alemã". Góes era "realista", e o diplomata concluiu que, se Washington "oferecesse algo concreto e [conseguisse] convencê-lo de que estamos prontos para a ação, ele estaria disposto a ficar do nosso lado. A meu ver, podemos ter certeza de que, se não conseguirmos convencê-lo, ele ficará do lado alemão".[4]

Era provável que não fosse assim tão simples. Góes compreendia os perigos para seu país. Também percebia que, necessariamente, o extremo meridional da zona de defesa dos Estados Unidos no Atlântico estava ancorado no cabo de São Roque (a localidade brasileira mais próxima da África) e em Fernando de Noronha (a 359 quilômetros da costa). Os Estados Unidos precisariam de bases aéreas e navais no litoral brasileiro. E Góes supunha que havia três modos de os americanos obterem essas bases: (1) por acordo, (2) fomentando uma guerra civil como haviam feito no Panamá em 1903 ou (3) por conquista militar direta. Ele preferia, claro, a primeira alternativa. O Estado-Maior do Exército brasileiro acreditava que firmar um acordo era a "única maneira de o Brasil, na atual oportunidade [...] sem abdicar de sua soberania, procurar prudentemente tirar partido, a fim de fazer suficientemente forte, das contradições e oscilações entre os blocos opostos, sem se engajar a fundo"[5] Além disso, já em julho de 1940 o Estado-Maior do Exército brasileiro achava que a "posição do Brasil em cada etapa da evolução mundial se apresentará singularmente difícil para garantir a inviolabilidade de seu território".[6]

Por sorte, o presidente Roosevelt decidiu fornecer os recursos para a siderúrgica e, com isso, pôs o Brasil no longo caminho para se tornar um gigante industrial e potência ascendente no fim do século XX. O embaixador brasileiro pediu permissão para assinar o acordo sobre a siderúrgica antes das eleições presidenciais, pois temia que elas prejudicassem seus planos.[7] Enquanto isso, em julho de 1940 os ministros das Relações Exteriores das repúblicas americanas reuniram-se em Havana para deliberar sobre o que seus países deviam fazer sobre o agravamento da crise na Europa. O governo Vargas ressentiu-se por seu pedido para sediar o encontro não ter sido atendido, mas frisou que "nosso pan-americanismo não mudou só porque mudaram as coisas na Europa". A conferência autorizou o governo pan-americano temporário das colônias europeias no Caribe e Norte da América do Sul a impedir que elas caíssem nas mãos dos alemães; determinou também, em uma Declaração de Assistência Recíproca, que um atentado contra a soberania ou independência política de qualquer república americana seria considerado agressão a todas. A declaração continha cláusulas determinando que os países signatários firmassem acordos de defesa mútua, o que passou a ser um objetivo nas relações dos Estados Unidos com o Brasil.[8] Em 1º de junho a importância de impedir que colônias europeias caíssem em poder dos alemães foi ilustrada pela chegada à Martinica do porta-aviões francês *Bearn* em busca de segurança quando a França desistia de lutar contra a invasão nazista. O *Bearn* transportava 106 aviões de caça fabricados nos Estados Unidos, e um navio que o acompanhava trazia a bordo um quarto de bilhão das reservas de ouro francesas que estavam sendo levadas às pressas para armazenamento seguro nos Estados Unidos.

Nesse episódio, as marinhas americana e britânica fizeram um bloqueio protetor em torno da Martinica.[9]

Em meados de agosto de 1940, o Departamento de Guerra revisava seus planos bélicos codificados por cor (conhecidos como Rainbow Plans) e encomendou estudos "estratégicos" das principais cidades brasileiras para preparar, entre outras coisas, as medidas governamentais militares do Lilac, o plano para o Brasil. Nos meses seguintes, o escritório do adido militar no Rio de Janeiro e a War Plans Division em Washington redigiram estudos detalhados de Natal, Belém, no Pará, Recife, Rio de Janeiro, Sul do Brasil e Mato Grosso/Amazônia.[10] Eram preparativos extremamente delicados, pois, se implementados, os Estados Unidos ocupariam partes cruciais do território brasileiro. E, talvez frustrado com a lentidão e o vaivém da tomada de decisões, o então tenente-coronel Lehman W. Miller, que pouco antes fora nomeado chefe da missão militar americana, confessou ao general Góes Monteiro que até o dia em que ele estava escrevendo, nada fora resolvido nos Estados Unidos para assegurar a capacidade de rechaçar ataques ao Brasil.[11]

A franqueza de Miller pareceu aumentar a confiança que os brasileiros tinham nele. Líderes do Exército se mostraram "encantados" com ele e confiantes de que Miller tornaria a missão mais satisfatória. Ao que parece, ressentiam-se com atitudes do general Kimberley, seu predecessor. Indignaram-se porque, dois anos antes, alguns membros da missão haviam sido nomeados apesar da oposição brasileira e até de alertas da embaixada. Tinham confiança no coronel Miller e a convicção de que ele "restauraria o prestígio da Missão". Também era favorável sua impressão sobre o major Thomas D. White e seus homens da missão da Força Aérea.[12] O Departamento de Guerra agora percebia que fora um erro mandar oficiais indesejados para o Brasil e estava "muito ansioso para corrigir isso".[13] Em 23 de setembro, o embaixador Caffery comunicou ao Departamento de Estado que, em caso de ataque, o governo brasileiro tomara a decisão de alocar todos os recursos do país para a frente americana. Ainda assim, lamentava que uma série de críticas da imprensa americana houvesse exasperado Vargas e as autoridades militares. Vargas comentou que não permitia que sua imprensa criticasse Roosevelt ou os Estados Unidos.[14]

O embaixador brasileiro em Berlim transmitiu a Vargas seu parecer sobre a situação. Chamou de guerra de extermínio o conflito entre Alemanha e Grã-Bretanha, iniciado seis semanas antes, e disse que, a seu ver, desenhava-se um impasse, pois os britânicos só podiam bombardear a Alemanha durante a noite e, por isso, seus ataques eram imprecisos, enquanto a Alemanha tinha capacidade de atacar pelo céu dia e noite, mas não podia sequer sonhar em aterrissar na ilha. "Para evitar que os Estados Unidos da América entrem na guerra, coisa sempre temida, celebrou a Alemanha com a Itália e o Japão o Tratado de Tríplice Aliança", ele disse. Esse tratado não deixaria de irritar os "norte-americanos". "Não se trata de aliança, mas de ameaça", ponderou, e acrescentou: "Ao mesmo tempo, principia a imprensa alemã uma campanha diária e insistente no sentido de demonstrar (é de perguntar-se a quem) que a América do Sul precisa da Europa ainda mais do que dos Estados Unidos e que estes e a Grã-Bretanha só querem é vassalar-nos, ao passo que a Alemanha só aspira a comerciar pacificamente conosco". A imprensa dizia que o desejado ingresso da Espanha na guerra seria decisivo para influenciar a opinião dos países falantes do espanhol.[15]

Nos bastidores em Washington e Nova York, o Exército tomava medidas em segredo que afetariam os rumos da guerra e a natureza do envolvimento brasileiro no conflito. Em junho de 1940, o Military Appropriation Act [Lei de Dotação Militar] autorizou o presidente a aprovar projetos sigilosos sem contabilizar publicamente os gastos. Com esse respaldo, o Departamento de Guerra negociou um contrato com a Pan American Airports Corporation, subsidiária da Pan American Airways (PAA) para um Programa de Desenvolvimento de Aeroportos (PDA) destinado a criar bases aéreas e rotas entre Estados Unidos, América Latina, África e outras áreas mais a leste.[16] Era óbvio que as bases brasileiras seriam fundamentais para toda essa estrutura. O chefe do Estado-Maior, Marshall, frisou a importância desse acordo em um memorando ao secretário da Guerra, Henry Stimson, dizendo que "a conclusão imediata do contrato com a PAA agora é mais essencial à nossa defesa nacional do que qualquer outra tarefa".[17] O presidente Roosevelt aprovou a alocação de 12 milhões de dólares do Fundo de Emergência que o Congresso havia instituído em junho.

Obter a permissão para construir as bases era apenas o começo. Era preciso construí-las antes de poder usá-las. E os brasileiros não queriam permitir que forças militares americanas construíssem bases enquanto o Brasil fosse neutro. Mas a PAA podia, aparentemente para uso próprio, fazer melhorias em suas instalações de pouso e decolagem. Na época, a companhia fazia a transição de hidroaviões para aeronaves de base terrestre. Para minimizar as objeções brasileiras, a PAA decidiu incumbir do projeto sua subsidiária brasileira, a Panair do Brasil. O diretor da Panair, Cauby C. Araújo, que se encarregaria das negociações com o governo brasileiro e organizaria a obra, recebeu instruções para declarar que os aeroportos e as instalações complementares destinavam-se unicamente ao uso da Panair do Brasil e da PAA. Deram-lhe certa liberdade no grau de detalhes que ele poderia revelar a autoridades brasileiras. Ele e os diretores da companhia aérea agiram com cautela para que a estreita ligação do projeto com o governo dos Estados Unidos não fosse vista como imperialismo disfarçado e não prejudicasse a PAA. A guerra não duraria para sempre, e a empresa tinha de proteger seu futuro.[18]

Em 18 de janeiro de 1941, Araújo reuniu-se com Vargas na residência de veraneio do presidente em Petrópolis e explicou o programa, incluindo o papel do governo dos Estados Unidos. Vargas refletiu por algum tempo e por fim deu sua aprovação, mas comentou que precisaria esperar para emitir um decreto autorizando a construção devido a algumas dificuldades no Exército. O general Francisco José Pinto, assessor militar do presidente que estava presente durante a conversa, observou que o sentimento "nazista" andava intenso entre os militares, por isso era preciso agir devagar. Curiosamente, Getúlio não fez menção alguma sobre isso em seu diário. Na época ele manobrava para frear um pouco a influência do Exército, criando um Ministério da Aeronáutica chefiado por um civil em vez de um militar. O novo ministério dirigiria a aviação civil e militar. As obras nos aeroportos poderiam começar, mas Araújo teria de apresentar um requerimento formal para obter um decreto.[19]

O governo Vargas era ditatorial, mas adotava procedimentos burocráticos. Grupos de pressão dentro e fora do governo influenciavam seus decretos-lei. Se não surgisse oposição e se a lei desejada não conflitasse com a definição de interesse nacional dada pelo regime, as partes envolvidas podiam redigir seu próprio decreto; mas quando, como nesse caso, estavam envolvidos grupos formidáveis como os oficiais militares nacionalistas, companhias aéreas concorrentes e governos estrangeiros, o avanço era lento e cauteloso, com estudos e pareceres fornecidos por comissões e departamentos.

O recém-criado Ministério da Aeronáutica representava um problema para Cauby Araújo, pois seu alto escalão era influenciado pela Lutfhansa, a companhia aérea alemã. Ele antedatou o requerimento do Projeto de Desenvolvimento de Aeroportos (PDA) em 20 de janeiro, dia em que Getúlio havia assinado o decreto de criação do ministério.[20] Isso lhe permitiu enviar o documento ao Conselho de Segurança Nacional por intermédio do Ministério da Viação e Obras Públicas, que dirigia a aviação antes da posse do novo ministro da Aeronáutica. O general Pinto, secretário-geral do Conselho de Segurança, supervisionou zelosamente o projeto. Com essa tática foi possível impedir uma oposição eficaz. Araújo incumbiu-se de conseguir o terreno para os aeroportos. Os proprietários dos terrenos em Belém, Camocim, Fortaleza e Recife eram o Departamento de Aviação Civil (DAC) ou o Exército; os aeroportos de Natal, Maceió e Salvador pertenciam à Cia. Aéropostale Brasileira, uma subsidiária da Air France. Araújo comprou a Aéropostale diretamente e negociou acordos com o DAC e o Exército. Em alguns casos, ele comprou outras propriedades ou o governo confiscou-as e as entregou à Panair. Isso foi feito sem uma autorização por decreto; passados seis meses, Araújo redigiu pessoalmente o esboço do documento. Até mesmo obter a aprovação plena do ministério ao decreto era uma tarefa delicada, e foi preciso que o ministro do Exterior, Osvaldo Aranha, fizesse um pronunciamento inequivocamente favorável. O decreto foi publicado no *Diário Oficial* de 26 de julho de 1941 e entrou em vigor.[21] Provavelmente o gabinete não sabia que, se sua decisão fosse negativa, os Estados Unidos teriam de "ocupar o Nordeste do Brasil por força das armas" para proteger os aeroportos em construção.[22] E é bem possível que a decisão tenha sido facilitada pela chegada da primeira remessa de material bélico dos Estados Unidos em 23 de julho.[23]

O decreto determinava que a Panair apresentasse plantas e orçamentos a serem aprovados pelo governo brasileiro e que, concluídas as obras, entregasse os aeroportos ao governo; por sua vez, este os arrendaria à Panair por vinte anos. Isso, claro, ocultava o papel do Exército americano, mas também era uma medida prática, já que o governo brasileiro não tinha experiência na gestão de aeroportos modernos. Na primeira metade de 1941, o Departamento de Guerra dos Estados Unidos pressionou a Pan American para que agilizasse o PDA. Forças alemãs avançavam velozes pelo Norte da África, e Natal era o elo crucial na rota de abastecimento dos Estados Unidos para as forças britânicas em risco. Em razão da neutralidade brasileira, o PDA precisava parecer um empreendimento rigorosamente civil e comercial. No entanto, atrasos caracterizaram todo o projeto. Escassez de engenheiros qualificados, comunicações deficientes no Nordeste, diferenças nas noções brasileiras e americanas sobre rapidez e escala de construção somaram-se ao problema do idioma e retardaram o programa. Foram necessários cinco meses desde o levantamento topográfico inicial só para limpar o terreno para uma das pistas de decolagem na base aérea de Natal-Parnamirim. Só em setembro os primeiros equipamentos pesados — tratores, niveladoras, caminhões — chegaram com seus operadores dos Estados Unidos. No Brasil houve muito suborno e especulação na venda de terrenos e no fornecimento de serviços e material de construção. Ocorreram alguns incidentes de agitação e sabotagem, e foi constante o temor de um ataque-surpresa terrestre ou aéreo da parte dos alemães. A inteligência do Exército alertou que desembarques alemães "são possíveis praticamente em todo o litoral da região de Natal".[24] Durante todo o ano de 1941, as autoridades americanas se empenharam em convencer os brasileiros a permitir a presença de fuzileiros navais (*marines*) americanos como guardas em Natal e em outros locais de bases aéreas. Os comandantes militares brasileiros no Nordeste opunham-se com firmeza à entrada de soldados americanos. No entanto, após o ataque japonês a Pearl Harbor em 7 de dezembro, Vargas atendeu o pedido de Roosevelt e permitiu que fuzileiros uniformizados fossem designados para Belém, Natal e Recife. As primeiras três companhias de fuzileiros chegaram com suas armas encaixotadas e guardadas em depósitos. Abriram caminho para a entrada de contingentes da Força Aérea e da Marinha nos meses seguintes. Apesar disso, a sabotagem foi uma realidade. Em fevereiro de 1942, açúcar nos tanques de gasolina de um B-17 provocaram a queda do avião na decolagem e a morte dos nove tripulantes. Apesar desses perigos, a cooperação brasileira com o PDA, segundo Marshall, foi "de valor inestimável para o aumento das nossas forças aéreas na Europa e Norte da África".[25]

Em 15 de setembro de 1941 a Grã-Bretanha havia sobrevivido à ofensiva aérea alemã e, no processo, derrubado 1733 aviões inimigos, assegurando assim que não haveria invasão do reino insular. Era o momento propício para Vargas esclarecer melhor a posição do governo brasileiro, então em 21 de setembro ele se reuniu com os ministros das Forças Armadas, o ministro das Relações Exteriores e o chefe do Estado-Maior do Exército, Góes Monteiro, para discutir a situação e deliberar sobre o que Góes deveria dizer nos Estados Unidos. Estava claro que o Brasil não podia se manter à margem dos acontecimentos mundiais e que a segurança nacional era de "suprema importância". A guerra pegara os brasileiros despreparados, ponderou Vargas, e eles precisavam vencer a "tirania do material" livrando-se da dependência de fornecedores estrangeiros e forjando "em nosso país as armas de que um dia precisaremos para defender a nossa soberania". Era preciso industrializar o país, pois "vencem os Estados industriais e, proporcionalmente, declinam as possibilidades de vitória dos países agrários".[26] De fato, o Brasil não possuía armamentos suficientes para se defender. Em novembro de 1940 o país tinha 114 336 fuzis Mauser (fabricados em 1908) e 464 peças de artilharia de vários calibres, trezentos morteiros de 81 mm e 24 tanques leves.[27] Assim, além do objetivo imediato da defesa contra o Eixo, a colaboração militar do Brasil com os Estados Unidos assumiu o objetivo mais amplo da industrialização.

Entretanto, a "colaboração" andava lenta demais para ambos os lados. O chefe da Missão Militar, coronel Miller, escreveu a Góes em 19 de setembro que até então "nada de concreto foi resolvido". Declarou que seu governo "era favorável" a fornecer armas ao Brasil, mas o Brasil não havia tomado as medidas necessárias para organizar uma defesa. Góes replicou com irritação que "a culpa não é nossa nem do governo brasileiro" e disse que haviam feito tudo o que os americanos pediram. Eles dependiam dos Estados Unidos para obter armas, como Góes vinha reiterando. Vargas considerou "um tanto impertinente" a atitude de Miller e deliberou com seus ministros do Exército e Marinha e com o general Góes sobre o modo como deviam responder. Essa comunicação Miller-Góes trouxe um tom de recriminação e mal-entendido que pôs em risco os esforços em prol de colaboração e cooperação.[28]

Roosevelt aparentemente advertiu os generais de que Vargas precisava sentir segurança antes de concordar com os planos americanos. E era preciso convencer os generais brasileiros de que não estariam cedendo território nacional a uma ocupação estrangeira. Sem armamentos modernos, o Exército brasileiro era fraco demais para arriscar uma coabitação com forças americanas. Para os generais brasileiros, as negociações com os americanos eram repletas de inferências, possibilidades e digressões que não lhes permitiam medir as consequências de um acordo com os Estados Unidos. Dutra alertou Vargas de que "o problema fundamental do Brasil" era que o país precisava se armar para não se tornar uma "Mongólia americana, sujeita ao audacioso assalto dos mais fortes".[29] Não podiam aceitar uma "pseudossolução de vagas promessas, retardadas no tempo, imprecisas na quantidade e ainda subordinadas a um critério de prioridades que, por certo, só em nosso desfavor poderão redundar". Dutra achava que tinham de fazer todo o possível para receber as armas compradas da Alemanha, talvez com a ajuda dos americanos para liberar as remessas, presas no bloqueio britânico. "Esta, penso, deve ser a nossa decisão em face da situação: ou nos asseguram o armamento de que precisamos ou nos ajudam a obtê-lo do Reich", ele disse.[30] Se nenhuma dessas coisas pudesse ser feita, Dutra não via como um acordo seria viável, apesar de reconhecer que o general Marshall era "um sincero amigo nosso" e que os dois países haviam partilhado "uma existência longa de ininterrupta harmonia".[31]

Enquanto prosseguiam as negociações no Brasil, a equipe de Roosevelt construía seu sistema de defesa no Atlântico Norte. Em setembro de 1940, os americanos negociaram um acordo com o Reino Unido que transferia cinquenta contratorpedeiros usados para a Marinha britânica em troca de bases arrendadas por 99 anos na Terra Nova, Bermudas, Trinidad, Guiana Inglesa, Jamaica, Antígua, Sta. Lúcia e Bahamas. Esse acordo não só ligou os Estados Unidos à Grã-Bretanha na crucial aliança contra o Eixo, mas também marcou o começo do fim do Império Britânico no hemisfério ocidental.[32] Em fins de dezembro, Roosevelt criou o Office of Production Management [Departamento de Administração de Produção] para coordenar as indústrias de defesa e agilizar, "exceto com participação na guerra", a ajuda à Grã-Bretanha e outros países ameaçados. Em uma "conversa informal" pelo rádio, ele ressaltou a ameaça do Eixo aos Estados Unidos e conclamou o povo a um esforço nacional para transformar o país no "grande arsenal da democracia". Em meados de março de 1941, submarinos alemães e italianos haviam afundado mais de 2 milhões de toneladas de embarcações aliadas. A lei conhecida como Lend-Lease Act [Lei de Empréstimo-Arrendamento] aprovada naquele mês reflete bem a preocupação americana. Essa lei permitia que qualquer país cuja defesa o presidente considerasse vital à defesa dos Estados Unidos obtivesse armas, equipamentos e suprimentos por meio de venda, transferência, permuta ou arrendamento. Além disso, situava diretamente os Estados Unidos do lado dos Aliados, visando a vitória total contra o Eixo.[33] Em abril, um acordo com a Dinamarca permitiu aos Estados Unidos ampliarem seu escudo defensivo no Atlântico Norte até a Groenlândia; depois, em julho, os americanos postaram tropas na Islândia para impedir a ocupação da região pelos alemães. No entanto, essas providências não mitigaram os temores de Washington em relação às ameaças do Eixo à América do Sul. De fato, dois renomados estudiosos da época observaram: "As autoridades militares em Washington classificam a defesa do hemisfério ocidental em segundo lugar em importância, atrás apenas da defesa dos Estados Unidos".[34]

A estratégia americana consistia em construir um sistema defensivo de bases com três pontos principais: Nova Escócia e Terra Nova no Norte, Trinidad próximo à costa venezuelana, e Nordeste do Brasil no Atlântico Sul. O objetivo era contar com forças militares a postos para rechaçar uma súbita investida germânica que, segundo estimavam os planejadores, poderia vir em forma de um ataque coordenado em pinça pelo norte e pelo sul. Os estrategistas militares americanos supunham que "as potências do Eixo tinham capacidade para estabelecer pequenas forças no Nordeste brasileiro antes que forças dos Estados Unidos pudessem interpor uma resistência armada eficaz". O problema era que, no começo de junho de 1941, o governo americano "não tinha nenhuma embarcação da Marinha, de superfície, subsuperfície ou aérea, a menos de 1600 quilômetros do ponto extremo do Brasil, e a força do exército mais próxima estava a quase o dobro dessa distância". Além disso, a linha de comunicações com aquela área era "quase totalmente marítima". Uma análise militar realista mostrou que "uma pequena força em uma ocupação inicial exigiria um esforço de grande magnitude para ser expulsa". Ser forçado a redirecionar forças americanas para expulsar até mesmo uma pequena força do Nordeste era "altamente indesejável", e tal risco "não devia ser aceito". O chefe do Estado-Maior do Exército, Marshall, e seu congênere da Marinha, almirante Harold R. Stack, acreditavam que "esse risco existe hoje. E continuará a existir enquanto não providenciarmos as forças de segurança essenciais para essa área". Na opinião deles, havia

> a distinta possibilidade de um entrincheiramento de pequenas forças alemãs no Nordeste do Brasil cujo desalojamento demandaria grande esforço da nossa parte. Assim que nossas forças de segurança estiverem lá, essa possibilidade será eliminada. Seria então preciso um grande esforço da Alemanha para nos desalojar, e a probabilidade de isso ser feito seria relativamente pequena.

Marshall previu uma força protetora composta de todas as armas de combate, totalizando cerca de 9300 soldados e 43 aeronaves. O Exército e a Marinha tinham as forças disponíveis e meios de transporte suficientes para levá-

-las a partir da orla do Atlântico dentro de vinte dias. Ele preferia que o presidente Roosevelt pedisse diretamente a Vargas a autorização para a entrada das forças americanas.

> O verdadeiro risco, porém, que provavelmente não deve ser mencionado ao presidente Vargas, não é o perigo de um ataque por forças alemãs sem que contemos com apoio. O maior perigo nessa situação é a possibilidade de uma súbita tomada dos aeroportos e portos do Nordeste por forças já presentes no país que venham a agir em conluio com pequenas forças alemãs. Estas últimas, chegando por via aérea e talvez marítima, sincronizariam seus movimentos de modo a chegar a esses pontos imediatamente depois da tomada e então tomariam e organizariam esses pontos para a defesa.[35]

"MAIS UMA MISSÃO DE BOA VONTADE E DECLARAMOS GUERRA AOS ESTADOS UNIDOS."[36]

Enquanto avançavam as negociações militares, os Estados Unidos empenhavam-se numa campanha em grande escala para conquistar a cabeça e o coração do povo brasileiro. O período da guerra "foi um dos poucos na história dos Estados Unidos em que a importância da cultura nos assuntos internos e mundiais foi reconhecida e discutida lado a lado com questões financeiras e comerciais", observou Darlene Sadlier.[37] Em agosto de 1940 o presidente Roosevelt nomeou Nelson A. Rockefeller coordenador do Office of the Coordinator of Interamerican Affairs (Ociaa) [Escritório do Coordenador de Assuntos Interamericanos]. A missão desse novo órgão era usar técnicas modernas de relações públicas e comunicação de massa para lapidar a imagem dos Estados Unidos em toda a América Latina, sobretudo no Brasil. Outra de suas tarefas era expandir a imagem dos latino-americanos entre os norte-americanos por meio de programas em escolas e universidades. Salientava a ideia de que os povos do hemisfério ocidental eram todos americanos. Um texto didático do Ociaa para o curso de ensino médio ensinava: "Um cidadão do Brasil é tão americano quanto um cidadão dos Estados Unidos".[38]

O Ociaa atuou em várias frentes. Providenciou a tradução e a publicação nos Estados Unidos de importantes livros brasileiros como *Os sertões,* de Euclides da Cunha, *Casa-grande e senzala*, de Gilberto Freyre, e *Terras do sem-fim*, de Jorge Amado.[39] Encomendou filmes a Hollywood e outros estúdios que retratassem relações de amizade entre as repúblicas americanas. A cantora Carmen Miranda, importada pela Broadway, tornou-se a *Brazilian bombshell* cujos filmes de comédia fascinaram os americanos, mas a transformaram em motivo de chacota para os brasileiros. Rockefeller valeu-se de sua parte de proprietário dos estúdios RKO e enviou Orson Welles para fazer um filme sobre o Brasil, mas a obra revelou-se sincera demais para o gosto dos chefes do estúdio e do presidente Vargas, que "não gostou da imagem de um Brasil pobre e preto que Welles estava criando no documentário *É tudo verdade*.[40] As cenas realistas do povo preto e pardo pobre do Brasil filmadas por Welles resultaram na supressão do filme.[41] Walt Disney também foi ao Rio e criou um personagem de quadrinhos que se tornaria símbolo do Brasil, o Zé Carioca, o papagaio que apresentou sua terra e o samba ao Pato Donald. Infelizmente, o filme *Alô, amigos*, de 1942, mostrou uma imagem embranquecida; nem mesmo a cidade de Salvador da Bahia parecia ter habitantes de pele escura. Disney encantou-se na hora com o ritmo de Aquarela do Brasil, de Ary Barroso, que logo se transformou em um hino nacional oficioso, e incorporou essa música a partituras de filmes posteriores.[42]

Astutamente, Rockefeller obteve a isenção de impostos para empresas americanas sobre o custo de publicidade na América Latina se cooperassem com o Ociaa. Durante a guerra, a publicidade americana isenta de impostos tornou-se uma ferramenta eficaz. "Dirigindo seletivamente seus anúncios para jornais e emissoras de rádio que aceitassem 'orientação' de seu birô, [Rockefeller] pôde controlar na prática as imagens [...] da América projetadas durante a Segunda Guerra." Ao final do conflito, mais de 75% do noticiário internacional que chegava à América Latina passava pelo Ociaa.[43] Em uma esfera mais abrangente, as Forças Armadas americanas "dependiam muito mais da Disney para fazer seus filmes de programas de treinamento do que em qualquer outro estúdio de Hollywood".[44] As autoridades brasileiras da área de segurança viam alguns dos representantes de Hollywood, por exemplo, Douglas Fairbanks Jr., como agentes que propagavam uma mensagem da derrota final da Alemanha, e obviamente eles estavam certos.[45]

Em outubro de 1941, Roosevelt retirou a América Latina da alçada do Office of Strategic Services (OSS) de William Donovan e confiou as tarefas de conquistar o povo latino-americano ao programa de Nelson Rockefeller.[46] James Reston observou em 1941 no *New York Times* que o objetivo do Ociaa era convencer a América Latina a cerrar fileiras contra a ameaça alemã e a ver que a política da boa vizinhança não era um expediente temporário, e sim uma mudança de atitude permanente.[47]

Não foi de todo lisonjeiro para os brasileiros serem subitamente cortejados com tamanho ardor — eles sabiam que os americanos também andavam com galanteios para os lados de seus vizinhos de língua espanhola. Consideravam-se merecedores de atenção especial, tendo em vista o tamanho e a importância do Brasil e a amizade de longa data com os Estados Unidos. Entretanto, com exceção dos diplomatas bem informados, os dois povos quase não se conheciam. Até 1940 não havia uma história dos Estados Unidos em português. A concepção comum sobre a nação norte-americana entre os brasileiros vinha dos popularíssimos filmes de Hollywood; os americanos, por sua vez, não sabiam se a capital do Brasil era Buenos Aires ou Rio de Janeiro. Raramente se ensinava português em escolas americanas, e a probabilidade era maior de um brasileiro com alto grau de instrução falar francês do que inglês. Os resultados teriam maior alcance se mais brasileiros tivessem sido mandados ao país do Norte para vivenciar a terra do Tio Sam. O Departamento de Estado não se entusiasmou com propostas de organizar um programa para promover o Brasil nos Estados Unidos. O gabinete do coordenador encontrava maior êxito no combate à propaganda do Eixo, explicando que a escassez de artigos era causada pelas restrições à navegação. No entanto, parte da propaganda do Eixo persistiu graças aos rumores sobre a responsabilidade americana pelos ataques por submarinos em 1942 [ver capítulo 1, nota 25]. A propaganda do Ociaa não ajudou a preparar o público brasileiro para eventos vindouros. A opinião pública no Brasil frequentemente corria à frente da política do governo Vargas. Em agosto de 1942 seria o povo brasileiro quem exigiria guerra contra o Eixo.[48]

INAÇÃO E DESCONFIANÇA

As Forças Armadas dos dois países demoraram para chegar a uma visão comum sobre a guerra e seus perigos. A postura inicial dos americanos foi defensiva e teve por objetivo proteger o continente dos temidos ataques alemães.

Os estrategistas militares americanos viram o Nordeste do Brasil como um alvo potencial em um ataque alemão vindo da África. Como as Forças Armadas brasileiras não tinham força para repelir uma investida desse tipo, os americanos concluíram que deviam mandar seus próprios soldados para o Nordeste. Um agravante foi a imprensa americana retratar os generais Dutra e Góes Monteiro como líderes da hipotética facção nazista no Exército brasileiro. O general Amaro Soares Bittencourt, que fora enviado a Washington para negociar compras de armas, observou que esse tipo de comentário na imprensa causou "profunda impressão" nas autoridades em Washington, sobretudo porque publicamente Dutra e Góes não criticavam nem desmentiam tais rumores. Ele desconfiava que a disseminada falta de confiança em círculos oficiais contribuía para o atraso na remessa de armamentos.[49] Assim que o problema das armas fosse resolvido, o general Amaro deveria assumir a chefia da comissão militar brasileira nos Estados Unidos e ser o principal canal das comunicações militares entre os dois países. O general Marshall deixou claro que o exército americano ajudaria o Brasil a obter armamentos modernos, mas que pouco poderia ser feito no futuro imediato. Ele prometeu ao general Amaro que os pedidos do Brasil teriam preferência sobre os de outros países latino-americanos. Os Estados Unidos ainda não tinham entrado na guerra e não possuíam armas e equipamentos suficientes para suas próprias forças.

Alguns dos pedidos do Brasil eram maiores do que as quantidades disponíveis às forças americanas e outros maiores até do que as necessidades combinadas dos americanos e britânicos. Oficiais do Estado-Maior americano ajustaram as listas brasileiras para quantidades mais realistas. Pelo menos agora os americanos sabiam o que os brasileiros pensavam estar precisando, e os brasileiros sabiam o que os Estados Unidos podiam fornecer. Como tudo seria pago era outro motivo de preocupação. Em março de 1941 o Departamento de Estado providenciou junto ao Export-Import Bank um crédito de 12 bilhões de dólares para o Brasil, embora esperasse adiar uma decisão até o Lend-Lease Act, que viabilizaria a obtenção de armas pelos brasileiros, ser aprovado e assinado em 11 de março.[50]

Em particular, Dutra lamentou a falta de confiança dos americanos e o receio tácito em Washington de que os brasileiros usassem os recursos obtidos dos Estados Unidos "numa direção oposta aos objetivos americanos". O ministro da Guerra ofereceu a própria renúncia se Vargas achasse que isso aumentaria a confiança dos americanos. Defendeu-se ao afirmar "Sabe V. Exa. minhas opiniões, que nada têm de nazistas ou fascistas, ou o que quer que seja com tais doutrinas parecido", que seu único objetivo era "elevar o Exército ao mais alto grau de eficiência, dando-lhe os meios indispensáveis para cumprir realmente sua missão", e que ele não tinha preferência por nenhum dos lados na presente guerra, pois estava absorto em resolver problemas brasileiros. Assim como Vargas, ele queria impedir "qualquer país estrangeiro de tentar, sob qualquer aspecto, ocupar, mesmo transitoriamente, pontos ou zonas do território nacional, cuja guarda só toca a nós assegurar e manter, em todo tempo".[51] Vargas não quis demitir Dutra. Quanto mais problemas os americanos encontravam para fornecer as armas necessárias, mais diminuía a fé dos brasileiros em suas intenções.

Os americanos estavam organizando suas indústrias para a produção de guerra, e as armas disponíveis iam para a Grã-Bretanha combatente ou para as próprias forças estadunidenses em expansão. Entretanto, o Brasil era uma preocupação contínua, como se evidenciou no Army War College [Colégio de Guerra do Exército dos Estados Unidos] no começo de 1940, quando um dos quatro grupos do Estado-Maior da turma daquele ano "formulou o Plano de Guerra Púrpura, que prefigurava operações no Brasil contra uma coalizão de Alemanha e Itália". O coronel Lehman W. Miller participou desse grupo e logo mais seria nomeado adido militar no Rio de Janeiro. Essa seleta turma de 99 oficiais foi a última antes de o colégio fechar às vésperas da guerra; até 1946, dois terços de seus oficiais haviam se tornado generais e treze deles comandaram divisões durante a guerra. Eram "a nata" do corpo de oficiais do Exército.[52] A guerra na Europa, que começou simultaneamente com o início do período letivo no War College, cativou as atenções dos oficiais e, quando as aulas terminaram em maio de 1940, o presidente Roosevelt federalizou a Guarda Nacional dos Estados Unidos,* um sinal de que a crise se agravara.

O recém-nomeado adido militar, coronel Lehman W. Miller, estivera em Washington durante as conversas com o general Amaro, trabalhando com o coronel Matthew Ridgway. Amaro explicara a ele a hesitação dos brasileiros em permitir o aquartelamento de tropas americanas no Nordeste do Brasil.

---

* Força militar da reserva, composta de estados norte-americanos com membros da ativa ou inativos das Forças Armadas. (N. E.)

Antes de voltar para o Rio, Miller escreveu uma análise sensata sobre a situação do país. Afirmou que os brasileiros eram em sua maioria "pró-americanos, pró-britânicos e contra o Eixo", porém também eram fortemente nacionalistas, ciosos de sua soberania e avessos a que a violassem de qualquer modo possível. Queriam contribuir ativamente para a defesa do continente, e não ser meros espectadores. Amaro recomendou que os Estados Unidos fornecessem as armas que fossem possíveis e apoiassem o desenvolvimento de uma indústria bélica brasileira. A preparação de bases aéreas e navais no Nordeste deveria avançar "com a consciência de que essas bases são brasileiras e serão defendidas por forças brasileiras". Ele alertou que não deveria haver nenhuma tentativa de arrendar bases ou enviar forças americanas ao Brasil antes de os brasileiros perceberem a iminência de um ataque".[53] O conselho era bom, mas não mitigava a principal preocupação americana: o receio de que o país não pedisse ajuda a tempo para resistir a um ataque do Eixo.

Em maio de 1941, Miller voltou ao Rio como chefe da Missão Militar. Fora promovido a general de brigada para facilitar suas relações com os altos oficiais brasileiros e conferir mais prestígio ao seu trabalho. Um indicador da importância do Brasil para o Exército americano nesse período foi o fato de que os únicos outros países com missões militares similares eram União Soviética e Irã. Em 1939, o coronel Miller viajara com os generais Marshall e Góes Monteiro, e este último se impressionara com a habilidade de Miller no trato com os brasileiros. Góes parecia estimá-lo e pedira que lhe dessem a chefia da Missão Militar. Miller era na época um oficial de destaque. Formara-se em West Point em nono lugar na famosa turma "estrelada" de 1915, muito à frente de Eisenhower e Bradley. Fora para o Brasil em 1934 como membro da missão de quatro homens voltada para a defesa da costa. Retornara aos Estados Unidos em 1938, mas logo fora escolhido para acompanhar Marshall ao Brasil, atuando como intérprete na viagem de Marshall. Em setembro de 1939, foi um dos 99 oficiais que estudaram no Army War College na última turma antes da entrada dos Estados Unidos na guerra.[54]

Os êxitos da Divisão Panzer comandada pelo marechal de campo Erwin Rommel no Norte da África mantiveram os americanos de olho no vulnerável Atlântico Sul e no que eles chamavam de "*Brazilian Bulge*" [o Saliente Nordestino]. Os brasileiros haviam anunciado a intenção de efetuar manobras de treinamento com as armas militares combinadas no Nordeste em agosto e setembro. Em Washington, cogitava-se que até mesmo uma presença americana simbólica no Nordeste desencorajaria um ataque alemão. Surgiu assim a ideia de participar das manobras brasileiras. Marshall disse ao general Miller que, se fosse possível persuadir os brasileiros, ele poderia enviar "três ou quatro esquadrões" da Força Aérea e algumas unidades terrestres que o Exército brasileiro não possuía — unidade antiaérea, unidade de comunicação, engenheiros de combate e pessoal médico — para participar sob o comando dos brasileiros. "Não teríamos tropas terrestres combatentes, só a antiaérea", ele assegurou. Observou que a principal dificuldade seria encontrar transporte de ida e volta para esse pessoal. Disse ao general Miller que sondasse oficiais do Exército brasileiro, porém alertou que talvez a ideia não fosse viável, que Roosevelt não a aprovara e que ele estava "apenas tateando".[55] Mas Miller não queria saber de tatear.

A situação mais uma vez parecia dramática. Oficiais alemães e o almirante Jean-François Darlan, da França de Vichy, negociaram um acordo que parecia dar carta branca ao regime nazista no Norte da África.[56] A impressão era de que a ocupação alemã de Dacar seria iminente. Reuniões de emergência do Estado-Maior em Washington resultaram no envio do coronel Ridgway ao Rio para organizar imediatamente a estratégia brasileira-americana e obter o acordo para o envio de forças americanas o mais rápido possível.[57] Ele e o embaixador Caffery se reuniram com o ministro das Relações Exteriores, Osvaldo Aranha, e deste ouviram ser provável que o presidente Vargas não concordasse em receber tropas americanas no Brasil a menos que Roosevelt lhe pedisse diretamente. Até hoje não se sabe por que Roosevelt não fez esse pedido. Na época ele andava pensando em ocupar os Açores, embora os estrategistas do Exército achassem melhor enviar tropas para o Brasil.

Em 22 de maio, Sumner Welles fez uma declaração notável sobre as relações entre os dois países:

> Não há outro governo ao qual esse governo se considere mais intimamente ligado por credibilidade e confiança do que o do Brasil. Como Aranha sabe, desde que assumi esse cargo adotei a prática de transmitir ao governo brasileiro todas as informações recebidas que a meu ver sejam valiosas para o governo brasileiro. [...] você deve dizer a Aranha que em nossa ponderada avaliação o governo alemão e seus aliados nunca chegarão à vitória se não alcançarem o domínio dos mares, em especial o Atlântico. Os Estados Unidos jamais permitirão que o con-

trole dos mares, e em particular do Atlântico, passe às mãos de potências que claramente não aceitarão nada menos do que a conquista e dominação do mundo. [...] Esse é um princípio fundamental da nossa atual política.

E então ele deu substância a essa declaração de "credibilidade e confiança" revelando uma informação secreta delicadíssima. Roosevelt havia "autorizado pessoalmente" que ele informasse ao presidente Vargas de que "uma parte muito considerável da frota dos Estados Unidos viaja agora sob ordens secretas do Pacífico ao Atlântico, aonde chegará até 8 de junho". Os acontecimentos das semanas anteriores que haviam afetado o Atlântico provocaram essa movimentação, e aquelas embarcações seriam usadas para "proteger os interesses dos Estados Unidos e seus vizinhos americanos". Quando o embaixador Caffery se reuniu com Vargas em 28 de maio, o presidente brasileiro lhe disse para garantir a Roosevelt que "o Brasil honrará os compromissos que firmou no Panamá e em Havana. Em outras palavras, vocês podem contar conosco".[58]

No Rio de Janeiro, outra conversa levou as relações militares para uma direção de menor proximidade. O general Miller se reuniu com o chefe do Estado-Maior do Exército, Góes Monteiro, em 30 de maio de 1941. O encontro pareceu correr bem no início, até que Miller, nada diplomático, disse coisas que aborreceram Góes. Mais tarde, num memorando a Dutra, Góes detalhou a discussão que, posta no papel, pode ter parecido pior do que de fato aconteceu. Certamente quando Vargas leu o memorando, o clima estava péssimo. Historiadores do Exército brasileiro classificaram o episódio como um "grave incidente pela visita inamistosa do chefe da Missão Militar Americana no Brasil...".[59] Góes comentou que Miller estava claramente "sob um indisfarçável constrangimento" e "vinha falar ao chefe do E.M.E. em caráter de amigo pessoal e muito particularmente de sincero amigo do Brasil". Miller comentou que "vinha movido por graves preocupações", as quais não especificou, e mencionou que o general Marshall e o governo americano desconfiavam da disposição do Brasil quanto a uma cooperação efetiva com os Estados Unidos, "em vista de certos indícios e rumores que ultimamente vêm aparecendo em certos círculos de sua convivência". Góes pressionou-o para que explicasse, e Miller disse que se interpretavam em Washington certas manifestações "do Estado-Maior brasileiro relativas à questão do provimento imediato pelos Estados Unidos de material bélico, nas condições exigidas por esse órgão, como o sinal de que a cooperação entre os dois países não mais se daria, no caso vertente de se estender a guerra ao hemisfério ocidental". Góes argumentou que a cooperação brasileira seria necessariamente proporcional às armas que possuíssem para seus soldados. Miller ressaltou a "estranheza que causava nos Estados Unidos o retraimento — e mesmo certa frieza e indiferença — notado nos meios militares brasileiros, no sentido de um maior estreitamento dos vínculos para a cooperação eventual", e atribuiu isso a um desejo do Exército brasileiro de não "ferir a suscetibilidade do Exército alemão". Góes replicou que seu governo e as Forças Armadas eram voltados para os "interesses reais" e os "sentimentos preponderantes do país, não importando nunca em consideração à sensibilidade de nenhum outro Exército". O Brasil não fugiria aos seus deveres de demonstrar solidariedade e dar ajuda aos países irmãos, porém "não tem razões para suscetibilizar agressivamente outros povos". Miller referiu-se então a persistentes relatórios da inteligência de "ser uma grande parte da oficialidade do Exército simpatizante do Exército alemão e do nazismo, também aludindo à influência e propaganda de agentes e organizações da tolerância com que operam em suas escusas atividades".[60] Góes, pelo menos nesse memorando, parece ter mantido a calma e retrucado que os brasileiros eram muito mais acentuadamente "contra o Reich do que a seu favor". E garantiu que "os sentimentos e as convicções" dominantes nas Forças Armadas eram "unicamente os de patriotismo arraigado, com a consciência nacional bem esclarecida contra propósitos imperialistas de quaisquer núcleos estrangeiros que venham ameaçar". Ele qualificou esse tipo de propaganda negativa como "ridícula e soez", destinada a semear a confusão, levar o regime instituído em 1937 a ser malvisto no exterior e fazer o Exército brasileiro parecer diferente do que de fato era. Negou haver adeptos do nazismo ou de qualquer outra ideologia no Exército. Admitiu haver entre os militares, "sobretudo entre os mais cultos", "grande admiração pela estratégia, tática, técnica, organização e valor do Exército alemão" e disse ter certeza de que os líderes militares americanos também sentiam a mesma admiração profissional. O Brasil lamentava "a catástrofe que estava ensanguentando a Europa" [e] não tinha predileção especial por nenhum dos beligerantes"; o país pretendia permanecer "irrepreensivelmente neutro", porém ao mesmo tempo empenhado em garantir a segurança comum das Américas. O Exército brasileiro cumpriria seu dever, e o "sentimento dominante e aferrado entre nós é o de reagir contra qualquer espécie de dominação ou escravatura". Góes conta que Miller, "com visível embaraço", mudou de assunto e passou a tratar de "questões menos dialéticas e mais objetivas". Não está claro por que Miller correu o risco de se indispor com um oficial que ele procurara cativar por anos. A consequência imediata foi Góes guardar a partir de então alguma distância na relação entre os dois, dizendo a Miller que dali por diante ele deveria comunicar por escrito as futuras solicitações ou sugestões do Estado-Maior Geral americano.[61]

Por fim, Miller referiu-se à participação americana nas manobras planejadas no Nordeste e abusou da sorte dizendo que alguns dos oficiais designados para comandar as manobras eram sabidamente contra a cooperação e aproximação dos Estados Unidos, além de simpatizarem com o nazismo. Góes retrucou que o próprio fato de Miller, um oficial estrangeiro, poder dizer algo tão "inadmissível" ao chefe do Estado-Maior do Exército brasileiro provava que "os membros do Exército norte-americano eram tratados como se pertencessem às nossas próprias fileiras, com toda a consideração, estima e confiança".[62] É possível que Góes acreditasse que a participação de outros oficiais americanos na conversa seria útil, pois sugeriu que o Estado-Maior Geral americano enviasse secretamente alguns de seus oficiais ao Brasil para trabalhar na implementação do acordo. Ele se disse surpreso por Washington ainda não ter feito isso.

Miller estava apreensivo com a situação geral e se declarou preocupado com a aparente calma com que as autoridades brasileiras estavam avaliando o assustador cenário mundial. A seu ver, a entrada dos Estados Unidos no conflito era inevitável e haveria uma guerra prolongada. Góes assegurou-lhe que, por muito tempo, o Estado-Maior brasileiro vinha considerando a situação perigosíssima, com complicações crescentes e duradouras. Garantiu a Miller que discutiria a participação americana nas manobras com Dutra e com o novo ministro da Aeronáutica e que eles dariam a resposta. Ele observou que, em parte, a ideia por trás das manobras no Nordeste fora mitigar os receios americanos quanto à "densidade de nossas forças nessa zona".[63]

Nessa fase, as Forças Armadas brasileiras pareciam numericamente respeitáveis quando comparadas a outras forças não pertencentes ao Eixo no mundo todo. O Exército possuía 92 mil homens, organizados em cinco divisões comandadas por 6500 oficiais. A inteligência do Exército americano classificou o nível de instrução como "satisfatório" e o treinamento dos 192 mil reservistas não organizados como "fraco". O contingente de reservistas compunha-se dos homens que haviam concluído o ano de serviço militar obrigatório e estavam registrados como reservistas. Contudo, não havia um sistema de unidades ativas de reservistas, portanto o valor militar desses homens era duvidoso. A Marinha contava com 17 mil homens em navios mandados para o mar sem frequência. A pequena força aérea fora criada em 1941 por um casamento forçado entre pilotos e tripulações do Exército e da Marinha, e nela serviam 4722 homens em oito esquadrões. Armas e equipamentos modernos e um fornecimento garantido de gasolina e munição faltavam às Forças Armadas brasileiras como um todo.[64]

Góes classificou esse diálogo com Miller como uma "conversa importante" e motivo de preocupação, e lembrou a Dutra de que os adidos militares britânico e alemão haviam procurado por ele recentemente com perguntas incisivas sobre as manobras planejadas. O adido alemão, general Gunther Niedenfuhr, dissera a Góes que fora informado por Berlim de que os Estados Unidos estavam planejando enviar 40 mil soldados e 1200 aviões para participar. Góes disse aos dois adidos que esses números eram exagerados e que as manobras eram apenas eventos anuais rotineiros.[65]

O ministro Dutra enviou o longo memorando de Góes Monteiro ao presidente Vargas. Em sua carta introdutória, Dutra escreveu que, antes de o presidente tomar alguma providência, desejava registrar sua opinião sobre os "complexos e interligados problemas" relacionados a essa conversa importante e grave. Dutra queria que Vargas soubesse que ele concordava totalmente com a firmeza de Góes ao refutar as "objeções, dúvidas e desconfianças [do general Miller] [...] sobre a atitude do Brasil e sobre nossa efetiva cooperação com os Estados Unidos em defesa do continente". Dutra condenou a alusão de Miller sobre autoridades americanas expressarem desconfiança em razão de rumores imprecisos e de origem suspeita e a descreveu como "a leviandade de alimentar dúvidas que, além de descorteses, podem alertar em nós a desconfiança, que não queremos ter, na sinceridade de propósitos dos que de nós duvidem sem razão". Ele disse que não era sensato ter de desviar tempo de tarefas importantes para lidar com repetidas suspeitas e fantasias. Dutra acreditava que confiança não era algo que se pudesse forçar; devia ser conquistada por meio do entendimento mútuo.

Ele fez várias observações acerca dos assuntos que Miller abordara. A primeira foi sobre um levantamento aéreo conjunto do Nordeste. Não existiam mapas detalhados nem fotos aéreas da região porque o serviço geográfico do Exército brasileiro concentrara-se em mapear o Sul, que era visto como o provável campo de batalha em caso de um ataque argentino.[66] Os brasileiros tinham técnicos adequados, mas precisavam de aviões e câmeras mais modernos; no entanto, os americanos queriam fazer eles mesmos o trabalho, e isso era inaceitável.[67] O segundo assunto foi a participação americana nas manobras planejadas, uma ideia que, na opinião de Dutra, romperia a "equilibrada atitude de plena neutralidade em face do conflito na Europa" que o Brasil queria manter. Dutra não via "cabimento para essa demonstração de força que, finalmente, só prejuízos acarretará ao prestígio do Exército no interior e ao país no exterior". Em terceiro lugar, no entanto, ele pensava que a vinda sigilosa de oficiais do Estado-Maior do Exército americano para o Brasil era plenamente aceitável e útil. Uma vez no país, eles veriam os problemas e as necessidades do Exército brasileiro, o que poderia resultar em "verdadeiro e almejado clima de mútua confiança". Quanto ao quarto assunto da suposta "calma e displicência" dos brasileiros diante dos preparativos das potências para a guerra, Dutra menciona que essa interpretação sobre a atitude das Forças Armadas era "positivamente errônea". A verdade era que os militares brasileiros estavam acompanhando de perto os acontecimentos estarrecedores e analisando seus significados para o Brasil. Mas os oficiais evitavam discutir fora de seu círculo militar profissional para não provocar agitação inútil na imprensa. "Não há falta de interesse, não há displicência. Há, e muito sensível, pelo contrário, um anseio coletivo pela obtenção, através de todos os sacrifícios, dos meios materiais em armamentos e equipamentos de toda espécie de que carecemos." Em seguida, expressando sua grande frustração com os americanos, Dutra disse a Vargas que eles, "longe de nossa contribuição como povo armado e capaz, desejam apenas a posse de posições de bases de ação e comando onde possam vir estrangeiros exercitar a defesa de nossa terra". E revelou o que realmente sentia: "Alianças e convênios assim firmados são mais próprios para o ambiente das colônias africanas ou das possessões asiáticas, intolerantes e intoleráveis para negociações entre países livres, que mutuamente se ajustem para uma luta comum". Ele sentia que somente pelos próprios esforços dos brasileiros, com seu próprio povo e seu próprio material bélico, "haveremos de resolver os problemas fundamentais de nossa soberania e de assegurar contra quaisquer ameaças a integridade nacional". Os brasileiros não podiam contar com ajuda externa. Tinham um corpo de oficiais bem preparado profissionalmente e grande número de reservistas. Infelizmente, suas armas eram mínimas. "Estamos unidos, temos disciplina e estremecemos o nosso país. Nessas bases, portanto, devemos e queremos realizar nossa defesa e cooperar com nossos irmãos de toda América na segurança coletiva do continente."

Ele pediu a Vargas que elevasse os níveis da tropa, aprovasse a aquisição de 100 milhões de balas para a infantaria, providenciasse para que toda a munição de artilharia fosse fabricada no Brasil e que autorizasse a convocação de oficiais da reserva e a compra de capacetes de aço, equipamentos e uniformes feitos no Brasil. Dutra encerrou dizendo que, para alcançar esse objetivo, "é mister fazer ciente aos homens de governo e ao povo americano que o Brasil quer e pode com eles cooperar na defesa do continente", mas essa "grande e forte república" deve facilitar a aquisição de armamento. "Porém também lhes devemos assegurar, com idêntica sinceridade, que o Brasil não pode e não quer ser relegado de plano nas questões continentais como mera expressão geográfica, onde apenas bandeiras alheias, conquanto amigas, venham assegurar a posse da terra e a defesa e a soberania do nosso país e do nosso povo." As palavras de ordem, Dutra concluiu, deviam ser "compreensão e confiança". No dia seguinte, Vargas respondeu que concordava. "O governo brasileiro", ele disse, "está no propósito de cooperar com o governo dos Estados Unidos no caso em que as circunstâncias o exijam e na conformidade das normas e convenções já discutidas e aceitas." Tem de ficar claro, ele acrescentou, que, "adotando estas e outras resoluções semelhantes, o governo brasileiro não abdicará jamais de sua livre determinação e autonomia, principalmente no que diz respeito aos problemas e atividades direta ou indiretamente relacionados com o uso da nossa soberania, a guarda do nosso território e a defesa dos interesses nacionais".[68]

No mesmo dia em que tratou do memorando com Dutra, Vargas reuniu-se com o embaixador alemão, Kurt Prüfer, e perguntou se, caso ele aceitasse o tão repetido convite de Roosevelt para visitar Washington, o Reich consideraria oportuno que ele se oferecesse para atuar como mediador entre os dois governos. Vargas ressaltou que essa era apenas uma ideia vaga que ele queria explorar antes de agir. O ministro das Relações Exteriores, Joachim von Ribbentrop, respondeu pedindo a Vargas que não o fizesse, pois "a Alemanha não tinha a menor razão para solicitar qualquer iniciativa com respeito a propostas de mediação". Ribbentrop contentava-se em deixar essas jogadas "para o outro lado, que sem dúvida, mais cedo ou mais tarde, há de convencer-se independentemente da inutilidade de continuar a guerra que provocou contra a Alemanha".[69] Como Vargas não deixou comentários sobre nada disso, não se sabe se a ideia da mediação é ligada à sua conversa com Dutra. É interessante o fato de que, no dia anterior, ele anotara em seu diário que tinha chegado o primeiro lote de armas enviado pelo programa Lend-Lease dos Estados Unidos. "Nossas despesas vão aumentar. Torna-se necessário acelerar o aparelhamento bélico e aumentar os efetivos militares." E antes disso, em 29 de maio, ele explicara ao embaixador japonês que, se qualquer país americano fosse atacado, teria o Brasil ao seu lado.[70]

Contudo, era evidente que a pergunta do general Marshall sobre a possibilidade de americanos participarem das manobras projetadas no Nordeste provocara intensa preocupação. Os oficiais brasileiros sabiam que seu exército era fraco e praticamente desarmado e não tinham certeza se podiam confiar nos americanos. Uma possível preocupação é que, se pusessem os soldados brasileiros e os americanos lado a lado, isso resultaria em comparações constrangedoras. Foi bom que não soubessem o quanto eram extremas algumas das ideias que circulavam pelo Estado-Maior do Exército americano. Quando um chefe de Estado-Maior rumina ideias, seus comandados podem dar asas à imaginação. Em meados de junho de 1941, em um memorando para o general Marshall, um de seus oficiais da inteligência alertou que "o Brasil é totalmente incapaz de defender essa área e pode até transferir seu apoio para a Alemanha se a Inglaterra cair. [O Brasil] já está vacilando. [...] Portanto, é imperativo que forças dos Estados Unidos se estabeleçam firmemente na área vital antes que estejamos demasiadamente envolvidos na guerra". Ele aventou três possíveis linhas de ação para conseguirem o acesso: (1) pela diplomacia, incluindo "considerar [...] a compra direta de concessões vitais"; (2) por subsídio ao regime existente, incluindo pagar às Forças Armadas brasileiras por concessões; e por fim (3) "pressão política acompanhada pela força". Se a segunda linha de ação fosse bem-sucedida, "devemos passar discretamente a organizar o Brasil de tal modo que o país sirva aos nossos interesses militares e econômicos pelos anos vindouros". E, sem rodeios, ele recomendou que "se o presente regime não concordar com essas disposições, pode-se providenciar um golpe, a ser sincronizado com pressão política direta e intervenção de Forças Armadas". Se a situação chegasse a esse extremo, ele aconselhava manipular a situação "de modo que parte do povo brasileiro receba bem a nossa chegada". Propaganda cuidadosamente preparada e convincente deveria apresentar essa ação como sendo "em prol da autopreservação dos Estados Unidos e das demais repúblicas americanas".[71]

Em junho de 1941 continuava na War Plans Divison a ânsia por instalar tropas no Brasil. No dia 19, o secretário da Guerra, Stimson, esboçou uma carta a Roosevelt dizendo que "notícias recentes do Norte da África deixam bem claro que devemos agir de imediato para salvar a situação no Brasil". Em vez de enviar a carta, ele conversou sobre ela com o general Marshall, e os dois decidiram ir imediatamente à Casa Branca falar com Roosevelt. A conversa aconteceu ao lado da cama do presidente. Dada a urgência, Roosevelt disse que ordenaria ao Departamento de Estado que descobrisse um modo de instalar tropas no Brasil o mais rápido possível. A seu ver, o melhor modo seria persuadir o Brasil a concordar com um arrendamento limitado de uma base aérea próximo a Natal. Marshall não estava otimista, pois sabia que o Departamento de Estado opunha-se veementemente à ideia de arrendar bases na América Latina. Além disso, naquele momento o Exército americano não possuía equipamento nem munição para suprir uma força expedicionária deixando o suficiente para defender os Estados Unidos.[72] Os estrategistas militares americanos deviam estar bem desanimados.

Sumner Welles telegrafou ao embaixador Caffery avisando que a situação estava mudando com rapidez e que um ataque alemão ao hemisfério ocidental tornara-se "mais iminente". O presidente e os chefes do Estado-Maior Conjunto concluíram que "os pontos mais vulneráveis [...] são Islândia e Natal". Se Vichy entregasse o controle de Dacar à Alemanha, era "provável que a Alemanha então aplique sua clássica estratégia de pinça para tentar ocupar a Islândia e Natal, com o objetivo, obviamente recorrendo a forças aéreas baseadas nessas regiões, de isolar a Grã-Bretanha dos suprimentos que agora lhe chegam vindos do outro lado do Atlântico Norte e do Atlântico Sul". Ele queria o conselho de Caffery sobre o melhor modo de tratar com o presidente Vargas a respeito do "pretexto das manobras" para instalar tropas no Nordeste.[73]

Caffery respondeu na tarde seguinte. Disse que havia conversado com o ministro das Relações Exteriores, Osvaldo Aranha, e este lhe explicara que "seria um erro pedir ao presidente Vargas que permita o envio de tropas dos Estados Unidos para o Norte do Brasil, ainda mais porque os Estados Unidos não forneceram armas para o Exército brasileiro". O embaixador concordou com Aranha e observou que "Vargas tem se inclinado cada vez mais em nossa direção nesses últimos meses. Ele sem dúvida está do nosso lado, mas certamente não chegou o momento em que poderia concordar com essa proposta e sair impune". Caffery perguntou a Aranha se ajudaria caso Washington convidasse forças brasileiras a participar da defesa de algumas posses americanas, mas essa sugestão não pareceu levar a lugar algum.[74]

Enquanto prosseguiam essas discussões, o imprevisto aconteceu: os alemães invadiram a União Soviética em 22 de junho. Ainda assim os americanos continuaram concentrados na segurança do Atlântico Norte e Sul. Gradualmente, os estrategistas do Exército calcularam que os alemães estariam tão ocupados na União Soviética durante os três primeiros meses que não poderiam invadir a Grã-Bretanha nem impedir tropas americanas de desembarcar na Islândia ou manter sua "pressão sobre a África ocidental, Dacar e América do Sul". Essa ocorrência aparentemente providencial dava aos inimigos do Eixo tempo para substituir as forças britânicas na Islândia, reforçar a Marinha no Atlântico e levar forças americanas para o Brasil.[75] A campanha alemã na Rússia trouxe uma diminuição da pressão que eliminou aos poucos o perigo da agressão do Eixo em todo o Atlântico Sul. Apesar disso, o Exército americano ainda queria enviar uma força de segurança para o Nordeste brasileiro o mais rápido possível.[76] Agora estava em andamento o envio de tropas para proteger a Islândia. O chefe da War Plans Division, general Leonard Gerow, preocupava-se com o Brasil o suficiente para esperar que as unidades do Exército que se preparavam para ser transportadas à Islândia fossem redirecionadas para o Brasil como forças expedicionárias.[77]

PLANEJAMENTO CONJUNTO EM MEIO À INCERTEZA

Enquanto transcorriam os acontecimentos descritos anteriormente, um grupo de planejamento conjunto de oficiais brasileiros e americanos passara um mês no Nordeste formulando um plano de defesa que incluía a instalação de importantes bases aéreas e centros de abastecimento em Natal, Recife e Belém. O plano determinava que os brasileiros forneceriam tropas terrestres para guarnecer essas cidades e recomendava a criação de uma comissão mista permanente para estudar e implementar a construção das bases e outros aspectos do plano.[78] Essas atividades de planejamento conjunto convenceram os oficiais americanos de que seus colegas brasileiros não tinham uma noção realista de quanto tempo seria necessário para construir, guarnecer e organizar essas bases. Eles supunham que o Brasil encontraria dificuldades parecidas com as dos Estados Unidos para mobilizar e expandir suas forças. Acreditavam que "o período desde o presente até o fim de 1942 pode muito bem ser a fase crítica" e que, embora o plano proposto fosse excelente, não "dava proteção adequada durante esse período crítico". Além disso, Góes Monteiro insinuava que, em vez de criar novas unidades como recomendava o plano, seria mais eficiente transferir unidades existentes para o Nordeste, e nesse caso a "escassez de material bélico" precisaria ser resolvida com compras no mercado de armamentos ou com empréstimos de equipamentos pelo Exército dos Estados Unidos.[79]

A tendência aparentemente satisfatória à maior cooperação foi compensada por uma dose de realidade do embaixador Caffery ao lembrar Washington que "os brasileiros tinham pouquíssimo interesse na defesa do continente em si; em grande medida, estão fazendo o que lhes pedimos porque lhes pedimos. Quero deixar isso claro. Ao mesmo tempo, eles estão apreensivos com o que veem como penetração; estão apreensivos com o envio de nossos soldados a Natal antes de serem realmente necessários ali".

Ele ouvia que alguns oficiais brasileiros chamavam de "tapeação da aviação" a insistência dos americanos na defesa aérea da região de Natal. E reiterou: "Eles estão decepcionados ao extremo porque, depois de tantos anos de tanta conversa e tantas promessas, nada fizemos por eles com respeito ao material bélico e só enviamos às Forças Armadas brasileiras o que o nosso Departamento de Guerra chama de 'remessa simbólica'. A falta de confiança em nós cresce dia a dia".[80]

Em agosto de 1941 os dois exércitos ainda discutiam as manobras de treinamento conjuntas no Nordeste que os estrategistas do Departamento de Guerra americano esperavam poder usar como pretexto para estabelecer ali a presença de tropas americanas. Como indicam com eloquência os documentos agora mencionados, o general Góes Monteiro e o ministro da Guerra, Dutra, viam a proposta como um ardil e disseram a Vargas que, se ele concordasse com isso, eles renunciariam aos seus cargos; o presidente, porém, não os ouviu. Disse aos generais que continuassem negociando, pois "precisamos que os americanos nos forneçam o material prometido, para que nos defendamos, mas não concordamos com ocupação estrangeira".[81] Depois de participar das reuniões da comissão militar mista e das conversas nos Estados Unidos, ficou claro para Góes Monteiro que os americanos queriam construir bases aéreas e marítimas e guarnecê-las com seus próprios soldados. Vargas comentou em seu diário: "Em resumo: os americanos querem nos arrastar à guerra na Europa sob o pretexto de defesa da América".[82]

Os brasileiros não entrariam em guerra antes de ficar claro que seus interesses nacionais estavam em causa. Compreendiam que os americanos queriam estacionar tropas no Norte e Nordeste do Brasil, mas não estavam dispostos a permitir soldados estrangeiros, mesmo amigos, em território nacional. Às vésperas de Pearl Harbor, o quartel-general do Exército americano estava quase concluindo um plano para um teatro de operações no Nordeste do Brasil e designara duas divisões a serem preparadas para uma expedição em solo brasileiro. Alguns oficiais tinham estado no país em meados de 1941 para conhecer pessoalmente a região.[83] Os brasileiros hoje provavelmente se surpreendam ao saber que muito antes de Pearl Harbor seu país já era alvo de planejamento de guerra nos Estados Unidos. O Plano Lilac, parte dos Rainbow Plans para a guerra cujo foco era o Nordeste brasileiro, propôs uma força terrestre inicial de 19 mil homens concentrados nas bases aéreas de Belém, Natal e Recife. Porém, diante da escassez de embarcações e das necessidades mais urgentes em outros teatros de operações, provavelmente não era possível enviar tropas antes de fins de 1942. Ainda assim, as páginas precedentes devem deixar claro que o Brasil vinha cooperando com os Estados Unidos desde janeiro de 1941.

Não surpreende que os oficiais de ambos os países tivessem alguma dificuldade para compreender o modo de pensar de seus interlocutores. Vargas manteve os dois lados conversando enquanto tentava explicar as atitudes de Góes e Dutra ao general Lehman Miller.[84] As "negociações" do general Miller tornaram-se tão insistentes que Góes determinou que ele fosse declarado persona non grata em novembro. O que aconteceu ao certo para forçar o chamado de volta desse oficial para os Estados Unidos não está claro, mas não há dúvidas de que o fato tolheu sua ascensão na carreira, e ele acabaria por ser designado para treinar engenheiros de combate. A situação brasileira permaneceu, em grande medida, estacionada até o ataque japonês a Pearl Harbor e às Filipinas em 7 de dezembro. No dia seguinte, depois de conferenciar com seu ministério, Vargas telegrafou a Roosevelt assegurando-lhe a solidariedade brasileira, porém ainda desejando manter o Brasil fora da guerra. As declarações de guerra da Alemanha e Itália aos Estados Unidos em 11 de dezembro não o fizeram mudar de ideia. O general Dutra tentou renunciar em razão dos persistentes rumores negativos sobre sua suposta posição pró-germânica, mas Vargas não aceitou e reafirmou nele sua confiança.[85] Alguns dias depois, em 21 de dezembro, o ministro das Relações Exteriores, Osvaldo Aranha, disse a Vargas que o governo americano não forneceria equipamento militar porque não confiava em vários membros do governo. O presidente replicou não haver razão para desconfiar de seus auxiliares e que as "facilidades que estávamos dando aos americanos não autorizavam essas desconfianças"; além disso, ele não substituiria seus generais em razão de "imposições estranhas". Aranha disse que concordava com essa atitude, "mas a verdade é que eles não confiavam".[86]

AUMENTA AINDA MAIS A IMPORTÂNCIA ESTRATÉGICA DO NORDESTE

Os americanos logo estavam combatendo em uma guerra mundial, enquanto os brasileiros concentravam-se em impedir que soldados estrangeiros entrassem em seu país. No entanto, as vitórias dos japoneses no Pacífico bloquearam as rotas aéreas da América do Norte ao Pacífico Sul e, como as condições climáticas do inverno impediam sobrevoar o Atlântico Norte, a única rota aérea dos Estados Unidos para Europa, Oriente Médio e Sul da Ásia passava pelo Atlântico Sul. A importância do Nordeste brasileiro crescia a cada dia. No Extremo Oriente a situação se deteriorava depressa, e na semana antes do Natal de 1941 o Army Air Corps recebeu ordem de transferir oitenta bombardeiros pesados para as Filipinas na operação "Project X".[87] De outubro a começo de dezembro de 1941, a War Plans Division do Exército americano reformulou seus planos operacionais para o Brasil com base na suposição de que os alemães em breve fariam uma investida via Atlântico Sul. Esse plano, o Rainbow 5, determinava a mobilização de mais de 64 mil homens por vias aérea e terrestre que seriam concentrados em Belém, Natal e Recife.[88] Os estrategistas da WPD concluíram que a "ocupação de Natal por uma força americana considerável é a única segurança razoável de que poderemos manter comunicações no Atlântico Sul e uma base a partir da qual aviões de longo alcance possam seguir para a África e, de lá, para Médio e Extremo Oriente".[89] O general Marshall achava que cada uma das três principais bases aéreas no Brasil deviam ser protegidas por um batalhão de infantaria de 1200 homens apoiados por sete ou oito aviões de combate.[90] O Estado-Maior Conjunto temia que "um fracasso dos alemães na Rússia poderá influenciá-los fortemente a invadir a Espanha, Portugal e o Norte e Oeste da África francesa com o objetivo de restaurar o equilíbrio".[91]

Analisando dessa perspectiva, é compreensível a extrema preocupação do Exército americano com a segurança do Nordeste brasileiro. No entanto, Marshall e o Estado-Maior Conjunto não queriam entrar no Saliente Nordestino sem o consentimento e a cooperação do governo Vargas. O subsecretário de Estado Sumner Welles, com excesso de otimismo, assegurou a Marshall que, em sua opinião, dentro de dez dias os brasileiros concordariam. A War Plans Division admitiu que poderiam esperar os dez dias,

> porém não mais do que isso. Cada semana aumentam o perigo e a dificuldade para movimentações de tropas por via marítima nessa área. Há informes de que vários submarinos do Eixo encontram-se entre Natal e a costa da África. As conhecidas capacidades do Eixo, possíveis reações internas no Brasil e imprevisíveis movimentos de surpresa combinam-se para gerar perigo crescente. Agora combatemos de frente para o oeste. O Sudeste está exposto.[92]

É interessante o fato de que tanto planejamento e discussão estavam muito além das capacidades americanas. Em fins de junho de 1941, o Exército tinha um efetivo de 1 455 565 soldados, mas até 1º de outubro o Estado-Maior Conjunto considerava prontos para combate apenas uma divisão, cinco regimentos antiaéreos e duas brigadas de artilharia. Nesse período, o Army Air Corps possuía apenas dois esquadrões de bombardeiros e três grupos de caça em condições de combate. Além disso, restrições legislativas ao uso de recrutas e reservistas, assim como a escassez de meios de transporte, impediam mobilizações transoceânicas em grande escala. Provavelmente o interesse no Brasil intensificou-se em razão da proibição pelo Selective Service Act de enviar recrutas para fora do hemisfério ocidental. E cabe lembrar que, antes do ataque a Pearl Harbor, a opinião pública americana tinha muitas dúvidas sobre a guerra. Quando o Selective Service Act foi ampliado para dezoito meses em 12 de agosto de 1941, sua aprovação na Câmara dos Deputados ocorreu por apenas um voto (203 a 202)![93] A estimativa estratégica do Exército em outubro admitia que "nossas forças atuais mal bastam para defender nossas bases militares e possessões externas. Se as potências do Eixo estivessem em condições de tentar uma grande operação militar contra o hemisfério ocidental, nossas forças militares atuais seriam totalmente inadequadas".[94] Enquanto suas Forças Armadas não estivessem prontas para uma ofensiva transatlântica, os Estados Unidos só poderiam efetuar "operações preliminares" que fortalecessem a defesa do hemisfério ocidental — e era importante nessas operações salvaguardar as bases do Nordeste brasileiro.[95]

Um dos efeitos positivos do ataque japonês foi um aparente aumento da disposição do Brasil para cooperar. Os dois governos concordaram em formar uma Comissão Mista de Defesa para o Nordeste em 17 de dezembro de 1941.[96] O Exército dos Estados Unidos escolheu como seus representantes o coronel Lucius D. Clay, dos engenheiros, e o coronel Robert C. Candee, do Air Corps. Clay adquirira recentemente grande experiência projetando melhorias em centenas de aeroportos civis nos Estados Unidos. Os dois seriam os "agentes avançados" do comando militar americano no Brasil, com a ideia de que por fim serviriam em território brasileiro. Depois do encontro com seus congêneres brasileiros, Clay e Candee recomendaram um dispêndio de 2700 milhões dólares para melhorar a via aérea que o Air Corps Ferrying Command [Comando de Transporte do Corpo de Aviação] usaria. Recomendaram que pequenos grupos de mecânicos e especialistas em comunicação do Exército americano fossem estacionados com urgência em cada aeroporto e que, em caráter emergencial, fossem remetidas metralhadoras e munições para permitir às tripulações aéreas em trânsito e às tropas brasileiras defender os aeroportos e os aviões de eventuais ataques organizados no país por quintas-colunas.[97] A antevisão do Exército ao recrutar a PAA/Panair para construir e melhorar os aeroportos no Brasil foi realmente acertada.

Em 31 de dezembro de 1941 Vargas fez um discurso para os comandantes das Forças Armadas no qual lembrou um século de estima e colaboração com "a nobre nação americana" e declarou que, quando os Estados Unidos foram atacados, "não subsistiam dúvidas sobre a atitude a seguir e na primeira hora a definimos, manifestando nossa solidariedade aos Estados Unidos. [...] Podíamos, até então, ter opiniões discordantes sobre os motivos do conflito, fazer previsões pessoais acerca das suas consequências". O Brasil não estava na guerra, nem mesmo indiretamente, e o país manteria uma neutralidade exemplar, mas Vargas observou que "as nações, porém, como os indivíduos, atravessam grandes momentos em que é preciso enfrentar o Destino[...]. Tomamos a decisão que correspondia ao nosso determinismo histórico". Ele garantiu aos seus oficiais estar convicto de que "os elementos materiais ainda necessários nos serão entregues em tempo oportuno, de forma a ficarmos, sob todos os aspectos, à altura das responsabilidades que nos cabem na guarda da integridade continental".[98]

4. Diminuem as opções para o Brasil

REUNIÃO DE CONSULTA PANAMERICANA
NO RIO DE JANEIRO (JANEIRO DE 1942)

Um mês depois do ataque japonês a Pearl Harbor, o povo americano estava terrivelmente aflito e temeroso. Washington ansiava por aumentar o número de seus aliados contra o Eixo e apresentar uma frente unida com as repúblicas das Américas. As conferências pan-americanas anteriores, em Lima (dezembro de 1938), Panamá (outubro de 1939) e Havana (julho de 1940) haviam dado um tom de cooperação na crise mundial em curso. A profunda desconfiança dos latino-americanos contra os Estados Unidos, decorrente de intervenções norte-americanas em décadas anteriores, havia sido atenuada, embora não eliminada totalmente, pela decisão de Roosevelt em 1933 de renunciar à intervenção e implementar a política da boa vizinhança. No fundo, os líderes latino-americanos tinham suas reservas e dúvidas quanto à realidade da promessa de Roosevelt, mas convinha agir em público como se fosse confiável.[1] Além disso, a despeito da retórica da boa vizinhança, os americanos tendiam a "ver a parte do Novo Mundo situada ao sul de seu país como sua esfera de influência, uma esfera cujo potencial econômico, na medida em que beneficiasse estrangeiros, tinha de beneficiar primeiro os cidadãos dos Estados Unidos".[2]

A ameaça do Eixo agora assomava, e as repúblicas americanas conferenciaram no Rio de Janeiro em busca de uma resposta comum ao ataque japonês e às declarações de guerra de Alemanha e Itália. Nove repúblicas da América Central e Caribe já haviam declarado guerra ao Japão. Pode-se dizer que a política da boa vizinhança já estava rendendo dividendos. Entretanto, é provável que o presidente Vargas tenha sido realista ao comentar em seu diário que essas declarações talvez resultassem mais da pressão americana do que de decisões espontâneas.[3] Colômbia, México e Venezuela pediram uma resolução que tornasse obrigatório o rompimento de relações com o Eixo, mas a Argentina e o Chile opuseram-se. O Chile, compreensivelmente, temia que seu longo e indefeso litoral ficasse exposto a um ataque japonês, sobretudo porque a frota da Marinha americana fora gravemente mutilada pelo ataque a Pearl Harbor. Quando Washington prometeu que sua frota protegeria a costa chilena, o ministro das Relações Exteriores, Gabriel Rossetti, retrucou sem dó: "Que frota? Aquela que foi afundada em Pearl Harbor?". Enquanto isso, em Santiago a embaixada japonesa prometia que não haveria ataque se o Chile mantivesse a neutralidade.[4]

A relação do Chile com a Alemanha era complicada. Desde 1884, oficiais alemães haviam trabalhado para modernizar o Exército chileno, e por vários anos um oficial alemão servira como chefe do Estado-Maior do Exército. Nos desfiles, a aparência das unidades chilenas lembrava muito as do exército alemão. No entanto, a prussianização era mais uma "questão de estilo" do que algo substancial. Mas era tão persistente que unidades da guarda de honra continuaram a usar capacetes pontudos em estilo prussiano até 2017! Além disso, a forte influência alemã teve um papel importante no aperfeiçoamento e na modernização do ensino chileno.[5]

Por contrariarem a proposta, os argentinos reforçaram a imagem negativa que o secretário de Estado, Hull, tinha deles. Brasileiros e americanos esforçaram-se muito durante a conferência para trazer os argentinos para o grupo dos Aliados. Se a Alemanha vencesse a guerra, os argentinos acreditavam que ganhariam "o Mercado de Ouro para as exportações tradicionais da Argentina [...] [além de] capital, produtos industrializados e fornecimento de tecnologia". O "se" não se concretizou, mas por algum tempo os estrategistas americanos chegaram até a cogitar uma invasão da Argentina para remover a suposta "ameaça nazista".[6] Muitos argentinos pensavam na guerra como um conflito na longínqua Europa e não queriam aderir à solidariedade liderada pelos americanos no hemisfério ocidental. Consta que seus delegados no Rio prodigalizaram dinheiro e atenção a delegados do Peru e Paraguai na tentativa de convencê-los a assumir uma posição decididamente neutra. A Alemanha, segundo o FBI, andara espalhando dinheiro por Buenos Aires.[7] E, assim como no Chile, as ligações militares argentinas com a Alemanha eram antigas e profundas.[8] Como alguns supõem, é possível que a Argentina tenha agido desse modo para resistir à dominação dos Estados Unidos no hemisfério ocidental; a pressão do Partido Nazista local era insignificante.[9] Independente dos motivos, a recusa argentina azedou as relações com Washington por muitos anos.

Durante toda a conferência, Dutra, ministro das Relações Exteriores, e o presidente Vargas atuaram como mediadores para demover os argentinos e impedir que os americanos se indispusessem totalmente com eles. Dutra e Vargas não queriam que a Argentina se visse isolada e, com isso, pudesse ter uma reação militar contra o Brasil. Os brasileiros não só estavam no campo argentino, mas também lideravam outras repúblicas em direção ao total rompimento com o Eixo. Dias antes, na véspera de Ano-Novo, Vargas discursara em um jantar de líderes militares e dissera que a decisão de ficar do lado dos Estados Unidos tornara-se clara a partir do ataque japonês. O Brasil não precisava de convenções internacionais que mostrassem onde estavam suas responsabilidades. Ele conclamou à unidade contra os disseminadores de boatos e contra a propaganda de fontes suspeitas e egoístas. E acrescentou um lembrete aos americanos: confiava que as armas necessárias ao Brasil seriam entregues oportunamente. Ele afirmou que, se fosse atacado, o país unido e coeso lutaria e a pátria não sucumbiria.[10]

REUNIÃO DO RIO, JANEIRO DE 1942

No calor e umidade do verão brasileiro, o governo Vargas teve a satisfação de sediar a III Reunião de Consulta dos Ministros das Relações Exteriores das Repúblicas Americanas para a deliberação de uma linha de ação comum. Essa reunião poria o Brasil firmemente no caminho contra o Eixo, ainda que Washington ocasionalmente não tivesse certeza quanto ao comprometimento brasileiro. Durante seus anos como embaixador em Washington, Osvaldo Aranha tornara-se amigo de Sumner Welles e, como a reunião seria no Rio, o brasileiro a presidiria.[11]

Os americanos tinham certa dificuldade para entender o que estava acontecendo no Brasil. Hoje é possível vislumbrar o que aconteceu nos bastidores. Na sexta-feira, 9 de janeiro, Vargas elaborou seu discurso para a reunião e mostrou o rascunho para Osvaldo Aranha, que desejava ter certeza de que seu próprio pronunciamento seria condizente com o do presidente.[12] As negociações para proteger o Nordeste do Brasil e fornecer armas às forças brasileiras estavam empacadas, mas, em adição aos discursos dos ministros das Relações Exteriores, Vargas e o subsecretário de Estado, Sumner Welles, tiveram conversas históricas. O secretário Hull achava que não convinha ele estar fora de Washington, e Roosevelt provavelmente preferia Sumner Welles na chefia da delegação americana.[13] Dois dias antes de Welles desembarcar de um hidroavião da Pan American no aeroporto de Santos Dumont no Rio, Vargas se reuniu com o Conselho de Segurança Nacional em uma incomum sessão de sábado à tarde para discutir a situação internacional, as necessidades da defesa e a reunião próxima. Ele foi muito claro quando disse aos participantes que "o Brasil deve resistir ou cair com os Estados Unidos" e que qualquer um no governo que discordasse tinha "liberdade para renunciar ao cargo". A concordância foi unânime. Os generais Dutra e Góes Monteiro, que, segundo consta, nos primeiros meses da guerra haviam acreditado que a Alemanha prevaleceria, comentaram que a postura assumida por Vargas era "a única política correta a ser seguida pelo Brasil". Contudo, lamentaram que o país estivesse mal capacitado para se defender. Infelizmente, até então as repetidas tentativas do Exército para obter armas dos Estados Unidos haviam resultado em "nada além de remessas simbólicas, apesar das promessas do governo americano". Mencionaram como exemplo os poucos tanques pequenos que haviam sido mandados "sem armamento", sendo portanto "praticamente inúteis". Os dois haviam recentemente informado a representantes do Eixo, e também da Argentina e do Chile, que o Brasil ficaria do lado dos Estados Unidos. Vargas garantiu aos membros do Conselho de Segurança Nacional que as Forças Armadas não tinham de se preocupar com atividades subversivas, nem mesmo com levantes de simpatizantes dos alemães ou italianos, pois "o povo brasileiro concordava cem por cento com sua política" e eles lidariam com quaisquer insurgências insufladas pelo Eixo.¹⁴

O subsecretário Welles chegou ao Rio na segunda-feira, 12 de janeiro, e naquela mesma noite se reuniu com o embaixador Caffery e Vargas no Palácio da Guanabara. Welles entregou ao presidente uma carta de Roosevelt repetindo o convite para visitar Washington a fim de que ele pudesse retribuir "a calorosa acolhida que você e o povo brasileiro deram-me quanto estive na sua bela capital em 1936". Ele observou que "nenhum país fez mais que o Brasil para ensejar [uma crescente solidariedade interamericana], e ninguém mais do que você liderou o país com mais sabedoria".

Roosevelt elogiou Getúlio pela "magnífica cooperação [...] atitude generosa e assistência ao [...] serviço de transporte para a África e as patrulhas navais e aéreas com base em seus portos e aeroportos" e agradeceu "do fundo do coração". Em seguida passou a tratar do que Getúlio mais queria saber:

> Não me passou despercebida em seu discurso de 31 de dezembro a menção à entrega dos "elementos materiais que ainda nos faltam". Apesar de novas demandas por equipamentos de caráter urgente geradas pela agressão dos japoneses, asseguro-lhe que dentro em breve seremos capazes de fornecer o equipamento pelo qual estão esperando. [...] a capacidade produtiva existente está sendo duplicada para que esse país possa cumprir seu papel como o "arsenal da democracia".
>
> A reunião de ministros das Relações Exteriores a realizar-se em breve no Rio sob sua cordial acolhida é o mais importante encontro interamericano já ocorrido no Novo Mundo. A segurança do hemisfério ocidental, o futuro bem-estar de todos nós podem muito bem depender de seu resultado.¹⁵

Entretanto, Vargas anotou em seu diário: "Fico apreensivo. Parece-me que os americanos querem nos arrastar à guerra, sem que isso seja de utilidade, nem para nós, nem para eles". Depois de Welles e Caffery partirem, ele foi escrever seu discurso para a reunião.¹⁶

Na terça-feira, 14 de janeiro, o ministro argentino das Relações Exteriores, Enrique Ruiz Guiñazú, instou Vargas a não romper relações com o Eixo. Argumentou que o Brasil, como dono da casa, "não podia "colocar-se nessa atitude extremada de opositor" e pediu que ele falasse com Welles.¹⁷ O subsecretário dos Estados Unidos escreveu em um relatório mais completo que Var-

Palácio da Guanabara: residência do presidente.

gas disse a Guiñazú que o Brasil apoiava totalmente os Estados Unidos e considerava "indispensável que uma declaração conjunta de todas as repúblicas americanas para um rompimento imediato de relações com as potências do Eixo seja decidida na reunião". Além disso, enviou a Buenos Aires uma mensagem com esse mesmo teor ao presidente em exercício da Argentina, Ramón Castillo, e disse que estava usando a considerável influência do Brasil sobre o Chile para obter a adesão dos chilenos. É provável que Welles tivesse obtido esses detalhes com Osvaldo Aranha. A anotação de Vargas em seu diário é claramente mais reservada. Ele talvez tivesse sido afetado por suas conversas da véspera sobre os reiterados pedidos de renúncia de Dutra e Góes.[18] Os líderes do Exército opunham-se ao rompimento de relações porque não tinham armamentos e estavam perdendo a fé nas promessas americanas de provê-los.

Welles estava convencido de que, se não fosse pela "posição forte e prestimosa adotada pelo presidente Vargas e por Aranha, quatro das outras repúblicas sul-americanas provavelmente teriam sido levadas na direção da Argentina".[19] Welles tinha péssima opinião sobre Guiñazú, o ministro das Relações Exteriores; no ano anterior, ouvira-o tecer elogios a Mussolini e ao ditador espanhol Francisco Franco, portanto não surpreende que ele o considerasse "um dos homens mais estúpidos a exercer um cargo de mando na altiva história da Argentina".[20]

No longo telegrama a Roosevelt, Welles informou que os embaixadores da Alemanha, Itália e Japão tinham enviado cartas ameaçadoras a Vargas alertando que, se o Brasil rompesse relações diplomáticas, isso significaria guerra contra o Eixo. Vargas e Aranha, preocupados, queriam que essa ameaça fosse mantida em segredo por enquanto. Vargas disse a Welles que sua responsabilidade na condução do Brasil à guerra era muito grande e que seus esforços nos últimos dezoito meses para obter armas dos Estados Unidos tinham sido infrutíferos, mas confiava que Roosevelt compreenderia suas "dificuldades cruciais". O Brasil, disse o presidente, em contraste com um país pequeno da América Central, não podia sentir-se satisfeito e protegido pela presença de soldados americanos estacionados em seu território. Tinha, em vez disso, o

> direito de ser considerado pelos Estados Unidos um amigo e aliado, com direito, como determinado pelo Land Lease Act, a ser suprido de aviões, tanques e artilharia de costa suficientes para permitir que o Exército brasileiro defendesse ao menos em parte as regiões do Nordeste do país cuja defesa é uma necessidade tão vital para os Estados Unidos quanto para o Brasil...

Welles e o general Marshall haviam concordado em não mencionar a possibilidade de estacionar tropas americanas no Nordeste, letra morta enquanto o Exército brasileiro não recebesse pelo menos "um mínimo do material pedido pelo presidente Vargas".[21]

O problema não era a má vontade dos americanos, e sim a escassez de materiais e a necessidade de construir uma estrutura industrial para produzir as enormes quantidades de armas, equipamentos e munições, que requeria tempo. O general Marshall admitiu que "a escassez praticamente impossibilita encontrar qualquer coisa para entregar de imediato ou em prazo razoável".[22] Enquanto assistia a uma exibição de saltos na hípica, Welles pediu uma reunião privada a Vargas, marcada para a segunda-feira seguinte, à noite, durante a recepção festiva para os delegados da reunião no Palácio da Guanabara, a residência presidencial.[23]

Havia uma diferença cultural nas opiniões de americanos e brasileiros quanto ao modo adequado de organizar uma conferência internacional. Os americanos queriam manter o foco nas tarefas imediatas, enquanto os brasileiros desejavam trazer para o evento algumas frivolidades. Os brasileiros sabiam que era possível negociar discretamente em situações sociais, por isso queriam algumas recepções completas em trajes formais. Caffery telegrafou ao Departamento de Estado dizendo que estava "fazendo o possível, mas era quase impossível impedir os brasileiros, especialmente Aranha, de organizar festas". Quando o embaixador chileno anunciou que queria dar uma recepção em honra ao seu ministro das Relações Exteriores, Caffery previu a possibilidade de vinte eventos afins. Ele convidou seus colegas latino-americanos para uma reunião em sua residência e os persuadiu a concordar que não dariam nenhuma "festa a conferencistas". Na mensagem ao Departamento de Estado, lamentou: "É dificílimo impedir que os brasileiros acrescentem festas à sua lista".[24]

Enquanto isso, no dia seguinte ao da conversa com Welles em Petrópolis, Vargas voltou ao Rio para jogar golfe no Clube Itanhangá, na Barra da Tijuca. Depois da partida, o ministro argentino Guiñazú veio propor-lhe uma fórmula conciliatória para apoiar os Estados Unidos. Osvaldo Aranha, que estava presente, argumentou contra a ideia, mas Vargas achou que valia a pena examiná-la e instou o argentino a falar com Welles.[25]

Na manhã seguinte, Vargas e Aranha discutiram as prováveis consequências de romper relações com o Eixo. O presidente também ficou sabendo que Góes Monteiro e Dutra ainda falavam em renunciar. Em 15 de janeiro, enquanto a reunião pan-americana tinha início no Palácio Tiradentes, no centro do Rio, Vargas e Dutra estavam no Palácio da Guanabara tratando da intenção de renúncia dos generais. Uma decisão de romper relações, como queriam os americanos, seria conducente à guerra, e Dutra asseverou que o Exército se opunha, por não estar preparado. Ele frisou que, sem as armas que os americanos haviam prometido, as Forças Armadas não poderiam oferecer a defesa adequada ao território brasileiro, ainda mais se a Argentina mantivesse as relações com o Eixo. Nessa noite, o general Góes foi ao palácio, e Vargas, depois de resumir os acontecimentos recentes, convenceu-o da grande inconveniência caso ele e Dutra renunciassem. Góes concordou e disse que persuadiria Dutra a manter o cargo.[26]

No começo da noite de 19 de janeiro, o crucial "longo e franco entendimento" entre Vargas e Welles aconteceu no refúgio favorito de presidente, o pavilhão no alto do morro nas premissas do palácio, um lugar fresco e silencioso. Vargas deve ter considerado muito importante esse encontro, pois o descreveu em uma das mais longas anotações em seu diário. Disse que as circunstâncias haviam colocado o Brasil na posição de árbitro entre os Estados Unidos, a Argentina e o Chile, que não queriam romper relações com o Eixo. Ele não desejava valer-se da situação para pedir vantagens, mas não podia pôr o país em risco sem algumas garantias de segurança, sobretudo a entrega de material bélico. No dia anterior, Welles telegrafara a Roosevelt pedindo permissão para prometer em nome dele, caso Vargas entregasse uma lista do material mínimo necessário, então Roosevelt garantiria a entrega "no primeiro momento possível". Welles, com delicadeza, lembrou a Roosevelt que "como todos os exércitos, o alto-comando brasileiro não tende a entusiasmar-se por entrar em guerra quando não dispõe dos elementos básicos de defesa".[27] Ele admitiu que o general Marshall expressara dúvida em relação ao Brasil e que o chefe do Estado-Maior receava não ser "seguro dar ao Brasil armas que eles podem usar contra nós". Welles, porém, rejeitou essa ideia e alertou que "uma revolução [instigada pelo Eixo] no Brasil poderia ter repercussões fatais [...]. Se julgássemos necessário entrar à força no Nordeste brasileiro, o esforço poderia ser muito maior do que conseguimos imaginar".[28]

Roosevelt escreveu sua resposta à mão e a enviou a Lawrence Duggan, um importante assessor de relações políticas no Departamento de Estado. Ele não conseguiu falar por telefone com Welles nem com seus assessores, por isso ligou para o embaixador Caffery no Rio, que deveria se encontrar em breve com Welles e Vargas. As palavras de Roosevelt foram:

> Diga ao presidente Vargas que compreendo perfeitamente e avalio as necessidades e que posso assegurar-lhe que o fluxo de material bélico terá início de imediato. [...] alguns itens estão em falta, mas não confio em enumerá-los numa ligação [...]. Quero parar o mais breve possível com as remessas simbólicas e aumentar o envio até um mínimo das necessidades brasileiras muito rapidamente.

Diga a ele que estou muito satisfeito com sua esplêndida política e que mando meus calorosos cumprimentos.

Uma lista de remessas imediatas seria enviada em seguida em uma mensagem codificada à parte.[29]

A necessidade de atrair a Argentina foi assunto das conversas entre Vargas e Welles, e este se disse consternado e desconfiado em relação ao país. Disse que o Japão dera dinheiro a certas figuras políticas chilenas, entre elas o ministro das Relações Exteriores, Juan Bautista Rossetti. Vargas continuou a ressaltar que precisava da entrega dos armamentos "que até agora o governo americano protelara". Welles deu-lhe garantias absolutas e afirmou que enviara a Roosevelt um telegrama urgente e esperava uma resposta rápida. O subsecretário, provavelmente sentindo a importância do momento, foi um passo além e telefonou à Casa Branca. Roosevelt garantiu a Welles que 65 tanques leves e outros 2 mil veículos militares seriam enviados de imediato. Vargas estava preocupado com a atitude da Argentina e a necessidade de atrair o país para seu lado. Welles estava irritado com Buenos Aires e disse que, se os argentinos não se juntassem a eles no rompimento com o Eixo, os Estados Unidos cortariam todos os recursos à Argentina. Confidenciou que estava apostando sua posição de subsecretário para obter o rompimento de relações. Vargas respondeu que Welles poderia "contar com o Brasil, mas que, nessa decisão, eu jogava a minha vida, pois não sobreviveria a um desastre para minha *pátria*".[30]

Depois dessa conversa, eles seguiram para uma animada recepção no Palácio da Guanabara. No meio da festa, Guiñazú, o ministro argentino das Relações Exteriores, chamou Vargas de lado para uma conversa na qual o presidente disse que a amizade argentino-brasileira era parte integrante de seu programa de governo, lembrou-lhe que ele próprio crescera na fronteira e acreditava ser natural os dois povos se compreenderem e se respeitarem. "Quando havia desconfianças ou suscetibilidades, a culpa não era dos povos, e sim dos governos." A recepção continuou quando Vargas se retirou para registrar esses comentários em seu diário; ele escreveu que ainda se ouvia música lá embaixo.[31]

Welles deixou de lado as eventuais desconfianças contra o ministro chileno Juan Bautista Rossetti e fez o possível para persuadi-lo. Em uma conversa que durou quatro horas, Rossetti jurou que esperava receber a qualquer momento instruções de Santiago para votar a favor do rompimento das relações. Como um incentivo ao governo, Welles recomendou que o Chile recebesse armas pelo sistema Lend-Lease.³² Na verdade, era provável que Rossetti estivesse decidido a não romper relações com o Eixo. Seu Partido Radical não podia antagonizar a comunidade germano-chilena porque temia perder o apoio na eleição presidencial de 1942. Ele tinha também razões mais pessoais. "Se eu voltar para o Chile [...] depois de romper relações com o Eixo, é possível que me enforquem na Plaza de Armas", comentou.³³

Em sua sala no Itamaraty em 21 de janeiro, Osvaldo Aranha concebeu uma nova fórmula para conquistar os votos da Argentina e do Chile a favor do

Palácio do Itamaraty: sede do Ministério das Relações Exteriores do Brasil.

rompimento de relações. A moção seria para *recomendar* o rompimento de relações, o que deixaria a decisão de implementá-la a cada república. Argentina e Chile poderiam votar a favor, sabendo que, na prática, não seguiriam a recomendação. Vargas aprovou a ideia como um expediente que parecia manter a unidade, e no mesmo dia Welles e Guiñazú concordaram com a manobra. Contudo, no dia seguinte chegou um aviso de que o presidente Ramon Castillo proibira Guiñazú de votar a favor de qualquer fórmula que envolvesse rompimento com o Eixo. A unidade desejada por americanos e brasileiros parecia estar saindo do alcance. A fim de ganhar tempo para mais negociações, a votação foi postergada, e os esforços da conferência se concentraram na pacificação do conflito entre Peru e Equador nas fronteiras amazônicas. Os combates haviam ocorrido de 5 a 31 de julho de 1941, e um armistício fora assinado em outubro; negociava-se no Rio um protocolo para os procedimentos mediante os quais se faria o acordo diplomático.[34]

Os americanos também não gostaram da fórmula. O secretário Hull empalideceu quando ficou sabendo da proposta, com o agravante de a informação ter chegado até ele pelo noticiário noturno no rádio, que falou de uma vitória argentina na Reunião do Rio. Segundo Adolf Berle, que estava com o secretário de Estado em 24 de janeiro, Hull telefonou a Welles no Copacabana Palace e teve uma "violenta" conversa de meia hora. Era meia-noite em Washington e duas da madrugada no Rio, e Welles tinha se recolhido depois de um dia muito longo. O secretário, furioso, acusou Welles de "nos meter numa bela confusão [...] eu nunca lhe dei *'carty blanchy'* para agir em nosso nome!". Ele mandou Welles declarar na reunião do dia seguinte que não tinha sido autorizado a votar a favor do compromisso e alterar seu voto para contra. Hull era de opinião que a Argentina devia ser considerada "fora da lei". Além disso, ele achava que Welles estava sendo "ingênuo — nenhum governo irá honrar seus compromissos".

Welles lembrou-lhe que ele tinha a aprovação específica de Roosevelt para agir como agira. Hull negou, por isso Welles insistiu para que os dois telefonassem ao presidente e tirassem tudo a limpo os três juntos. Felizmente o presidente estava na Casa Branca. Roosevelt ouviu os diplomatas encolerizados e disse: "Sinto muito, Cordell, mas neste caso vou aceitar a avaliação do homem do lugar. Sumner, aprovo o que você fez. Autorizo a seguir as linhas que recomendou". Acredita-se que Hull nunca perdoou nenhum dos dois. Caffery entrou na discussão com um telegrama a Hull explicando: "Por aqui é de opinião geral que será muito melhor [...] assegurar a adesão de Argentina e Chile a essa fórmula [isto é, recomendar o rompimento] do que ter uma fórmula mais ideal [ou seja, insistir no rompimento] sem esses dois países". Welles e Caffery ficaram tão empolgados com o apoio de Roosevelt que "tomaram umas e outras naquela noite", o que deixou Welles com certa dificuldade para trabalhar na manhã seguinte. Mesmo assim ele conseguiu telegrafar seu agradecimento a Roosevelt e assegurar-lhe: "Alcançamos [...] um resultado que é o mais seguro para os interesses do nosso país".[35] Hull, humilhado e exausto, ficou "com nervos e espírito dilacerados", segundo Adolf Berle, e passou uma semana de cama.[36] A rusga entre os dois diplomatas transformou-se em uma ferida que não se curou.

No domingo, 25 de janeiro, Dutra enviou a Vargas comentários sobre a lista do material bélico que, segundo Welles, estava a caminho. Não era o que haviam pedido e de "pouco adiantaria". Em seguida, ele foi ao palácio e entregou uma carta sua e outra do general Góes, ambas dizendo que os militares brasileiros não tinham sido ouvidos o suficiente com respeito às consequências de romper relações e que "o Brasil não está preparado para a guerra". Naquela noite, Aranha também enviou uma carta que tratava da pressão americana para que o Brasil rompesse relações imediatamente e do apelo de Roosevelt a Vargas para que o fizesse. O presidente anotou em seu diário:

> Termina o Osvaldo propondo-me encerrar a conferência declarando rotas as relações do Brasil com os países do Eixo. Nada respondo. Não posso resolver precipitadamente. [...] Ainda [há] a circunstância da posição da Argentina, que será provavelmente um foco de reação contra os norte-americanos e um centro de intrigas. Penso que vou passar a noite sob essa perspectiva pouco agradável.[37]

No dia seguinte, Osvaldo Aranha e Vargas tiveram uma longa conversa sobre a situação internacional e a necessidade de anunciar o rompimento com o Eixo no encerramento da cerimônia. Vargas, demonstrando cautela, convocou uma reunião de gabinete para o último dia da conferência a fim de tomar uma decisão final pouco antes do encerramento, às cinco da tarde. Ele anotou em seu diário: "Há dúvidas sobre a atitude do ministro da Guerra. Só não há dúvidas de que estamos atravessando um momento grave sobre a sorte do Brasil". Prevenindo-se contra a eventualidade de uma inoportuna renúncia de Dutra antes da reunião do Ministério, Vargas pediu a seu genro, Amaral Peixoto, que providenciasse a vinda do ministro da Guerra, Góes e Osvaldo Aranha à sua casa. Os dois generais estavam ressentidos com Osvaldo Aranha, e Vargas queria desanuviar o clima antes da reunião do gabinete. Seguiram então até o Palácio do Catete para reunião às três e meia da tarde.

Vargas resumiu a situação: mencionou o apelo feito pelo governo americano, as vantagens de responder e as desvantagens de postergar, as consequências que poderiam advir de uma atitude negativa. Deixou então que cada mi-

Salas da presidência no Palácio do Catete, onde o gabinete se reunia. No segundo governo Vargas, nos anos 1950, o presidente residiu aqui.

nistro expusesse suas ideias. Dutra, chegada a sua vez de falar, leu uma longa declaração preparada previamente na qual justificou suas hesitações frisando várias vezes a "nossa falta de preparação militar para a guerra". Ele também leu uma breve carta de Góes Monteiro na qual este afirmava que as Forças Armadas não contavam com o equipamento adequado "para defender nosso território".[38] Criticou os americanos por não fornecerem armas e disse temer que a situação permaneceria assim, mas encerrou, disse Vargas, expressando sua "solidariedade para comigo". Vargas elogiou a "franqueza e lealdade" do ministro e autorizou Osvaldo Aranha a declarar o rompimento de relações na sessão de encerramento da conferência, afirmando que tomava sob seus ombros a responsabilidade por essa atitude. Ao concluir seus comentários sobre esse evento em seu diário, Vargas admitiu sentir "que me invade certa tristeza", pois "grande parte dos elementos que aplaudem essa atitude [...] são os adversários do regime que fundei, e chego a duvidar que possa consolidá-lo para passar tranquilamente o governo ao meu substituto".[39]

O discurso de Osvaldo Aranha fez profundas alusões ao pan-americanismo e à solidariedade "histórica e tradicional do Brasil" com a América. "As decisões da América sempre obrigaram o Brasil e, mais ainda, as agressões à América."[40] A passagem do tempo não só aumentara a autoconfiança dos brasileiros, mas também sua consciência da solidariedade com seus irmãos das Américas.

> [...] hoje, às dezoito horas, de ordem do senhor presidente da República, os embaixadores do Brasil em Berlim e Tóquio e o encarregado de negócios do Brasil em Roma passaram nota aos governos junto aos quais estão acreditados, comunicando que, em virtude das recomendações da III Reunião de Consulta dos Ministros das Relações Exteriores das Repúblicas Americanas, o Brasil rompia suas relações diplomáticas e comerciais com a Alemanha, a Itália e o Japão. [...] Pela primeira vez [...] se põe à prova a estrutura do pan-americanismo e, pela primeira vez, todo um continente se declara unido para uma ação comum, em defesa de um ideal comum, que é o de toda a América. Cumprimos o nosso dever organizando em ação a vontade dos nossos povos. Cumprimos o nosso dever como americanos [...] [e assumimos] as responsabilidades que nos cabem nos destinos universais.[41]

Getúlio ouviu pelo rádio o encerramento da conferência e achou que os oradores foram "muito aplaudidos", mas "os discursos tiveram, no geral, o mesmo da retórica liberaloide, obsoleta e palavrosa".[42] Às oito da manhã, Roosevelt telegrafou a Vargas para dizer que os povos das Américas estavam em dívida para com sua liderança perceptiva. "A solidariedade continental [...] saiu fortalecida. [Foi] um triunfo magnífico sobre os que tentaram semear a desunião entre eles [...]. Esse triunfo foi selado pela decisão pronta e direta do seu governo e dos demais governos americanos [...]. Sua amizade pessoal nestes tempos críticos é para mim fonte constante de inspiração."[43]

No dia seguinte, Welles e Caffery almoçaram com o presidente; tiveram uma conversa franca sobre os riscos que o Brasil corria e a necessidade de material bélico e produtos industriais para a defesa e a segurança do país. Welles fez promessas formais de que se encarregaria disso. Estava aborrecido com a Argentina e disposto não só a negar qualquer ajuda, mas também a tomar contra o país medidas econômicas e financeiras. Vargas manteve um silêncio discreto diante das ameaças de Welles. Um incidente tornou o dia ainda mais dramático: o avião argentino caiu na baía de Guanabara após decolar no aeroporto Santos Dumont. Vargas observou que "felizmente foram salvos".[44]

Welles voltou a Washington com listas atualizadas das necessidades militares brasileiras. Todas as repúblicas americanas, exceto Argentina e Chile, seguiram a recomendação de romper relações com o Eixo decidida na Reunião do Rio. Ainda assim, continuaram a tensão e a incerteza entre Rio de Janeiro e Washington.[45]

Enquanto os diplomatas se reuniram no Rio, os coronéis americanos Lucius D. Clay e Robert C. Candee fizeram um levantamento do Nordeste a fim de obter uma ideia mais clara sobre a região e compreender melhor a complexa situação brasileira:

> Partimos de Washington com a impressão de que o Departamento de Guerra considerava o Brasil uma área altamente estratégica onde a qualquer momento poderiam eclodir operações militares hostis, portanto onde seria imperativo os Estados Unidos terem tropas aéreas e terrestres o mais rápido possível. Encontramos no Rio grande "solidariedade", boa vizinhança e disposição para admitir a importância do Nordeste brasileiro, mas praticamente nenhuma inclinação para fazer qualquer coisa de concreto a respeito do assunto. Os brasileiros concordam

que a área deve ser defendida e dizem que procurarão nossas unidades aéreas, ou até forças terrestres, quando o ataque se tornar iminente. Nesse meio-tempo, permitirão de bom grado a conversão de aeroportos comerciais em aeroportos militares e a instalação de outras estruturas e melhorias por nós enquanto fornecem a proteção em terra. O embaixador concorda que devemos ter tropas no Nordeste do Brasil, mas acha que por enquanto elas devem limitar-se a unidades aéreas. O sr. Sumner Welles classifica os brasileiros entre os nossos melhores amigos, mas afirma que o Departamento de Guerra está exigindo demais da amizade deles bloqueando a entrega de certos equipamentos militares que prometemos fornecer ao Brasil.[46]

Os coronéis concluíram que nada mais podiam fazer enquanto os dois governos não chegassem a um entendimento mais abrangente, e voltaram para Washington com resultados pouco concretos. A Comissão Mista de Defesa não tinha como fazer mais, pois seus membros brasileiros julgavam que a tarefa da comissão limitava-se a "supervisionar um programa de construção que não envolveria nem implicaria a participação de forças terrestres do Exército dos Estados Unidos na defesa do Saliente Nordestino". Informalmente, o presidente brasileiro da comissão aconselhou o coronel Clay a considerar a defesa conjunta assunto encerrado enquanto os dois governos não firmassem um acordo formal estipulando as responsabilidades de cada lado.[47]

O adido militar, Miller, também recomendou que os dois governos chegassem a um acordo que resolvesse "satisfatoriamente essa questão da participação das Forças Armadas na defesa do Nordeste do Brasil".[48] Miller estava cada vez mais alarmado diante da atitude brasileira com a defesa do Nordeste. Precisava se esforçar para não demonstrar que sua paciência estava acabando nas conversas com oficiais com o brigadeiro Eduardo Gomes, chefe da diretoria de Rotas Aéreas. Em uma conversa em 28 de janeiro, Gomes insistiu: "É preciso permitir que as forças brasileiras cuidem da defesa inicial do território brasileiro". O Brasil só pediria ajuda aos Estados Unidos se fosse incapaz de repelir um ataque inimigo. Miller lamentou que "se prevalecer a opinião do brigadeiro Eduardo Gomes, nossas forças terrestres e aéreas chegarão tarde demais para ajudar com eficácia, se é que chegarão". Ele argumentara veementemente com Gomes dizendo que, com o rompimento de relações, o Brasil acabaria por entrar na guerra e "nós seremos Aliados. [...] Não entendo por que algumas autoridades militares brasileiras são tão contrárias a permitir que soldados ou aviadores americanos venham para o Brasil ajudar a defender seu território".

Gomes replicou: "É porque queremos ser os primeiros a defender o território brasileiro. Enquanto vivermos, nós o defenderemos, e pedimos que vocês nos forneçam o equipamento necessário".

Miller: "Quer dizer que vocês insistem em defender sozinhos o Nordeste brasileiro quando vier o ataque e só depois de descobrirem que são incapazes de fazer frente sozinhos nos chamarão para ajudar?".

Gomes: "Sim, queremos ser os primeiros a defender o Brasil e, se descobrirmos que precisamos de ajuda, pediremos a vocês".

Miller: "Aí será tarde demais. Estamos tão distantes do Brasil quanto da Europa. Não podemos mandar ajuda dentro de poucas horas".

Gomes: "Vocês só precisam providenciar algumas pistas de pouso a mais entre os Estados Unidos e o Brasil, e isso lhes permitirá enviar ajuda com grande rapidez". Miller explicou que "ajuda é mais do que aviões isoladamente, e os navios não podem ficar parados à espera de que despachemos os outros meios de ajuda que sempre são necessários". Gomes afirmou não acreditar na iminência de um ataque ao Brasil.

Miller: "Como sabe?".

Gomes: "Permitiremos de bom grado que vocês usem sua Marinha, inclusive a aviação naval, para nos auxiliar a qualquer momento".

Miller: "Quantos navios temos no Atlântico Sul atualmente? Nossa Marinha ainda não tem meios de agir com eficácia no Atlântico e no Pacífico ao mesmo tempo. O ataque pode vir antes do que vocês esperam. Não consigo dormir à noite, preocupado com o perigo de um ataque ao Brasil, e não quero assumir a responsabilidade da cooperação militar na defesa do Brasil nas condições existentes. Tenho a impressão de que vocês são motivados por desconfiança das intenções dos Estados Unidos ou por um falso orgulho".

Gomes: "Não se trata de desconfiança dos Estados Unidos. Se fosse isso, não aceitaríamos ter a sua Marinha operando a partir de portos do Nordeste. Sua Marinha poderia se apoderar do Nordeste do Brasil se quisesse".

Miller opinou que "o Brasil deveria aceitar de bom grado a ajuda de todos os Aliados possíveis se realmente estivesse apreensivo com o perigo que o ameaça". Gomes disse que, a seu ver, o Nordeste brasileiro só precisava da proteção de três esquadrões de caças contra bombardeios aéreos e que "se os aviões forem fornecidos à Força Aérea Brasileira, ela mesma pode fornecer o pessoal necessário". Miller, claramente frustrado, escreveu ao embaixador Caffery: "Todas as tentativas de uma solução favorável diretamente entre os representantes das Forças Armadas foram em vão". Concluiu recomendando que os dois governos chegassem com urgência por canais diplomáticos "a um acordo geral [...] que resolva satisfatoriamente essa questão da participação das Forças Armadas na defesa do Nordeste do Brasil, tão vital para a defesa do continente e dos Estados Unidos".[49]

A ansiedade de Miller por trazer tropas americanas para o Brasil era uma profunda ofensa ao grande aliado brasileiro dos Estados Unidos, Osvaldo Aranha. Disseram que ele andava "de cabeça quente" e que teria lamentado: "É sempre assim quando se deixam as coisas para os militares fazerem. Não compreendem os fatores humanos que entram em qualquer situação política". Observou que "o Brasil fez a gentileza de concordar com a construção de aeroportos e outras preparações militares para a aviação em Recife e Natal. No entanto [...] tudo isso não satisfez o general Miller. Ele quer que o Brasil concorde com uma presença militar americana ainda mais intensa em território brasileiro". Furioso, declarou que a isso ele "resistiria mesmo se precisasse empunhar uma arma ele mesmo". E, dramaticamente, ameaçou: "Por mais que eu ame os Estados Unidos [...] serei o primeiro a fuzilar um soldado americano que ousar desembarcar em território brasileiro contra a vontade desse governo".[50]

A questão de enviar militares americanos para o Brasil dependia de os Estados Unidos cumprirem as promessas de fornecer armas e equipamentos feitas a Góes Monteiro durante sua visita ao país. E a solicitação para enviar fuzileiros navais para guardar a nova base em Natal era o "centro da tempestade" de um persistente choque de nacionalismos. Miller julgava preciso ter soldados americanos protegendo o Nordeste brasileiro por não confiar nos líderes do Exército brasileiro. No começo de janeiro de 1942, oficiais do Estado-Maior do Exército brasileiro achavam que haviam cometido um erro nas negociações iniciais por terem ido tão longe e, com isso, ficado sujeitos a demandas adicionais. Deixar os americanos enviarem tropas para o Brasil iria ferir o "orgulho nacional", e talvez se visse que "nem mesmo a compreensão excepcional do país por seu presidente seria suficiente para suportar a indignação do povo". Uma guinada como essa "criaria uma excelente oportunidade para os nazistas e integralistas explorarem a situação apelando para o lema já existente do 'Brasil para os brasileiros'". O Estado-Maior Conjunto brasileiro julgava que "a ocupação arbitrária de solo brasileiro por forças terrestres dos Estados Unidos provocaria sérias reações nos demais países sul-americanos e poria em risco toda a política da 'boa vizinhança'. O general Góes Monteiro reuniu-se com vários generais para dizer que ele estava pronto para renunciar ao cargo se algum dos presentes se dispusesse a "entregar Natal aos fuzileiros dos Estados Unidos". Todos se recusaram. Até o general Ary Pires, subchefe de Estado-Maior do Exército, "indiscutivelmente antinazista", opôs-se em particular ao pedido dos Estados Unidos.[51] Era evidente que, embora a Reunião do Rio tivesse sido bem-sucedida, havia muito a fazer para insuflar vida às relações entre as duas repúblicas.

No começo de março, rumores alarmantes somavam-se às preocupações e frustrações. Supunha-se que Berlim teria ordenado a derrubada do governo Vargas. Não se sabia quem se encarregaria disso. Nesse meio-tempo, submarinos do Eixo haviam afundado quatro navios brasileiros, e um quinto navio estava com atraso de vários dias. Observadores achavam que os ataques aos navios tinham por objetivo servir como um aviso às outras repúblicas latino-americanas de que, caso seguissem o exemplo do Brasil, receberiam punição similar.[52] Militantes quinta-colunistas ganharam ousadia, e a propaganda do Eixo, intensificada, enfatizava a incapacidade dos Estados Unidos para fornecer equipamento militar e logística adequada. Circulava uma narrativa fantástica de que o Japão organizara secretamente uma força militar composta de imigrantes japoneses no Brasil, prontos para atacar São Paulo. Pintando um quadro tenebroso da situação brasileira, o general de brigada Raymond E. Lee, chefe da inteligência do Exército americano, alertou que a estabilidade do governo Vargas dependia em grande medida do amparo dos Estados Unidos. "Sem nosso forte apoio, o atual governo pode cair."[53] O medo claramente perturbava e se alastrava pelos dois governos. O chefe interino da Seção Latino-Americana da inteligência do Exército dos Estados Unidos alertou que havia um "número excessivo" de americanos no Brasil "investigando, informando ou organizando bases, fábricas, ferrovias, espionagem, propaganda ou filmes de cinema. Há demasiados americanos em missões oficiais sem conhecimento da língua, dos costumes e do caráter do povo".[54]

Pelo visto, o general Miller decidira que haveria um americano a menos em cena: depois de voltar de uma viagem a Washington no fim de outubro, ele disse a Góes Monteiro que tentara se demitir do cargo de adido, mas Marshall não aceitara a renúncia. Ele pretendia continuar tentando a exoneração.[55] No clima de rumores após a Reunião do Rio, Marshall cedeu e chamou Miller de volta a Washington. Publicamente parecia que Miller estava sendo demitido contra a vontade. Um defensor escreveu ao general Marshall: "Os únicos indivíduos [...] nas Forças Armadas do Brasil que têm qualquer coisa contra o general Miller são ultranacionalistas [...] ou conhecidos generais pró-totalitarismo e altos oficiais da polícia, além de membros do movimento Integralista". O autor, Paul Vanorden Shaw, nascera no Brasil em uma família de acadêmicos e missionários, tinha doutorado em ciência política na Universidade Columbia e lecionara na Universidade de São Paulo (1934-40). Acompanhava atentamente a marcha dos acontecimentos nas relações exteriores e, a julgar por sua correspondência, parecia bem informado. Ele observou que os americanos que combatiam "a política de apaziguamento do Departamento de Estado e da embaixada americana aqui no Rio foram 'expulsos'". Afirmou que "a política que Washington seguiu e está seguindo sobre o Brasil é suicida do ponto de vista da cooperação militar, sendo esta, no momento, a única que conta". Observou que "o general Miller fala um português quase perfeito, fato raríssimo entre americanos que vivem aqui até há mais tempo do que ele [...]. Sua interpretação do Brasil é a única segura para servir de base no momento, e qualquer outra é perigosa, quando não suicida". Shaw estava convicto de que a partida do general Miller representava "uma grande perda", e as circunstâncias de seu retorno eram "sintomáticas de uma situação fundamental repleta de graves perigos para os planos de defesa das Américas". Concluiu afirmando que Miller era "um símbolo de uma grande causa em perigo real".[56] Nos arquivos do Exército não há indicação de que Marshall chegou a ler essa carta. No entanto, ela é útil como indicador da grande tensão em torno das relações com o Brasil nessa época.

A diferença entre as atitudes brasileira e americana pode ser atribuída à proximidade relativa desses países com a guerra. Em fins de janeiro de 1942, submarinos do Eixo no Atlântico Norte haviam afundado 31 navios, totalizando quase 200 mil toneladas. Pelas grandes rotas marítimas ao longo da costa dos Estados Unidos passava uma procissão constante de petroleiros desarmados que transportavam petróleo da Venezuela e do México, a base da economia de guerra. Se a Alemanha tivesse privilegiado os ataques por submarinos, talvez tivesse conseguido anular o esforço de guerra dos Aliados. O Corpo de Aviação do Exército americano não era treinado em operações antissubmarino, e a Marinha não tinha aviões adequados para combater submersíveis. A impressão era de que os submarinos estavam destruindo as linhas de abastecimento dos Aliados. Em fevereiro foram afundados mais 71 navios, mostrando, na opinião de Winston Churchill, que a proteção da Marinha era "inapelavelmente inapropriada". Por sorte, Hitler não atentou para o conselho de seus almirantes de que o Atlântico era crucial; em vez disso, se concentrou na defesa do Atlântico Norte, acreditando que "a Noruega é a zona do destino nessa guerra".[57]

No Norte da África, tropas de Rommel rechaçaram os britânicos próximo a Tobruk, na Líbia, enquanto durante o mês de janeiro MacArthur ficou isolado na ilha filipina de Corregidor. A essas perdas desalentadoras somou-se a rendição de Cingapura aos japoneses pelas forças britânicas, indianas e australianas no domingo, 15 de fevereiro. Os brasileiros talvez tenham posto em dúvida o acerto de suas decisões. Caffery comentou: "Nossos amigos aqui criticam cada vez mais o nosso lado na luta; dizem que falamos demais e alto demais e que nossos esforços são ineficazes. Posso acrescentar que muitos deles estão ficando muito assustados".[58]

Dias depois de encerrada a Reunião do Rio, o ministro da Fazenda, Artur de Souza Costa, foi a Washington para tentar extrair mais benefícios da relação entre os dois países. Seu objetivo era estender o acordo Lend-Lease para equipamentos militares de modo a incluir o custeio da construção da siderúrgica de Volta Redonda, além de trilhos e vagões para a Estrada de Ferro Central do Brasil, financiamento à produção de materiais estratégicos e acordos de compras pelos americanos. A entrega de armas e equipamentos era "muito urgente", Vargas frisou, e confirmaria "se vale ou não a pena ser amigo dos Estados Unidos".[59] A preocupação de Getúlio nesse momento revela-se na grande atenção aos detalhes das negociações no constante fluxo de comunicação com Sousa Costa. Os telegramas mencionavam os números de carros de combate, peças de artilharia e munições que ele classificava como "necessidades urgentes". Vargas se preocupava com os preços do carvão e do petróleo porque o Brasil sofria de total dependência de importações dos Estados Unidos. O novo acordo Lend-Lease cobria todas as compras até 200 milhões de dólares. A siderúrgica de Volta Redonda, de importância crucial para o futuro, foi incluída no acordo Lend-Lease. Junto com o apoio para a extração de borracha natural na

Amazônia e para várias indústrias, os Estados Unidos comprometeram-se a financiar e assessorar a indústria brasileira e a comprar seus produtos. Na prática, era uma parceria no desenvolvimento econômico do Brasil.[60]

Em meio a essas negociações, Vargas informou sobre atividades inquietantes na fronteira argentina. Havia relatos de que forças policiais tinham sido substituídas por unidades do Exército argentino aparentemente equipadas para ação, a instalação de duas novas estações de rádio, o aparecimento de lanchas armadas no rio Uruguai e a construção apressada de estradas e pistas de pouso, com engenheiros traçando mapas e construindo pontes e depósitos em Posadas, Misiones. Também preocupantes eram informes sobre agentes alemães disfarçados de missionários protestantes em colônias alemãs no Sul do Brasil.[61]

PREOCUPAÇÕES COM A ARGENTINA

A Argentina estaria fazendo preparativos para atacar? Informações como essas vindas da fronteira certamente eram inquietantes, porém de Buenos Aires tudo parecia diferente. O adido naval brasileiro, Augusto do Amaral Peixoto, esclareceu a situação. Na Argentina corria o mesmo tipo de boato ameaçador sobre preparativos do Brasil na fronteira. Ele atribuiu a coincidência de narrativas sobre uma concentração militar dos dois lados da fronteira dos países àqueles "que seriam os mais interessados no choque, os nazistas". Disse ainda que era o momento menos oportuno para a Argentina entrar em guerra, pois estava isolada completamente,

> sem grandes "*stocks*" para uma campanha militar, agitada internamente por uma política que dividiu a nação em dois grandes grupos, assoberbada por problemas econômicos; não seria crível que os dirigentes argentinos pudessem pensar em uma luta que, em última análise, seria uma guerra contra o continente! Por muito nazista que pretenda ser o governo, não poderá nada mais fazer do que manter-se neutro, na esperança de uma vitória alemã [para] tomar a clássica atitude da punhalada pelas costas.

Ele recomendou ao embaixador José de Paula Rodrigues Alves: "Nosso dever é procurar, tanto quanto possível, desmascarar as intrigas nazistas, evitando os 'mal-entendidos', mas ao mesmo tempo mantendo-nos alerta enquanto existir um Poder Executivo como o que atualmente arrasta a nação argentina para a triste situação de isolamento no continente sul-americano". Acrescentou que, quanto aos movimentos da frota argentina, limitavam-se a um patrulhamento ineficiente sem um plano organizado, que parecia ter por objetivo dar satisfação à opinião pública. E opinou que a grande maioria dos argentinos preferia uma política de ajudar os Estados Unidos e que os jornais de Buenos Aires não escondiam seu desagrado com as "francas simpatias do presidente pelo Eixo". A declaração de estado de sítio pelo governo, silenciando a imprensa e encerrando a sessão legislativa, permitiu-lhe resistir às pressões produzidas pela Reunião do Rio.

O presidente Castillo distorceu os fatos e deu a impressão de que estava defendendo a soberania nacional ao "não se submeter às 'imposições norte-americanas'", afirmou Amaral Peixoto. Ele comentou que Roosevelt e Churchill haviam sido aclamados em sua aparição no noticiário e por isso os censores estavam cortando os trechos em que eram mostrados. A seu ver, a neutralidade da Argentina transformaria Buenos Aires em um centro de espionagem nazista na América do Sul. Os argentinos viam a atitude do Brasil com admiração, mas ele temia que esse ânimo evoluísse para "despeito e inveja". E alertou: "Basta para tanto que a campanha da quinta-coluna, que não é pequena e que goza, como sabemos, do apoio oficial, continue a desenvolver a sua rede de intrigas".[62] A preocupação do Brasil com a Argentina continuou quando os militares assumiram o controle e permitiram que o coronel Juan Perón chegasse ao poder.

ATAQUES DE SUBMARINOS DO EIXO
TROUXERAM A GUERRA AO BRASIL

Nos dias que se seguiram à Reunião do Rio, as ameaças do Eixo tornaram-se bastante reais quando submarinos alemães começaram a afundar navios brasileiros. Em 16 de fevereiro, a primeira vítima, o *Buarque*, zarpara de Belém do Pará com uma carga de produtos amazônicos. Em fevereiro e março de

1942, ataques por submarinos destruíram mais três vapores brasileiros. Em 9 de março o último destes, o *Cairú*, que estava camuflado e sem luzes, foi torpedeado sem aviso durante a noite por um submarino identificado como U-94. Nos dois primeiros casos, os atacantes haviam permitido que as tripulações e os passageiros desembarcassem em botes salva-vidas antes de afundar o navio. Mas o *Cairú* foi pego de surpresa, e essa passaria a ser a prática dos alemães.[63]

Os acontecimentos sucederam-se rapidamente; no sábado, 28 de fevereiro, Roosevelt, pela primeira vez, pediu "com grande empenho" a Vargas que autorizasse a entrada no Brasil de aproximadamente mil soldados e oficiais americanos desarmados para reverem os aviões americanos em trânsito para a África. Vargas almoçara na casa de Dutra com o ministro e Góes e, naquela tarde, de volta ao Palácio do Catete, assinara o decreto legalizando a base aérea de Natal.[64] Desse modo, enfim os americanos conseguiram a aprovação oficial, ao menos para efetuar suas operações de transporte de aeronaves por intermédio do Brasil. Também foi necessário recorrer à diplomacia militar. O general de brigada Robert Olds, chefe do comando de transporte, chegou ao Brasil para conquistar as boas graças do brigadeiro Eduardo Gomes, chefe da diretoria de Rotas Aéreas do Nordeste. Ele convidou Gomes para ir aos Estados Unidos e prometeu trinta bombardeiros e trinta caças. Antes de voltar para o Brasil, Gomes inspecionou seis B-25 e seis P-40 na base aérea de Bolling Field, no sudoeste de Washington, que se preparavam para voar rumo a Natal. Na prática, o caminho estava livre para a criação da Ala Atlântico Sul do Comando de Transporte Aéreo ainda em maio.[65]

Washington enfrentou a preocupação brasileira com a falta de armas assinando um acordo pelo sistema Lend-Lease em 3 de março de 1942 que previa a entrega futura de equipamento militar no valor de 200 milhões de dólares, duplicando assim o valor estabelecido em 1941. Ao mesmo tempo, o Exército providenciou para que fossem enviados ao Brasil, até o fim do ano, cem tanques médios, mais de duzentos tanques leves, cinquenta aviões de combate e grande número de canhões antiaéreos e antitanque. Washington esperava que isso atenuasse os receios brasileiros.[66] Quatro dias depois, Vargas autorizou triunfantemente o embaixador Caffery a dizer a Roosevelt que ele aprovara "seu pedido da vinda dos técnicos para cuidar dos seus aviões de passagem para a África". Cabe notar que o uso por Vargas do termo "técnicos" em vez de soldados foi deliberado, pois o Exército brasileiro ainda não queria ver soldados americanos em solo nacional. No dia seguinte, o U-boat alemão U-155 afundou o navio de bandeira brasileira *Arabutan* em águas do cabo Hatteras, na Carolina do Norte.[67]

Apesar dos laços cada vez mais estreitos, oficiais dos dois exércitos continuavam desconfiados das motivações uns dos outros. O novo acordo Lend-Lease dissipou algumas das suspeitas. Pouco depois de o Brasil decidir autorizar a entrada de "técnicos" americanos, Vargas concordou com um "programa abrangente para o Nordeste do Brasil", que determinava o envio de mais oitocentos profissionais de manutenção, novas construções e, o mais importante, privilégios irrestritos de voo para aeronaves do Exército. Os chefes de Estado-Maior brasileiro e o ministro das Relações Exteriores, Osvaldo Aranha, redigiram um acordo de defesa a ser proposto a Washington.[68] Embora essa fosse uma medida positiva, Osvaldo Aranha andava tão incomodado com as atividades questionáveis do chefe de Polícia do Distrito Federal, o capitão do Exército Filinto Müller, notório simpatizante da Alemanha, que novamente ameaçava renunciar.[69] No decorrer de fevereiro e março, o Rio fervilhou com

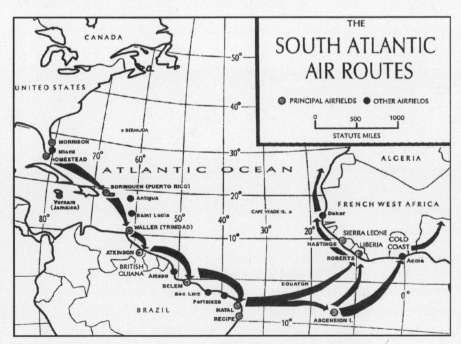

O trampolim da vitória: de Miami para Natal, África e pontos a leste.

rumores de conspirações. Foi nesse clima tenso que Vargas recebeu a notícia de que o vapor brasileiro *Cairú* tinha sido torpedeado. De imediato, Vargas proibiu a navegação para os Estados Unidos até que os navios brasileiros pudessem ser armados e protegidos por comboios. Instruiu o embaixador Carlos Martins para pedir ao governo americano em nome dele, Vargas, que garantisse a segurança dos navios mercantes brasileiros em trânsito entre Brasil e Estados Unidos. Ele julgava necessário que os navios fossem imediatamente reunidos em comboio, munidos com artilharia e guardados por soldados americanos armados. Queria ser mantido pormenorizadamente informado pelo embaixador sobre a resposta do governo.[70]

O embargo manteve no porto cargas vitais para o esforço de guerra americano e privou o Brasil de petróleo e carvão dos Estados Unidos. O problema foi resolvido de maneira bem ortodoxa por um acordo privado entre Vargas e o almirante Jonas Ingram, comandante das operações navais dos Estados Unidos no Atlântico Sul. Em troca da promessa de Ingram de assumir a responsabilidade pela proteção dos navios brasileiros, o presidente concordou em cancelar o embargo. Vargas pediu que Ingram fosse seu assessor naval secreto e chamou-o de seu "*Sea Lord*". E foi além: abriu portos, instalações de manutenção e aeroportos brasileiros à Marinha americana e ordenou que as forças navais e aéreas brasileiras operassem segundo as recomendações de Ingram. Este, por sua vez, prometeu agilizar a entrega de equipamento naval e treinar militares brasileiros.[71] A Marinha americana não evocava as preocupações com a soberania como fazia o Exército americano e, graças a Ingram, agora tinha acesso direto a Vargas. A experiência de Ingram com latino-americanos remontava à sua participação na captura do porto de Veracruz em 1914, pela qual ele recebeu a Medalha de Honra do Congresso.[72]

No começo de abril de 1942, o ministro Osvaldo Aranha disse ao embaixador Caffery que, depois dos êxitos recentes dos japoneses no Pacífico, alguns oficiais mais jovens do Exército brasileiro andavam criticando a política de estreitas relações militares com os americanos. Especificamente, uma dúzia de capitães do Exército havia, pouco tempo atrás, "espalhado bobagens sobre nossas alegadas intenções de ocupar a região de Natal".[73] Informes como esse eram abundantes, a ponto de causar preocupação.

Vargas não conseguira convencer o general Miller da sinceridade de seus dois principais generais. Miller irritara Góes a tal ponto que Vargas, sem escolha, precisou pedir sua substituição. Como já mencionado, Miller também estava tão decepcionado que pediu para ser substituído. Ele então voltou para Washington e serviu por alguns meses na Operation Plans Division, onde seus anos de experiência com brasileiros deram-lhe credibilidade. Quando Góes escreveu a Marshall em 22 de abril de 1942, o auxiliar do chefe de Estado-Maior pediu que Miller fizesse comentários sobre a carta. Miller escreveu uma análise brutalmente franca dizendo que conhecera Góes por oito anos e que não era possível confiar nele. Afirmou que Góes "apenas finge um desejo sincero de cooperar com os Estados Unidos porque o Brasil, neste momento, tem uma dependência econômica quase total dos Estados Unidos e porque Góes ainda espera obter de nós o máximo em equipamentos para seu exército".[74]

Outro oficial do Estado-Maior e ex-adido da Aeronáutica no Brasil, Thomas White, comentou que *se* a carta de Góes fosse sincera, seria "baseada em uma grande falta de compreensão dos problemas envolvidos". White não sabia se

> o general Góes é pró-Eixo. Está cercado de oficiais pró-Eixo e é controlado pelo grupo militar dirigente. Ele reflete a opinião de uma das classes mais egoístas do mundo: as Forças Armadas brasileiras. Não reflete a opinião do brasileiro médio, que apoia irrestritamente os Estados Unidos e está disposto a fazer o que for necessário. [...] Inquestionavelmente, mesmo se lhes for dado o material bélico, as Forças Armadas do Brasil não o usarão com eficácia. Isso vale sobretudo para o material da aviação. O Brasil poderia fazer muito agora sem equipamento adicional. Elementos pró-Eixo ou antiamericanos ainda detêm muitas posições fundamentais tanto no Exército como na Força Aérea. Um excelente exemplo é o chefe de Polícia (Filinto Müller).[75]

Esses oficiais americanos não tinham paciência com os modos aparentemente cautelosos como as autoridades brasileiras lidavam com a espionagem e os simpatizantes do Eixo. O general Miller estava irritado, talvez perplexo, com a ideia de Góes de que "as possibilidades do Brasil são limitadas e pouco importantes na presente guerra". Miller acreditava que o Brasil "poderia ter importância considerável se os líderes do Exército brasileiro desejassem". Preocupadíssimo, Miller perguntou se o material bélico a ser fornecido seria "usado a nosso favor ou contra nós por um exército comandado pelo general Góes".[76]

As suspeitas e a falta de confiança demoraram a se dissipar, e o clima de frustração continuou a imperar nos dois lados. Em Washington, um misto de irritação e medo gerou conversas mirabolantes sobre formar uma força "da selva" secreta, composta de "*woodsmen*" americanos para assumir o controle do Nordeste do Brasil. Pelo visto, para debelar ideias como essa, o então chefe de Estado-Maior adjunto, general de divisão Dwight Eisenhower, escreveu a Sumner Welles:

> Estão sendo tomadas todas as medidas práticas para salvaguardar nossos interesses. Estabeleceu-se a política de que todas as medidas de segurança e defesa que afetam o território brasileiro precisariam ser executadas em harmonia com o governo brasileiro. Qualquer medida clandestina envolvendo tantas pessoas logo seria detectada e se tornaria fatal para os nossos objetivos nessa área importante.[77]

INSATISFAÇÃO DO EXÉRCITO COM O EMBAIXADOR CAFFERY

Ao mesmo tempo, o Estado-Maior do Exército americano estava frustrado com o embaixador Caffery, acusado de não cooperar, sobretudo em questões de inteligência. Ele seguia a tradição de que o embaixador ficava encarregado de todos os assuntos dos Estados Unidos no Brasil e de que todo o pessoal da embaixada, inclusive os adidos militares, eram seus subalternos. O FBI estava executando uma operação de contraespionagem no Brasil subordinada ao embaixador e não partilhava informações com o adido militar. Caffery ficara insatisfeito com os adidos anteriores, coronel Edwin L. Sibert e general Miller, porque os considerava "nada cooperativos, só prejudicaram as relações entre ele e o governo brasileiro". Caffery opôs-se a uma proposta do Departamento de Guerra para estabelecer um "Sistema de Observação Militar dos Estados Unidos por todo o Brasil".[78]

Oficiais do Exército vinham reclamando de Caffery no mínimo desde novembro de 1941. Um dos assessores de Marshall achava que a situação era "perigosa" e era preciso "chegar a um acordo definitivo com o Departamento de Estado, senão haverá um rápido declínio ainda maior em nossa Inteligência militar em todo o Brasil e sem dúvida [em] todas as nossas relações nessa área crítica". Ele escreveu no final de uma carta manuscrita: "[o coronel Henry A.] Barton e eu pensamos que a situação requer a intervenção direta do chefe em breve".[79]

O general Miller, que não era fã de Caffery, escreveu a Marshall que "a melhor solução para nosso presente problema militar insatisfatório no Brasil seria a substituição do embaixador americano nesse país. Como embaixador em tempo de guerra, o sr. Caffery é um fracasso". No entanto, admitindo que uma solução como essa era "impraticável nesse momento", ele recomendou que um oficial-general bem qualificado fosse nomeado "coordenador de todas as atividades militares, aéreas e navais dos Estados Unidos no Norte e Nordeste do Brasil". Reconheceu que Caffery, o Departamento de Estado e o governo brasileiro teriam de consentir. Talvez aceitando que Caffery contava com apoio grande demais de ambos os presidentes para ser contestado adicionalmente, Miller admitiu que "é um erro, porém, esperar que qualquer oficial possa cumprir esses deveres independente do nosso embaixador no Brasil". Ele recomendou que "o problema da coleta de informações militares no Brasil seja discutido por nossa G-2 Division [inteligência] com o Departamento de Estado tendo em vista chegar a uma solução satisfatória".[80]

É provável que Miller tivesse ultrapassado uma das linhas invisíveis de Marshall. O chefe tinha um caderninho preto no qual anotava comentários positivos e negativos sobre os muitos oficiais que ele conhecera ao longo dos anos. Ele era responsável pela nomeação de Miller no Rio e por sua promoção a general de brigada. Não se sabe a causa de Miller ter sido designado, em sua missão seguinte, para atuar fora do Estado-Maior, mas uma boa suposição seria que sua atitude negativa em relação a Góes Monteiro e o embaixador Caffery não alcançou boas notas no caderninho preto do general Marshall. Em 2 de julho de 1942, Miller assumiu o comando do Engineer Replacement Training Center [Centro de Treinamento para Substituição de Engenheiros] em Fort Belvoir, na Virgínia.[81] Ele se formara em nono lugar na turma de 1915 em West Point. Enquanto colegas de classe como Eisenhower e Bradley assumiram postos consideravelmente mais prestigiosos, Miller foi relegado a missões de treinamento. A necessidade de oficiais e praças na engenharia era extremamente crítica, mas o posto no centro de treinamento de Belvoir foi o começo de uma tendência declinante. Após um ano e meio em Belvoir, ele foi nomeado comandante de Camp Sutton, Carolina do Norte, onde chefiou o treinamento de engenheiros e supervisionou prisioneiros de guerra do Afrika Korps de

Rommel; em novembro de 1944, foi subcomandante de Camp Claiborne, Louisiana, uma importante base de treinamento elementar, onde a 82ª e a 101ª divisões de paraquedistas haviam sido organizadas, e no fim da guerra ele foi adido ao quadro do chefe dos engenheiros. Uma triste perda de prestígio.[82]

No Departamento de Estado, segundo o subsecretário Welles, Caffery era visto como um "embaixador singularmente bem-sucedido". Welles transmitiu a Roosevelt o comentário de Vargas de que ele tinha total confiança em Caffery e que os "Estados Unidos nunca tiveram um embaixador no Brasil que demonstrasse maior tato ou mais conhecimento sobre como lidar com oficiais brasileiros e com o povo do país". Vargas acrescentou seu elogio em uma carta a Roosevelt dizendo que "esse ilustre diplomata" praticava "a diplomacia como deve ser praticada: com a preocupação única de unir, de aproximar, de aumentar a amizade do povo em cujo meio vive pelo povo cujo governo representa".[83] As controvérsias mencionadas evidenciam que exércitos e governos nunca foram totalmente coesos nem isentos de perfídia, e que choques de opiniões são parte de qualquer processo de formulação de políticas, ainda mais em tempo de guerra.

FALTA DE CONFIANÇA NAS ARMAS BRASILEIRAS

Atualmente grande parte das tensões e temores de meados de 1942 já se esvaíram da memória coletiva. Mas em abril e maio de 1942 a dura realidade, segundo analistas do Exército americano, era que

> Alemanha e Itália implementaram amplas medidas contra o bloqueio, com ataques de surpresa por navios comerciais armados, submarinos e aviação. O ataque de surpresa e os êxitos iniciais dos japoneses em certa medida aniquilaram a frota americana, que era superior. Se os franceses entregarem sua frota ou se a Inglaterra cair e a frota britânica for eliminada, a situação será grave. O Eixo obteria assim os meios para a ação agressiva contra o Ocidente, em especial contra a América do Sul, agindo pelo mar.[84]

Os estrategistas do Exército americano não acreditavam que o Exército do Brasil ou de outros países latino-americanos fosse capaz de rechaçar um ataque do Eixo, pois "não eram organizados, treinados nem equipados para enfrentar em batalha soldados de primeira classe". Estavam convencidos de que apenas tropas dos Estados Unidos eram "capazes de defender o hemisfério ocidental". Admitiam que a habilidade do Eixo para executar aquelas temidas operações em terras além da Eurásia e da África dependia da construção de uma marinha mercante e de uma marinha de guerra. Contudo, tinham certeza de que, se o pesadelo de um avanço do Eixo pelo Oeste da África se tornasse realidade, "o controle da área de Natal passaria a ser vital para a continuidade dos Estados Unidos como uma potência de primeira classe".[85]

A atitude brasileira até aquele momento foi resumida pelo almirante Jonas H. Ingram, que comandava as forças navais no Atlântico Sul de sua base no Recife: "Eles temem o nosso Exército. Não estão de modo algum dispostos a receber uma guarnição do Exército dos Estados Unidos". Ingram concluiu seu relatório ressaltando

> que o Brasil é hoje o maior país latino do mundo, com recursos ilimitados, e que o futuro desse grande país em certa medida depende de nós. [...] o que produzirá resultados aqui é o toque pessoal [...]. Para que os Estados Unidos colham os benefícios da expansão e desenvolvimento [do Brasil], é preciso cultivar e manter uma sólida amizade baseada na confiança recíproca. [...] É um grande erro tentar vender os Estados Unidos na América do Sul. Faremos mais progresso cultivando a amizade e desenvolvendo o respeito e a confiança mútuos.

Ele alertou que o "complexo de inferioridade" dos brasileiros não devia ser "posto em evidência". Também observou que a atitude brasileira para com a Grã-Bretanha não decorria de aversão à democracia; era causada, isso sim, pela "atitude arrogante de oficiais britânicos para com o Brasil e pelo bloqueio do material bélico adquirido da Alemanha".[86] Notavelmente, a postura de Ingram conquistara a confiança do governo brasileiro na Marinha americana, enquanto o estilo do Exército levara a um impasse. A confiança de Washington na estabilidade da situação brasileira não melhorou com rumores, que supostamente corriam no Rio de Janeiro, de que novas vitórias alemãs na frente russa poderiam levar o Exército a derrubar Vargas e instalar um governo militar.[87]

ACORDO POLÍTICO-MILITAR, MAIO DE 1942

Depois de suas conversas com Sumner Welles durante a Reunião do Rio, Vargas enviara a Washington seu ministro da Fazenda, Sousa Costa, para consolidar as promessas americanas. Ele constatou que a boa vontade era grande, mas os americanos estavam com dificuldade até para armar os britânicos e os russos além de suas próprias forças em expansão, e naquele momento pouco tinham para dar. De fato, mesmo os quatro canhões antiaéreos que haviam sido mandados para o Sul tinham sido retirados das defesas da cidade de Nova York. Como já mencionado, o financiamento para o Brasil pelo sistema Lend-Lease fora duplicado, e o Exército americano comprometera-se a fornecer até o fim do ano tanques médios e leves, aviões de combate e numerosas peças de artilharia antiaérea e antitanque. A demanda por munição, suprimentos e aviões das frentes de combate requeria cada vez mais o tráfego aéreo via Natal. O general de brigada Robert Olds, comandante das operações de transporte, disse a Roosevelt que precisava de aproximadamente 750 homens adicionais para as bases de Belém, Natal e Recife, além de alojamento para esse pessoal, de mais gasolina armazenada e, o mais importante, de ampla autorização para os voos por território brasileiro. O secretário da Guerra, Stimson, pediu a Roosevelt que fizesse uma solicitação pessoal a Vargas e comentou: "Nem sei dizer o tamanho da importância que eu dou ao perigo de Natal. Com a necessidade redobrada de aviões na Birmânia e na China, a frota francesa navegando pelo Mediterrâneo e submarinos no Caribe, não podemos permitir que o Brasil, que não está em guerra, interrompa a nossa linha vital através da África". Welles pressionou o embaixador Caffery para que incutisse no presidente Vargas a noção de que "temos de cooperar um com o outro o máximo possível para conseguirmos derrotar os países totalitários. Não foi fácil convencer nosso Exército da necessidade de tirar tanques dos nossos soldados, ainda insuficientemente supridos, para mandá-los ao Brasil". Ele observou que Roosevelt decidira aumentar a remessa de armas para o Brasil "porque considerações mais abrangentes do que as puramente militares exigem hoje a mais estreita relação de trabalho entre os dois governos".

Depois que os representantes dos dois países assinaram o novo acordo Lend-Lease em 3 de março, Vargas logo concordou com os voos irrestritos e com outros pedidos americanos. Enquanto isso, no Rio de Janeiro, Góes Monteiro descartou o esboço de um acordo sobre operações conjuntas que ele trouxera de sua viagem aos Estados Unidos em 1939 e um acordo de outubro de 1941 sobre o Nordeste, e se reuniu com os chefes de Estado-Maior da Marinha e Aeronáutica para formularem uma proposta de um amplo acordo político-militar conjunto.

O ministro das Relações Exteriores, Osvaldo Aranha, entregou o rascunho da proposta a Caffery, que a encaminhou para o Departamento de Estado. O objetivo era firmar um acordo sobre como "regular sua cooperação em questões militares e econômicas para a defesa comum". A proposta continha 22 artigos que abrangiam os detalhes do novo relacionamento. O primeiro artigo determinava a criação de duas comissões mistas em Washington e Rio de Janeiro "para implementar o acordo e fazer recomendações a seus governos". O segundo continha a importante especificação de que tropas brasileiras seriam empregadas em território brasileiro, enquanto o terceiro dizia que forças americanas seriam solicitadas se ocorresse "um ataque ou ameaça de ataque iminente ao Brasil". Se a ameaça partisse do Eixo, o artigo 15 requeria que os americanos dessem "assistência imediata" ao Brasil. De modo geral, as cláusulas indicaram uma mudança no pensamento estratégico brasileiro, pois Norte, Nordeste e Rio de Janeiro passariam a ser considerados zonas de "importância fundamental", e as forças brasileiras deveriam concentrar-se nessas zonas. Os brasileiros comprometeram-se a intensificar e expandir os setores de agricultura, indústria e mineração para fornecer matérias-primas aos Estados Unidos, mas os americanos forneceriam assistência técnica e financeira para a organização da produção. Nota-se alguma cautela no artigo 9, que limitava o guarnecimento de bases aéreas e navais por americanos "somente mediante solicitação do Brasil como reforços e sob o comando de autoridades militares brasileiras". O Brasil permitiria, mediante solicitação, que "técnicos e especialistas" fossem trazidos para dar assistência às forças americanas em trânsito ou em operação. Outros artigos versavam sobre disposições de comando do Exército e da Marinha e autorizavam os Estados Unidos a construírem instalações e organizarem serviços para seu pessoal; tratavam ainda de disposições sobre comboios e treinamento de pilotos e determinavam que os Estados Unidos "facilitassem imediatamente" a remessa de material bélico "já requisitado e outros materiais necessários para expandir suas forças e desenvolver indústrias militares e melhorar os transportes". Por fim, em óbvia alusão às velhas suspeitas contra a Argentina, o artigo 16 especificava que "em caso de outro ataque ao Brasil, os Estados Unidos garantirão as rotas marítimas e a supremacia aérea e fornecerão material bélico para forças terrestres em novos teatros de operação".

Além dessas negociações, em todo o Brasil os dias seguintes foram marcados por uma desestabilizadora tensão nervosa. Segundo fontes britânicas, o estado do Pará sofria com escassez de alimentos, atribuída ao envio de trabalhadores para a coleta de borracha na selva.[88] A aparente indiferença das autoridades ao súbito aumento do custo de vida agravou o crônico ressentimento contra o governo do Rio nos estados amazônicos. Os integralistas exploraram essa acrimônia e instigaram queixas entre os soldados da guarnição do Exército no Pará. Circulavam numerosos rumores de um ataque do Eixo e uma consequente ocupação pelos americanos. Os poucos fuzileiros e pessoal do transporte aéreo dos Estados Unidos na área não tinham condições de proteger o aeroporto e os tanques de combustível em Belém. Ilhas na foz do Amazonas poderiam ser bons esconderijos para submarinos e navios do Eixo, e na época estavam "patrulhadas muito inadequadamente". Os brasileiros não possuíam aviões suficientes para um patrulhamento eficaz. Mais ao sul, em Salvador, o cônsul britânico relatou que a situação era "singular". Disse que a opinião pública era pró-Aliados, mas a atitude das autoridades era "geralmente vista como simpática ao inimigo. A razão, provavelmente, é que sua motivação maior é a vantagem pessoal". O embaixador resumiu informes de outros cônsules e opinou:

> De modo geral há muitas evidências de que homens em posições importantes estão persuadidos por propaganda inimiga e duvidam das chances de uma vitória dos Aliados. A propaganda alemã foi tão meticulosa no passado em departamentos civis e militares que os oficiais trataram de não causar irritação em certos círculos para poder reajustar rapidamente suas posições a cada mudança de maré.

Na semana seguinte ao envio da proposta a Washington por Caffery, Osvaldo Aranha perguntou-lhe várias vezes se ele tinha recebido alguma resposta. Os Departamentos da Guerra e da Marinha vinham estudando com urgência a proposta brasileira. Em 20 de março, Welles recebeu suas avaliações por escrito e fez uma reunião em sua sala com oficiais do Exército e da Marinha e autoridades do Departamento de Estado. O Exército apresentou uma análise de cada artigo, com a qual a Marinha contribuíra além de expor seus próprios comentários gerais. Os analistas do Exército julgaram conflitantes os artigos 3 e 15; em caso de ataque, os Estados Unidos deveriam agir ou aguardar o pedido de ajuda dos brasileiros? Uma questão básica parecia ser o grau de controle exercido pelos brasileiros. Os artigos que tratavam dos comboios já eram cobertos pelo acordo da Marinha com o Brasil. O chefe adjunto de Estado-Maior do Exército, general de divisão Dwight D. Eisenhower, achava que era preciso "malhar o ferro enquanto está quente, ainda que as vantagens a serem ganhas no presente possam ser mais políticas do que militares". A seu ver, negociar por escrito provavelmente causaria dificuldades e atrasos; assim, para facilitar, ele sugeriu uma conferência no Rio.

A Marinha achava que o Brasil estava pedindo demais e oferecendo muito pouco.

> Nossas forças têm pouca aceitação no Brasil, e aos Estados Unidos pede-se, entre outras coisas, que garanta as linhas de comunicação e a supremacia aérea, mesmo em uma campanha intercontinental. Principalmente, pede-se aos Estados Unidos que forneçam [o] material bélico então solicitado e tudo o que for necessário para a criação de indústrias bélicas e transportes em prováveis zonas de operação.

Isso incluía apoiar uma possível campanha contra a vizinha Argentina. A Marinha recomendou que os acordos de colaboração militar e naval fossem implementados em três etapas:

1) Discutir o acordo político-militar proposto;
2) Elaborar um plano de guerra básico brasileiro-americano;
3) Desenvolver a cooperação militar para tornar eficaz o plano.

O acordo deveria conter compromissos políticos definitivos para guiar as comissões militares conjuntas na formulação dos planos de guerra. Os compromissos não deveriam abranger detalhes de operações militares, mas tratar de acordos políticos definitivos e específicos. Welles achava que Aranha e Caffery deviam conduzir as discussões no Rio. Dois oficiais do Exército seriam enviados ao Rio, e o chefe da missão naval poderia representar a Marinha. Assim que houvesse acordo sobre as bases de cooperação, disse Welles, "o objetivo final era a criação de uma comissão militar, naval e aérea brasileira-americana, sediada no Brasil, para implementar o acordo e a atuação em Washington de um Estado-Maior Conjunto, similar ao de Estados Unidos e Grã-Bretanha". A "conclusão satisfatória" das discussões no Rio tinha uma "importância fundamental", ele disse. Os Departamentos da Guerra e da Marinha opinaram que, como os acordos seriam "político-militares", o ministro das Relações Exteriores e o embaixador deveriam conduzir as negociações com os oficiais atuando como conselheiros. Achavam que os oficiais não deviam discutir as políticas, limitando-se às questões militares. O chefe de operações navais enviara uma carta a Welles com esse parecer. Para Welles, era uma questão de ênfase, e o embaixador e os oficiais americanos deveriam ter margem suficiente para decidir até onde o acordo poderia ir no aspecto puramente técnico.

O Exército enviou ao Rio de Janeiro o coronel Robert L. Walsh, chefe do Estado-Maior da Inteligência da Aeronáutica, e o coronel Henry A. Barber Jr., sucessor de Ridgway na função de principal estrategista para a América Latina. Ambos eram formados em West Point e veteranos da Primeira Guerra Mundial; Walsh servira na fronteira do México e fora adido da Aeronáutica em Paris e Madri; Barber fora adido militar em Havana por dois anos antes de entrar para o Estado-Maior do Exército. Suas experiências com culturas latino-americanas seriam úteis. Segundo suas instruções, os "principais resultados" das discussões deveriam ser a criação de Comissões de Defesa Conjuntas em Washington e no Rio com o objetivo de preparar planos do Estado-Maior para a defesa conjunta do Nordeste brasileiro. Foram avisados de que o acordo final não deveria "pôr em risco as operações e funções das presentes atividades de transporte do Corpo de Aviação" e, notavelmente, que as discussões "não devem envolver a questão do estacionamento, no presente, de grandes forças de soldados americanos no Nordeste do Brasil". Essa foi uma grande mudança na política do Exército voltada para a instalação de forças americanas no Brasil e mostra que, o tempo todo, a intenção fora defensiva, e não perversa como temiam alguns brasileiros.

Em 15 de abril, Osvaldo Aranha, Caffery e os chefes de Estado-Maior do Brasil se reuniram e, para surpresa dos americanos, estes últimos aceitaram, apenas com pequenas mudanças, o texto que os dois coronéis haviam trazido de Washington. O coronel Barber confessou que ficou "extasiado" quando o lado brasileiro concordou com o esboço do acordo. Ele tinha pensado que os brasileiros exigiriam comandar tropas americanas no Nordeste. Mas sua tranquilidade durou pouco.

Cinco dias mais tarde, para constrangimento do lado americano, o Departamento da Marinha telegrafou comunicando que não deviam concluir as negociações antes de se alcançarem "concordâncias específicas" sobre vários artigos. Eles estavam se preparando para assinar, e o embaixador Caffery respondeu que reabrir as discussões teria "um efeito desastroso (repito: desastroso)" sobre o governo brasileiro. O coronel Barber ficou perplexo; comentou com Caffery que tudo fora discutido minuciosamente antes de eles virem para o Brasil, e que a Marinha tinha plena concordância com o esboço. Osvaldo Aranha contava com a assinatura do acordo logo ao meio-dia. Caffery não sabia como poderia explicar a situação ao ministro brasileiro. Temia que, se comunicasse as objeções da Marinha por vias oficiais, Osvaldo Aranha não se ocupasse mais de nenhum acordo de defesa. Ele achava que os brasileiros poderiam concordar verbalmente com as mudanças da Marinha, mas, se lhes pedissem para alterar o acordo escrito, acusariam os americanos de terem negociado de "má-fé". Em vários momentos da negociação, os brasileiros quiseram que os americanos fossem mais específicos. Caffery comentara que "tudo isso depende da boa-fé mútua, certo?". Osvaldo Aranha respondeu "sim", e eles não insistiram. Segundo Caffery, os brasileiros compreendiam a situação como um todo, interpretavam os vários artigos do mesmo modo que a Marinha e não gostariam de reformulá-los. Welles pôs fim ao impasse convencendo a Marinha de que era desnecessário alterar o texto porque os brasileiros entendiam o assunto do mesmo modo que a Marinha. Acontece que o grupo da Marinha havia lido o "rascunho errado" do acordo ao fazer análise. Parece quase cômico, mas para os envolvidos foi muito sério.

Caffery passou vários dias constrangedores, "recorrendo a expedientes dia após dia" e evitando Osvaldo Aranha para não ter de explicar por que a assinatura fora postergada. Este andava intrigado com a razão do adiamento pelos americanos. Finalmente, em 4 de maio, Caffery criou coragem para explicar o que acontecera e garantiu ao ministro das Relações Exteriores que a Marinha havia retirado suas objeções. Apesar disso, conseguir a assinatura do acordo foi demorado. O secretário Hull incitou Caffery a seguir em frente com a mensagem de que os Departamentos da Guerra e da Marinha estavam ansiosos pela formação das duas comissões e, por isso, "desejavam urgentemente" que a assinatura se concretizasse. Por fim, em 27 de maio, o acordo foi assinado e a atenção voltou-se para a organização das duas comissões.

O INESPERADO ACONTECE

Obviamente, é bem provável que a principal razão do atraso na assinatura do documento tenha sido o fato de que, em 1º de maio, Vargas sofreu um grave acidente de automóvel, com fratura na perna e na mandíbula, luxação do quadril e ferimento numa das mãos. Com o presidente acamado e incapaz de falar, instalou-se uma crise política. Assuntos do governo que requeriam sua atenção empacaram. Agitadores pró-Eixo murmuravam que ele não podia mais governar o país. Se o governo Vargas entrasse em colapso, muito do que fora alcançado se perderia.[89] O acordo de defesa com os Estados Unidos fora assinado, mas o Exército brasileiro parecia estar fazendo pouco para honrar seus compromissos. Em muitos aspectos, Vargas era o governo. Para a tristeza dos historiadores, depois do acidente ele desistiu de manter o diário que escrevia desde 1930.[90] Vargas só sairia de sua casa no Palácio da Guanabara em 1º de setembro. Depois do acidente, o novo Office of Strategic Services (oss; serviço de inteligência americana precursor da CIA) supôs que Vargas não era mais "útil nem mesmo como peça no jogo. A única coisa que conta hoje é o Exército, cuja maioria tem simpatias democráticas". A avaliação do oss alertou que existia "uma forte minoria profundamente nazista e fascista que de um momento para o outro pode mudar o rumo dos acontecimentos", porém era "difícil localizar essa minoria" porque seus membros falavam em favor dos Estados Unidos, mas em segredo "tinham grande estima por Hitler e Mussolini". Era frustrante que "a 'Quinta Coluna' esteja atualmente empenhada em convencer o povo do Brasil de que uma aliança com os Estados Unidos só prejudicará os brasileiros".[91]

5. A decisão de lutar

BRASIL E ESTADOS UNIDOS TORNAM-SE ALIADOS

É surpreendente que, apesar do clima de desconfiança, os dois Exércitos e seus governos tenham conseguido forjar um acordo político-militar que efetivamente criaria uma aliança entre Estados Unidos e Brasil. O acordo produziu comissões militares mistas, uma em Washington e a outra no Rio de Janeiro, e delineou as políticas para reger o trabalho desses grupos. A comissão de Washington ficou encarregada de elaborar um plano de defesa para o Nordeste do Brasil e fazer recomendações apropriadas à situação cambiante da guerra. A comissão do Rio deveria trabalhar com o Exército americano e as missões navais para aumentar a prontidão das forças brasileiras para o combate.[1]

Do lado americano, esse resultado deveu-se à calma e à paciência do general Marshall no trato com os brasileiros, bem como à sua disposição de ouvir as recomendações do Departamento de Estado. Em sua opinião, o Departamento de Estado "fez verdadeiros sacrifícios em muitas direções para atender às necessidades de equipamento militar dos brasileiros". Ele lembrou Somner Welles de que havia "substituído oficiais a pedido do nosso embaixador — oficiais com qualificações superiores" (uma provável alusão a Miller e White). E de que havia "mudado as atribuições de oficiais no Departamento de Guerra ocupados com a situação brasileira porque acabaram tão convencidos de que nosso fiasco em assegurar as medidas de precaução necessárias levaria a um desastre na região que seus sentimentos andavam intensos demais para facilitar as negociações". Ele lamentou estar "cada vez mais evidente que os brasileiros não cooperam a sério conosco para defender essa área marítima e terrestre vital de uma agressão do Eixo". Pediu a Welles que dissesse a Caffery para mais uma vez pressionar o ministro da Aeronáutica brasileiro sobre a "necessidade urgente" de fazer "o reconhecimento pormenorizado e efetivo imediato da área amazônica e de ampliar o patrulhamento sobre as águas costeiras do Brasil".[2] E então Marshall escreveu a Góes Monteiro elogiando as negociações que haviam ensejado o "acordo político-militar". Embora ele lamentasse "as oportunidades perdidas de estreita cooperação no passado", observou ser "inútil relembrar esses incidentes". Ele tinha certeza de que Góes concordava que era "hora de agir com os olhos no futuro", e disse ter esperança de que "a continuidade das presentes medidas pelo Brasil resultará na rápida eliminação" da ameaça do Eixo a navios e aviões e ao canal do Panamá. Assegurou a Góes: "Tenho a clara noção das suas necessidades e providenciarei para que, *em troca da cooperação que vocês oferecerem*, nós forneçamos a assistência material solicitada até onde nossas capacidades permitirem" (grifo meu). E ressalvou ter certeza de que Góes compreendia a necessidade de atender "os requisitos mínimos das nossas próprias forças assim como de outras forças que combatem agora na Alemanha e no Japão e, obviamente, na Itália".[3]

A importância do Brasil na opinião de Marshall evidenciou-se em sua escolha de substituto para o general Miller. O novo adido seria seu ajudante e velho amigo Claude M. Adams, que ele chamava de "Flap".[4] Adams fora o oficial administrativo de Marshall quando este comandou a Quinta Brigada da Terceira Divisão no histórico Quartel de Vancouver no estado de Washington em 1938; os dois tornaram-se grandes amigos e companheiros de pescaria.[5] Havia entre eles intimidade suficiente para que pregassem peças um no outro. A esposa de Marshall, Katherine, era amiga da esposa de Adams, Ruth, portanto existia uma amizade entre os dois casais. Enquanto fazia o curso de Comando e Estado-Maior em Ft. Leavenworth (1939-40), Adams sofreu um ataque do coração, mas conseguiu concluir o curso. Marshall pôs seu amigo no Estado-

-Maior do Exército como uma espécie de ajudante geral. E agora mandava para o Rio aquele homem em quem confiava sem restrições.

Com radiotransmissores clandestinos, agentes do Eixo andavam empenhadíssimos em transmitir a movimentação de navios na baía de Guanabara, e o chefe de polícia do Distrito Federal, Filinto Müller, nada fazia para impedi-los. Só em meados de julho Vargas recuperou-se o suficiente para substituir Müller por um oficial confiável. Müller entrou então para a equipe imediata de Dutra, o ministro da Guerra. Depois que submarinos alemães afundaram mais três navios brasileiros em águas de Trinidad em 26 e 28 de julho de 1942, Dutra disse ao embaixador Caffery que ele era tão pró-americano quanto Osvaldo Aranha, mas lamentava que o ministro das Relações Exteriores quisesse ver o Brasil entrar na guerra mesmo com seu completo despreparo. Dutra achava que os Estados Unidos não podiam preparar o Brasil para o combate, portanto o Brasil devia limitar sua cooperação a medidas que não implicassem uma participação direta na guerra.[6] Os documentos não revelam por que Dutra pensava assim; é certo que ele não demonstrava muita confiança em seu exército.

A Força Aérea Brasileira passara a caçar e atacar submarinos alemães, o que significa que já estava na luta, embora oficialmente o país fosse neutro; porém, entre 15 e 19 de agosto, seis navios foram afundados em águas brasileiras, arrastando o Brasil para a guerra. Notavelmente, o Exército queria vingar a morte dos dezesseis oficiais e 125 praças de seu 7º Grupo de Artilharia que se encontravam no navio de passageiros *Baependi* (afundado em 15 de agosto). O ataque ao *Baependi* trouxe questões que ficaram sem resposta, como a competência de líderes do Exército que não tomavam precauções adequadas contra a conhecida ameaça dos submarinos. Quem sabe pensassem que não haveria ataques contra o tráfego de cabotagem pacífico. Os leitores talvez se intriguem com o fato de a Marinha não fornecer escolta armada. Acontece que os dois serviços não estavam acostumados a cooperar, e a Marinha ainda não tinha a capacidade de combater submarinos. Um oficial brasileiro da época, Nelson Werneck Sodré, criticou em seu livro de memórias a inépcia de Dutra e Góes por permitirem aquela movimentação de tropa de óbvia periculosidade e a insensibilidade da burocracia do Exército, que indenizou os sobreviventes apenas com o equivalente a um mês de soldo, cujo pagamento atrasou. Infelizmente, quando afirmou não haver provas de que os submarinos eram alemães,

Sodré contribuiu para os rumores plantados por nazistas de que os americanos teriam sido os responsáveis pelos afundamentos.[7]

OPERAÇÃO BRASIL E O LOBO SOLITÁRIO U-507 1942

É claro que havia provas. Sodré não fez caso delas ou talvez não quisesse acreditar. Tanto a Alemanha como a Itália tinham submarinos em ação no Atlântico Sul. Em 2 de junho de 1942, a imprensa brasileira noticiou que tripulações nacionais de bombardeiros B-25 haviam afundado dois submarinos italianos. A rádio Berlim avisou que a retaliação seria rápida. Autoridades em Natal ordenaram um blecaute para dificultar ataques noturnos. Fuzileiros americanos na base aérea de Natal cavaram trincheiras e instalaram metralhadoras. As ameaças pelo rádio insuflaram o medo na população de Natal. O governo alemão viu a cooperação do Brasil com as forças americanas como o fim da neutralidade brasileira e supôs que, quando o Brasil estivesse pronto, entraria oficialmente na guerra. Além disso, as autoridades alemãs pareceram indignadas, porque uma nulidade militar de raça mestiça atrevia-se a tomar medidas defensivas contra embarcações do Eixo. O comandante da Marinha alemã, grande almirante Erich Raeder, reuniu-se com Hitler em 15 de junho de 1942, e o Führer aprovou um grande ataque por submarinos a portos e navegação costeira do Brasil, a chamada "Operação Brasil". Dali por diante, vários submarinos — entre oito e dez, conforme a fonte — partiram de portos franceses para o Atlântico Sul.[8]

A frota brasileira era praticamente obsoleta e não tinha experiência nem navios apropriados para combater submarinos. Os grandes canhões de 305 mm em seus dois navios de guerra de 1910 eram inúteis contra os submersíveis. Os portos, desprovidos de redes antissubmarino, estavam quase indefesos. Submarinos podiam entrar furtivamente nas vastas baías do Rio de Janeiro e Salvador e afundar navios ali ancorados, e no Recife a área protegida pelo quebra-mar era tão pequena que muitos navios ancoravam fora dela. Eram presa fácil. Os submarinos alemães encontrariam uma frota brasileira "incapaz de reagir com eficiência a um ataque surpresa". A dura verdade era que "a extrema fragilidade naval brasileira era semelhante à vista no Exército e na recém-criada

General Gustavo Cordeiro de Faria explica as defesas da baía de Natal a Roosevelt, Vargas e ao almirante Ingram.

Aeronáutica". O Brasil pagava o preço pela incapacidade de governos sucessivos de tirar o país de seu profundo subdesenvolvimento.[9]

O leitor deve lembrar que o Brasil de 1942 tinha total dependência do mar para o transporte entre suas cidades costeiras ao norte do Rio de Janeiro. Vitória, Salvador, Maceió, Recife, Natal, Fortaleza, São Luís e Belém eram basicamente ilhas, separadas umas das outras por vastas extensões de terra. Os brasileiros diziam, naquela época, que seu país era um arquipélago. Não havia conexões de longa distância por ferrovias, nem rodovias trafegáveis o ano todo que ligassem todo o território nacional. De fato, em 1942-3, "o imenso país possuía oitenta milhas de rodovia pavimentada fora das cidades".[10] A aviação, rudimentar, só era acessível a uma pequena fração da elite. O primeiro voo regular entre Rio de Janeiro e São Paulo começou em agosto de 1936 com dois *Junkers* para dezessete passageiros fabricados na Alemanha. Nesse mesmo ano teve início a construção do primeiro aeroporto civil brasileiro, o Santos Dumont, no Rio de Janeiro, que só seria concluído em 1947![11] Significativamente, ele foi construído em um aterro na baía de Guanabara, em parte para receber os hidroaviões de linhas internacionais. Todo o transporte era feito por vias aquáticas, e isso significava que a economia brasileira poderia ser aniquilada por submarinos.[12] As consequências de um ataque assim para a situação política só poderiam ser negativas. Vargas recuperava-se aos poucos do acidente de automóvel que sofrera em maio e não estaria em condições de manter a situação sob controle. Além disso, apesar do acordo político-militar assinado em maio com os Estados Unidos, o alto-comando brasileiro não mostrava pressa para implementá-lo.

Providencialmente, Hitler aprovara a "Operação Brasil" com a condição de que, antes que tivesse início, a situação diplomática fosse reexaminada. Isso levou o plano ao Ministério das Relações Exteriores e à mesa do ex-embaixador no Brasil, Karl Ritter, o mesmo que fora declarado persona non grata e expulso por Osvaldo Aranha. Ritter era responsável pela ligação entre o Ministério das Relações Exteriores e os militares. Uma ofensiva por submarinos nesses moldes contra o Brasil, ainda oficialmente neutro, significaria expandir a guerra. Ritter argumentou que empurrar o Brasil para o conflito poderia trazer consequências negativas para as interações com o Chile e a Argentina, que ainda mantinham relações diplomáticas e comerciais com o Eixo. Além disso, ele achava que Itália e Japão deviam ser consultados antes de um ataque do tipo. Do ponto de vista operacional, um ataque era complicado pela grande distância da Europa e pela vulnerabilidade dos submarinos durante os 26 dias de viagem. Os submarinos precisariam emergir regularmente para recarregar as baterias, ficando, assim, expostos a ataques. Por outro lado, como o Brasil mantinha-se neutro, suas cidades estariam iluminadas à noite, facilitando avistar a silhueta dos alvos, e as embarcações na costa do país provavelmente ainda estariam bem iluminadas. Cabe notar que os ataques por submarinos em portos tinham alguns precedentes recentes. Em fevereiro de 1942, um submarino alemão atacara uma refinaria em Aruba e um submarino japonês disparara contra uma refinaria em Santa Bárbara, Califórnia.[13]

Há certa confusão quanto à data em que a "Operação Brasil" foi cancelada e quanto à data e ao autor da ordem dos ataques de agosto. O coronel Durval Lourenço Pereira reconstituiu meticulosamente a cronologia e as origens das várias ordens e contraordens e mostrou que os almirantes Donitz e Raeder, em seus testemunhos à defesa durante os julgamentos de Nuremberg, assim como historiadores americanos, indicaram com exatidão as datas e responsabilidades.[14] A surpreendente realidade é que, em vez de um grupo de submarinos caçando como uma alcateia de lobos, os ataques partiram de apenas um único submarino, o U-507, comandado pelo capitão de corveta Harro Schacht, cujas táticas de ataque eram espantosamente desumanas.[15]

O U-507 foi um dos submarinos originais designados para a campanha contra o Brasil. Quando o ministro das Relações Exteriores, ou seja, Karl Ritter, objetou à "Operação Brasil", cancelando-a, os comandantes dos submarinos foram instruídos a destruir suas ordens. Receberam então outras missões no Atlântico. Em 7 de agosto, o capitão de corveta Schacht solicitou por rádio autorização para "fazer manobras livres" na costa brasileira. Jürgen Rower, renomado historiador alemão, ficou intrigado com a missão do U-507, mas desconfiou que poderia ter sido motivada pelo desejo de retaliação do comando naval pela participação do Brasil em operações antissubmarino dos Aliados. Achou que essa missão contradizia o cancelamento da "Operação Brasil" por Hitler e que era "um erro tolo".[16] Foi um erro de consequências medonhas para os passageiros e as tripulações de navios indefesos no litoral brasileiro.

Na tarde de 4 de julho de 1942, o U-507 de Schacht junto de um U-130 zarparam para o mar aberto do porto de Lorient, na costa da Bretanha. Seu destino era um trecho de oceano entre as ilhotas brasileiras de São Pedro e São Paulo e as ilhas de Fernando de Noronha. As ilhotas distam aproximadamente 950 quilômetros da costa do Nordeste. A missão era patrulhar um dos quadrantes em que a Marinha alemã dividia o vasto oceano.[17] A saída se deu sem novidades, exceto por um confronto com um contratorpedeiro equipado com sonar, que detectou o U-507 e disparou quatro cargas de profundidade. As cargas erraram o submarino, mas causaram avarias leves que produziam um tinido constante, e Schacht temia que isso pudesse ser detectado à distância.

Depois de passar os Açores, Schacht recebeu pelo rádio a ordem de operar com o U-130 comandado pelo capitão Ernst Kals e com o submarino italiano *Pietro Calvi*, mas nesse mesmo dia um contratorpedeiro britânico afundou o *Calvi*. Na tarde de 23 de julho, os dois submarinos alemães foram designados para patrulhar seus quadrantes e avisados de que, na área, havia tráfego marítimo disperso na direção nordeste e vice-versa. Eles estavam patrulhando um trecho do estreito do Atlântico entre Dacar e Brasil, atentando para comboios e embarcações solitárias provenientes de Trinidad e Georgetown. As ordens enviaram os dois submarinos em direções autônomas. O Brasil propriamente dito estava fora da área deles. Então por que o U-507 entrou em águas brasileiras?

Agora o U-507 de Schacht estava sozinho; a tripulação, sem alvos à vista, praticava submergindo e disparando o canhão de convés. Isolado de seus colegas que operavam por todo o Atlântico Sul, Schacht era o único entre os comandantes que não tinha nenhuma "vitória". Kals, que o acompanhara até pouco antes, afundara dois navios, mas o U-507, em mais de um mês após zarpar de Lorient, não havia disparado um torpedo sequer. Por dez dias ele não avistou navio algum, por isso pensou que o tráfego marítimo tivesse sido desviado para oeste, na direção da costa brasileira.[18] Marasmo e tédio talvez tivessem corroído o moral da tripulação. Na superfície, o calor da zona equatorial e o fulgor da luz solar refletida no mar seriam extenuantes, e quando estavam submersos o fedor dos motores a diesel e o cheiro acre de enxofre das baterias, misturado aos odores da tripulação sem banho que usava o mesmo uniforme por semanas a fio, devia ser extremamente repulsivo. Havia apenas um único vaso sanitário para os 56 tripulantes. Em 3 de agosto, o submarino estava a noventa milhas náuticas da costa do Ceará quando fez meia-volta e rumou para o mar aberto. Chegando a um trecho a nordeste das ilhotas São Pedro e São Paulo, Schacht tomou uma decisão que "traria consequências imprevisíveis para o esforço de guerra do Eixo".[19]

Em 7 de agosto, tarde da noite, ele pediu permissão ao Comando de Submarinos para fazer manobras livres na costa brasileira. Cerca de quinze horas depois, veio a autorização: "Mude o curso e siga para Pernambuco". Essa troca de mensagens por rádio mostra que, por décadas, os historiadores erraram ao atribuir os ataques contra navios de cabotagem brasileiros a um planejamento da Marinha alemã ou a ordens de Hitler. Na verdade, foi a decisão de um subcomandante solitário em busca de vítimas. Coincidiu com a presença de um comboio em Recife (AS-4) pronto para zarpar rumo à África levando tanques Sherman de extrema importância para forças britânicas;[20] líderes da Marinha alemã esperavam que o U-507 pudesse causar algum dano a esse comboio e a outros subsequentes. Em uma análise relacionada à "Operação Brasil", estrategistas da Marinha alemã haviam atribuído importância considerável a Pernambuco para a segurança de comboios dos Aliados. Em 14 de agosto, uma mensagem por rádio de Schacht destacou Recife como um ponto de reabastecimento e reunião para comboios e navios vindos da Flórida via Georgetown rumo a Natal, ilha de Santa Helena e Cidade do Cabo.[21] Schacht tinha outras ideias. Cogitou rumar para o Rio de Janeiro, mas foi dissuadido por seu baixo estoque de combustível. O significado das repetidas instruções do Comando de Submarinos a Schacht era que ele devia atacar os comboios aliados que seguiam para a Cidade do Cabo, e *não* a navegação de cabotagem brasileira. Por conta própria, ele fez o contrário. A desobediência de Schacht terá permitido que o comboio AS-4 escapasse ileso? Nesse caso, será que ele contribuiu para a derrota alemã em El Alamein? Ele parecia acreditar que não havia encontrado navios nos dias anteriores porque os Aliados teriam desviado suas rotas mais para o oeste ao longo da costa brasileira. Imaginava que petroleiros estavam adentrando o Atlântico pelo estreito de Magalhães e seguindo para o norte acompanhando a costa sul-americana até um ponto de cruzamento e rumando então para Freetown, na África. Schacht passou longe de Pernambuco, talvez pensando que a área estivesse muito protegida. O almirante Ingram escolhera Recife para seu quartel-general por acreditar que a proximidade dessa cidade com o cabo de São Roque, a localidade mais próxima da África e, portanto, "o ponto mais estratégico da América do Sul", fazia dela o melhor porto para suas operações.[22]

O DESASTRE DE AGOSTO DE 1942 NA COSTA DE SERGIPE E BAHIA

Schacht posicionou-se próximo ao litoral da Bahia e seu grande porto de Salvador.[23] Ali era menor a probabilidade de ser descoberto antes de poder atacar. Se o U-507 fosse detectado, poderia mergulhar nas águas profundas da costa baiana. O capitão não era covarde, e sim cauteloso. Esteve entre os 2% dos comandantes de submarinos da Marinha alemã responsáveis por 30% das embarcações afundadas durante a guerra. Notavelmente, dos 870 U-boots alemães enviados para caçar embarcações dos Aliados, 550 deles não afundaram nem danificaram um navio sequer. Apenas trinta comandantes afundaram oitocentos dos 2450 navios mercantes que foram a pique. Harro Schacht estava entre essa minoria e foi um dos mais destemidos e audazes comandantes de submarino.[24] Não se sabe se ele pensava estar desobedecendo às ordens; talvez considerasse como uma sanção suficiente uma mensagem recebida em 5 de julho pelo rádio, que autorizou atacar sem aviso "todos os navios mercantes brasileiros, inclusive os desarmados e reconhecidos como brasileiros". Obviamente, a mensagem de 5 de julho não autorizava atacar navios em águas brasileiras. O Comando de Submarinos alemão nunca ordenou o ataque a navios em águas costeiras do Brasil. Lembremos que Hitler vetou expressamente a "Operação Brasil". Nos julgamentos de Nuremberg, o grande almirante Erich Raeder, comandante da Marinha alemã, declarou que seus submarinos haviam atacado navios brasileiros por uma falta de clareza em sua identificação como neutros e que a Alemanha alertara todos os países sul-americanos para iluminar suas embarcações a fim de que fossem reconhecidas à noite. No entanto, o Brasil não recebera esse aviso, muito embora o depoimento de Raeder deixasse subentendido que sim.[25] Schacht não viveu por muito tempo depois desses acontecimentos e não deixou explicações sobre sua conduta, mas tudo indica que ele violou ordens quando afundou sete navios em águas costeiras do Brasil. O principal estudioso dos ataques por submarinos, Durval Lourenço Pereira, chegou a uma conclusão decisivamente condenatória: "O massacre nas águas do litoral nordestino aconteceu graças à decisão pessoal do capitão de corveta Harro Schacht".[26]

Desde fevereiro de 1942 o Brasil tivera doze navios afundados por submarinos alemães, porém todos se encontravam perto da costa leste dos Estados Unidos ou em águas do Caribe e adjacências.[27] De certa forma, essas perdas podiam ser aceitas como os custos de tocar um negócio em zona de guerra. Já ser atacado enquanto se viajava de um estado a outro por "nossas águas territoriais" provocava emoções bem diferentes. Enquanto isso, o Atlântico Sul assumia cada vez mais importância em meados de 1942 porque os alemães conseguiram barrar os comboios britânicos que seguiam pelo Ártico ao norte da Escandinávia para chegar ao porto russo de Arcangel. As perdas foram tão grandes que a rota do Ártico precisou ser interrompida. Roosevelt e Churchill estavam decididos a manter a União Soviética na luta. A melhor rota alternativa era seguir em comboio partindo dos Estados Unidos via Atlântico Sul, contornar a África, atravessar o oceano Índico até o Irã e de lá seguir por terra até o território soviético. A importância dessa rota evidencia-se nos 47 874 aviões enviados desmontados para a Rússia pelo "Corredor Persa". Essa rota era cerca de 10 mil milhas náuticas mais longa do que a do Ártico, mas não havia outra opção, o que acarretou um aumento da importância do Brasil e suas bases. O Brasil era a pedra fundamental do edifício da guerra logística e a guerra não estava correndo bem para os Aliados. Em 2 de janeiro de 1942, Manila caiu em poder dos japoneses, que também tomaram as Índias Orientais Holandesas; no mês seguinte, os britânicos perderam Cingapura e 130 mil soldados foram presos. O Ataque Doolittle a Tóquio em 18 de abril predisse o futuro e levantou o moral dos Aliados, mas pouco fez para mudar a desoladora tendência imediata. No Egito, em 21 de junho, o supostamente enfraquecido Afrika Korps de Rommel surpreendeu os britânicos tomando Tobruk em um combate relativamente breve no qual 6 mil soldados foram aprisionados pelas forças nazistas com todos os armamentos. Uma possibilidade alarmante assomava: a perda do canal de Suez. Os alemães conquistariam 110 quilômetros a partir de Alexandria antes de serem barrados em El Alamein em 29 de junho. Sem dúvida a guerra poderia ser ganha ou perdida no Atlântico Sul. Exércitos não podiam combater sem armas e todo tipo de suprimento, portanto rotas de navegação seguras eram cruciais para a vitória. Essa é a razão de o Eixo mandar submarinos para o Atlântico Sul e de os Aliados precisarem destruí-los.

Ironicamente, a impaciência de Schacht e a decisão de partir rumo ao

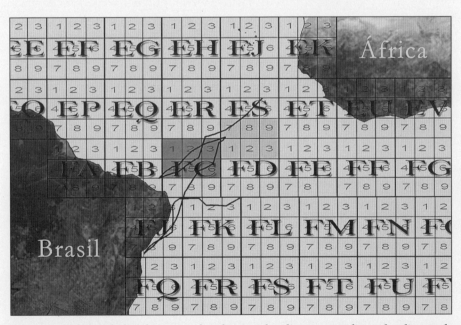

Esse mapa quadriculado é do tipo usado pela Marinha alemã para indicar a localização de suas embarcações. O quadrilátero escuro mostra a área designada para o U-507, e o cinza-claro para o U-130. As linhas escuras mostram a rota do U-507 para a costa brasileira.

Brasil fizeram com que ele perdesse a chance de atacar o navio mercante *Seatrain Texas*, que transportava 250 tanques Sherman para a Cidade do Cabo e, via mar Vermelho, para o porto de Suez. Na Cidade do Cabo, os britânicos deram-lhe o codinome "Treasure Ship" [Navio do Tesouro]. A história da Marinha Mercante dos Estados Unidos concluiu: "Esses tanques Sherman, os primeiros tanques dos Aliados equiparáveis em poder de fogo aos Panzer Mark IV alemães, foram um fator decisivo na batalha de El Alamein, que começou em 23 de outubro de 1942 e terminou com a vitória dos Aliados".[28] Obviamente, a intensa cobertura aérea dada pelos aviões do Corpo de Aviação do Exército americano ao 8º Exército britânico teve papel importantíssimo, e eles não teriam estado lá sem a cooperação brasileira na base de Parnamirim em Natal.[29]

Quando saiu de seu quadrante, o U-507 deixou o caminho livre para a passagem de cargas importantes que deveriam ser seus alvos. A ação seguinte de Schacht causaria a guerra entre Brasil e Alemanha. Ele seguia de Recife para o sul em direção a Salvador. As instruções do Comando de Submarinos permitiam atacar sem aviso todos os navios mercantes que navegassem de luzes apagadas. Schacht sabia que os navios de cabotagem brasileiros levavam carga e passageiros. Rigorosamente falando, os navios de passageiros não estavam na lista de alvos aprovados, mas Schacht talvez estivesse frustrado depois de quarenta dias no mar com todos os seus 22 torpedos. Ele seguiu para sudoeste e encontrou o vapor de passageiros *Baependi*, que navegava para noroeste. O confronto dessas duas embarcações não deixa de conter certa ironia. Ambas tinham sido fabricadas no mesmo local, o estaleiro Blohm & Voss em Hamburgo. O *Baependi* fora inaugurado quarenta anos antes e caíra em poder de brasileiros durante a Primeira Guerra Mundial. O U-507 começara a ser construído em 1939. O navio brasileiro estava com as luzes de navegação acesas, mas bandeira e nome às escuras. Quando Schacht manobrou para a posição de ataque, viu uma luz no horizonte, provavelmente de outro navio. Se agisse com rapidez, poderia atingir duas vítimas. Disparou dois torpedos, cada um com uma mistura explosiva equivalente a 280 quilos de TNT.

Eram 18h25 e o *Baependi* estava a 1500 metros de distância. A bordo, os brasileiros tinham acabado de jantar e estavam comemorando o aniversário de um tripulante. Soldados, a maioria deles cariocas, tocavam pandeiro, batucavam em latas e cantavam sambas no convés da popa. Essa cena alegre não foi perturbada pelos dois torpedos, que erraram o alvo e prosseguiram escuridão afora. Schacht calculara mal a velocidade do *Baependi*. Avançou velozmente e posicionou-se em um ângulo melhor antes de disparar mais dois torpedos às 19h12. Em seu diário ele anotou "dois disparos para prevenir qualquer possibilidade de transmissão de rádio pelo vapor".[30] Um sos enviado pelo navio poderia revelar a presença do submarino. Mesmo se o capitão do *Baependi* pudesse ter visto os torpedos, à velocidade de quarenta nós, não conseguiria evitá-los. Os dois torpedos atingiram o *Baependi* com trinta segundos de diferença.

Os 320 passageiros ficaram atordoados, alguns paralisados de pavor, outros gritaram e tentaram chegar ao convés. O capitão Lauro Mourinho dos Reis, do 7º Grupo de Artilharia, recordou que fragmentos de vidro e madeira voaram por toda parte, cortando e matando indiscriminadamente. O segundo torpedo atingira a sala de máquinas; as luzes se apagaram, e todo mundo precisou procurar uma saída na escuridão. No convés, chamas subiam pela noite. Tudo acontecera tão depressa que, apesar de esforços frenéticos, só foi possível baixar um dos botes salva-vidas. Enfim chegando ao convés, o capitão Lauro compreendeu que teria de pular na água para não ser sugado pelo navio que afundava. Um maquinista viu o capitão todo ensanguentado na ponte de comando, apitando repetidas vezes enquanto o navio afundava. Quem não sabia nadar debateu-se inutilmente; outros se agarraram a pedaços flutuantes de madeira do navio despedaçado. Quatro minutos depois do impacto, o navio afundou, começando pela proa. Para os 28 sobreviventes no único bote salva-vidas, seria uma longa e dramática noite de terror antes de chegarem à terra firme.[31]

Schacht sabia que tinha atingido um navio de passageiros, mas nada fez para socorrer os sobreviventes. Em vez disso, atacou o segundo navio, o *Araraquara*, uma embarcação de luxo relativamente nova. Ele anotou que o navio tinha as luzes de navegação acesas e estava "brilhantemente iluminado, mas não ostenta qualquer marca de neutralidade". Duas horas depois de afundar o *Baependi*, um torpedo do U-507 explodiu no meio do navio e lançou na escuridão o *Araraquara*, que adernou, partiu-se ao meio e em cinco minutos desapareceu nas profundezas junto com seus 131 passageiros. Quatro tripulantes agarraram-se aos destroços, um deles sofreu alucinações e se jogou no mar, e os outros sobreviveram para contar a história.[32]

Às 2h10 da madrugada de 16 de agosto, no litoral norte da Bahia, a terceira vítima foi o *Aníbal Benévolo,* com 154 passageiros e tripulantes. Estavam todos dormindo e não houve tempo para o pânico; o navio afundou em 45 segundos. Só quatro tripulantes conseguiram se salvar. O U-507 prosseguiu em direção a Salvador. Até então, de um frio ponto de vista marcial, tivera êxito. Os três navios não conseguiram enviar um sos, e o submarino alemão avançava para Salvador sem ser detectado. Uma das razões de Schacht ter escolhido essa região é que a profundidade do mar tem um aumento brusco de quarenta metros ao norte da cidade para mil metros na entrada da baía. Caso fosse descoberto, seria fácil baixar o submarino à profundidade máxima de 230 metros. Infelizmente para Schacht, parecia não haver nada flutuando na vasta baía com exceção de um pequeno veleiro que ele não considerou digno de atenção.[33] Antes do raiar do dia 17 ele voltou para o mar profundo, onde às 8h41 avistou um vapor navegando na direção norte. Era o *Itagiba,* que levava o restante do 7º Grupo de Artilharia e outros passageiros. À distância de mil metros, o torpedo atingiu o navio no meio. Seus passageiros conseguiram entrar em botes salva-vidas, mas dois botes foram atingidos ou arrastados pelo navio ao afundar. Tudo isso aconteceu em dez minutos.[34]

Em um ato fugaz de misericórdia, Schacht escolheu não afundar o iate *Aragipe* que chegou para socorrer os ocupantes dos apinhados botes salva--vidas. É bem provável que ele simplesmente não quisesse emergir para usar seus canhões de convés e, com isso, não revelar sua posição. O *Aragipe* conseguiu espremer a bordo 150 sobreviventes aterrorizados. Os demais foram recolhidos por dois dos botes salva-vidas. Enquanto isso, em Salvador soara um alarme, e as embarcações foram retidas no porto. Um navio, o *Arará,* desconhecendo o aviso, navegara até o meio dos destroços flutuantes para apanhar dezoito sobreviventes. Schacht observava pelo periscópio a duzentos metros de distância. Esperou que todos subissem a bordo para disparar um torpedo. Ergueu mais uma vez o periscópio e só avistou um bote salva-vidas com cinco "não brancos" a bordo.[35]

Naquela tarde, Schacht viu um navio de passageiros vindo em sua direção. Era pintado de cinza e não trazia bandeira ou outras marcas de neutralidade. Disparou, e o torpedo atingiu o alvo, mas não explodiu. O navio sem nome se movia rápido demais para ser alcançado pelo U-507 antes de chegar à segurança do porto. Schacht anotou em seu diário de bordo: "Não é possível pará-lo com artilharia durante o dia, tendo em vista a proximidade do porto e o perigo aéreo".[36]

Agora estava claro para as autoridades do Brasil e Estados Unidos que havia submarinos agindo em águas brasileiras. De Recife, o destróier *USS Somers* e o cruzador *USS Humboldt* zarparam na direção sul, e hidroaviões do esquadrão VP-83 decolaram para patrulhar. Enquanto isso, em 18 de agosto Schacht levou o U-507 para mar aberto a fim de reparar um problema mecânico em um tubo de lançamento. O hidroavião PBY Catalina 83P6 encontrou-o exposto na superfície e o atacou com metralhadoras e cargas de profundidade. O U-507 mergulhou velozmente. O piloto, tenente da Marinha americana John M. Lacey, pensou que o submarino havia afundado porque uma mancha de óleo e bolhas de ar apareceram na superfície. Mas o ataque apenas causara um vazamento em um tanque de óleo. Schacht levou seu submarino para o sul na direção de Ilhéus em busca de mais alvos.[37] Encontrou apenas uma barcaça que navegava pela costa; ele mandou seus subordinados subirem a bordo, mas como não entendiam o português, não descobriram nada de útil. A *Jacyra* transportava um caminhão desmontado, caixas de garrafas vazias e cacau. A tripulação mestiça foi mandada para terra, e os alemães explodiram a barcaça. Por que eles se deram o trabalho de destruir uma embarcação inofensiva como aquela é um mistério. O cheiro de óleo combustível alertou-os para o vazamento no tanque e a necessidade de reparos. No dia seguinte, o U-507 voltou para a entrada da Baía de Todos os Santos, onde encontrou os faróis sinalizadores apagados; curiosamente, porém, Salvador ainda estava toda iluminada. No dia 22 Schacht avistou o navio sueco *Hammarem* de luzes apagadas e disparou um torpedo, mas errou o alvo. Acertou-o com um segundo, que, no entanto, não explodiu. Quando raiou o dia, ele emergiu e disparou o canhão de 105 mm no convés traseiro, atingindo a ponte. A tripulação abandonou o navio em chamas, enquanto Schacht manobrava para disparar o último torpedo pelo tubo de lançamento da popa. E então ele partiu para o norte, rumo à França.[38] Deixou para trás um Brasil com sede de vingança.

Firmas com nomes alemães foram saqueadas. A polícia prendeu pessoas alemãs. O "Pearl Harbor" do Brasil provocou manifestações nas ruas em todo o país. Em Fortaleza, o povo invadiu e incendiou lojas pertencentes a alemães e italianos, reais ou supostos. A polícia não conseguiu controlar o tumulto.[39] Em Vitória, no dia 17, as autoridades não foram capazes de conter os desordeiros, que destruíram cerca de 25 estabelecimentos, mas pôs em custódia todos os nascidos em países do Eixo, enquanto em Belém do Pará a notícia dos afundamentos levou multidões a destruir cerca de vinte lojas, escritórios e casas de supostos nativos e simpatizantes de países do Eixo. Em Manaus ocorreram barulhentas manifestações contra o Eixo, nas quais numerosas pessoas nascidas nesses países foram espancadas e feridas. Em Natal houve destruição de propriedades do Eixo e "um genuíno entusiasmo contra o inimigo pela primeira vez". Em São Paulo, grandes grupos de estudantes bradaram por guerra e uma multidão na praça da Sé clamou por ação. O consulado dos Estados Unidos em Porto Alegre informou que houve destruição sistemática de lojas pertencentes a supostos simpatizantes do Eixo. "Nas imediações do consulado, vendinhas estão sendo demolidas." Os danos materiais já eram vultosos.[40] Indignado, o povo brasileiro exigia uma resposta.

Inadvertidamente, o U-507 contribuiria para a vitória final dos Aliados com seu ataque não autorizado a navios brasileiros. Depois de arrastar o Brasil para a guerra, Schacht voltou para sua base em Lorient, na França. Em contraste com uma viagem anterior, dessa vez não houve medalhas, e a recepção não foi calorosa. O U-507 voltou ao mar em fins de novembro e rumou outra vez para o Brasil, onde patrulhou as águas do Ceará e do Rio Grande do Norte. Em seus ataques, Schacht mudou o procedimento: aprisionou os capitães dos navios atingidos para obter informações precisas sobre cargas e rotas de navegação. Na virada de 1943, ele tinha a bordo do U-507 três capitães de navios mercantes britânicos. Em uma guinada do destino, em 13 de janeiro de 1943 o hidroavião Catalina PBY, da Marinha americana, depois de decolar de sua base em Fortaleza, avistou o submarino, lançou quatro cargas totalizando 884 quilos de TNT e atingiu diretamente seu alvo.

As viagens mortíferas do U-507 foram encerradas graças à aliança do Brasil com os Estados Unidos.[41]

O BRASIL VAI À GUERRA, AGOSTO DE 1942

O governo no Rio estava atônito. Por alguns dias, Vargas, que não andava "nada bem, tentou andar cedo demais e ficou com água no joelho; sentiu fortes dores nas reuniões de gabinete",[42] parecia incerto quanto ao que fazer. O ministro das Relações Exteriores, Osvaldo Aranha, recordou essa época como "os piores dias" quando redigiu uma nota de protesto a ser enviada a Berlim via Portugal, dizendo basicamente que os ataques alemães criaram um estado de guerra e que o Brasil aceitava o desafio; parecia disposto a declarar guerra, segundo o general Dutra e o embaixador Caffery. Góes propôs que, em vez disso, recorressem a represálias. A princípio Vargas sentiu-se inclinado a concordar, pensando que entre as represálias poderiam incluir confiscos de empresas alemãs e de navios alemães retidos. Pelo menos em 16 de agosto ele não pensava em declarar guerra à Alemanha. Góes e Dutra sugeriram decretar "estado de guerra" (análogo à lei marcial) na 6ª e 7ª regiões militares, o que poderia aumentar legalmente o controle do governo sobre o litoral ameaçado. Pensavam em implementar em seguida uma mobilização parcial sem fazer nenhuma comunicação ao Reich.[43] O gabinete fez reuniões inconclusivas nas quais se discutiu o texto do comunicado a Berlim.

Enquanto ocorria esse debate interno, Osvaldo Aranha mostrou ao cônsul-geral, John F. Simmons, partes de rascunhos alternativos do comunicado de guerra e explicou as discussões do gabinete. Esse é um exemplo da proximidade entre o ministro das Relações Exteriores e a embaixada. Vargas, por fim, optou pela fórmula de Osvaldo Aranha, reconhecendo "o estado de guerra ao qual, de maneira desumana e brutal, fomos forçados pelo Reich alemão". Osvaldo Aranha explicou a Caffery que "o reconhecimento da existência de um estado de guerra [...] é mais condizente com a tradição brasileira". Fora esse o procedimento na vez anterior em que o Brasil entrara em uma guerra externa — contra o Paraguai em maio de 1865! Osvaldo Aranha construíra seus argumentos aos poucos, até ter doze deles. Dutra lembrou ao gabinete que o Brasil se encontrava praticamente indefeso. Reconheceu que haviam recebido alguns bons materiais bélicos dos Estados Unidos, "mas tão poucos". Osvaldo Aranha admitiu a Caffery: "Não gosto de Dutra pessoalmente, mas não posso criticar sua atitude".[44] Os outros ministros mostraram preocupação com a escassez de carvão, gasolina e outros combustíveis. O Brasil certamente não estava preparado para lutar. Ainda assim, em reunião às três da tarde de 22 de agosto, o gabinete em votação revelou uma disposição unânime pela guerra.[45]

Três dias depois, o almirante Jonas Ingram avisou o Departamento da Marinha americana que o ministro da Marinha brasileira ordenara ao oficial comandante no Nordeste que se pusesse às suas ordens.

A Marinha do Brasil seria comandada pelo almirante americano. Juntamente com o oficial comandante do Exército brasileiro no Nordeste, eles chegaram ao acordo provisório de que as forças navais tinham a principal responsabilidade pela defesa da região. Concordaram que Ingram seria o responsável pelas operações no litoral e nas águas territoriais e que o Exército brasileiro assumiria as medidas de segurança em terra. Em qualquer contingência, as forças brasileiras e americanas teriam cooperação total entre si. As forças aéreas também operariam de acordo com os planos operacionais conjuntos do almirante. Os americanos animaram-se bastante com a atitude brasileira, que excedeu suas expectativas mais otimistas.[46]

As Forças Armadas brasileiras estavam dispostas a cooperar sob controle americano, mas, curiosamente, não sob um comando conjunto brasileiro. Em uma reunião de gabinete no Palácio da Guanabara em 29 de agosto, Dutra propôs que as três armas ficassem subordinadas a um comando único a fim de melhorar a coordenação. Os ministros concordaram, exceto os da Marinha e Aeronáutica, que se opuseram veementemente a essa ideia. Para encerrar a discussão, Vargas disse que se reuniria com os chefes de Estado-Maior das três armas para "estudar a questão". Nessa fase, os ministros ainda não haviam autorizado a mobilização do exército.[47] Conseguiram aprovar um decreto, promulgado em 31 de agosto, estabelecendo um "estado de guerra" em todo o Brasil. Essa medida limitava direitos e aumentava o poder do Executivo suspendendo vários artigos da Constituição do Estado Novo. Ao leitor isso talvez pareça mera formalidade, já que o Brasil estava sob uma ditadura, porém mostra o respeito brasileiro pela ideia da lei.[48] Os navios brasileiros com destino aos Estados Unidos passaram a seguir em comboios bem guardados, embora os afundamentos continuassem. Em poucos meses, o Brasil havia perdido 75% de sua frota comercial. Anos depois, Dutra comentaria obstinadamente que "nada justificava o açodamento com que rompemos relações com os países do Eixo".[49]

Ao se aproximar o 7 de setembro, dia da Independência do Brasil, o Rio tinha a aparência de uma cidade sob ameaça de ataque. Os holofotes que iluminavam a estátua do Cristo Redentor no Corcovado estavam apagados, assim como as luzes na Urca e no Pão de Açúcar na entrada da grande baía. Apagados também estavam a luz da torre do relógio da loja de departamentos Mesbla e os outdoors nos morros e nos andares superiores dos prédios altos.

Em 6 de setembro, as praias do Leme, de Copacabana, Ipanema e do Leblon tiveram seu primeiro blecaute total.[50]

A IDEIA DE UMA FORÇA EXPEDICIONÁRIA BRASILEIRA

Considerando a indecisão e a incerteza dos anos anteriores, é notável que a opinião dos militares brasileiros agora mudasse em direção a um papel ativo em combates fora do país. Essa ideia começou a ser delineada em discussões informais entre oficiais brasileiros, que estavam furiosos e imensamente frustrados com o afundamento do *Baependi,* no qual haviam morrido 250 soldados e sete oficiais.[51] Sua impotência diante do massacre pelo submarino alemão ilustrava claramente a fragilidade militar e naval do Brasil. Embora em agosto o gabinete tivesse reconhecido a existência de um estado de guerra contra Alemanha e Itália, não ficou evidente o papel imediato que o Brasil assumiria na guerra. Na proclamação ao Exército, o ministro da Guerra, Dutra, declarou que o Brasil vivia "momentos de intensa gravidade" e condenou o afundamento como um "ato monstruosamente criminoso", afirmando que o Exército mantinha-se unido para defender o país; contudo, estranhamente, sem nenhuma menção à Alemanha ou ao Eixo.[52]

A situação tornava-se mais clara, mas as autoridades americanas continuavam preocupadas com os oficiais brasileiros pró-Eixo. Alguns dos oficiais da assessoria ministerial de Dutra não escondiam sua postura pró-Alemanha. No Exército como um todo talvez existissem diferentes opiniões entre os oficiais subalternos e os superiores. A inteligência do Exército dos Estados Unidos informou que tenentes e capitães, em trajes civis, foram vistos liderando passeatas em manifestações contra o Eixo. Esses oficiais subalternos supostamente estavam insatisfeitos com "o regime dos dois generais" (Dutra e Góes), que teriam, segundo consta, mais apoio entre os majores e tenentes-coronéis.[53] Seria de imaginar que talvez houvesse oficiais subalternos como esses entre os cadetes da Escola Militar do Realengo em outubro de 1940, que reagiram com vaias e zombaria quando Hitler apareceu na tela durante a exibição de filmes de guerra do Exército alemão sobre a Guerra Civil Espanhola e as invasões de Polônia e Tchecoslováquia. Um dos cadetes recordou depois que, embora os filmes fossem bem-feitos e os cadetes inicialmente se mostrassem curiosos e um tanto perplexos, ao perceber que se tratava de propaganda de guerra "irromperam em vaias e num bater de pés ensurdecedores".[54] O adido militar americano observou que "apenas uma pequena porcentagem dos oficiais do Exército brasileiro são pró-nazistas, mas estão em posições importantes onde sua influência é grande". Além disso, pareciam ser protegidos por Dutra e Góes.[55]

Os recém-formados da Escola de Comando e Estado-Maior do Exército entusiasmaram-se com a entrada na guerra. A maioria dos oficiais da turma de 1942 participara do movimento tenentista nos anos 1920.[56] Nas cerimônias de formatura da Escola de Estado-Maior em 31 de outubro, na presença de Dutra e Góes, o representante da turma, coronel Newton Estillac Leal, fez um discurso enérgico no qual chamou Hitler de porco e suíno e exigiu a adesão à Carta do Atlântico[57] e a total cooperação com as Nações Unidas. Ele descreveu o nazismo-fascismo-integralismo como uma "trindade sinistra".[58] Afirmou também que o Brasil devia ter participação ativa na guerra e formar uma força expedicionária. Leal foi um dos tenentes e pelo visto convencera vários deles a apoiar a causa dos aliados. O adido militar Claude Adams observou, satisfeito, a primeira vez em um discurso que "um grupo do Exército desafiou os políticos declarando abertamente sua solidariedade e amizade com os Estados Unidos". A reação dos jornais fora favorável, o que significa que os censores do DIP aprovaram.[59] Dutra parecia mais amistoso com a embaixada americana, mas o adido militar observou que o ministro ainda não mencionara uma participação ativa do Exército nos combates. Correto ou não, o adido militar acreditava que Góes era "um obstrucionista de medidas ativas contra o Eixo". Os oficiais pró-Aliados tinham três objetivos: 1) formar uma força expedicionária para combater junto com os Aliados; 2) remover os simpatizantes do Eixo e os que não se entusiasmavam pela causa dos Aliados das posições de responsabilidade no governo, particularmente Dutra e Góes; 3) alcançar os dois objetivos anteriores por meio de "discreta pressão sobre o presidente Vargas, em quem têm total confiança".[60]

Enquanto isso, oficiais do Exército falavam em atacar a Guiana Francesa, colônia da França de Vichy na fronteira norte do Brasil, e até Dacar, no Oeste da África francesa. O Brasil não possuía navios, armamentos nem soldados treinados para organizar operações independentes desse tipo, por isso tais ações dependeriam de aprovação e apoio dos americanos. Washington temia que um ataque à Guiana Francesa perturbasse suas delicadas negociações para separar as forças francesas no Norte da África do governo Vichy, que tolerava o Eixo. Em dezembro de 1942, com a invasão do Norte da África pelos Aliados em andamento, o Estado-Maior das Forças Armadas do Brasil deliberou sobre o envio de tropas para o continente. O ministro Dutra, a fim de testar a reação da opinião pública, inspirou artigos na imprensa favoráveis ao envio de uma força expedicionária à África. O *Correio da Manhã* declarou que não bastava fazer passeata: o Brasil devia fazer "o que nossos aliados norte-americanos estão fazendo". Góes Monteiro escreveu uma carta a Dutra recomendando o preparo de uma força para combater fora do país e chegou a se oferecer para comandá-la. O adido americano, Adams, comentou com certo menosprezo: "Góes percebe que está para acontecer alguma coisa dessa natureza e, como de costume, quer para si o crédito pela ideia".[61]

O ministro das Relações Exteriores, Osvaldo Aranha, fez um discurso recomendando que o Brasil assumisse papel mais ativo na guerra.[62] Consta que Osvaldo Aranha aliara-se ao grupo dos tenentes, o qual clamava cada vez mais energicamente pelo envio de tropas. É interessante notar que os tenentes andavam dizendo às claras que, depois da guerra, o Brasil voltaria a uma forma de governo democrática.[63] Em sua coluna no *Diário Carioca*, José Eduardo de Macedo Soares destacou a insatisfação com a postura aparentemente passiva do Brasil; segundo ele, as Forças Armadas tinham capacidade e disposição para combater e só estavam aguardando ordens. E então o presidente Vargas pronunciou-se em 31 de dezembro durante um almoço de oficiais; disse ser impossível saber os rumos que tomaria a guerra, mas o país não devia se limitar a fornecer matérias-primas e ser um local de escala para tropas estrangeiras a caminho dos campos de batalha na África. Em vez disso, devia estar preparado para intervir fora do continente com grandes números de soldados bem treinados e equipados. Ele recomendou que os oficiais se mantivessem unidos e lembrou-lhes que representavam "nesta emergência, a honra nacional e o próprio futuro da pátria".[64]

Na véspera de Natal, Franklin Roosevelt dissera em uma mensagem a Vargas que no ano vindouro "os estadistas dos nossos dois países, continuando sua colaboração tradicional, traçarão as diretrizes para uma nova e duradoura paz".[65]

Muitos acusaram o ministro Dutra de ter uma posição duvidosa em relação à aliança com os americanos e de demorar a preparar seu exército para o combate; contudo, na primeira semana de 1943 ele comentou com Vargas que a necessidade americana de confrontar os japoneses provavelmente compeliria os Estados Unidos a enviar mais forças ao Pacífico. A seu ver, como a necessidade de tropas na África e Europa continuaria grande, Washington iria querer soldados brasileiros. Era preciso que se preparassem. Para Dutra, a força de combate brasileira deveria ser um exército expedicionário de dois corpos, um deles motorizado, além de uma divisão blindada de apoio. Essa força requereria 4700 oficiais e 140 450 praças. Seria preciso ainda outro contingente para manter a ordem no Brasil. Ele lamentou não terem equipamento para uma força dessa magnitude. A mobilização seria difícil, observou, pois muitos fugiriam do recrutamento. "Teremos, aí, infelizmente, que reprochar severamente a massa culta da população, cujos filhos — mais capazes e competentes — são o elemento requintado com que se nutrem os exércitos desse século ultracivilizado e tão impregnado de ciência e de mecânica." Ele lastimou que o Exército era prejudicado pelo grande número de oficiais designados para funções não militares. E lembrou a Vargas "a fraqueza congênita dos nossos soldados, fisicamente debilitados, para os quais nem todos os teatros de operação convêm". Sugeriu que enviassem oficiais à Europa para observar como suas forças seriam usadas.[66] Essa não foi bem uma mostra de confiança na capacidade dos soldados brasileiros. É curioso que Dutra não tenha usado seu considerável poder para criar um programa de treinamento vigoroso e persuadir Vargas a mobilizar mais soldados.

CONFERÊNCIA DE NATAL: ROOSEVELT E VARGAS, JANEIRO DE 1943

Vargas logo se prepararia para uma conferência "secreta" em Natal quando Roosevelt voltasse da Conferência de Casablanca.[67] A princípio, Roosevelt pensou em se reunir com Vargas "em algum local central, como Trinidad".[68] Percebeu porém que, como precisaria passar pelo Brasil, seria mais diplomático fazer a reunião em Natal.

O ministro das Relações Exteriores, Osvaldo Aranha, escreveu uma longa carta a Vargas com uma análise da política externa brasileira e um exame atento da aliança entre Brasil e Estados Unidos. Sua ideia principal era que os Estados Unidos seriam o líder do mundo no pós-guerra, e o Brasil deveria estar ao seu lado; não fazer isso seria um erro fatal. O pan-americanismo não poderia ter êxito sem o Brasil. Osvaldo Aranha acreditava que "o Brasil, como os Estados Unidos, é um país cósmico e universal" cujo futuro não poderá ser local, nem mesmo nacional, mas continental e mundial". Ele sabia que o Brasil ainda era "um país fraco econômica e militarmente", mas tinha confiança de que o crescimento natural e o fluxo de imigração e investimentos pós-guerra trariam população e capital para que o Brasil fosse "inevitavelmente uma das grandes potências econômicas e políticas do mundo" — sendo já a segunda do hemisfério ocidental. Aranha acreditava que os brasileiros teriam benefícios econômicos por se sujeitarem à economia de guerra.[69] Como disse a Dutra, sabia que a cooperação completa com os Estados Unidos podia ser arriscada, mas o Brasil fraco estava à mercê de países mais fortes e, sem um aliado poderoso, "o futuro do Brasil será de todo o mundo, menos dos brasileiros".[70]

Osvaldo Aranha disse que não achava necessário, naquele momento, enviar forças brasileiras para a África ou a Europa, embora incentivasse os líderes do Exército a pensar que deviam fazê-lo; mas admitiu que, conforme o rumo que a guerra tomasse, isso poderia vir a ser vantajoso para o Brasil mais tarde. Ele instou Vargas a perguntar para Roosevelt sobre futuras operações dos Aliados e sobre os projetos de ocupação e reconstrução da Europa a fim de que pudessem planejar melhor. As comissões militares binacionais no Rio de Janeiro e em Washington já administravam suas relações militares; no entanto, Aranha achava que os dois governos deviam ter contato próximo e um fluxo contínuo de ideias em nível ministerial. Ele disse que o Brasil não devia aguardar os acontecimentos, e sim fazer preparações militares como se logo fosse entrar em combate. Argumentou que essa preparação, independentemente de o Brasil participar ou não, daria ao país mais peso à mesa da paz. Ele queria que o país, além de participar no planejamento para as Nações Unidas, assegurasse um lugar nos conselhos militares supremos. Os comunicados de Aranha a Vargas antes da conferência presidencial em Natal, com seus onze objetivos de guerra, na prática delinearam os objetivos da política externa brasileira das décadas seguintes.

"O Brasil desta guerra deve procurar tirar as seguintes consequências", escreveu Osvaldo Aranha:

a) uma melhor posição na política mundial;
b) uma melhor posição na política com os países vizinhos, pela consolidação de sua preeminência na América do Sul;

c) uma mais confiante e íntima solidariedade com os Estados Unidos;

d) uma ascendência cada vez maior sobre Portugal e suas possessões;

e) criação de um poder marítimo;

f) criação de um poder aéreo;

g) criação de um parque industrial para as indústrias pesadas;

h) criação da indústria bélica;

i) criação das indústrias agrícolas, extrativas e de minérios leves complementares dos norte-americanos e necessários à reconstrução mundial;

j) extensão de suas vias férreas e rodovias para fins econômicos;

k) exploração dos combustíveis essenciais.

Ele concluiu dizendo: "Essas, em linhas gerais e apressadas, [são] as ideias e sugestões que me ocorreram ao correr da máquina e para que possas adormecer mais profundamente nas alturas e despertar mais avisado quando tocares a terra, as suas realidades e as suas surpresas, do amigo certo, Osvaldo".[71]

Vargas e Roosevelt tinham se encontrado no Rio de Janeiro em 1936, quando Roosevelt estava a caminho de Buenos Aires para uma Conferência Interamericana; deram-se bem e conversaram em francês. Nos anos seguintes, Vargas enriquecera a coleção de selos de Roosevelt com numerosos exemplares brasileiros. O fato de o filho de Getúlio ter voltado de seus estudos na Universidade Johns Hopkins e quase de imediato ter contraído poliomielite e estar morrendo aos poucos em São Paulo deve ter estreitado os laços entre os dois presidentes. Como Getúlio ainda mancava um pouco em razão dos ferimentos sofridos no acidente de automóvel em maio anterior, Roosevelt deu-lhe sua bengala. Em suas conversas em Natal, o presidente americano disse a Vargas que gostaria de tê-lo ao seu lado durante a Conferência de Paz. Ele descreveu o avanço da guerra, enumerou algumas esperanças e planos para o pós-guerra e algumas de suas ideias para o futuro das colônias francesas na África. Preocupava-se em especial com Dacar, que a seu ver devia ser transformado em território administrado por três comissários: um americano, um brasileiro e outro de alguma república americana. De modo geral, eles conversaram sobre "o futuro do desenvolvimento industrial do Brasil". Roosevelt queria que o Brasil entrasse formalmente para as Nações Unidas, algo que Vargas de pronto concordou em providenciar e que lhe rendeu a oportunidade "de dizer novamente que precisamos de seus equipamentos para nosso Exército, Marinha e Força Aérea". Ele frisou que os americanos podiam contar com a "cooperação total e irrestrita" das Forças Armadas brasileiras. E acrescentou: "Tudo o que os Estados Unidos julgarem necessário e útil em matéria de cooperação do Brasil nós continuaremos a dar".[72]

Os dois conversaram e gracejaram durante toda a inspeção da vasta base aérea de Parnamirim, a pedra fundamental da linha transatlântica de abastecimento dos Aliados e, na época, "um dos melhores [campos de aviação] do mundo".[73] De fato, um oficial americano com grande experiência no Comando de Transporte Aéreo observou que "Natal, no Brasil, era um posto confortável, quase luxuoso. Eu gostava do meu alojamento, achava a comida dos oficiais deliciosa e o clube dos oficiais esplêndido".[74] A declaração conjunta dos dois presidentes à imprensa dizia que "o Brasil e os Estados Unidos procuram manter o oceano Atlântico seguro para todos".[75]

Um aspecto negativo da conferência foi o fato de os oficiais americanos em Natal saberem o que estava acontecendo, mas os moradores da área não. Só podemos imaginar o que o povo de Natal pensou ao ver um carro levando os dois presidentes seguido por outro com guardas americanos, mas nenhum brasileiro. O comandante regional do Exército brasileiro se ressentiu por não ser avisado e comentou, alarmado: "O que reputo mais sério é o fato de bloquearem o nosso presidente, como lhe disse pessoalmente". Afinal de contas, ele protestou, Natal era uma cidade guarnecida e policiada por soldados do Exército, da Marinha e da Força Aérea do Brasil, ainda não era uma cidade ocupada. Apesar da considerável presença americana, Vargas parecia à vontade; ele comentou com o embaixador Caffery que chegara uma noite antes da vinda de Roosevelt porque "o anfitrião deve esperar o visitante".[76]

A Conferência de Natal foi um evento imprescindível, talvez o mais emblemático nas relações entre os dois países. Foi mantida em segredo até sua realização. O jornal carioca *A Manhã* sintetizou a reação geral da imprensa comentando que Natal foi "o ponto alto da nossa aliança com os Estados Unidos e mostra a solidariedade absoluta que nos une". Um colunista de outro jornal carioca, *A Noite*, espicaçou os militares e o governo, sugerindo que, se o Brasil já tivesse forças em combate, haveria um delegado brasileiro em Casablanca.[77]

Em Natal, os dois presidentes discutiram possíveis papéis militares para o Brasil. Roosevelt disse que as Forças Armadas americanas prefeririam que Vargas, em vez de mandar soldados para o Norte da África, combinasse com

Vargas e seus aliados americanos a bordo do USS Humboldt. *Embaixo, a partir da esquerda: Harry Hopkins, Vargas, Roosevelt, Jefferson Caffery. Em pé, a partir da esquerda: contra-almirante Ross McIntire, general de divisão Robert L. Walsh, almirante Jonas Ingram, contra-almirante Augustin T. Beauregard.*

Salazar a substituição de forças portuguesas nas ilhas de Açores e Madeira. Vargas respondeu que estava disposto a enviar soldados para as ilhas portuguesas, mas frisou que não seria capaz de fazer isso "a menos que vocês forneçam equipamento adequado para elas... precisamos de seus equipamentos para nosso Exército, Marinha e Força Aérea".[78] Roosevelt parece ter aceitado, pois, quando voltou para Washington, o Departamento de Guerra desistiu de se opor a um papel de combate no Brasil e "apoiou o envio de tropas brasileiras para o exterior".[79] Os generais americanos, em especial Eisenhower, haviam relutado em abarrotar os campos de batalha com aliados cujo preparo era duvidoso. Além disso, na época os Estados Unidos tinham dificuldade para produzir armas para uso próprio e também para o Reino Unido e a Rússia. O Brasil não era o único à espera de armas.

Devemos lembrar que quando a guerra começou, em 1939, o Exército dos Estados Unidos estava em 17º lugar entre os exércitos do mundo. Contava com 174 mil homens no exército regular e um número similar de reservistas. Seus regimentos e batalhões estavam mal preparados e desfalcados. Seu armamento consistia no que sobrara da Primeira Guerra Mundial. O corpo de oficiais tinha idade avançada; os capitães tinham em média entre trinta e quarenta anos e não eram preparados para comandar soldados em combate. Os oficiais-generais que comandariam exércitos na África, Europa e Extremo Oriente ainda eram majores e tenentes-coronéis. As indústrias de material bélico ainda eram poucas no país. As amplas manobras de treinamento realizadas em Louisiana e no Texas em 1940 e 1941 remodelaram o corpo de oficiais, as táticas do exército e as armas. O Brasil enfrentava muitos desses mesmos problemas; porém, embora aumentasse seu efetivo de 60 mil para 90 mil homens, não providenciou exercícios de treinamento em escala gigantesca para testar as habilidades de comando de seus oficiais e não possuía uma base industrial para fabricar as ar-

Vargas, Roosevelt e Caffery conversam em Natal a bordo do USS Humboldt.

mas necessárias. No entanto, efetuou alguns exercícios limitados no campo de instrução em Saicã, Rio Grande do Sul, nos quais a tropa foi organizada em uma divisão de infantaria, e isso foi um passo fora do padrão francês que havia sido seguido nos anos 1920 e 1930.[80]

No começo de dezembro, Góes estava gravemente doente e afastado do serviço por licença médica. Um estranho conjunto de acontecimentos mostrou a impaciência de alguns membros da elite brasileira com o papel do Brasil na guerra. Correu a notícia de que o ministro das Relações Exteriores, Osvaldo Aranha, e Francisco de Assis Chateaubriand, o dono dos Diários Associados, estavam promovendo a criação de uma "Legião de Voluntários Latino-Americanos" para servir no exterior. Chateaubriand — e talvez Aranha — estava convencido de que o governo do Estado Novo evitaria o envolvimento direto na luta. "Fomos transformados em um bando de rãs covardes", lastimou. Ele tinha certeza de que seria capaz de arregimentar 6 mil voluntários do Brasil, Uruguai, Argentina e Paraguai para lutarem do lado dos Aliados. Disse ao novo adido militar, general Claude Adams, que tinha 1 milhão de dólares para o financiamento inicial, mas precisava da garantia de que os Estados Unidos armariam e manteriam esses soldados. Chegou até a sondar o coronel Osvaldo Cordeiro de Farias sobre seu interesse em comandar uma força nesses moldes. Quando levou a ideia a Dutra, por quem tinha pouco apreço, o ministro jogou água fria no plano, dizendo que mandaria prender qualquer oficial do Exército que aderisse a "essa falange que os Diários Associados querem criar". Dutra o mandou falar com Getúlio.

Chateaubriand conversou com Vargas em fins de fevereiro de 1943 no Palácio Rio Negro, a residência de veraneio do presidente em Petrópolis. Vargas mostrou-lhe cópias de telegramas e documentos americanos indicando que ele vinha acompanhando suas conversas sobre uma legião de voluntários. Sem mencionar as conversas com Roosevelt em Natal a respeito do papel do Brasil na guerra, Vargas leu para ele um memorando de Dutra propondo uma força expedicionária. Chatô, como o apelidavam, deve ter percebido que, embora ele fosse o rei da imprensa brasileira, suas fontes entre os reservados militares eram limitadas.

A Conferência de Natal marcou uma guinada na política americana em relação ao Brasil. Autoridades em Washington começaram a refletir sobre a situação no pós-guerra. Se outra república americana entrasse na luta, pensaram, isso fortaleceria a posição dos Estados Unidos como líder e porta-voz do hemisfério ocidental depois que os conflitos terminassem.

Aparentemente no momento exato, o Exército brasileiro promoveu uma grande troca de posições entre seus comandantes regionais — uma medida que observadores da inteligência americana chamaram de "a mais abrangente mudança drástica no alto-comando brasileiro desde a eclosão da guerra". O general João Batista Mascarenhas de Morais, que estivera no comando da 7ª Região Militar no Recife, foi transferido para um posto mais prestigioso, a 2ª Região Militar em São Paulo. Os americanos haviam classificado esse general como "um oficial mediano", mas "pró-democrático".[81] Cabe mencionar que não havia unidade de comando nas forças brasileiras no Nordeste. Os quartéis-generais do Exército, Marinha e Aeronáutica operavam independentemente uns dos outros, e nunca houve um comando conjunto de região ou teatro de operações. Não havia treinamento de operações combinadas. Em vez disso, gastava-se muita energia em negociações entre os serviços.[82]

Um incidente mostra a falta de coesão na estrutura de comando do Exército. Mascarenhas declarou que gostaria de levar um grupo de seus oficiais para visitar a linha de frente americana, uma ideia endossada pelo general Robert L. Walsh, comandante das recém-criadas US Army Forces South Atlantic [USAFSA, Forças do Exército dos Estados Unidos no Atlântico Sul]. É significativo que Mascarenhas não tenha pedido a aprovação de seus superiores no Rio de Janeiro. Walsh comentou que, desde a entrada do Brasil na guerra, "cresce constantemente o interesse de comandantes brasileiros" pelo papel que o Brasil virá a ter. Eles "estão indiscutivelmente reagindo de modo favorável ao nosso esforço de guerra, e cada vez mais torna-se claro para eles que devem ter uma participação direta em operações de combate no ultramar em conjunção com unidades de combate dos Aliados". Para dar a oficiais brasileiros uma ideia "nua e crua" das realidades das operações de combate, "esse é o momento", Walsh recomendou, de enviar um pequeno número de seus oficiais ao Norte da África".[83] Na época, a ideia no Exército brasileiro era de que tropas do Nordeste seriam mandadas para a África.

O próprio Dutra andava manobrando para conseguir uma visita ao quartel-general de Eisenhower no Norte da África, e Marshall tratava de protelar. Assustava-se ao ver que demasiadas delegações estrangeiras queriam fazer turismo de guerra, consumindo o precioso tempo de Eisenhower. Por radiograma, ele explicou a Adams no Rio:

> A demora vem da necessidade de organizar tudo como for conveniente para Eisenhower. Ele está assoberbado, às voltas com uma batalha feroz, com outras providências, com visitantes da China, Inglaterra, Estados Unidos e outras partes. Precisamos protegê-lo, e você deve fazer sua parte. O general Gomez [sic], representando o Brasil, esteve agora mesmo na África, portanto a sua menção a uma perda de boa vontade não me comove. Um grupo similar de mexicanos está partindo rumo à África, e cada oficial no continente africano está até o pescoço de trabalho, as acomodações são limitadas, os aviões seguem lotados etc.[84]

Deixar o Rio "fora da jogada", como o general Mascarenhas pedira ao general Walsh, poderia ter criado problemas. Um grave defeito do Exército brasileiro era a forte tendência ao controle pelo alto escalão ser compensada pela tendência de os comandantes locais agirem independentemente sempre que possível. E, com Góes Monteiro doente, o ministro da Guerra, Dutra, detinha as rédeas com firmeza. Tanto assim que agora os agentes da inteligência americana descreviam o Exército como um *one man show*. Dutra "não permitia que subordinado algum tomasse qualquer decisão importante sem a aprovação dele". Para que a cooperação militar entre Brasil e Estados Unidos funcionasse, tudo tinha de ser tratado diretamente com ele. Como Dutra contava com a confiança total de Vargas, era temerário tentar caminhos que contornassem sua autoridade. Essa centralização não só retardava a tomada de decisões, como também era preocupante, pois Dutra estava "cercado por alguns oficiais do Estado-Maior que são hostis aos Estados Unidos e atuam como obstrucionistas". O próprio Dutra não despertava nenhum entusiasmo nos americanos, mas precisava ser tratado com cautela. "Embora ele esteja prestes a se aposentar [ou seja, passar para a reserva] e não seja brilhante, ele é muito determinado", dizia o relatório.[85]

É irônico que os americanos tendessem a desconfiar que Dutra fosse pró-Alemanha, pois desde que se tornara ministro ele se empenhava em manter influências não brasileiras fora do Exército. Dutra com certeza admirava o Exército alemão, mas era um brasileiro patriota. Ele e provavelmente muitos outros oficiais superiores temiam a possibilidade de que o Brasil se fragmentasse e, para preservar a unidade nacional, era necessário afastar as influências externas. Esses oficiais acreditavam que, em última análise, só o Exército mantinha o Brasil coeso. Por isso, os militares do Exército, sobretudo o corpo de oficiais, não podiam tolerar nenhuma "tendência exótica", por menor que fosse. Desde dezembro de 1937 o governo Vargas havia suprimido as escolas e clubes germânicos e as atividades do Partido Nazista em comunidades de imigrantes alemães.[86] É verdade que não via o nazismo ou a Alemanha como ameaças, mas impunha uma espécie de pureza racial, religiosa e intelectual à oficialidade que parecia irredutível. Ele queria que o Exército fosse tão completamente brasileiro quanto possível. Imigrantes, e até brasileiros filhos de imigrantes, não eram aceitos na escola militar, assim como negros, judeus e muçulmanos. Embora essa discriminação refletisse atitudes mais abrangentes na sociedade e certamente no regime do Estado Novo, Dutra teve um papel fundamental e pessoal na imposição das exclusões. Mostrando sua inclinação para o controle, ele chegava a ponto de ordenar que casos duvidosos nas admissões para a escola militar fossem enviados ao seu gabinete para julgamento.[87]

Depois dos desembarques bem-sucedidos no Norte da África em novembro de 1942, o Departamento de Guerra cogitara usar soldados brasileiros naquele teatro. O Departamento de Estado queria enviar um batalhão brasileiro para a região; porém, depois de estudar o caso, o Exército relutou, pois temia que, se eles fossem, outros países latino-americanos desejariam ir também; além disso, "ninguém podia ser enviado antes de [ser] [...] abastecido, reequipado e adequadamente treinado".[88] Não está claro nem explicado nos arquivos de documentos quais outras repúblicas latino-americanas os estrategistas do Exército tinham em mente. Como resultado da Conferência de Natal, o Exército americano repensou e, dali por diante, apoiou o uso de soldados brasileiros em combate.

Em Natal, Roosevelt incentivara a ideia do envio de soldados brasileiros, dizendo a Vargas que desejava vê-lo ao seu lado à mesa da paz. Se o Brasil mandasse soldados para combater, teria legitimidade para reivindicar um papel maior na reestruturação mundial no pós-guerra. Depois da guerra anterior, na qual o Brasil foi um aliado, mas não combateu, o país teve um papel de pouca importância na Conferência de Paz e, embora ativo na Liga das Nações, renunciara após a frustração de não obter um lugar permanente no conselho em 1926. Além das razões internacionais, era provável que Vargas pensasse que distrair os militares com uma campanha externa lhe renderia algum espaço político para desenvolver uma base populista com a qual preservar os ganhos do recém-nomeado Estado Nacional. Os oponentes da ditadura logo passaram a ver o papel de combatente como garantia de que o regime se extinguiria após a guerra. Asseveravam que os brasileiros não podiam lutar contra a tirania no exterior e voltar a ser submissos a uma tirania em sua própria terra. Embora provavelmente tirania fosse um termo forte demais para designar o Estado Novo, decerto não se tratava de um governo democrático.

O ministro das Relações Exteriores, Osvaldo Aranha, enxergava a guerra e uma força expedicionária como um modo de expandir a cooperação histórica do Brasil com os Estados Unidos para "uma verdadeira aliança de destinos". Essa política de cooperação, Aranha observou, fora para o Brasil a "fonte de segurança" de que, ao dar aos Estados Unidos a garantia do apoio brasileiro em questões internacionais, o Brasil poderia "contar com eles" nas questões sul-americanas. A seu ver, a FEB convenceria os americanos de que o Brasil estava comprometido "material, moral e militarmente" com uma aliança. A aliança era sua estratégia para obter dos Estados Unidos a ajuda para industrializar o Brasil, algo que, em sua opinião, constituía "a primeira defesa contra o perigo exterior e interior na vida de qualquer país". Ele disse que a FEB era o começo de uma colaboração mais ampla envolvendo a total reorganização das Forças Armadas brasileiras. Além disso, achava que o Brasil não devia se restringir a uma força expedicionária se quisesse assegurar a participação americana em outros assuntos militares brasileiros, por exemplo, o desenvolvimento da Marinha e da Força Aérea e a defesa do Sul do país. Quanto ao futuro, ele achava que o Brasil precisaria manter suas forças mobilizadas por algum tempo depois da paz a fim de ajudar a manter a ordem no pós-guerra. Em uma reunião de gabinete, ele afirmou que deviam convencer os americanos de que "havendo escolhido o caminho a seguir e nossos companheiros de jornada, não variaremos no rumo nem hesitaremos nos passos".[89]

Para alguns oficiais brasileiros, sobretudo os formados na turma de 1917 da escola militar, mandar soldados compensaria por eles não terem lutado na Primeira Guerra Mundial; além disso, vingaria as mortes de amigos e colegas em ataques de submarinos alemães e, talvez o mais importante, aumentaria o efetivo militar e a capacidade de lidar com várias contingências. Entre estas estavam as fortes bases militares e navais dos Estados Unidos no Nordeste do

Brasil, cuja evacuação pelos americanos após a guerra os brasileiros queriam assegurar; as populações de imigrantes alemães no Sul do Brasil, que eles queriam ser capazes de controlar; e o sempre presente medo da Argentina, que na época se encontrava sob um regime militar. No entanto, o Exército não estava prestes a embarcar para o ultramar confiando que tudo ficaria bem no território nacional e nas fronteiras. Seus líderes preocupavam-se com a Argentina em particular. Em julho de 1943, o ministro da Guerra, Dutra, já alertara Vargas de que, independente do número de soldados que fossem para o exterior, deveria haver uma força equivalente no Brasil "que guarneça o território pátrio e mantenha a soberania, a ordem e as instituições nacionais ao abrigo da ação perniciosa de todos os seus inimigos".[90] Claramente, a frente interna tinha de estar segura, mas, para atingir esse objetivo, os líderes brasileiros precisariam obter armas suficientes dos americanos, que na época tinham dificuldade até para armar seus próprios soldados e seus aliados já em combate. O governo brasileiro decidiu que teria de enviar soldados para os campos de batalha.

Washington apoiava essa ideia porque, se o maior país latino-americano lutasse ao lado dos Aliados, a imagem dos Estados Unidos como líder continental seria favorecida. O governo Roosevelt também esperava que isso fizesse do Brasil um baluarte pró-estadunidense na América do Sul. O secretário de Estado, Cordell Hull, via o Brasil como um contrapeso à Argentina. Tanto brasileiros como americanos aproveitaram-se habilmente do medo que o outro lado tinha da Argentina para promover seus próprios objetivos políticos. Mas é claro que, quanto mais o Brasil e os Estados Unidos se aproximavam, mais nervosos ficavam os argentinos.

Alguns líderes do Exército americano relutavam em aceitar o oferecimento de soldados pelo Brasil. Sua disposição para fazer a vontade dos brasileiros era diretamente proporcional ao que queriam deles. Em fins de 1942, o Exército dos Estados Unidos tinha suas bases aéreas no Brasil e as respectivas linhas de abastecimento que passavam por elas na rota para o Norte da África; então para que a preocupação com os brasileiros? Nos círculos militares e diplomáticos americanos surgiu um debate sobre os méritos de aceitar ou contornar os desejos brasileiros. No começo de 1942, os dois governos haviam deliberado sobre uma ocupação brasileira das Guianas Francesa e Holandesa e, em Natal (janeiro de 1943), Roosevelt sugeriu a Vargas que o Brasil mandasse soldados para substituir tropas portuguesas nos Açores e na Madeira, a fim de que os portugueses pudessem reforçar suas defesas no continente europeu. A ideia não foi para a frente, mas depois da Conferência de Natal a questão passou a ser não se o Brasil iria lutar, mas onde. Em meados de abril de 1943, o representante das Forças Armadas brasileiras em Washington, general Estevão Leitão de Carvalho, disse ao chefe do Estado-Maior, George Marshall, que o Brasil queria formar um corpo expedicionário de três ou quatro divisões e, em maio, os chefes do Estado-Maior Conjunto aprovaram a ideia.

É importante ressaltar que a força expedicionária foi uma ideia brasileira, resultante de uma política calculada do governo Vargas, e não de uma política americana que visasse atrair o Brasil diretamente para os combates.

6. A Força Expedicionária Brasileira: Cobras Fumantes

Em fins de 1942, as forças americanas no Norte da África, comandadas por Dwight Eisenhower, o segundo em comando depois do general Marshall, haviam tomado Casablanca, Oran e Argel e avançavam para a Tunísia. A frota francesa em Toulon fora retirada às pressas por suas tripulações para que as embarcações não caíssem em poder dos alemães. O 8º Exército Britânico ocupou Trípoli e, na primeira semana de fevereiro, Eisenhower foi nomeado comandante de todas as forças aliadas no Norte da África. Com flutuações na luta, primeiro os americanos foram rechaçados no Passo de Kasserine, mas dez dias depois barraram o Afrika Korps de Rommel. Em abril e começo de maio, exércitos americanos e britânicos cercaram na Tunísia 250 mil soldados do Eixo, rendendo-os. Avançaram então para invadir a Sicília e, em 17 de agosto, tomaram controle da ilha, fazendo dela um trampolim para incursões na península italiana e na Sardenha e tornando o Mediterrâneo mais seguro para as embarcações aliadas. Os brasileiros teriam de se apressar se quisessem participar dos combates.

Em meados de abril de 1943, o presidente Vargas escreveu ao general Estevão Leitão de Carvalho, representante do Exército na comissão mista de defesa em Washington, e o autorizou a deliberar com o Departamento de Guerra sobre a formação de uma Força Expedicionária Brasileira. Vargas disse que a força deveria consistir no máximo em três divisões de infantaria, uma divisão blindada e motorizada, além de tropas de apoio e um esquadrão de caças. Segundo estimativa do presidente, seria preciso de nove a doze meses para treinar essas tropas expedicionárias "se for disponibilizado o equipamento". Leitão de Carvalho apresentou formalmente a carta ao general Marshall em 19 de abril. O general de divisão James G. Ord, que chefiava a Comissão Mista de Defesa Brasil-Estados Unidos, analisou a situação para o chefe do Estado-Maior. Teve o cuidado de explicar que, a seu ver, a proposta não era "motivada pelo desejo de obter maiores quantidades de material bélico dos Estados Unidos pelo sistema Lend-Lease". Salientou que "nossos problemas de abastecimento e transporte impedem a formação imediata de qualquer força expedicionária brasileira de bom tamanho". Contudo, o fato de Vargas reconhecer a necessidade de no mínimo um ano de treinamento "dificulta recusar, neste momento, a discussão de planos para um possível uso futuro de tropas brasileiras em teatros de operações extracontinentais".[1] Marshall expressou a apropriada gratidão e prometeu que a proposta seria "estudada com atenção imediatamente". Leitão de Carvalho, por sua vez, pressionou Ord a começar o planejamento sem mais demora.

O general Ord frisou o mérito da proposta brasileira:

> Participar ativamente na guerra é uma decisão brasileira importante, [e] parece ser realista e sincera. O valor desse passo, do ponto de vista militar tanto quanto do político, não pode deixar de afetar profundamente as relações Brasil-Estados Unidos, não apenas durante a guerra, mas também no período pós-guerra. A posição do Brasil como país sul-americano dominante e seu apoio inquestionável aos Estados Unidos não podem ser desconsiderados por ocasião do planejamento da conduta de guerra *e nas negociações de paz*.[2] [Grifo meu.]

Por volta de abril de 1943 a ideia de um corpo expedicionário brasileiro tinha o apoio dos principais responsáveis pelo planejamento político-militar nos dois países. Nessa época, o norte da África era a zona de emprego projetada preferida, mas na verdade a zona em que as tropas brasileiras realmente seriam empregadas era uma questão secundária na maioria das discussões. A ideia era levar brasileiros para o combate. Marshall concordou com a proposta e a enviou para os chefes do Estado-Maior Conjunto das Forças Armadas, que a aprovaram em princípio na primeira semana de maio.³ Os americanos expressaram concordância, embora se preocupassem com a dificuldade de equipar essa força.

A REORGANIZAÇÃO DO EXÉRCITO BRASILEIRO PARA A GUERRA

Em 1943, o Exército brasileiro não possuía divisões permanentes prontas para treinamento intensivo e transporte; organizava-se em comandos regionais geográficos estáticos que dirigiam unidades dispersas do tamanho de regimentos. Estas, por sua vez, alojavam-se em quartéis que, em sua maioria, não tinham espaço suficiente para receber mais soldados mobilizados, e os terrenos circundantes também não tinham espaço para um treinamento do tipo que o exército americano recebia na época. Além disso, a maioria dos quartéis estava em áreas urbanas. E como os soldados eram recrutados sobretudo na localidade, formar uma divisão com homens retirados de uma dada região representaria para esta um sacrifício politicamente inaceitável. Era preciso uma reorganização considerável a fim de criar unidades do tamanho de divisões prontas para combater fora do país.

Em 8 de maio, o ministro da Guerra, Dutra, fez o discurso inaugural da nova conexão pelo Mutual Broadcasting System entre o Brasil e 227 estações de rádio nos Estados Unidos. Em um estilo apropriadamente rebuscado, ele expôs o contexto histórico profundo da aliança Brasil-Estados Unidos: "Somos os aliados do país de Washington e desejamos contribuir com nosso pequeno mas resistente grão de areia para o magnífico monumento que vocês estão erguendo neste momento da história mundial". Em seguida, citou palavras de José Joaquim de Maia escritas a Thomas Jefferson em 1786: "No presente estado de coisas, olhamos, e com razão, somente para os Estados Unidos, e seguiremos seu exemplo, pois a natureza, que nos fez habitantes do mesmo continente, uniu-nos como se fôssemos compatriotas".[4]

Enquanto Dutra assegurava aos Estados Unidos que o Brasil tinha um desejo sincero de enviar soldados para combater, o general Osvaldo Cordeiro de Farias, interventor do importante estado de fronteira do Rio Grande do Sul, fez um discurso em 1º de maio exortando o estado gaúcho, com seus muitos postos no Exército, a se preparar para uma participação ativa na guerra. Poucos dias depois, ele disse ao cônsul americano em Porto Alegre que o poder dos Estados Unidos como porta-voz das Américas seria fortalecido nas conferências do pós-guerra se o Brasil "derramar seu sangue na luta". Ele confidenciou ao cônsul que esperava ser liberado de seus deveres políticos para poder voltar ao serviço militar ativo, o que, obviamente, aconteceu.[5]

Os generais pareciam aceitar a aliança com os americanos e a possibilidade de operações de combate, mas, na principal base do Exército, a Vila Militar no Rio de Janeiro, os integralistas faziam propaganda fascista. Entre os reservistas que haviam sido convocados incluía-se "uma porcentagem razoavelmente grande de camisas-verdes". Numerosos oficiais brasileiros não eram "abertamente pró-Alemanha, [mas] admiravam imensamente a organização militar alemã". Os integralistas alertaram seus adeptos para que mantivessem rigorosa disciplina a fim de ganhar a confiança dos oficiais da unidade. Não usavam propaganda impressa de nenhum tipo; tudo era verbal. E se mostravam particularmente amistosos com os reservistas. Murmuravam queixas contra a péssima comida e os alojamentos inadequados e espalhavam a história de que os generais que arrastaram o Brasil para a guerra tinham sido "comprados pelos americanos"; diziam ainda que o dinheiro que devia ter sido usado para alimentá-los e alojá-los estava sendo empregado para comprar cada vez mais oficiais. Infelizmente os oficiais regulares, em especial os oficiais subalternos e os suboficiais, demonstravam "marcante má vontade" com os reservistas de classe média. Não ajudavam sua causa sendo arrogantes e "tentando impor seu 'doutorado' aos cabos, sargentos e até outros oficiais". Na época, os homens instruídos no Brasil eram com frequência tratados por "doutor", mesmo se não fossem de fato graduados.

Os oficiais integralistas tinham instruções para "demonstrar toda a simpatia possível pelos reservistas, facilitando a eles obter licenças, abrindo exceções e praticando outros pequenos 'atos de camaradagem' que, pouco a pouco, conquistam os reservistas não militares". O descontentamento era "especialmente sentido nas unidades da Vila Militar, onde a propaganda [fora] mais ativa". Como resultado, um número considerável de militares no Rio de Janeiro, segundo uma fonte bem informada, não se esforçava e "ainda não está convencido de que estamos nisso até o fim, seja ele qual for, provavelmente do outro lado do Atlântico". A situação era agravada pelo fato de que muitos "soldados de verdade" haviam sido mandados para unidades no Norte e Nordeste do

Brasil. Esse relatório desalentador termina com a identificação de quatro cabecilhas integralistas na Vila Militar.[6]

O general Ord veio de Washington para fazer uma abrangente inspeção de unidades brasileiras no Rio de Janeiro, Recife e Natal em junho de 1943. Ele notou a forte influência francesa no planejamento e na execução de operações táticas.[7] Comentou, com base em suas observações, que "em vez da tomada de iniciativa, foram incutidas no Exército brasileiro as ideias francesas de defesa e contra-ataque". Depois de ver várias operações de treinamento de infantaria e artilharia, ele comentou que o treinamento da infantaria era parecido com o usado pelos franceses antes da guerra. Havia alguns problemas marcantes: as diferenças entre artilharia ofensiva e defensiva com metralhadoras nem sempre eram bem compreendidas; os carabineiros não eram treinados para atirar em todas as oportunidades; manobras locais por pequenas unidades raramente eram empregadas; no Nordeste, muitos soldados usavam uniformes rotos ou rasgados; a ausência de uma escola de infantaria era perceptível; "eles precisam de um tipo de treinamento mais realista"; e o uso ofensivo de tanques e a defesa contra tanques não eram bem compreendidos. Na base aérea de Belém, as unidades antiaéreas haviam sido "treinadas na *teoria* [de] disparar contra aviões, mas não têm treinamento [em disparar contra verdadeiros] [...] alvos rebocados". A mistura de peças de artilharia era extrema. "As armas de artilharia são francesas, alemãs, inglesas e agora estadunidenses. A padronização é uma grande necessidade." Ele concluiu com três comentários: "As forças aéreas e terrestres são tão completamente separadas e independentes que, na prática, não há cooperação fora da guarnição de Belém"; "o Brasil tem um verdadeiro exército e deve ser capaz de lutar bem se receber de quatro a oito meses de treinamento modernizado por divisão"; "a questão da resistência do soldado brasileiro sob um forte ataque aéreo e de artilharia moderna só poderá ser decidida pelo teste da guerra".[8] Três dias depois de Ord escrever esses comentários, foram concluídas as providências para levar de avião o primeiro grupo de 57 oficiais para escolas do Exército nos Estados Unidos.[9]

A marcante mudança nas opiniões de importantes generais brasileiros pode ser ilustrada pelo caso do general Gustavo Cordeiro de Farias, comandante da guarnição de Natal. O cônsul americano em Natal, Harold Sims, analisou a mudança do general Gustavo nos dois anos em que o conhecera. O general havia passado 1939-40 na Alemanha como chefe da comissão de compras brasileira. Fora responsável por organizar a maior aquisição de armas já feita pelo Brasil. Os nazistas cobriram o general e sua família de "cuidados e atenção meticulosos". Ele se enfureceu com os britânicos porque a Marinha da Grã-Bretanha apreendera as armas compradas que estavam no navio brasileiro *Siqueira Campos* em 1940. Essa apreensão quase causou o rompimento de relações com os britânicos. Quando o general chegou a Natal, em novembro de 1941, "tinha entre seus compatriotas a má fama de ser um pró-nazista fanático, e ele próprio não deixava dúvida em ninguém quanto à sua admiração pela Alemanha". Alguns em Natal consideravam-no "mais alemão do que brasileiro". Depois da chegada do Esquadrão de Patrulha Naval dos Estados Unidos à Reunião do Rio em janeiro, e sem dúvida alguma depois que o Brasil rompeu relações com a Alemanha nessa mesma reunião, "o general desligou seu entusiasmo nazista e ligou seu entusiasmo americano". Passou a se referir a Harold Sims como "nosso cônsul" e a partilhar com ele seu apreciado estoque de uísque escocês. Sims considerava-o "um soldado de primeira", muito respeitado por seus comandados, mas observou que ele era "oportunista, inteligente, astuto e possuidor de um impressionante conhecimento dos fatores políticos e econômicos da presente guerra". Tinha uma "ânsia fervorosa pela participação do Exército brasileiro" na guerra. Sims achava que o general fora muito útil às atividades militares e navais dos Estados Unidos em Natal, mas alertou que "sua atitude cooperativa só se manifestou depois de o governo Vargas aderir às fileiras dos países aliados". Seria temerário pensar que ele foi o único oficial brasileiro a mudar de ideia dessa maneira.[10]

Quando os brasileiros começaram a arregimentar e enviar para os Estados Unidos os oficiais que comandariam unidades da força expedicionária, o Exército americano coligiu informações sobre quem seriam ao certo aqueles homens, em especial quais seriam suas inclinações ideológicas. Em uma lista de 22 oficiais então em escolas de treinamento americanas, alguns, como os tenentes-coronéis Humberto de Alencar Castello Branco e Aurélio de Lyra Tavares, eram inquestionavelmente pró-Aliados, enquanto outros, como o coronel Aguinaldo Caiado de Castro e o tenente-coronel Ivano Gomes, eram considerados pró-germânicos. Ao todo, treze foram classificados como pró-americanos ou pró-Aliados, e os demais como pró-germânicos ou dúbios. É óbvio que o tenente-coronel Castello Branco se tornou o oficial de operações da força e o coronel Caiado de Castro comandou o 1º Regimento de Infantaria; sendo assim, o que os americanos pretendiam fazer com essas avaliações?[11]

Em julho de 1943, oficiais brasileiros ansiosos para participar dos combates preocupavam-se com a lentidão do processo. Alguns consideraram indolente a atitude do governo Vargas. Percebendo que não poderiam levar soldados não treinados para o combate, eles se frustravam porque cada dia que o Exército perdia organizando um cronograma de treinamento intensivo não poderia ser recuperado. Temiam que sua guerra terminasse antes que eles pudessem entrar em combate contra Alemanha e Itália. Outros oficiais queixavam-se de que tinham aceitado a transferência para servir no Nordeste pensando que essas unidades seriam as primeiras a ser enviadas para a zona de combate, mas a decisão de manter essas divisões no Brasil significava que o que eles chamavam por gracejo de "Batalha do Recife" seria toda a ação que veriam. Predisseram que, quando a guerra terminasse, o regime de Vargas seria derrubado. Um oficial expressou essa atitude dizendo: "Queremos democracia no Brasil e vamos obtê-la".[12]

Curiosamente, com toda essa atividade, só em agosto de 1943 foi feito o anúncio oficial ao povo de que a força expedicionária estava sendo organizada. A divulgação parece ter sido enfim provocada quando um grupo de estudantes universitários do Rio de Janeiro escreveu ao presidente Vargas oferecendo-se para participar da força e os jornais noticiaram o fato.[13]

Também é curioso que, com tanto a fazer para preparar suas forças, em agosto o ministro da Guerra, Dutra, dedicasse tempo para ir aos Estados Unidos fazer uma longa visita a instalações do Exército. Foi a primeira vez que ele saiu do Brasil, portanto provavelmente a experiência expandiu seus horizontes e decerto o convenceu de que seu governo tomara a decisão correta ao seguir o conselho de Osvaldo Aranha, e não o dele próprio. Talvez a mudança de ideia seja simbolizada por sua decisão de levar como intérprete o soldado voluntário Osvaldo, filho de Aranha.[14] Enquanto Dutra viajava para o Norte, metade do equipamento de uma divisão de infantaria a ser usado para treinar as três divisões do corpo expedicionário estava a caminho do Brasil. Os 53 oficiais que viriam a comandar unidades, Estado-Maior de divisão e vários serviços de apoio estavam então nos Estados Unidos fazendo cursos em escolas e centros de treinamento do Exército, e voltariam ao Brasil por volta de 1º de outubro. Como muitos dos intérpretes americanos falavam espanhol e não português, é de se questionar a eficiência do treinamento. A comissão mista e o Estado-Maior Geral brasileiro haviam chegado a um acordo informal de que a força expedicionária ficaria sob a direção estratégica e o comando do Exército dos Estados Unidos. Os brasileiros deixaram claro que não desejavam servir sob comando inglês. O Departamento de Guerra também decidiu que "se e quando soldados brasileiros forem para o ultramar", seriam mobilizados nos teatros europeus-africanos — mais provavelmente na área do Mediterrâneo.[15] É interessante que, nos altos escalões das Forças Armadas americanas, estivesse sendo usada a expressão "se e quando".

Quando se reuniu com Marshall, em 2 de setembro de 1943, Dutra perguntou quando e para onde a força seria enviada. Deliberaram se a primeira divisão deveria ir assim que estivesse treinada ou se era melhor esperar até que todas as três pudessem ir como um corpo completo. Do ponto de vista de Marshall, isso dependeria da disponibilidade de equipamento e transporte. Ele queria que a principal divisão partisse para o ultramar em fevereiro ou março. Para Dutra, era preciso considerar dois outros fatores: "o desejo do Brasil de que a força seja mais do que simbólica e o efeito psicológico de enviar uma força grande para que não dissessem: 'Um escalão se foi, e é o único'". Ele acrescentou que seu governo "preferiria aguardar até que a segunda e a terceira divisões estivessem bem adiantadas no treinamento". Esperar até que todo o corpo pudesse ser enviado simplificaria o problema do transporte para o Departamento de Guerra dos Estados Unidos. Dutra concordou que esse atraso seria razoável. O local para onde a força seria mandada dependeria, obviamente, da situação estratégica alguns meses à frente, mas parecia provável que viesse a ser o Mediterrâneo. Marshall assegurou Dutra de que "o local onde eles serão usados será cuidadosamente escolhido em razão da importância do acontecimento". Marshall observou que ele contava com sessenta divisões nos Estados Unidos, "algumas das quais foram treinadas por mais de três anos". Agora o Exército americano totalizava mais de 8 milhões de integrantes. Estaria Marshall encontrando uma forma sutil de dizer a Dutra que o treinamento era um processo demorado? Os dois também discutiram o pedido de Dutra por alguns tanques e armas antitanque modernos. Marshall comentou que algumas das divisões nos Estados Unidos estavam sendo mantidas com 50% de equipamento básico e que eles estavam rearmando divisões francesas na África e divisões polonesas no Oriente Próximo e que grandes remessas estavam a caminho da Rússia. Ele não disse não, mas também não disse sim. Concluiu comentando que "a luta nessa guerra terá de ser até o amargo fim da rendição incondicional".[16]

Em meados de outubro houve uma discussão importante no Estado-Maior Geral americano sobre o momento de enviar os brasileiros para o ultramar. O coronel Kenner Hertford, que vinha acompanhando de perto os assuntos brasileiros como chefe da seção do hemisfério ocidental da Divisão de Operações do Estado-Maior Geral (OPD),[17] afirmou que a primeira divisão brasileira estaria pronta para a mobilização em fins de dezembro de 1943 e que o governo brasileiro preferiria antecipar essa data. O general de brigada John E. Hull, da Divisão de Operações do Departamento de Guerra, admitiu que, "do ponto de vista político, a vantagem de enviar soldados brasileiros para o ultramar é evidente". Mas o general Hull duvidava e disse que "a situação do equipamento jamais permitirá o treinamento de três divisões ao mesmo tempo no Brasil" e, embora Dutra e Marshall concordassem que o corpo devia ser enviado como uma unidade, "pessoalmente não acho que seja viável [...] fornecer equipamento suficiente para treinar três divisões no Brasil; em minha opinião, está fora de questão". As divisões teriam de ser enviadas com algum intervalo entre uma e outra. Os preparativos para a invasão da Normandia (Operação Overlord) consumiriam todas as embarcações disponíveis por meses ainda. Hull sugeriu que "a menos que os próprios brasileiros solicitem que uma de suas divisões seja enviada para o ultramar antes de maio, junho ou julho próximos, não devemos tomar nenhuma outra medida por ora". Ele recomendou "marcar a data de 15 de maio de 1944 para o transporte da primeira divisão brasileira para o ultramar".[18]

A questão da data de partida perturbou as relações entre os dois países durante meses. O coronel Hartford pediu a opinião do adido militar Adams sobre a possível reação brasileira à ideia de enviar uma divisão brasileira para treinamento no Norte da África, seguida por outra pouco depois. Essa pergunta aparentemente direta gerou na embaixada americana certa confusão e consternação, e talvez um ataque cardíaco. O adido fez a pergunta ao embaixador Caffery, que a levou a Vargas; este gostou da ideia e aceitou-a "em princípio". O presidente cogitou então se não deviam reconsiderar a possibilidade de mandar vários generais aos Estados Unidos para treinamento em Estado-Maior. A data de partida deles estava próxima. A Divisão de Operações (OPD, na sigla em inglês) em Washington queria apenas um conselho, e não ação; desejava "informações quanto à sinceridade do Brasil em participar ativamente da guerra antes de qualquer ação ser iniciada em Washington para obter a aprovação específica para o emprego de tropas brasileiras". A pergunta estava sendo feita porque o ministro da Aeronáutica, Joaquim P. Salgado Filho, recusara a "proposta específica de equipar e treinar um esquadrão de caças da Força Aérea Brasileira para servir no ultramar". É provável que a tensão do lado americano tenha contribuído para que o adido Adams adoecesse com "oclusões nas coronárias" e precisasse voltar para os Estados Unidos.[19] A OPD esperava que não houvesse mudança no envio dos generais porque o treinamento era "uma preliminar essencial para possíveis operações conjuntas". O general Hull, da OPD, alertou: "Deve ficar plenamente entendido que os planos para enviar soldados brasileiros ao ultramar terão de ser aprovados pelos chefes do Estado-Maior Conjunto e que os problemas de transporte e afins ainda não foram resolvidos".[20] O Departamento de Guerra "não estava disposto a apresentar a proposta aos chefes do Estado-Maior [...] até saber se o Brasil realmente quer mandar soldados para áreas de combate e considera aceitável o padrão de operação sugerido". O coronel Hertford comentou que os generais Eisenhower e Clark haviam dito que "ficariam satisfeitos em contar com eles e poderiam usá-los". Mas sua preocupação era que "o clima favorável no Departamento de Guerra pode mudar, dependendo do progresso da guerra. Por uma ou outra razão, o general Marshall e o general Eisenhower podem perder o interesse". Ele achava que os brasileiros deviam deixar bem claro sua intenção. Isso não significava que pensassem "que o Brasil tenha de ser persuadido a enviar soldados"; significava apenas que, se assim procedessem, estaria tudo bem.[21] Esse diálogo mostra que os americanos estavam evitando dizer qualquer coisa que pressionasse os brasileiros. A decisão de mandar soldados para combater tinha de ser deles.

Dutra entendia que não era "possível fazer planos definitivos sem a aprovação dos chefes do Estado-Maior Conjunto", ele disse ao embaixador Caffery; explicou, porém, que o Exército brasileiro vinha "fazendo todos os preparativos e estará pronto para enviar a primeira divisão em dezembro".[22] É estranho que Dutra soubesse em outubro que a Primeira Divisão Expedicionária não poderia ser transportada em dezembro, e muito provavelmente não antes de maio ou junho de 1944. Ele arquitetou um engodo, sugerindo que os americanos não dissessem "a mais ninguém, pois ele não queria que o Exército brasileiro soubesse dessa mudança de planos". O adido militar assistente, Richard Cassidy, pensou que Dutra esperaria até dezembro para contar ao Exército que a divisão não estava prestes a embarcar.[23]

Havia ainda o problema da percepção do povo brasileiro sobre a ideia da força expedicionária. A repórter da revista *Time* no Rio de Janeiro, Jane Gray Braga, disse ao adido militar que o pessoal do Exército americano era "mais entusiasmado com a Força Expedicionária Brasileira do que os próprios brasileiros. Muitos brasileiros riem da ideia e consideram todo o plano um típico otimismo e autoengano latino-americano". Um comentário sarcástico que circulava pelo Rio de Janeiro era o de que, se a tal força chegasse à zona de guerra, seria "usada para policiar territórios ocupados". A repórter observou que se isso acontecesse, "seria fatal e ofensivo ao orgulho nacional. Eles pressupõem que irão combater".[24]

Também sobejavam rumores sobre quem comandaria os expedicionários. Dutra queria ser o comandante do corpo, embora "a opinião geral no Brasil" fosse de que, pela lógica, o posto deveria ser do general Osvaldo Cordeiro de Farias, "jovem, enérgico, capaz e, ao contrário de seu irmão Gustavo, acentuadamente pró-americano".[25] A seção de inteligência do Exército em Miami destacou um coronel para servir como anfitrião e assistente dos oficiais brasileiros de passagem pela cidade. Ele relatou uma conversa com o general Dutra na qual o ministro mencionara como possíveis comandantes os generais João B. Mascarenhas de Morais, José Pessoa Cavalcanti de Albuquerque e Osvaldo Cordeiro de Farias. O embaixador em Washington, Carlos Martins, aventou que "Vargas iria retardar o máximo possível a escolha do comandante […] até a força estar pronta para deixar o país". Ele achava uma insensatez "pôr qualquer um no comando do maior exército sul-americano em solo sul-americano".[26] Curiosamente, Dutra não admitiu que, em agosto de 1943, ele convidara Mascarenhas, então comandante da 2ª Região Militar (São Paulo), para comandar uma das divisões do corpo e que o convite fora aceito de imediato.[27]

Depois de todas as lutas internas, tanto burocráticas quanto diplomáticas, era inquietante que a arregimentação e o treinamento da força expedicionária ainda não tivessem começado! De fato, só em fins de outubro de 1943 foi escolhido o local do treinamento. Por algum tempo cogitou-se escolher Resende, no estado do Rio de Janeiro, para ser em breve a sede da nova escola militar, mas a área foi rejeitada porque seu terreno íngreme e até montanhoso não foi considerado adequado para o treinamento. Considerando que a FEB acabou combatendo nas montanhas da Itália, a região de Resende, cercada pelos picos das Agulhas Negras na serra da Mantiqueira, teria sido excelente. Escolheu-se outro lugar, também no estado do Rio de Janeiro, entre as cidades de Guaratinguetá e Cachoeira, onde "seria localizado" um campo no valor de 3 milhões de dólares. Os planos naquele momento determinavam que a Primeira Divisão Expedicionária começasse o treinamento em 1º de janeiro de 1944, dedicando onze semanas a treinamento básico, oito semanas a treinamento em unidade e oito semanas a treinamento em armas combinadas. O surpreso adido militar assistente que informou sobre essas medidas concluiu: "Em razão da natureza acentuadamente teórica dos preparativos do Exército brasileiro [...] não há certeza de que não haverá mudança de ideia".[28] Ele estava certo: pouco antes de 8 de dezembro, a área de Guaratinguetá/Cachoeira foi cancelada, e a Vila Militar, na periferia do Rio, foi escolhida como local para o adestramento.[29]

Em meados de novembro, Góes Monteiro, que voltara da licença médica, teve uma desavença colossal com Dutra em torno da questão da força expedicionária. A animosidade foi tanta que Vargas precisou decidir entre os dois generais. Dutra aparentemente venceu, pois Góes foi transferido para um posto decorativo em Montevidéu. Seu sucessor na chefia do Estado-Maior do Exército foi uma escolha insólita: o general Maurício José Cardoso, que comandava na época a 2ª Região Militar (São Paulo) e fora avaliado por observadores americanos como "pró-democrático, mas não um soldado capaz" e acentuadamente "inepto", que se deixou manipular em situações "que não foram úteis à causa dos Aliados". Cardoso estava próximo da reforma e tinha vida social tão intensa que o apelidaram de "General Banquete". Talvez tenha conseguido o posto porque "faria o que Dutra quisesse".[30]

Dúvidas voltavam a crescer na mente dos assessores do adido militar. A equipe informou que os nomes do Estado-Maior da primeira divisão haviam sido anunciados, apesar de ainda não ter sido divulgado o nome do comandante. No Brasil a prática mais comum era o comandante de uma unidade ser nomeado primeiro e então ele mesmo selecionar seu Estado-Maior. Os americanos também se inquietavam com a escolha do coronel Aguinaldo Caiado para comandar o 1º Regimento de Infantaria na Vila Militar, que seria parte da força expedicionária. Altos oficiais tinham começado recentemente a referir-se à força como Corpo Expedicionário Brasileiro ou simplesmente como o

Corpo e a chamar Dutra de "comandante do Corpo". Para evitar fazer profecias sobre "o tamanho final da força proposta", o adido militar continuava a referir-se a ela como a Força Expedicionária Brasileira.[31] Quanto mais os observadores americanos se familiarizavam com o Exército brasileiro, mais ceticismo transparecia em seus relatórios. Ao selecionar oficiais para a força, não havia grande empenho em substituí-los nas unidades que os perdiam. Por exemplo, catorze oficiais foram transferidos de súbito do 10º Regimento de Infantaria, e este ficou "totalmente desorganizado". Como resultado, um tenente da reserva estava comandando duas companhias, com o trabalho de oficial executivo do regimento adicionado aos seus deveres de comandante do batalhão. O observador militar em Belo Horizonte comentou que "o Exército brasileiro não se baseia em princípios organizacionais sensatos, pelos padrões dos Estados Unidos. O comando e Estado-Maior de um batalhão brasileiro consistia em apenas dois oficiais". O pior talvez estivesse nos oficiais superiores, que "dedicam-se demais ao comando direto, por isso não deixam função de comando suficiente à iniciativa de seus oficiais subalternos". Em consequência, "faltavam espírito de equipe e iniciativa aos oficiais subalternos, que em sua maioria são oficiais da reserva, alguns deles servindo o Exército sem entusiasmo".[32]

Em meados de dezembro, o secretário de Guerra, Henry Stimson, anunciou à imprensa que Estados Unidos e Brasil estavam preparando uma Força Expedicionária Brasileira para servir no ultramar. O mesmo informe à imprensa mencionou que os generais Mascarenhas de Morais e Ord estavam percorrendo campos de batalha no Norte da África e no Sul da Itália.[33] Ao que parece, em agosto, depois de aceitar a oferta para comandar uma divisão, Mascarenhas ficou sabendo por Dutra que Vargas o escolhera para comandar a primeira divisão. Estava com sessenta anos e precisaria enfrentar grande tensão e estresse na Itália. Aproveitara a viagem de Dutra aos Estados Unidos para se submeter a uma cirurgia por uma doença, sem maiores explicações. As unidades designadas para a divisão nunca haviam trabalhado nem treinado juntas e estavam com o contingente incompleto. A apressada convocação de recrutas inexperientes para preencher as fileiras foi feita com grande displicência. Mascarenhas admitiu em suas memórias a falta de rigor no processo de seleção. A má saúde de grande porcentagem da população rural pobre que compôs o grosso dos alistados resultou em numerosas rejeições.[34] Consta que o Exército queria homens com altura mínima de 1,75 metro, e o adido militar americano observou rudemente que era "para mostrar ao mundo como o brasileiro é grande e robusto".[35] Os exames médicos dos recrutas e pessoal do Exército designados para as unidades expedicionárias deixaram muito a desejar e mostraram os baixos padrões de saúde e a qualidade de assistência médica. A segunda série de exames no Rio de Janeiro revelou que grande número de soldados regulares nas unidades contempladas estava em más condições de saúde. Um problema gritante eram os dentes.[36] Há razões, aliás, para suspeitar que alguns relatórios médicos não foram examinados com atenção.[37] Em fevereiro de 1945 estava claro para os oficiais americanos que o Brasil não poderia fornecer mais nenhum substituto sadio. Os exames médicos haviam eliminado 12 mil de um total de 18 mil homens. Igualmente preocupante foi a descoberta de que alguns dos substitutos "tinham passado por pouquíssimo treinamento antes de ser levados ao Rio de Janeiro para o transporte ultramarino". A falha fora descoberta tarde demais para adiar a partida desse contingente.[38]

O que Mascarenhas viu em dezembro de 1943 durante sua ronda pelos campos de batalha italianos mostrou-lhe que os uniformes e botas brasileiros típicos não serviriam no frio e no terreno acidentado da Itália, mas não conseguiu obter da equipe de Dutra o fornecimento de indumentária apropriada. Os soldados brasileiros acabariam usando o que os americanos tinham em estoque na Itália. A realidade do que eles estavam prestes a enfrentar deve ter ficado clara diante das pavorosas perdas americanas em Anzio, quase equivalentes ao total de homens que os brasileiros estavam arregimentando. A nomeação de Mascarenhas para comandar uma divisão só veio a ser oficial em 28 de dezembro de 1943, pouco depois de seu retorno da Itália.[39] Seu quartel-general foi instalado no bairro carioca da Tijuca, a trinta quilômetros da Vila Militar e ainda mais distante do local onde as unidades das divisões estavam reunidas, próximo a Valença e Três Rios, a duas horas de viagem da capital. Mascarenhas decidiu que ele e seu Estado-Maior permaneceriam no Rio de Janeiro. Ele teria gracejado dizendo que preferia a "'vida mansa' do Rio de Janeiro à vida dura do campo de treinamento". Mas os generais Zenóbio da Costa, comandante da divisão de infantaria, e Osvaldo Cordeiro de Farias, comandante da artilharia, mudaram-se para o campo de treinamento.[40]

Na realidade, naquelas condições era evidente a "impossibilidade de instruir e adestrar convenientemente uma divisão de infantaria".[41] Só o fato de reunir todas as unidades da divisão na área do Rio já era uma espécie de vitória. Deu-se ênfase ao condicionamento físico, para que os soldados tivessem condição de marchar os trinta quilômetros desde o centro do Rio de Janeiro até a Vila Militar no final de março de 1944. Em parte, essa exibição e um segundo desfile pela cidade em maio tinham por objetivo mostrar ao povo que a força expedicionária existia mesmo. A quinta-coluna espalhou rumores insistentes de que a divisão nunca embarcaria.[42]

O que os brasileiros não sabiam era que o primeiro-ministro britânico, Winston Churchill, se recusava a conceder sua aprovação. Ele achava que "seria erro grave permitir que o Brasil envie a ultramar mais do que uma força simbólica ou uma brigada". O subsecretário de Estado, Edward R. Stettinius, fez uma longa viagem a Londres para conferenciar com os britânicos. Em 15 de abril ele "fez ver a Churchill" que o embarque de uma força expedicionária era importante para a política interna do Brasil e para projetar o prestígio da república como um aliado. Churchill, talvez com relutância, retirou suas objeções. A documentação não esclarece a razão de ele se opor à participação brasileira.[43]

ORGANIZAÇÃO E ENGAJAMENTO DA FORÇA EXPEDICIONÁRIA

Divergiam as opiniões de brasileiros e americanos quanto a quais soldados usar na composição da força expedicionária. Os militares americanos, assim como a Comissão Mista de Defesa Brasil-Estados Unidos que fora criada para coordenar as relações militares, consideravam lógico usar as unidades do Nordeste, mas os brasileiros olhavam para os 15 mil integrantes do contingente militar americano na região e pensavam diferente. O ministro Dutra queria construir três campos de treinamento regionais para preparar três divisões simultaneamente e, com isso, criar valiosas instalações para a era pós-guerra. Os Estados Unidos, porém, não podiam fornecer as armas e equipamentos necessários para três campos, isto é, 50% do equipamento para três divisões. Além disso, como nem o Brasil nem os Estados Unidos possuíam navios suficientes para transportar sequer uma divisão inteira de uma vez, o Pentágono teve a ideia de fornecer 50% do equipamento de uma divisão para o treinamento, que depois seria deixado para o treinamento de cada divisão sucessiva. Todas seriam armadas e equipadas no teatro de operação.

Pouco antes de ir aos Estados Unidos, em agosto de 1943, o ministro da

Guerra, Dutra, que queria comandar o corpo expedicionário planejado, sondou vários generais para saber se tinham interesse em comandar uma das divisões. O general João Batista Mascarenhas de Morais, que havia comandado a região militar do Nordeste (7ª) de junho de 1940 a janeiro de 1943, respondeu de imediato, enquanto os demais hesitaram. Por fim, outros dois comandantes de divisão foram designados e os preparativos tiveram início, mas os planos não foram executados, e a força foi fixada em uma única divisão.[44]

Sem divisões já formadas, sem alojamentos para receber tropas mobilizadas e com um sistema de recrutamento que em grande medida mantinha os recrutas nas imediações de suas áreas de residência, formar uma divisão com homens de uma dada região imporia um custo politicamente indesejável à região escolhida. Portanto, a relutância em usar unidades do Nordeste não decorria apenas de preocupação com a presença americana.

Para formar a divisão expedicionária foram convocadas unidades de todas as partes do Brasil. Pelo lado negativo, isso significava que tais unidades não estavam acostumadas a trabalhar juntas. Pelo lado positivo, os estrategistas argumentaram que, como o Exército havia sido treinado e organizado segundo um modelo francês de 1919, seria mais fácil mudar para um modelo americano se a divisão fosse composta de unidades que não possuíam experiência anterior. A adaptação seria mais rápida.

Curiosamente, em vez de usar a experiência de combate vindoura para capacitar o maior número possível de oficiais subalternos regulares, o Exército convocou um número considerável de oficiais da reserva, muitos dos quais exerciam ocupações especializadas na vida civil. Dos 870 oficiais combatentes da infantaria na força, pelo menos 302 eram reservistas. Para sorte dos historiadores, um grupo deles compôs um dos livros mais úteis sobre a força expedicionária.[45] Não está claro se a convocação de oficiais reservistas foi uma decisão política ou puramente administrativa. No entanto, parece que não havia oficiais subalternos em número suficiente para compor a força expedicionária. Mais tarde, na Itália, referindo-se à escassez de formados pela escola militar e às deficiências profissionais dos oficiais reservistas, Mascarenhas pediu, já em abril de 1945, para promover sessenta sargentos de infantaria a fim de que comandassem pelotões.[46]

Também houve dificuldade considerável para preencher as fileiras das unidades designadas. Com falta de unidades da polícia militar, o Exército recrutou policiais da Força Pública de São Paulo, criou unidades de comunicação com homens das companhias de energia elétrica e telefônica e organizou um destacamento de enfermagem pedindo voluntárias.[47] O fato de os recrutas estarem sendo enviados para o ultramar persuadiu muitos a escapar do serviço; entretanto, desde que o alistamento foi imposto em 1916, o Exército sempre tivera grandes porcentagens de evasões. Por exemplo, na 7ª Região Militar no Nordeste do Brasil, enquanto Mascarenhas foi comandante, a convocação de 7898 homens em 1941 teve uma taxa de evasão de 48,9% e, dentre os que se apresentaram, nada menos que 41% foram considerados inaptos por problemas de saúde. Na verdade, esses números representaram melhora, pois no ano anterior a taxa de evasão fora de 68%! Dentre os 3434 voluntários nessa região, 2201, ou 64%, foram considerados aptos para o serviço — números razoavelmente típicos da situação nacional. A taxa de rejeição por problemas de saúde era elevada tanto para os recrutas como para os soldados na ativa. Para formar um dos últimos escalões, 18 mil soldados de unidades regulares foram examinados para se conseguir recrutar 6 mil homens. No caso do quarto escalão, dos 10 mil soldados do serviço ativo examinados, apenas 4500 foram considerados aptos para o embarque. Discuti mais pormenorizadamente em outro texto o recrutamento e os exames médicos; para os fins deste livro, basta dizer que as más condições de saúde do povo prejudicaram a mobilização. Os oficiais médicos queixaram-se da falta de cooperação dos comandantes das unidades para o tratamento de infecções sexualmente transmissíveis. Dois dias antes do embarque do quarto escalão, um último exame médico descobriu 150 homens com infecções desse tipo em estágio grave. Na véspera do embarque, o quarto escalão estava com quinhentos homens a menos em razão de deficiência em exames médicos anteriores. A maioria dessas rejeições de última hora deveu-se a problemas dentários. Em janeiro de 1945, o general Ralph Wooten observou que o Exército brasileiro estava "raspando o tacho" para encontrar pessoal de combate e que era "um erro esperar qualquer assistência adicional do Brasil nesse aspecto".[48] Cabe notar que filhos do presidente Vargas e do ministro das Relações Exteriores, Osvaldo Aranha, serviram na força expedicionária: Lutero Vargas como médico e Osvaldo Gudolle Aranha como intérprete e motorista na divisão de artilharia.

O treinamento da força acontecia em vários níveis. Desde 1938 oficiais brasileiros vinham sendo enviados aos Estados Unidos para fazer cursos, prin-

Tenente-general Mark Clark, comandante do 5º Exército dos Estados Unidos, no banco dianteiro. Atrás, o capitão Vernon Walters, intérprete, com o comandante da FEB João Batista Mascarenhas de Morais.

cipalmente em artilharia de costa e aviação. No começo de 1941, bem antes de Pearl Harbor, o Brasil já enviara grupos de oficiais para treinamento em várias especialidades. O ritmo continuou a acelerar-se até o ponto em que, em fins de 1944, mais de mil militares tinham passado por treinamento nos Estados Unidos. O Exército americano criou um curso especial para brasileiros em sua Escola de Comando e Estado Maior em Fort Leavenworth, no Kansas, que recebeu 259 oficiais, o maior contingente de país estrangeiro em suas salas de aula. O comandante da escola disse que os brasileiros, que já haviam concluído seus três anos do curso de Estado-Maior no Brasil, "sabiam mais do que a maioria de seus instrutores".[49] O programa de Leavenworth fornecia aos oficiais uma base comum para o modo de conduzir a guerra. A metodologia da instrução concentrava-se em táticas e operações, com exercícios práticos e resolução de problemas. Em fins dos anos 1930 foram adicionadas instruções sobre operações em níveis de corpo e exército a fim de preparar os oficiais para os deveres de comando e Estado-Maior em divisões e corpos. Dos 34 comandantes de corpo de combate do Exército americano na Segunda Guerra Mundial, 33 foram formados em Leavenworth.[50] Os brasileiros estavam recebendo o que os americanos consideravam suas melhores instruções de comando de combate.

Em fins junho de 1944, chegou finalmente o tão esperado navio americano *General W. A. Mann* para transportar o primeiro escalão da divisão para a Europa. Mascarenhas era líder suficiente para saber que devia embarcar com sua tropa, embora Dutra quisesse que ele fosse de avião. Na noite de 30 de junho de 1944, sob presumido segredo no Rio de Janeiro, 5 mil soldados brasileiros embarcaram no enorme navio. Vargas e Dutra subiram a bordo para desejar-lhes boa sorte. Quando o *General Mann* zarpou da baía de Guanabara encimada pelo Pão de Açúcar, só Mascarenhas sabia que seu destino era Nápoles.[51] Agora nada mais tinham a fazer além de lutar contra o Exército alemão.

DESEMPENHO DA FORÇA EXPEDICIONÁRIA

As tropas enviadas à Itália em cinco escalões totalizaram 25 334 integrantes. Em julho de 1944 chegou a Nápoles o primeiro escalão. Após alguns atrasos com equipamentos e treinamento, em 15 de setembro o 6º Regimento de Infantaria e tropas de apoio, comandados pelo general de brigada Euclides Zenóbio da Costa, incorporaram-se à linha do 4º Corpo do 5º Exército dos Estados Unidos. O comandante do Exército, Mark Clark, decidiu por essa participação parcial porque precisava aumentar o 4º Corpo, que se vira reduzido quase ao nível de uma divisão reforçada quando unidades foram destacadas para a invasão do Sul da França pelo 7º Exército em julho. O 5º Exército perdera sete divisões inteiras na operação francesa e, por isso, a chegada dos brasileiros naquele momento foi oportuna. O 5º Exército americano e o 8º Exército britânico estavam preparando um ataque à Linha Gótica alemã, na tentativa de chegar ao vale do Pó e a Bolonha antes do Natal. Os três corpos do 5º Exército (de oeste para leste: 4º dos Estados Unidos, 2º dos Estados Unidos e 12º da Grã-Bretanha) atacariam com o 2º Corpo como elemento avançado enquanto o 4º imobilizaria e fustigaria os alemães à frente. Clark achou que isso daria aos brasileiros uma introdução relativamente suave ao combate.

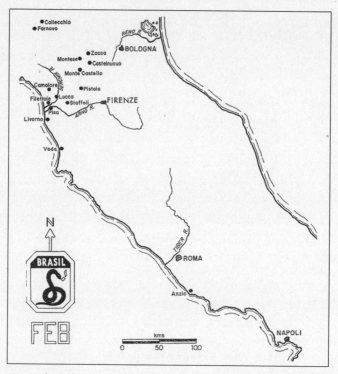

Mapa da Itália mostra a área ao norte de Florença onde a FEB combateu. De The Brazilian-American Alliance, 1937-1945, *por Frank D. McCann Jr.*

É interessante salientar as diferentes reações de brasileiros e americanos à ação subsequente. Os brasileiros avançaram bem, perseguindo unidades alemãs em retirada, de 16 de setembro a 30 de outubro, quando sofreram um súbito contra-ataque; conseguiram conter o inimigo por cerca de dez horas, mas a munição escasseou e eles foram forçados a recuar.

Uma chuva fria e constante deu lugar à neve, o que em si já era um acontecimento e tanto para aqueles homens tropicais. Os atacantes alemães eram combatentes de elite da ss, recém-chegados ao confronto, que se introduziram entre duas das companhias de brasileiros e tentaram cercá-las. Pelos registros americanos, percebe-se que isso foi entendido como uma ocorrência normal; no entanto, os relatos publicados por oficiais brasileiros abundam em acusações e acrimônia. Na cena, Mascarenhas culpou e repreendeu a tropa por sua suposta covardia, falta de cautela e por fugir de "uma patrulha de inimigos des-

Generais Willis Crittenberger, comandante do 4º Corpo, e Zenóbio da Costa, comandante da Artilharia da FEB.

moralizados". Obviamente ele ansiava para que seus comandados se saíssem bem, e ele próprio ainda era um tanto inexperiente na natureza daquela guerra. Seria de Zenóbio a responsabilidade por assegurar que houvesse reservas a postos para apoiar as unidades da linha de frente sob ataque. Na prática, eles haviam procedido tão bem quanto qualquer um naquelas circunstâncias difíceis. A 92ª Divisão dos Estados Unidos, que os substituiu quando eles seguiram para o vale do Reno, também foi incapaz de desalojar os alemães da linha na crista montanhosa que eles ocupariam pelos próximos cinco meses.[52]

O papel da força expedicionária foi tático; o grosso da sua experiência de combate aconteceu em nível de pelotão. O diário de combate da divisão é, em grande medida, um resumo de ações de patrulhas, como no caso do 5º Exército em geral no outono e inverno de 1944-5. Os brasileiros reconheceram isso; não alegaram que seu papel ou seu impacto foi estratégico, embora alguns

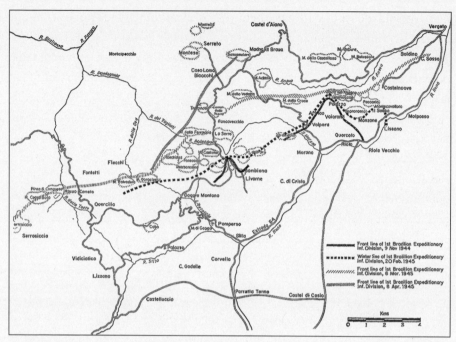

Mapa da principal área de atuação da FEB em combate. De The Brazilian-American Alliance, 1937-1945, *por Frank D. McCann Jr.*

veteranos, com a idade, tenham afirmado isso. Em suas memórias, o chefe de Estado-Maior da divisão, Floriano de Lima Brayner, observou que "a FEB em nenhum momento praticou operações de aspecto estratégico".[53] E depois da guerra, para simbolizar o nível do papel que eles haviam desempenhado, o Exército erigiu um monumento aos tenentes da FEB na Academia Militar das Agulhas Negras. De fato, é difícil imaginar como uma divisão poderia ter desempenhado qualquer papel além do tático na campanha do Norte da Itália.

Esse aspecto foi desconsiderado por alguns observadores, por exemplo, o jornalista William Waack, cujo livro *As duas faces da glória: A FEB vista pelos seus aliados e inimigos*[54] parece se basear na premissa de que os brasileiros reivindicaram importância demasiada para a FEB. Waack contrastou a falta de conhecimento e recordação da força brasileira por alguns veteranos alemães e as críticas em relatórios da ligação e inspeção americanos com a "grandiloquência" das narrativas brasileiras sobre a FEB.

A principal divisão alemã que enfrentou os brasileiros tinha grande número de soldados muito jovens e bem velhos, e era comandada por oficiais que haviam servido por longos anos e sobrevivido aos rigores da frente russa. Alguns desses homens podiam estar exaustos, mas a maioria era veterana que possuía experiência de combate incomensuravelmente maior que a dos brasileiros. De fato, a FEB zarpou do Brasil com a maioria de seus soldados insuficientemente treinados. Os oficiais ficaram espantados com a intensidade do programa de treinamento exigido pelos americanos.

A literatura sobre a FEB atribui grande importância à luta para tomar uma elevação chamada Monte Castelo no inverno de 1944-5. Em combate, tudo é questão de perspectiva e escala. Para um comandante de exército, a frente é medida em quilômetros; para um comandante de corpo, ela se reduz a uma crista de montanha; para um comandante de divisão, o foco é um monte; para um comandante de companhia, o objetivo é parte da encosta; para líderes de pelotão, é tudo uma questão de determinadas casamatas e posições de canhões; para o soldado, são os poucos metros e centímetros adiante dele. Cada um vivencia uma batalha diferente. A campanha da Itália foi brutal porque os Aliados precisaram lutar continuamente em aclives para desalojar alemães em elevações dominantes. Quando a FEB passou a atuar como divisão em novembro, assumiu seu lugar junto ao 4º Corpo dos Estados Unidos nas montanhas ao norte de Florença e a oeste de Bolonha. O objetivo do 5º Exército era romper a chamada Linha Gótica alemã, descer pelo vale do Pó e tomar Bolonha. O 4º Corpo confrontou a imponente crista dos montes Belvedere-Torraccia, de onde a artilharia e os morteiros alemães podiam alvejar o tráfego na rodovia 64 que seguia no sentido oeste-leste atravessando a estreita passagem pelas montanhas de Pistoia a Bolonha. É difícil imaginar a condução de forças por um lugar como esse. Logo depois da cidade balneário Terme di Poretta, as montanhas desembocam em uma vasta bacia, flanqueada por baixas elevações à direita e à esquerda e bloqueada pela súbita elevação da crista Belveere-Torraccia à frente. À esquerda, a crista é um paredão de rocha que de longe parece liso; à direita, é acidentada e entrecortada, com uma estrada sinuosa ascendente que a contorna na direção de Montese, uma localidade fundamental antes da descida para o vale do Pó. A 92ª Divisão americana, apelidada de "Búfalo Negro", e mais tarde a 10ª Divisão de Montanha, postaram-se de frente para Belvedere. Os brasileiros ficaram no flanco leste do monte. A FEB confrontou um morro que se ergue abaixo de Torracia. De lá, em posições bem preparadas, os alemães podiam varrer a tiros as encostas mais baixas a oeste (esquerda). Esse morro, que nos mapas alemães é identificado simplesmente como "101/19", é chamado pela população local de monte Castello. Subir por ele hoje em dia quase não cansa, mas sob fogo de artilharia, metralhadoras, morteiros e fuzis deve ter sido uma tarefa extremamente penosa que beirava o suicídio. Monte Castello conseguiu conter os brasileiros em quatro assaltos — em 24, 25 e 29 de novembro e 12 de dezembro — antes de ser tomado por eles em 21 de fevereiro. Em quatro de seus nove meses de combate, os brasileiros passaram sob a mira de canhões. Os defensores alemães admiraram sua obstinação. Depois do fracassado assalto de 12 de dezembro no qual os expedicionários sofreram 145 baixas, em comparação com cinco mortos e treze feridos do lado germânico, um capitão alemão disse a um tenente da FEB capturado: "Francamente, vocês brasileiros ou são loucos ou muito bravos. Nunca vi ninguém avançar sobre metralhadoras e posições bem defendidas com tanto desprezo pela vida [...]. Vocês são uns verdadeiros diabos".[55] Embora essa elevação pareça minúscula perto das suas vizinhas, ela se tornou um símbolo da habilidade da FEB em combate e, em um sentido mais amplo, da chegada do Brasil ao status de país sério. Um editorial do jornal carioca *A Manhã* declarou que os jovens brasileiros que haviam fincado a bandeira do Brasil no topo do monte conquistariam para seu país o lugar merecido no mundo do futuro.[56]

Monte Castello era e é uma elevação menor, perdida em meio a um dos terrenos mais íngremes da Itália. Não aparece em mapas italianos em grande escala, e para encontrá-lo é preciso procurar em mapas de trilhas de caminhada da área. Não foi indicado claramente nos mapas de batalha americanos, e é provável que os defensores alemães sequer soubessem seu nome. De fato, no diário de guerra da FEB, a primeira menção de "monte Castello" aparece no dia de sua tomada, 21 de fevereiro. Seria uma surpresa se qualquer um além dos brasileiros lembrasse seu nome. Naturalmente, os brasileiros deram mais importância aos nomes do terreno que tomaram do que os alemães que o defenderam ou do que os americanos que se preocupavam com a frente mais ampla. O diarista do destacamento de ligação americano comentou que "essa característica foi o objetivo de dois ataques anteriores dos brasileiros, nos quais eles sofreram baixas consideráveis; sua tomada foi uma perda distinta para o inimigo, que com isso foi privado de seu último bom [ponto de] observação". De monte Castello os alemães tinham um campo aberto para disparar pela face

Italianos aclamam soldados da FEB vitoriosos.

íngreme do Belvedere, pela qual a 10ª Divisão de Montanha subiria para surpreender os defensores no topo. A missão da FEB era destruir a capacidade dos alemães para disparar contra os americanos expostos.[57]

Depois da guerra, os veteranos e o Exército do Brasil atribuíram um valor imenso a monte Castello. Para eles, a batalha teve grande importância simbólica. Seu papel na tomada de Belvedere-Castello convenceu os brasileiros de que eles estavam à altura da tarefa da qual se haviam incumbido. O fato é que a FEB e a 10ª Divisão de Montanha foram eficazes na operação conjunta que expulsou os alemães de elevações importantes e permitiu o avanço dos Aliados na ofensiva na primavera. Se qualquer uma das duas divisões houvesse fracassado, essa ofensiva teria sido retardada.[58]

As relações entre os soldados brasileiros e americanos às vezes foram tensas. Para os brasileiros, era constrangedor depender totalmente das forças americanas para obter treinamento, armas, equipamento e alimentos. Eles ficavam perplexos com a ênfase dos americanos em treinar, treinar e treinar ainda mais, vista inclusive no pessoal da linha de frente. Era um choque entre duas culturas, uma que acreditava tanto na educação que sua terminologia do Exército era extraída da linguagem escolar,[59] e outra que deixava a maioria de seu povo sem escola. O resultado foi um bem-sucedido exemplo de guerra de coalizão, algo que sempre requer esforço e compreensão firmes para fundir estilos nacionais em uma combinação vencedora. Mas a FEB foi além da ideia clássica da guerra de coalizão, graças à sua total integração ao exército americano. Ela não foi uma unidade colonial, como as da Índia britânica, ou uma força militar da Comunidade das Nações, como os canadenses, neozelandeses e sul-africanos, tampouco um "isso ou aquilo" livre, como os contingentes poloneses ou franceses. Foi uma divisão do exército de um Estado independente e soberano que se voluntariou para submeter seus homens e mulheres ao comando dos Estados Unidos. A ligação não poderia ter sido mais estreita e, ainda assim, preservado a integridade de comando da FEB e sua identidade brasileira, que jamais foram perdidas.

A FEB completou todas as missões que lhe foram confiadas e teve resultados favoráveis em comparação com as divisões americanas do 4º Corpo. Infelizmente, o pesado simbolismo de monte Castello obscureceu a vitória da FEB em Montese em 16 de abril, quando a força brasileira tomou a cidade após uma encarniçada batalha de quatro dias, sofrendo 426 baixas.[60] Nos dias seguintes, os brasileiros lutaram até um impasse contra a 148ª Divisão alemã e as divisões italianas fascistas de Monte Rosa, San Marco e Itália, que se renderam ao general Mascarenhas em 29-30 de abril. Em alguns dias, os brasileiros acuaram e obtiveram a rendição de dois generais, oitocentos oficiais e 14 700 soldados. A 148ª foi a única divisão alemã que se rendeu nessa frente. Os brasileiros concluíram essa façanha sozinhos e, com grande orgulho, aguardaram até que a rendição fosse completa e os prisioneiros estivessem sob sua guarda antes de avisar o quartel-general americano.[61] Apesar de terem pouco preparo e servirem sob comando estrangeiro contra um inimigo experiente em combates, as "Cobras Fumantes", como a FEB era apelidada, mostraram a "fibra do Exército brasileiro" e a "grandeza de nossa gente", como dizia uma de suas músicas.[62]

A origem do termo "cobras fumantes" é um tanto obscura. Na época, algumas fontes atribuíram a imagem a uma suposta declaração de Hitler: o Brasil só enviaria tropas quando as cobras brasileiras começassem a fumar.[63] Provavelmente era mais acurada a versão que relacionava o velho trem apelidado de "Maria Fumaça" em Minas Gerais à imagem de uma cobra deslizando. Esse trem transportou o 11º Regimento desde seu quartel na pitoresca cidade colonial de São João del Rei rumo ao Rio de Janeiro. Com a fumaça que subia de sua chaminé enquanto serpenteava pelos trilhos nas montanhas, o trem lembrava uma gigantesca Cobra Fumante. Consta que, ao se aproximar a data da partida do regimento, os soldados começaram a dizer "a cobra vai fumar".[64] Com certeza, quando os soldados brasileiros chegaram à Itália em 1944, a expressão já se tornara comum. E, a pedido do jornal carioca *O Globo*, a Disney criou um desenho de uma cobra fumando cachimbo e disparando dois revólveres, que o Exército usou em cartazes motivadores. A versão final eliminou o capacete e os revólveres.

Quando os primeiros soldados da FEB embarcaram para a Itália, o emblema de sua unidade era simplesmente um escudo verde com "Brasil" estampado em branco. Em algum momento, o oficial de ligação Vernon Walters talvez tenha feito uma sugestão ao comandante do 5º Exército, Mark Clark, que falou com Mascarenhas sobre a necessidade de uma insígnia mais distintiva. Mascarenhas, por sua vez, disse que, quando o ministro Dutra visitara a Itália em setembro-outubro de 1944, vira os vários emblemas das divisões americanas e

Distintivo da FEB que combina amarelo, azul, branco, vermelho e verde, cores das bandeiras do Brasil e dos Estados Unidos.

sugerira a Mascarenhas que a FEB também tivesse o seu distintivo. Não se sabe se o desenho de Disney foi o modelo; parece bem possível que sim, embora a data de 3 de abril de 1945 não seja condizente. Durante a guerra, os estúdios Disney desenharam 1272 insígnias para unidades americanas e aliadas.[65] Segundo Mascarenhas, o tenente-coronel Aguinaldo José Senna Campos desenhou o emblema, mas o historiador Cesar Campiani atribuiu-o ao 3º Sargento Evaldo Meyer, subordinado do coronel no Estado-Maior da divisão. Os oficiais brasileiros não estavam acostumados a reconhecer méritos dos homens alistados. Em uma entrevista gravada e publicada no YouTube, o sargento Meyer conta que Vernon Walters pediu-lhe que fizesse o desenho e então o mostrou a Mascarenhas. É possível que Senna Campos tenha aprimorado o esboço do sargento Evaldo. Este disse que desenhou a cobra com capacete, mas no desenho final do emblema o capacete não apareceu. Embora alguns julgassem que uma cobra não era suficientemente refinada para simbolizar a FEB, o desenho caiu no gosto dos soldados e continuou a ser apreciado pelos veteranos. Se Walters teve algum papel em sua criação, não se pronunciou a respeito.[66]

Os americanos sondaram os brasileiros acerca de uma possível participação na ocupação da Europa, mas os brasileiros não se interessaram.[67] Em 21 de março, Dutra disse ao general Kroner que ele não queria a permanência de soldados expedicionários por um longo período como parte da ocupação pelos Aliados.[68] Infelizmente, apesar de objeções americanas, o governo brasileiro também decidiu dispersar a FEB por ocasião de seu retorno ao Brasil. Os militares americanos gostariam que a divisão fosse mantida a fim de formar o núcleo para uma reforma completa do Exército brasileiro. Os veteranos da FEB apresentariam aos poucos as lições da guerra na Escola de Estado-Maior e em cursos de escola militar. Perdeu-se a chance, porém, de usar a experiência da FEB para projetar a influência do Brasil na ordem do mundo pós-guerra. Os responsáveis em 1945 por tomar as rápidas decisões conducentes à extinção da FEB não tinham como saber que logo os Estados Unidos se desmobilizariam e nem do quão rápida seria a dissolução da sua aliança com a União Soviética. Talvez se o Brasil mantivesse tropas de ocupação na Europa e um quadro permanente de soldados calejados em combate no Brasil, a posição internacional do país no pós-guerra fosse outra.

A FEB foi incorporada ao Exército americano por 229 dias de combate contínuo e conquistou a distinção de apanhar em armadilha e obter a rendição da 148ª Divisão alemã e de remanescentes de três divisões italianas fascistas. Essa foi a única divisão alemã intacta capturada nessa frente. Entre os brasileiros as baixas foram 443 mortos, 1577 feridos, 9625 doentes ou com lesões decorrentes de acidente.[69]

Dos doentes e feridos, seiscentos foram evacuados para o Brasil; desses, 234 foram primeiro levados de navio para os Estados Unidos, onde alguns ficaram hospitalizados e receberam cuidados intensivos. Os períodos mais intensos de combate em dezembro de 1944 e abril de 1945, como se poderia prever, geraram o maior número de baixas, levadas para os Estados Unidos (84 em dezembro, 75 em fevereiro e cinquenta em abril). Outros 307 foram levados para o Brasil de avião pelo comando de Transporte Aéreo via Natal. A mais numerosa evacuação pelo ar ocorreu em abril, quando 131 feridos foram transportados.[70]

É provável que muitos soldados tenham padecido também de ferimentos invisíveis decorrentes dos traumas psicológicos suscitados pela medonha experiência. O diretor de saúde do Exército americano, comentando sobre suas forças, disse que "praticamente todos os homens em batalhões de fuzileiros que não ficaram incapacitados por outras causas tornaram-se baixas psiquiátricas", e essa era uma ocorrência frequente depois de duzentos a 240 dias em

Prisioneiros alemães capturados pela FEB.

combate.[71] Psicólogos alertaram que "as habilidades de combate começaram a declinar após um mês de luta", e muitos chegaram "próximo a um estado vegetativo" depois de 45 dias. Eisenhower foi informado por sua assessoria médica que "cada momento de combate impõe uma tensão tão grande que o colapso mental virá em relação direta com a intensidade e a duração da exposição dos homens". De fato, "as baixas psiquiátricas são tão inevitáveis na guerra quanto os ferimentos por balas e estilhaços". O povo americano não seria informado de que o Exército americano havia "hospitalizado 929 mil homens por causas 'neuropsiquiátricas' na Segunda Guerra Mundial, incluindo nada menos do que uma em cada quatro internações durante o cruento outono de 1944".[72] Autoridades do Exército americano mostraram preocupação especial com o estado mental dos soldados brasileiros. Alguns foram levados aos Estados Unidos para tratamento, acompanhados por pessoal médico brasileiro para cuidar deles, "mas também para proteger a posição do Exército americano". Em dezembro de 1944, "49 brasileiros com problemas psiquiátricos" chegaram a Nova York".[73]

Curiosamente, depois de toda a preocupação com a fragilidade de suas Forças Armadas, o governo tratou de providenciar o retorno imediato de suas tropas, logo desmobilizadas. Apesar de o ministro Dutra declarar que seu ministério estava "decidido a usar ao máximo a experiência das unidades da FEB", oficiais americanos receavam que, em grande medida, as lições de combate se perderiam no exército do pós-guerra.[74] Embora o Exército não organizasse equipes de combate com veteranos para treinar grandes unidades, como os americanos gostariam, enviou capitães e tenentes veteranos para compor o pessoal da nova Academia Militar das Agulhas Negras e da Escola de Aperfeiçoamento de Oficiais (Esao) na Vila Militar e dar aos cadetes e oficiais subalternos subsídios sobre sua experiência de guerra.[75]

Não se anteviu que, em fins de março de 1944, o governo brasileiro já teria decidido desmobilizar a força imediatamente após seu retorno. Dutra afirmou que, assim que terminasse a guerra na Europa, ele pretendia dar baixa do serviço aos soldados da FEB ou transferi-los para a reserva enquanto mantinha na ativa alguns dos oficiais e sargentos para fins de treinamento. Ele justificou a dispensa dizendo que o Exército não possuía alojamentos adequados suficientes para aqueles soldados. A Divisão de Operações do Exército dos Estados Unidos expressou consternação por essa ideia "extremamente infeliz" e protestou que, a seu ver, a desmobilização anularia grande parte dos benefícios ao Brasil advindos da experiência da força expedicionária. Os militares americanos gostariam que a divisão fosse mantida coesa, formando o núcleo para uma reforma completa do Exército brasileiro. O general Ord alertou:

> Isso significa, na prática, a destruição da única unidade importante do Exército brasileiro treinada pelos Estados Unidos [...]. [Essa ação reduziria] tremendamente a eficácia do Exército brasileiro, e devem ser feitos todos os esforços para persuadir o governo brasileiro a conservar essa unidade tal como ela se encontra, como uma contribuição importante para a segurança do continente.[76]

É evidente que a verdadeira razão da desmobilização foi o governo temer a presença no país de um corpo coeso de veteranos de combate enquanto se engendrava o fim da ditadura de Vargas. No entanto, não se sabe ao certo quem tomou essa decisão, e os documentos que permitiriam uma pesquisa adequada desapareceram.

A acirrada campanha eleitoral iniciada no Brasil para substituir o governo Vargas não ajudou no processo de tomada de decisão. Tudo que envolvesse política americana assumiu pesadas conotações emocionais. A questão do papel do Brasil na recém-nascida ONU não estava seguindo o rumo esperado pelo governo e, desde meados de abril, as relações haviam se deteriorado em algum grau. O desfecho das decisões de guerra pelo governo brasileiro requer estudos adicionais, que são tolhidos pela perda de documentos, por exemplo, os relatórios anuais do ministro da Guerra de 1945 e 1946.[77]

O 1º Grupo de Aviação de Caça do Brasil, com 41 pilotos, integrou o 350º Grupo de Caça com base em Pisa. Entre outubro de 1944 e meados de janeiro de 1945, esses pilotos haviam concluído 167 missões e 999 surtidas; perderam um piloto, morto, e dois que desapareceram em combate. Quando os alemães se renderam em maio, o grupo havia perdido outros sete pilotos, que morreram, além de oito feitos prisioneiros. Seu comandante americano avaliou os resultados como "praticamente os mesmos dos de um esquadrão dos Estados Unidos".[78] Um sucessor no comando do grupo de caça, coronel Ariel W. Nielson, foi ainda mais enfático; disse que o grupo tinha sido "a melhor unidade que já tive sob meu comando!". Ele recomendou a entrega da menção honrosa Presidential Unit Citation ao grupo, mas não foi atendido porque seus integrantes não eram americanos. Décadas mais tarde, o presidente Ronald Reagan aprovou uma nova solicitação para a menção, e essa unidade brasileira tornou-se a segunda do mundo a receber essa prestigiosa homenagem. A outra era inglesa.[79]

O renque de bases aéreas que os Estados Unidos tiveram no Brasil foi extremamente valioso para o esforço de guerra dos Aliados. Das rotas do Comando de Transporte Aéreo no mundo todo, a brasileira foi a mais movimentada. A base de Parnamirim, em Natal, expandiu-se de uma única pista para a maior base do Comando de Transporte Aéreo do mundo. De fato, em 1943 a rota do Brasil foi "o funil aéreo dos campos de batalha do mundo".[80] No total, participaram dezessete bases de vários tamanhos e finalidades ao norte do Rio de Janeiro e várias outras ao sul. O presidente Roosevelt passou duas vezes pela base de Natal em seu trajeto para as conferências de Casablanca e Teerã em janeiro e novembro de 1943. O transporte pelo Atlântico Sul sempre foi mais intenso no inverno, quando a rota do Atlântico Norte se fechava. Atingiu o auge em março de 1944, quando 1675 caças táticos voaram para o Leste via Natal com decolagens a cada três minutos.[81] Na guerra marítima, segundo o historiador naval Samuel E. Morison, a entrada do Brasil no conflito foi "um acontecimento de grande importância na história naval". Sem a participação brasileira teria sido impossível barrar o "estreito do Atlântico" contra os furadores de bloqueio e os submarinos do Eixo.[82] Em abril de 1944, Roosevelt escreveu a Vargas: "A história certamente observará que o ponto de inflexão da guerra no teatro europeu coincidiu com a ação de seu governo ao prover bases e instalações que contribuíram em tão alto grau para a campanha na África". Ele expressou a gratidão do povo e governo dos Estados Unidos por essa "ajuda muito vital [...] à nossa luta comum contra as potências do Eixo".[83] Observadores americanos acreditavam que os militares e o povo do Brasil em geral tinham "total consciência" das oportunidades que a guerra havia ensejado. "Eles estão aproveitando o máximo possível para tornar seu país autossuficiente e independente de matérias-primas e suprimentos de outros países [...] [com assistência e treinamento americanos] emergirão da presente guerra como o mais importante país da América do Sul." Os brasileiros "estão determinados a alcançar um lugar de potência econômica nos assuntos do hemisfério ocidental e do mundo", acreditavam os americanos.[84] Em 13 de junho de 1945, o sucessor de Roosevelt, Harry S. Truman, disse a seu novo embaixador no Rio de Janeiro, Adolf Berle, que ele queria "manter boas relações com o Brasil mais até do que com qualquer outro país da América Latina".[85]

Em 1944, os americanos haviam tentado, sem êxito, negociar um acordo para manter a série de bases por dez anos após o término da guerra. O presidente Vargas foi favorável a essa prorrogação, mas na derradeira fase da guerra ele teve menos controle da situação e, em outubro de 1945, foi forçado a deixar o cargo depois de um golpe de Estado encabeçado pela dupla Góes Monteiro e Dutra.[86] Este último foi eleito presidente e o sucedeu. A intensificação das objeções "à contínua ocupação de solo brasileiro por tropas estrangeiras" garantiu então que as bases fossem devolvidas ao controle brasileiro até outubro de 1946.[87]

O Brasil participou ativamente da Segunda Guerra Mundial como fornecedor de matérias-primas estratégicas, sede de bases aéreas e navais importantes e hábil apoiador dos Estados Unidos em conferências pan-americanas, e também com suas contribuições em unidades navais, um grupo de aviação de caça e uma divisão de infantaria com 25 mil homens. Perdeu 1889 soldados e marinheiros, 31 navios mercantes, três navios de guerra e 22 aviões de caça. Emergiu da guerra com forças armadas modernizadas, tendo recebido 70% de todo o equipamento fornecido pelos Estados Unidos à América Latina pelo sistema Lend-Lease.

Zé Carioca, o espevitado papagaio criado por Walt Disney como a caracterização hollywoodiana do brasileiro típico, ensinou o Pato Donald a sambar no desenho animado *Alô, amigos,* mas os americanos, como Donald, não conseguiram aprender bem o ritmo. E assim, com a restauração da paz, em vez da aliança que, em tempo de guerra, pressagiava uma era de dois destinos nacionais unidos em benefício mútuo como sonhara o ministro das Relações Exteriores Osvaldo Aranha, a Guerra Fria levou os americanos por outras direções e deixou os brasileiros com uma vaga impressão de terem sido explorados. A rejeição pelo Brasil de participar mais tarde de operações militares no ultramar nas guerras da Coreia e Vietnã deriva, em parte, de uma percepção nacional de que os Estados Unidos não apreciaram devidamente a contribuição brasileira na Segunda Guerra Mundial.

Ainda assim, o conflito mudou o Brasil. As bases aéreas e navais do período de guerra foram transformadas em aeroportos civis e instalações portuárias, as operações conjuntas estabeleceram novos padrões de educação e treinamento militar e as experiências trazidas de fora do país pelos veteranos iniciaram um processo de modernização da mentalidade nacional. A industrialização incentivada pela construção da siderúrgica de Volta Redonda impeliu o Brasil a passar, em uma só geração, da era do carro de boi para a do motor de combustão interna. É difícil imaginar como seria hoje o Brasil sem a infraestrutura, as experiências, os processos de substituição de importações e a transferência de know-how adquiridos durante a guerra.[88] A importância do papel do país na Segunda Guerra Mundial cresceu na mente dos brasileiros, e eles se ressentem porque os historiadores americanos e europeus não mostram igual entusiasmo pelas várias contribuições do país à vitória dos Aliados. Os mais extremistas veem um menosprezo deliberado do papel brasileiro "com o intuito de privar o Brasil dos merecidos créditos por ajudar a vencer a guerra".[89]

7. Decepção no pós-guerra

No final da guerra, as relações entre os dois países, sobretudo entre seus establishments militares, não poderiam estar mais próximas. Infelizmente a desmobilização dos Estados Unidos foi tão acentuada e rápida que os governos americanos seguintes perderam a noção da importância desse relacionamento. Mudanças na presidência e no pessoal dos ministérios e departamentos resultaram em perda de memória institucional. Os documentos sobre as relações entre os dois países jazeram nos arquivos por décadas sem que fossem digeridos, e o papel do Brasil na guerra desbotou sob a poeira dos arquivos. Vale a pena mencionar que em 1964 ainda era classificada como "secreta" a volumosa documentação nos arquivos americanos sobre a construção das bases aéreas, as intensas negociações militares, os melhoramentos de portos e as relações diplomáticas de modo geral, em especial sobre a FEB; outros documentos permaneceram secretos até 1976.[1] A historiografia da Segunda Guerra Mundial priorizou as relações entre os Três Grandes — Estados Unidos, Grã-Bretanha e União Soviética — e demorou para passar a se ocupar dos aliados menores. Os historiadores salientaram as operações de combate dos Estados Unidos, e não o modo como as redes de suprimento e apoio foram criadas e operavam. Era raro o Brasil entrar na cosmovisão americana.

As autoridades americanas haviam deixado subentendido que o Brasil teria posição privilegiada após a guerra. Mesmo antes de os soldados brasileiros chegarem à Itália, os dois governos assinaram um acordo que permitiria aos militares americanos usar as bases aéreas de Natal, Recife e Belém por dez anos após o término do conflito. Parecia que os dois países permaneceriam firmes aliados no período pós-guerra.

NEGOCIAÇÕES MILITARES

Em 1º de agosto de 1944 o Departamento de Estado avisou as missões diplomáticas na América Latina que os Estados Unidos iriam propor conversações militares bilaterais para estabelecer "os alicerces da contínua colaboração militar entre as repúblicas americanas no período pós-guerra".[2] Ainda em agosto, Cordell Hull escreveu ao chefe do Estado-Maior Conjunto, almirante William D. Leahy, que as conversações com o Brasil e o México deveriam acontecer antes de serem iniciadas com qualquer outro país.[3] O objetivo era padronizar os armamentos, o treinamento e a organização das Forças Armadas latino-americanas para que, caso houvesse outro ataque ao continente, uma grande força defensiva já estivesse a postos. Além disso, havia a ideia de impedir países europeus de vender armas ou estabelecer missões militares na região. O problema: os brasileiros não estavam interessados em padronização, e sim em estabelecer sua predominância na América do Sul. Queriam assegurar que a Argentina jamais fosse capaz de atacar o Brasil com êxito. Assim, Brasil e Estados Unidos entraram nessas negociações com objetivos distintos. Outra dificuldade era que os americanos não tinham um consenso em suas estimativas da situação.

Em 10 de outubro de 1944 as conversações militares tiveram início oficialmente com pompa, presididas por Getúlio Vargas no Palácio do Catete. O presidente comentou que o que estavam fazendo "equivale na prática a uma aliança militar" e lembrou que aquela "colaboração militar altamente satisfatória" começara "antes de Pearl Harbor".[4] Com esse início auspicioso, os representantes militares dos dois países deliberaram minuciosamente sobre as estruturas, armamentos e equipamento, estacionamento, missões e disposições cooperativas com as Forças Armadas brasileiras após a guerra. Diálogos similares deveriam acontecer com outros países latino-americanos.[5] As negociações se deram entre oficiais brasileiros e americanos sem a participação de diplomatas civis. Os *papers* — ou estudos resultantes — expuseram as visões oficiais das Forças Armadas brasileiras e foram aprovados pelo presidente Vargas. Os oficiais americanos supunham que os Estados Unidos queriam que o Brasil tivesse "um papel forte e cooperativo na manutenção da defesa do continente como um componente da ordem mundial no pós-guerra, com isso livrando os Estados Unidos do ônus militar e do embaraço político de desempenhar diretamente esse papel na América do Sul".[6] Os americanos achavam que o Brasil estava "disposto e ansioso para se tornar um parceiro meridional dos Estados Unidos em um sentido militar" e que o país desejava assistência para se tornar autossuficiente em vez de receber "ajuda contínua". O programa do Exército "foi escalado para cobrir a defesa do Brasil contra ataques vindos da América do Sul ou de fora, em conjunção com possível ajuda dos Estados Unidos".[7]

A Marinha brasileira desejava a transferência de 32 navios de guerra — dois encouraçados, dois porta-aviões leves, quatro cruzadores, quinze contratorpedeiros e nove submarinos —, que fariam da "Marinha brasileira incontestavelmente a mais poderosa força naval da América do Sul". Contudo, Adolf A. Berle, que sucedera Jefferson Caffery como embaixador americano em janeiro, duvidava que a Marinha brasileira fosse capaz de manter esse maquinário "complicado e formidável".[8] Ele argumentou que "o dinheiro e o esforço empregados para organizar uma força naval nessa fase da história brasileira seriam infinitamente mais bem gastos na instalação de um sistema de transporte interno e na construção e manutenção de escolas públicas".[9] Talvez ele tivesse razão, mas parece ter se esquecido de que decisões sobre esse tipo de política eram da alçada dos dirigentes brasileiros, e não do embaixador americano. Os diálogos militares elevaram as expectativas da Marinha brasileira, estimuladas ainda mais graças a comentários que o almirante Jonas Ingram, comandante da 4ª Frota dos Estados Unidos baseada no Recife, fez a repórteres no começo de junho de 1945, dizendo que vários navios americanos seriam cedidos ao Brasil.[10] "Não autorizados" eram os comentários de Ingram e a promessa dos navios, mas isso não reduziu seu impacto.[11] Um tanto frustrado, Berle observou: "Temos de lidar com os resultados. Jogar fora as Conversações Navais agora provocaria, sem dúvida, uma crise considerável". Ele recomendou manter "o programa como *um ideal*, propor medidas destinadas a promover sua concretização, *sem comprometimentos com cronogramas*"[12] (grifo meu).

A proposta para o Exército, pelo menos do ponto de vista americano, enfatizava a instrução e o treinamento. Recomendava a inserção de instrutores americanos em todos os níveis de adestramento de oficiais e especialistas subalternos. Oficiais americanos seriam designados para as "escolas táticas, a academia militar e as escolas pré-militares para oficiais". Embora o documento não mencione a prolongada tentativa da Missão Militar Francesa para remodelar o Exército brasileiro, a considerável inserção americana em instituições do Exército brasileiro seria mais profunda que a dos franceses. Dentro de dois anos depois da aprovação da proposta, os brasileiros queriam receber "material bélico suficiente para equipar [...] [um] Exército de 180 mil [militares] em tempo de paz e uma reserva suficiente para equipar as 26 divisões contempladas no plano de mobilização inicial". O embaixador Berle duvidava que no prazo especificado de dois anos o Exército estivesse pronto para receber tanto equipamento e armas. Para Berle, isso envolveria "um fator de desperdício extremamente grande". Ele afirmou que "o histórico brasileiro de manutenção não é bom; e sempre existe a tendência de pedir novos equipamentos como solução". No entanto, ele observou que "a capacidade de manutenção existe, se for possível desenvolvê-la".[13]

As conversações militares também propuseram expandir a Força Aérea brasileira de 14 mil para 25 654 oficiais e praças até 1948, com um aumento proporcional de aviões dos atuais sessenta caças-bombardeiros para duzentos até 1949.[14] Se implementada essa proposta, Berle acreditava que "o Brasil teria inquestionável supremacia aérea, e nenhum país ou grupo de países da América do Sul poderia fazer-lhe oposição. Tecnicamente, o Brasil teria o continente à sua mercê. Considerando suas inclinações pacíficas, isso em si não constitui um perigo". De fato, subjacente às três séries de conversações militares estava a convicção de que "o Brasil, se armado, seria uma força em prol da paz e da defesa, e não da guerra e da expansão e, considerando os dados históricos e psicológicos do Brasil", Berle acrescentou, "essa suposição parece justificada".[15]

Os relatórios resultantes das conversações militares, que haviam sido aprovados pela cúpula do governo brasileiro, foram enviados a Washington com a expectativa dos brasileiros nas alturas, porém nada aconteceu. O Rio nem sequer foi notificado do recebimento dos documentos. Cerca de nove meses mais tarde, em fins de dezembro, o coronel José Bina Machado, que fora o primeiro adido militar do Brasil em Washington de 1938 a novembro de

1941 e era considerado amigo dos Estados Unidos, fez uma visita inquietante à embaixada americana. Nos meses anteriores ele chefiara o gabinete do ministro da Guerra, Dutra, e era amigo dos generais Dutra, Góes Monteiro e outros altos oficiais.[16] Ele se declarou alarmado com "o recente crescimento do sentimento antiamericano em altos círculos do Exército brasileiro, ameaçando gravemente o futuro da cooperação militar entre Brasil e Estados Unidos". Disse que oficiais brasileiros pensavam que os Estados Unidos "estavam propensos a tratar o Brasil como um irmão caçula, e não como um país importante" e que duvidavam da sinceridade americana quanto a "uma política de cooperação genuína com o Brasil". O encarregado de negócios tratou logo de comunicar os comentários de Bina Machado, alertando ser "óbvia a necessidade de ação imediata [...] para produzir resultados concretos de acordo com as conversações militares". Ele predisse que, se não fossem tomadas providências, isso prejudicaria "a posição do nosso pessoal militar no Brasil e ameaçaria gravemente todo o futuro da cooperação militar entre Estados Unidos e Brasil".[17] Além do mais, ele salientou, os efeitos iriam "muito além da necessidade militar imediata". O secretário de Estado, James F. Byrnes, respondeu que não houvera mudança na política de Washington de "total cooperação com o Brasil" e que era "nosso mais sincero desejo manter nossas relações com o Brasil na mesma base de intimidade que tradicionalmente tem existido". Ele receava que "certos elementos" poderiam estar tentando causar problemas.[18]

Também era preocupante o aparecimento no Rio de um agente da companhia britânica Vickers-Armstrongs oferecendo-se para vender à Marinha brasileira, a preços de ferro-velho, grande número de navios de combate plenamente equipados. Esse agente estava percorrendo as capitais sul-americanas em busca de possíveis compradores. O ministro da Marinha, Jorge Dodsworth Martins, comunicou ao adido naval americano seu receio de que esse tipo de venda pudesse ser o começo de uma corrida armamentista. Ele indagou em que pé estavam as recomendações resultantes das conversações militares. O embaixador Berle instou o Departamento de Estado a agir, mas, ao que parece, ele tentou primeiro conter os britânicos e só depois pressionar Washington a implementar as propostas dos militares.

Os brasileiros não conseguiam compreender a atitude americana; Truman e seus homens diziam as coisas certas, mas não agiam segundo as recomendações.[19] O que estava acontecendo? Em 1945 havia dois conjuntos de atitudes opostas em Washington com respeito ao status militar do Brasil e à sua relação com os Estados Unidos. A partir de 1938, os departamentos da Guerra e da Marinha eclipsaram gradualmente o Departamento de Estado na esfera da formulação de políticas externas, em especial nas Américas. O secretário de Estado, Cordell Hull, não favorecera a ideia de uma relação especial com o Brasil, e após a morte do presidente Roosevelt, em 12 de abril de 1945, a equipe de Truman tinha pouca familiaridade com as relações entre Brasil e Estados Unidos; e ainda menos apreço pelas ambições brasileiras. Essa atitude acabou por alastrar-se entre os militares do Exército. Talvez por terem sido mantidas fora dos holofotes, as contribuições brasileiras não eram bem conhecidas, nem mesmo no Departamento de Guerra.[20]

A morte de Roosevelt marcou o fim de uma relação notável entre o presidente americano e o Brasil. Brasileiros comuns saíram às ruas em luto por ele. De Manaus a Porto Alegre, os jornais noticiaram o choque e o grande pesar expressos pelas pessoas nas ruas. O interventor do Recife comentou que o nome de Roosevelt ficaria "indelevelmente ligado ao Brasil na luta por liberdade e justiça". Lojas recifenses fecharam, assim como as repartições públicas. O interventor Rui Carneiro, da Paraíba, observou que Roosevelt se fora, mas o "'rooseveltismo' era o eterno e imperecível dogma da boa vontade entre os homens e as nações".[21] Em 12 de maio, em um evento em memória ao presidente falecido realizado no Ministério das Relações Exteriores, Vargas declarou que aquela não era uma cerimônia protocolar, e sim a demonstração de amizade da nação brasileira por um estadista estrangeiro, "tão amigo que chegou a ser considerado por todos nós um nome quase nacional".[22] A impressão que ele causou nos brasileiros como um reformador foi a tal ponto duradoura que o presidente Fernando Henrique Cardoso gostava de comparar seu programa (1995-2003) ao de Roosevelt, e alguns analistas apelidaram em 2010 o presidente Luiz Inácio Lula da Silva (2003-11) de "Roosevelt Brasileiro".

POSTURAS DOS MILITARES AMERICANOS

O Estado-Maior do Exército americano estava dividido entre os que tinham experiência direta com os brasileiros e os que tinham ideias mais teóricas sobre como lidar com as repúblicas das Américas. Cada um desses dois grupos via as coisas a seu modo. Os oficiais que estavam no Brasil recomendavam reconhecer que o país surgia como "a potência militar dominante na América do Sul". Referindo-se à "contribuição brasileira, no presente conflito, para a defesa continental", eles aconselhavam que se transformasse "o Brasil em uma potência no continente sul-americano comparável aos Estados Unidos no continente norte-americano".[23] O problema era que uma política como essa colidia com a falha sísmica que havia entre, de um lado, as repúblicas hispano-americanas e o Brasil lusófono e, de outro, a aspiração dos burocratas em Washington de arquitetar políticas que envolvessem o comprometimento da América Latina como um todo. Os chefes do Estado-Maior Conjunto haviam aprovado uma declaração (JSC 629) que procurava "a integração de todas as Forças Armadas latino-americanas em uma força de defesa do hemisfério equipada com material bélico dos Estados Unidos e organizada e treinada de acordo com padrões estadunidenses". A seção de inteligência do Departamento de Guerra admitiu francamente que "uma das principais finalidades" da política de integração era "impedir que potências europeias forneçam armas e missões militares a repúblicas latino-americanas". Se o Brasil fosse o único a receber armas e equipamento dos americanos em volume substancial, seria "inevitável que potências europeias" aproveitassem a brecha para introduzir armas e missões militares, sobretudo na Argentina, Chile e Peru. Os críticos do G-2 afirmaram que "uma reversão da política teria efeito desastroso sobre as relações dos Estados Unidos com a América Latina [e] ensejaria um bloco de língua espanhola hostil aos Estados Unidos e ao Brasil". A unidade pan-americana "seria destruída, obstruindo a cooperação militar interamericana". A avaliação negativa concluiu com acrimônia: "A amizade do Brasil pelos Estados Unidos [...] é de surgimento recente e não há garantia de sua permanência".[24] Em 9 de junho de 1945, a Divisão de Operações do Exército (OPD, na sigla em inglês) concordou com essa avaliação e com a recomendação contra uma política pró-Brasil. Demonstrando lamentável ignorância da realidade, a OPD reduziu as contribuições do Brasil em tempo de guerra à permissão para que os americanos construíssem bases aéreas estratégicas no Nordeste brasileiro e participassem da defesa da região. A frase final do autor sintetizou o humor de Washington: "A garantia da amizade do Brasil pelos Estados Unidos não é maior que a de outros países latino-americanos".[25]

Esse tom da avaliação da OPD contrastou imensamente com o dos oficiais mais cientes da importância daquelas bases aéreas. Em um relatório de agosto de 1943 para a investigação dos projetos de aeroportos pelo Senado, um assistente especial do secretário da Guerra declarou que, sem a rota brasileira para a África, "todo o curso da guerra poderia ter sido alterado". Para as aspirações brasileiras, foi uma infelicidade que "todo o projeto tenha sido tratado como secreto do começo ao fim".[26] Obviamente, projetos secretos não são conhecidos por muitos, e é fácil serem esquecidos.

Os líderes brasileiros na segunda metade de 1945 demoraram a perceber que seu "sacrifício de sangue" perdera-se de vista em meio aos rios de sangue derramados nos campos de batalha do planeta. Os historiadores não inquiriram sobre o papel do Brasil nos assuntos mundiais no imediato pós-guerra. Concentraram-se na queda de Vargas, no governo de seu sucessor, Eurico Dutra, e nas atividades brasileiras na recém-criada ONU.[27] Ninguém indagou, por exemplo, por que o Brasil não participou da ocupação dos países do Eixo derrotados.

SEM PAPEL NA OCUPAÇÃO

Enquanto os acontecimentos previamente descritos aconteciam no Rio de Janeiro e em Washington, um diálogo diferente se dava na Itália. Em algum momento em fevereiro de 1945, provavelmente após a vitória em monte Castello, o general Mark Clark, ex-comandante do 5º Exército dos Estados Unidos, perguntou ao general João Batista Mascarenhas de Morais se o Brasil tinha interesse em contribuir com soldados para a ocupação. Clark viria a comandar a ocupação da Áustria e, ao que parece, pensava em transferir a FEB para lá. Significativamente, pouco se sabe a respeito dessa sondagem; fontes como os relatórios *Foreign Relations* nada mencionam, e não encontrei nenhuma informação nos arquivos militares nos National Archives.

As fontes brasileiras nos dizem mais, porém de um modo obscuro. Sem que lhe fosse solicitado, Mascarenhas escreveu a Dutra, o então ministro da Guerra, para dizer que não aconselhava um papel na ocupação, porque isso necessariamente envolveria tropas brasileiras em uma função disciplinar constrangedora que poderia, com facilidade, descambar para a violência. Sendo a força brasileira a menos poderosa naquele teatro de operações sob o controle de um dos países mais fortes, Dutra pensou que seus soldados não seriam vistos como figuras de autoridade suficiente para tal papel. Mencionou a má qualidade dos uniformes de seus homens em comparação com os dos americanos e ingleses, e pior, a seu ver, a deficiência na disciplina e instrução militar dos brasileiros. E concluiu: "Parece-me contraindicado o emprego da Força Expedicionária Brasileira como tropa de ocupação, em qualquer país desse continente".[28]

O chefe de Estado-Maior da FEB, coronel Floriano de Lima Brayner, argumentou contra participar na ocupação no pós-guerra. Ele parece ter pensado que o Brasil estava arcando com todo o custo da FEB, portanto "permanecer na Itália custaria fortunas incalculáveis e onerosas aos nossos cofres públicos", observou com acrimônia. E reclamou que "os americanos só não nos cobraram o ar que se respirara porque os bancos não consgeuiam medi-lo".[29] Lamentavelmente, ele ignorava que, no começo de abril de 1945, o acordo Lend-Lease entre os dois governos foi modificado para incluir o custo das operações da FEB. Décadas mais tarde ele ainda acreditava que os americanos não davam o devido apreço à força brasileira.[30] Em 10 de maio de 1945, o general Willis D. Crittenberger, comandante do 4º Corpo do 5º Exército dos Estados Unidos, reuniu-se com o oficial de Estado-Maior da FEB (G-3) Humberto de Alencar Castello Branco em Milão. Ele perguntou a Castello por que os brasileiros estavam com tanta pressa de voltar para casa. A resposta foi que, como o Brasil não era representado no conselho dos Aliados para governar a Itália, não devia contribuir com soldados; além do mais, dissera ele, o país não tinha interesse político na Europa. Para Castello e Brayner, a FEB havia concluído sua missão e não tinha motivos para participar da ocupação da Itália nem de qualquer outro lugar.[31] No entanto, claro que essa não era uma decisão a ser tomada por oficiais superiores. Não se sabe exatamente quem tomou a decisão e por quê. Talvez os desaparecidos *relatórios* do Ministério da Guerra de 1945 e 1946 pudessem lançar alguma luz sobre a razão de o Brasil não ter participado da ocupação.[32]

Se o Exército brasileiro tivesse participado da ocupação, é provável que o Brasil tivesse, em decorrência, mais influência na diplomacia do pós-guerra e relações mais próximas com os Estados Unidos. O embaixador Vasco Leitão da Cunha, em seu testemunho de história oral, observou que o general britânico Harold R. L. G. Alexander, comandante do 15º Grupo de Exércitos, disse a ele que "o soldado brasileiro era um ótimo soldado, e que não sabia por que não queríamos continuar a ocupação do território da Áustria, queríamos voltar logo para o Brasil". Leitão da Cunha, que estava em Roma na época, telegrafou de imediato ao Ministério das Relações Exteriores para dizer que "a FEB devia ficar". Ele disse que a razão de ser da FEB foi mais política do que militar, uma "confirmação com sangue" da aliança brasileira com os Estados Unidos. E foi para mostrar aos Aliados que o Brasil era "antinazista e antifascista". Ao que parece, no Itamaraty os diplomatas não estavam pensando em expandir a influência e o prestígio do Brasil; um deles respondeu: "Isso é cavação deles para ganhar ouro". Como se os veteranos de guerra só pensassem em encher os bolsos! O embaixador assim resumiu seu raciocínio: "Nós abdicamos das vantagens conquistadas. E nós não soubemos aproveitar essas vantagens, ficamos com fofoquinhas, coisas de somenos, quando tínhamos um aliado natural. Ficamos de pé atrás com os Estados Unidos". E concluiu: "Os germanófilos [no Ministério da Guerra] não perderam a germanofilia. Lutaram a contragosto". Graças ao seu papel na guerra, "o Brasil deixava de ser um país adolescente para ser um país sério [...] não sabemos aproveitar as coisas que fazemos bem-feitas. Devíamos celebrar, mas o brasileiro não sabe o que os pracinhas fizeram".[33] Se o Brasil tivesse participado da ocupação, sua visibilidade, e talvez seu status, no mundo pós-guerra teria sido diferente.

Mesmo antes do fim da Segunda Guerra Mundial, os Estados Unidos negociaram uma prorrogação de dez anos para o acesso às bases aéreas de Belém, Natal e Recife. A política americana visava excluir do hemisfério ocidental todas as outras influências militares e consolidar a liderança dos Estados Unidos em assuntos militares. O Brasil deveria servir de modelo para as demais repúblicas das Américas, mostrando o valor desse esquema para a defesa do continente. Os Estados Unidos, que antes da guerra não se interessavam em treinar e abastecer forças latino-americanas, agora consideravam essas duas tarefas o cerne de suas relações com a região.[34]

A GUERRA NO PACÍFICO

Quando o Brasil entrou no conflito, em agosto de 1942, reconheceu a existência de um estado de guerra contra a Alemanha e a Itália, porém não contra o Japão. As outras duas potências do Eixo haviam afundado navios brasileiros — na prática, atacado o Brasil. O Japão atacara outra república das Américas, por isso o Brasil rompeu relações com os três países, mas não reconheceu um estado de guerra contra o Japão porque não fora atacado pelos nipônicos. Era tradição brasileira só entrar em guerra se sofresse um ataque. Havia no Brasil uma numerosa população de imigrantes japoneses desde 1906, com comunidades nos estados meridionais e no Pará. O governo impôs rigorosas medidas repressivas para controlar os japoneses. Com o término da guerra na Europa no começo de maio de 1945, todos os olhares se voltaram para o Pacífico. A paz na Europa também significava o fim da participação brasileira no programa Lend-Lease. As razões exatas do governo Vargas são desconhecidas, mas possivelmente ele viu vantagens em se juntar aos combates no Pacífico, sobretudo porque a Argentina ainda se mantinha neutra.

O governo Vargas fez saber que daria resposta favorável a um pedido americano para entrar na guerra contra o Japão. Washington hesitou; respondeu que aceitaria uma declaração brasileira, mas que o Brasil, se quisesse, deveria agir sem convite. Em 8 de maio, jubiloso com a vitória na Europa, Vargas declarou a jornalistas que o Brasil apoiava as Nações Unidas e que as bases no Norte continuariam a contribuir para o esforço de guerra até que o Japão fosse derrotado. Ressaltou que, se os Estados Unidos precisassem de tropas brasileiras no Pacífico, "o país está pronto para fornecê-las".[35] Vargas, portanto, se demonstrava disposto a abandonar a tradição de só declarar guerra se fosse atacado. Enquanto isso, alguns soldados americanos na Itália embarcavam para o teatro do Pacífico.[36] E os soldados brasileiros logo estariam a caminho de casa.

Na época, as Nações Unidas eram organizadas em San Francisco, na Califórnia. O Brasil mexia os pauzinhos para conseguir uma cadeira no Conselho de Segurança, mas enfrentava resistência dos britânicos e dos russos e a falta de entusiasmo dos americanos.[37] O chefe da delegação brasileira na conferência, Pedro Leão Veloso, reuniu-se com o presidente Truman para tratar de assuntos relacionados ao Lend-Lease e da possível entrada do Brasil na guerra contra o Japão.[38] O Departamento de Estado opinou: "Seria politicamente vantajoso que o Brasil declarasse guerra ao Japão". Os chefes do Estado-Maior Conjunto aprovaram "uma participação simbólica da Força Aérea Brasileira no Pacífico", mas não seria possível usarem tropas terrestres brasileiras em razão das dificuldades de transporte e do novo treinamento. Em 6 de junho de 1945, o Brasil anunciou que "tendo considerado por algum tempo a agressão do Japão aos Estados Unidos da América como se fosse direcionada contra o próprio Brasil, e no desejo de cooperar para a vitória final das Nações Unidas [...] [o Brasil] declarou a existência de um estado de guerra contra o império do Japão".[39] O presidente Truman telegrafou a Vargas para declarar sua "imensa satisfação" por saber que "o Brasil estará firmemente do nosso lado até a derrota completa do último agressor remanescente do Eixo". Ele salientou que essa ação constituía "um laço adicional na amizade histórica" que tinha "raízes nos primórdios das nossas respectivas histórias como nações independentes".[40] Contudo, talvez a declaração brasileira e o oferecimento de tropas tivessem mais relação com o desejo de manter o fluxo de armas e equipamentos fornecidos pelo sistema Lend-Lease do que com uma verdadeira aspiração de combater no Pacífico.

Vale mencionar que os historiadores deram pouca atenção à entrada do Brasil na guerra contra o Japão. Os milhares de imigrantes japoneses no Brasil foram discriminados e severamente reprimidos com as campanhas nacionalistas de fins dos anos 1930, e mais ainda depois do rompimento de relações em 1942. Em razão de seu extremo isolamento cultural e geográfico, a maioria desses imigrantes não acreditava que o Japão havia perdido a guerra.[41] Atualmente um grupo de historiadores brasileiros investiga a razão de o Brasil ter demorado a incluir o Japão em seu reconhecimento de estado de guerra de 1942 a 1945. Essas pesquisas contínuas talvez tenham respostas. Esses autores observaram que, mesmo sem essa ação, as autoridades brasileiras trataram os japoneses residentes com tanta severidade quanto a reservada aos alemães e italianos.[42] A intensa agitação política que levou à deposição do presidente Vargas no fim de outubro de 1945 provavelmente distraiu e desviou a atenção dos historiadores para outras questões, como a formação das Nações Unidas.

Em fins de dezembro de 1945, um número significativo de oficiais brasileiros duvidava da sinceridade americana quanto à relação entre os dois países. Esses oficiais achavam que os americanos eram "propensos a tratar o Brasil como um irmão caçula, e não como um país importante comprometido com a total cooperação militar". O secretário de Estado, James F. Byrnes, tentou contrabalançar esse sentimento declarando que o governo Truman tinha "a mais genuína aspiração de manter nossas relações com o Brasil nas mesmas bases de profunda amizade que existiram tradicionalmente e em especial durante toda a guerra".[43]

A QUEDA DE VARGAS

Esse objetivo seria afetado por uma mudança de regime no Brasil ao longo de 1945. A oposição composta de militares e civis de direita preocupava-se com a tentativa de Getúlio de mobilizar a classe trabalhadora como agente político. Conforme os projetos desenvolvimentistas do tempo da guerra foram sendo concretizados, os decretos trabalhistas e sociais do Estado Novo deram a Vargas influência crescente sobre os sindicatos e a classe trabalhadora. Sua imagem de "pai dos pobres" e amigo dos trabalhadores ganhou força. O fim da ditadura e o retorno do governo eleito ensejou para a classe trabalhadora um papel sem precedentes na política brasileira. A aparente aceitação por Getúlio da ideia de instalar uma Assembleia Nacional Constituinte enquanto ele ainda estava no cargo foi vista pelos oponentes como uma forma de ele ainda se manter no poder. Além disso, o apoio do Partido Comunista do Brasil a essa ideia, assim como a similaridade da situação com o fenômeno peronista na Argentina, já era suficiente para afastar Vargas dos militares. Na época, o Exército procurava e vigiava células comunistas em suas fileiras. Vargas manobrou para assegurar o apoio dos prisioneiros políticos de esquerda recém-libertados e seus aliados da classe trabalhadora. Em uma reunião de generais em 28 de setembro de 1945, Góes, agora ministro da Guerra, disse que a reeleição de Vargas não poderia acontecer, que seria "inadmissível".[44] O *Diário Carioca* sintetizou os ânimos no país, ao menos entre as classes média e alta, expresso em editoriais de jornais: "É absolutamente lógico [...] que o papel decisivo nesta hora de transição recaia sobre as Forças Armadas. [...] Apelamos às Forças Armadas". Precisavam se desfazer de Vargas.[45]

Mas por que isso tinha que ocorrer antes das eleições marcadas para 2 de dezembro? Muitos golpes têm a ver com instabilidade política, mas no Brasil de 1945 a estabilidade era notável. É bem verdade que, em 123 anos de independência, o país tivera quatro regimes constitucionais que mal podiam ser considerados representativos e que tenderam ao autoritarismo crescente. Nos oito anos anteriores, sob a liderança nomeada do Estado Novo, ocorreram mudanças em ministérios e estados sem violência social. Houve poucas manifestações contra o regime de Vargas na primeira parte dos anos 1940 e nos primeiros dez meses de 1945. Os seus programas econômicos contavam com forte apoio do povo. Várias características da direção estatal da economia agradavam a empresas e consumidores. "Mais obviamente, medidas que puseram o capital externo em desvantagem relativa eram atrativas para os empreendedores nacionais, duramente pressionados para competir com os recursos superiores de investidores estrangeiros." Vargas dera uma guinada política durante a guerra. Ficava evidente que a democracia era a tendência do momento. Ele cultivou a classe trabalhadora emergente e aplacou os proprietários de terra conservadores do interior. Criou o PTB (Partido Trabalhista Brasileiro) e o PSD (Partido Social Democrático) imaginando um retorno à política democrática eletiva na qual ele persistiria como uma figura fundamental.

> A combinação de nacionalismo econômico, no qual o Estado contribuía em alto grau para a industrialização, com as manobras políticas de Vargas ajudou a sustentar sua popularidade entre a maioria da população brasileira. Em 1945 assistiu-se à polarização da política: de um lado, a classe trabalhadora a favor de Vargas (para que ele permanecesse no cargo); de outro, as forças que se uniram contra o ditador.[46]

Não houve greves contra o governo. O aumento no custo de vida no Centro-Sul flutuou ligeiramente acima de 1% durante o Estado Novo. Nas ruas aconteciam mais manifestações a favor de Vargas do que contra. O crescimento foi constante durante toda a ditadura, embora a capacidade produtiva estivesse defasada e o parque industrial se deteriorasse e tendesse à obsolescência.[47] Em ambos os casos, provavelmente uma das causas era a manutenção insuficiente. O apoio popular, porém, seguiu consistente até o golpe.

O que Vargas tinha a dizer sobre suas intenções? Ele desistira de escrever seu diário após o acidente em 1942; assim, as únicas chances de vislumbrar seu pensamento estão no que ele disse a outros durante aquele período da crise de 1945. A pedido de Getúlio, o embaixador Adolf Berle foi ao Palácio da Guanabara na noite de 28 de setembro, sexta-feira. O presidente disse que gostaria de conhecer o pensamento do governo Truman "sem ter de passar pela burocracia dos ministérios do Exterior". Os dois conversaram a respeito da situação das negociações sobre as bases aéreas, que pareciam progredir de forma satisfatória. Discutiram os acordos multilaterais sobre aviação civil resultantes da conferência internacional de aviação civil em Chicago em 1944; falaram sobre a preferência do Brasil por um acordo bilateral e sobre a próxima conferência que se realizaria em Montreal.[48] Berle, que chefiara a delegação americana em Chicago, era um especialista. Os dois trataram também da permuta de trigo argentino por pneus de fabricação brasileira, algo que, na opinião de Vargas, deixava o Brasil em posição incomodamente desvantajosa. Berle indicou que exploraria a possibilidade de os Estados Unidos enviarem trigo para o Brasil. Com a questão da Argentina no ar, eles passaram a discutir se seria acertado Vargas comparecer à inauguração da ponte internacional em Uruguaiana, Rio Grande do Sul, em 12 de outubro — agora que Perón ordenara a prisão de milhares de argentinos e os ânimos do povo naquele país se acirravam. A imprensa americana vinha associando Vargas a Perón em uma suposta "liga de ditadores", e Berle receava que um encontro na ponte insuflasse tais especulações e pudesse até desgostar a opinião pública no Brasil, o que "provavelmente seria interpretado de modo equivocado pela imprensa dos Estados Unidos". Berle sugeriu adiar a visita para depois da Conferência Interamericana de Petrópolis sobre a paz e segurança no continente americano (a realizar-se entre 15 de agosto e 2 de setembro de 1947). É óbvio que Vargas não estava mais no poder na data do evento.

O presidente perguntou a Berle o que ele achava da situação no Brasil. O embaixador respondeu que "ela seria observada com grande atenção nos Estados Unidos" e que "admiramos como atos de um grande estadista sua condução do Brasil aos trilhos democráticos." Referindo-se ao discurso de Vargas de 7 de setembro de 1945, no qual ele declarou que não concorreria a um novo mandato, Berle caracterizou o pronunciamento como "categórico, direto e honesto" e salientou que "não levamos a sério os seus inimigos, que distorceram seu discurso para o oposto exato do que foi dito". Falava-se agora sobre golpe de Estado por Vargas ou contra ele.

Conversaram um pouco sobre a atividade dos comunistas. "O presidente disse com sarcasmo que os comunistas sabiam muito bem que as massas estavam com ele e não com eles, que só estavam atrás de uma chance para se organizarem e que o verdadeiro objetivo deles estava vinte ou trinta anos à frente." Vargas declarou que não pretendia ser candidato por duas razões: primeiro, havia dito que não seria e pretendia cumprir sua palavra; segundo, estava cansado e "planejava sair enquanto tinha a afeição e o aplauso do povo". Ele não queria o ódio nem a indiferença da população quando deixasse o cargo. "Por essa razão, ele se absteria de concorrer nas eleições e deixara isso claro." Vargas afirmou que resolveria a agitação em favor da Constituinte e que "esse era o fim de um governo e ele estava pondo as coisas em ordem".

Berle aproveitou o ensejo para pedir a Vargas que lesse o rascunho de um discurso que ele pretendia fazer a respeito da situação. Depois de ler, Vargas perguntou "se isso significava que nos opúnhamos a uma Constituinte". "Respondi que certamente não [...]. Nosso receio era de que os precipitados derrotassem a política que ele formulara com tanta sabedoria e brilhantismo durante o ano anterior."

Despediram-se em bons termos. Berle assim resumiu sua reação: "Deu-me a impressão de um homem cansado e sincero lutando contra muitas forças, não mais ansioso por grande poder, preso em certa medida às algemas de seu passado".[49]

Berle compreendera a natureza da crise. Vargas havia marcado a data da eleição presidencial para 2 de dezembro. O partido de oposição, UDN (União Democrática Nacional), lançara a candidatura do brigadeiro da Força Aérea Eduardo Gomes, e o PSD, partido do governo, escolhera o ministro do Exército, Eurico Dutra, algo que muitos viam como uma tentativa de Vargas para dividir as Forças Armadas. Independentemente de suas boas intenções, o embaixador Berle precipitou uma crise quando fez seu discurso no dia seguinte no Sindicato dos Jornalistas. Berle ressaltou o interesse dos Estados Unidos na redemocratização do Brasil e a confiança em Vargas para dar conclusão ao processo. Getúlio fizera promessa solene de promover eleições livres, e os Estados Unidos consideravam sua palavra "inviolável". Mencionando a Constituinte, Berle declarou não haver conflito em realizar eleições e ao mesmo tempo providenciar a organização de uma Assembleia Constituinte "na forma indicada pelo povo". A imprensa oposicionista enfatizou palavras selecionadas para dar a impressão de que o embaixador quis dizer o contrário do que disse. Como resultado, Vargas ficou abismado, e Góes sugeriu-lhe pedir que o embaixador fosse chamado de volta aos Estados Unidos; o Ministério das Relações Exteriores protestou com veemência. O embaixador britânico, Gainer, qualificou o discurso como uma intervenção explícita e flagrante nos assuntos internos do Brasil.[50] No entanto, há certas incoerências estranhas em tudo isso. Alguns historiadores, por exemplo, Hilton e Neto, escreveram que Vargas leu o texto, enquanto no relato do CPDOC consta que foi o próprio Berle quem o leu para Vargas. Os comentários de Góes Monteiro dão a entender que Berle leu o texto em voz alta e que Vargas teve dificuldade para compreender. Além disso, Berle disse que Vargas solicitou a reunião, mas o presidente brasileiro afirmou que o pedido havia partido do embaixador americano.[51]

Em 10 de outubro, quando Vargas transferiu as eleições estaduais, que haviam sido marcadas para maio, para que ocorressem simultaneamente ao pleito presidencial, a oposição protestou. Suspeitavam de cada ação de Getúlio como parte de um plano para se manter no poder. O fantasma do golpe de 1937 pairava sobre tudo o que Vargas dizia ou deixava de dizer, fazia ou deixava de fazer. Não se sabe se ele desejava se manter no poder ou não, nem se suas ações visavam à permanência no cargo apenas até que as eleições lhe permitissem passar a faixa presidencial ao seu sucessor, como ele havia dito. O excesso de desconfiança, mal-entendidos e suspeitas impedia o pensamento racional e isento. Seus oponentes queriam sua saída fosse como fosse, seus aliados Góes Monteiro e Dutra agora tinham a própria reputação a salvar e os próprios objetivos a atingir. O gesto aparentemente inequívoco de substituir o chefe de polícia do Distrito Federal desencadeou a explosão do golpe de Estado. O que Stanley Hilton chamou de "o golpe desnecessário" de 29 de outubro deu o tom para a era pós-guerra e, por fim, contribuiu para o regime militar de 1964-85.[52] Seus perpetradores imaginaram que a deposição de Vargas serviria para "restaurar" a democracia e redimir os militares por apoiar o Estado Novo.

Dutra venceria as eleições e se tornaria um presidente medíocre e impopular. E pior: seus anos no cargo representaram "um retorno ao estilo de relações industriais do Estado Novo". A Constituição de 1946 não foi um guia para uma sociedade democrática, e sim uma continuação do "controle corporativista da mão de obra" vigente no Estado Novo.[53]

A dificuldade estava no fato de que o papel do Partido Comunista nos sindicatos brasileiros era significativo o bastante para permitir que o governo disfarçasse a repressão a trabalhadores sob uma fachada de combate ao comunismo. A repressão não se limitava aos trabalhadores; voltava-se também contra os militares, diplomatas e funcionários públicos.[54] Vista do exterior, ela não era percebida como uma limitação aos direitos dos cidadãos, mas como uma proteção do país contra o urso russo. Contanto que Dutra se mostrasse cooperativo, dando rédeas aos investidores americanos, Washington não se preocuparia com as realidades de seu governo.[55]

No íntimo, talvez Góes sentisse que sua velha ambição de se tornar presidente abeirava-se cada vez mais da impossibilidade. Ele recusara a sugestão de Getúlio para suceder-lhe. Tinha o desejo sincero de reformar e fortalecer o Exército, e essa aspiração conflitava constantemente com suas recorrentes fantasias presidenciais. Uma tendência a falar e beber demais diminuía sua capacidade para concretizar suas ideias. Nos anos 1930, cada vez que essas fantasias emergiam, logo se dissipavam, e ele, contrito, renovava sua parceria com Getúlio. Mas em 1945 foi diferente, pois a própria ideia da ditadura estava em declínio e, além disso, a balança do poder pendera para o Exército, agora mais bem armado, equipado e organizado. Os tanques adquiridos pelo sistema Lend-Lease foram usados no golpe para controlar as ruas e fazer ameaças diretas a Vargas. Parecia que Góes e os outros generais não precisavam mais dele.[56] Contudo, uma vez que a deposição de Getúlio aconteceu em questão de horas e foi ostensivamente causada pelo fato de o presidente nomear seu irmão Benjamin para o cargo de chefe de polícia da capital, isso deveria ter suscitado dúvidas mais profundas na mente dos historiadores. Foi Benjamin quem chamou a atenção do irmão para as habilidades de comando de Eurico Dutra durante a supressão da revolução paulista de 1932. Decerto o Vargas mais jovem tinha inclinações ao comportamento imprevisível, mas será que ele teria sido capaz de manter seu irmão no poder? Vargas não criou a ditadura sozinho; ela não teria acontecido sem Dutra e Góes. A historiografia brasileira costuma retratar Vargas como um ditador ardiloso derrubado pelos ventos da democracia. Esse perfil transforma o general Dutra, que fora o esteio do Estado Novo, no instaurador do governo democrático e constitucional. No entanto, os anos Dutra não foram um experimento de democracia; mais acuradamente, representaram um fechamento político ou, talvez, uma continuação velada do Estado Novo em trajes mais aceitáveis.

Não surpreende que o Estado Novo formal estivesse próximo do fim em 1945. Analisando hoje, percebe-se que Vargas talvez não desejasse mesmo a continuidade do regime. Ele não fez o plebiscito que ratificaria a Constituição de 1937, recusou-se a criar um partido ou movimento jovem para apoiá-lo e sabia, ao contrário do país, que o regime tinha suas origens no acordo que ele, Dutra e Góes Monteiro (estes dois falando em nome dos generais do Exército) haviam feito em 1937 para derrubar o sistema político vigente a fim de que pudessem armar e industrializar o Brasil. A decisão de pôr fim ao sistema político baseado na Constituição de 1934 fora, antes de tudo, uma decisão militar, tomada por generais do alto escalão que preferiram agir com Vargas na liderança a arriscar possíveis rivalidades entre eles próprios. No entanto, eles estavam decididos a agir com ou sem o presidente. Dado o estilo político de Getúlio desde o tempo em que fora governador do Rio Grande do Sul, é improvável que ele tentasse criar o Estado Novo sozinho. Na prática, porém, ao fim da guerra ele foi deixado como o único pai da ditadura, enquanto os generais trataram de minimizar a importância de seus respectivos papéis.

Vargas se comprometera a armar e equipar as Forças Armadas e a construir um complexo siderúrgico nacional em troca de apoio militar para prolongar sua presidência com poderes ditatoriais que eliminassem a politicagem e os regionalismos. A implementação pública desse trato deu-se do modo hesitante e indireto como Getúlio costumava manobrar.

Os sinais que ele deixou entrever certamente foram ambíguos. É muito comum que os historiadores enxerguem suas iniciativas contraditórias como lances destinados a distrair e confundir. Entretanto, o mais provável, lembrando seu comportamento hesitante em 1930, é que, na verdade, essas iniciativas indiquem indecisão e cautela. Vistos contra o pano de fundo da criação do Estado Novo de 1937, os acontecimentos de outubro de 1945 sugerem que Getúlio foi abandonado, deixado para pagar o pato sozinho.

Durante o governo Dutra, a continuidade do alinhamento com os Estados Unidos no tempo da guerra não trouxe mais benefícios além daqueles que já tinham sido assegurados pela aliança durante o conflito. Como o status do Brasil no período da guerra foi diferente do de seus vizinhos, a partir de então os líderes brasileiros passaram a esperar que as grandes potências aceitassem o país como membro em seus conselhos. Nisso sofreram com frequentes decepções, pois as potências, em especial os Estados Unidos, não deram o devido reconhecimento à posição relativa do Brasil. Os estrategistas políticos em capitais estrangeiras, principalmente Washington, com frequência se espantaram com o que consideraram pretensões brasileiras. Em alguns casos foi uma perplexidade afetada, uma vez que tal reconhecimento não seria condizente com seus objetivos políticos, porém é provável que muitos deles, assim como o mundo em geral, desconhecessem a história dos papéis do Brasil no tempo da guerra. Muitos desses papéis foram secretos ou se perderam.

8. Vento frio do Leste

Quando a paz deu lugar à tensão e logo a relações hostis entre Estados Unidos e União Soviética, foi fácil para os militares brasileiros aderirem à Guerra Fria; afinal de contas, haviam confrontado a vanguarda da ameaça comunista em 1935,[1] por isso estavam dispostos a apoiar os americanos contra os russos. Essa disposição teria resultados negativos de longo prazo, culminando na extrema intervenção militar de 1964 a 1985. Mais imediatamente, no fim da guerra mundial, os planos do Exército americano para a América Latina envolviam padronizar armas, equipamento e treinamento. Planejadores militares formularam um programa de ajuda de milhões de dólares para integrar os exércitos da região e estimular o desenvolvimento abrangente de suas sociedades. Para isso, seria preciso dar continuidade aos níveis de financiamento do tempo da guerra. Acontece que o Congresso dos Estados Unidos queria reduzir gastos e tinha pouco interesse no desenvolvimento econômico e militar latino-americano. Na percepção dos líderes civis norte-americanos, o Brasil, aliás, toda a América Latina, estava a salvo da ameaça comunista, e Washington devia se concentrar nas zonas de grande perigo. Os líderes brasileiros logo se deram conta de que seu país não receberia a vultosa ajuda para o desenvolvimento econômico a que eles supunham ter direito em razão do apoio concedido pelo Brasil no tempo da guerra.

As políticas americanas e as expectativas do Brasil prosseguiram em desarmonia. Os americanos queriam continuar a usar as bases do tempo da guerra. O comandante das Forças Armadas dos Estados Unidos no Atlântico Sul, general de divisão Robert L. Walsh, achava que "o problema do uso no pós-guerra [...] não pode mais ser evitado" para assegurar que "tanto o Brasil como nosso governo possam obter um retorno justo". A seu ver, sem dúvida depois da guerra as bases se tornariam "elos vitais na operação da linha aérea transoceânica. Elas são parte da única rota transoceânica importante aberta o ano todo e em todos os climas ligando o hemisfério ocidental com a Europa e a África. E também são parte da rota da Costa Leste entre as Américas do Norte e do Sul". Ele observou que as "relações entre os dois países nunca passaram por uma fase mais amistosa do que a atual".[2] Comentando sobre ideias de Walsh, Robert A. Lovett, secretário adjunto da Guerra para a Aviação, alertou: "Para ser franco, é melhor aproveitarmos cada situação favorável a fim de organizarmos agora as coisas para o período pós-guerra. Essa é nossa última chance antes que os outros comecem a agir". Ele aconselhou que o controle conjunto "talvez seja mais aceitável se os Estados Unidos se comprometerem a treinar pessoal brasileiro com o objetivo de deixá-los o mais cedo possível em condições de manter e operar suas próprias bases e os serviços técnicos que têm grande importância específica para os voos transoceânicos".[3] O Departamento de Guerra considerou "altíssima prioridade" obter a continuidade do uso das bases de Amapá, Belém, São Luís, Fortaleza, Natal e Recife. Em janeiro de 1944, Roosevelt pedira ao Departamento de Estado "como assunto de alta prioridade" que iniciasse negociações sobre o uso futuro. O presidente sugeriu que, caso não fosse possível obter a posse ou o arrendamento por longo prazo dessas bases, que sondassem a possibilidade de o Brasil permitir o uso das bases por aviões militares americanos e de as duas forças aéreas, "por período de tempo determinado", cuidarem conjuntamente do controle, operação e manutenção delas. E concluiu: "Esse esquema seria de grande valor para nossas defesas no pós-guerra".[4]

Apesar dos milhões de dólares que os Estados Unidos gastaram na construção das bases aéreas, em nenhum momento os americanos contestaram que o Brasil era o proprietário dessas instalações. Os oficiais da Força Aérea Brasileira não se interessaram pelo tipo de controle conjunto proposto pelos americanos; "queriam obter o controle das bases sem isso".[5] Esses oficiais, liderados pelo brigadeiro Eduardo Gomes, queriam impedir que a Pan American Airways e sua subsidiária, Panair do Brasil, obtivessem o controle dos aeroportos em cuja instalação elas haviam desempenhado um papel tão importante. Gomes, em especial, tinha uma aversão de longa data à PAA e à Panair. Ele seria a figura principal na destruição da Panair em 1964, quando se tornou ministro da Aeronáutica. Durante décadas após a guerra, a Força Aérea Brasileira controlaria os aeroportos e a aviação civil do Brasil.

Embora os dois governos negociassem um acordo para permitir o uso durante dez anos por forças americanas, a crescente oposição ao governo Vargas também objetava à "continuidade da ocupação de solo brasileiro por tropas estrangeiras". Em meados de abril de 1945, o mais alto comandante americano no Brasil, general de divisão Ralph H. Wooten, aconselhou ao Departamento de Guerra que não era "recomendável prosseguir na elaboração de planos para implementar esse acordo conjunto". O fim das bases americanas no Brasil era iminente.[6]

As perspectivas tinham sido boas em fevereiro de 1944, quando o presidente Roosevelt sugerira uma base aérea conjunta Brasil-Estados Unidos no Oeste da África ou nas ilhas Cabo Verde e Vargas respondera que "participaria de muito bom grado" nesse empreendimento. Cabe mencionar que os Estados Unidos não tinham direito algum sobre essas bases, portanto a oferta a Vargas foi feita na hipótese de surgir uma oportunidade.[7] É provável que essa ideia da base conjunta tenha incentivado Vargas a dizer ao embaixador Caffery: "Pois bem, podem dizer ao presidente Roosevelt que estou disposto a fazer com vocês um acordo permitindo algum tipo de continuidade do uso militar desses aeroportos [no Nordeste]".[8] Em conversas com Caffery, Vargas buscou repetidamente garantias de apoio em caso de ataque pela Argentina, e os americanos compreenderam que precisavam "pelo menos simular simpatia pelos desejos de Vargas" se quisessem concluir um acordo sobre o uso das bases. Ao longo de todas as negociações secretas, os envolvidos se preocuparam com a oposição de oficiais da Força Aérea Brasileira, que desconfiavam das intenções americanas.[9] Tudo o que foi descrito aconteceu quando Aranha, Roosevelt e por fim Vargas já não estavam à frente das relações entre os dois países. Antes de Aranha ser forçado a renunciar em agosto de 1944, o secretário Hull escrevera-lhe perguntando se ele poderia ir a Washington em meados de agosto para conversar sobre o futuro das relações e sobre o papel do Brasil na organização da segurança no mundo pós-guerra. Será que o fato de Aranha não ter podido fazer a viagem afetou negativamente o papel do Brasil na nova ordem?[10]

Simultaneamente, a política de Washington, expressa na resolução de Chapultepec em 1945, recomendava tratamento igual para todos os países latino-americanos.[11] Washington parecia querer ao mesmo tempo uma forte relação bilateral com o Brasil *e* uma relação multilateral com toda a América Latina. Essa contradição resultou em uma profunda divisão no governo americano: de um lado, o Departamento de Estado, favorável ao multilateralismo; de outro, o Departamento de Guerra, mais, ou talvez totalmente, inclinado à relação bilateral com o Brasil. Em consequência, muitas vezes foram confusas as mensagens que os brasileiros receberam de americanos. A posição negativa do Exército foi expressa em poucas palavras pelo general de brigada John Weckerling, da seção de inteligência do Estado-Maior; rejeitando um status mais favorável para o Brasil no fornecimento de armas à América Latina, ele declarou:

> Um dos principais propósitos [da política de fornecimento de armas] é impedir que potências europeias forneçam armas e missões militares a repúblicas latino-americanas. Se apenas o Brasil receber grandes quantidades de armas, é provável que os outros, especialmente Argentina, Chile e Peru, se voltem para a Europa.[12]

Embora o Brasil, sobretudo os militares, desejasse laços fortes de amizade com os Estados Unidos, a atitude brasileira não era subserviente; os brasileiros queriam uma relação entre iguais que intensificasse seu nacionalismo, e não o diminuísse. Em 1948, a recém-criada CIA alertou corretamente que, em qualquer escolha entre cooperação e soberania nacional, a liderança brasileira seguiria um caminho independente. Washington "não deve supor que o Brasil fará concessões incompatíveis com seus objetivos nacionais".[13]

Depois da guerra, os Estados Unidos não forneceram as armas esperadas pelo Brasil e, mais preocupante da perspectiva do Rio de Janeiro, buscaram uma reaproximação com a Argentina. Esse aspecto do multilateralismo americano causou profunda inquietação nos brasileiros, que ainda tinham um terço de suas forças militares disposto permanentemente em posições defensivas no Sul, de prontidão para uma invasão argentina que eles vinham prevendo fazia muito tempo. O planejamento estratégico brasileiro baseava-se na premissa de guerra contra a Argentina.[14] Em 1947, os brasileiros foram um tanto aplacados pela chegada de equipamento americano "excedente" o bastante para equipar uma divisão de infantaria e uma equipe de combate aeroterrestre. Contudo, esse excedente era defasado e fazia lembrar o equipamento francês usado que o Brasil adquirira após a Primeira Guerra Mundial. Os brasileiros sentiam-se inferiores e tinham a impressão de que, de algum modo, estavam sendo enganados. Isso acontecia sobretudo porque o governo Truman estava empenhadíssimo em impedir que o Congresso brasileiro aprovasse leis proibindo a participação estrangeira na exploração de petróleo em território nacional. A maior parte da pressão americana vinha do Departamento de Estado, mas isso não impedia que os oficiais brasileiros se ressentissem.

O Pentágono considerava Brasil, México e Venezuela os países latino-americanos cujos interesses pareciam ter "a maior afinidade com o interesse nacional dos Estados Unidos ou que, por outras razões, devem receber prioridade de assistência ao treinamento". A ideia básica era que "o treinamento e a educação eram ferramentas para manter a influência".[15] Não é de surpreender que o Pentágono se entusiasmasse em ajudar os brasileiros a criar sua nova Escola Superior de Guerra, baseada em certa medida no "National War College" dos Estados Unidos, a fim de preparar sua elite militar e civil para buscar soluções para os problemas de desenvolvimento do Brasil.[16]

Embora as autoridades americanas, no nível da presidência, sempre dissessem palavras de amizade tranquilizadoras, as ações do governo americano geradas fora da Casa Branca davam a impressão de insensibilidade para com o desenvolvimento brasileiro; de fato, as autoridades americanas tinham pouco interesse pela América Latina e pouco sabiam sobre o continente, que dirá sobre o Brasil. George F. Kennan, então no Departamento de Estado, que influenciaria a elaboração da política de contenção da União Soviética, via as populações racialmente miscigenadas da região como "infelizes e irremediáveis", julgava o Brasil com base no "trânsito barulhento e insanamente competitivo" do Rio de Janeiro e sentia repulsa pelos "contrastes inacreditáveis entre luxo e pobreza".[17] Para ele, a região era insignificante: "Não temos interesses vitais nessa parte do mundo" e "não [devemos] nos preocupar muito com a opinião que eles têm sobre nós".[18] Ele havia, claro, passado um mês inteiro no país e desconhecia suas linguagens e histórias.

O relatório sobre a região escrito por Kennan em 1950 foi engavetado e não influenciou as políticas americanas para a América Latina.[19] Mas as atitudes desse alto funcionário não diferiram muito das de outros que usavam um linguajar mais diplomático.

EXPLORAÇÃO DE PETRÓLEO E GUERRA DA COREIA

O petróleo foi uma questão fundamental, vista de modos diferentes pelos dois países. A posição dos Estados Unidos era de que o Brasil devia permitir a companhias americanas prospectar, explorar e basicamente possuir o petróleo resultante. Livre-comércio e livre investimento eram os mantras americanos na época. Os militares brasileiros dividiam-se quanto ao melhor modo de explorar esse recurso crucial. Alguns demonstraram oposição total à participação de empresas estrangeiras, enquanto outros achavam que o dinheiro e o know-how estrangeiros eram necessários. A polêmica resultante nas Forças Armadas enfraqueceu e atrasou a criação de uma política nacional harmônica.

A maioria dos altos oficiais brasileiros viera dos anos 1930 com ideias genéricas e equivocadas sobre a política brasileira. A falta de partidos organizados durante o Estado Novo deixara os formadores de opinião tateando em busca de ideias sobre como fazer funcionar da melhor forma possível o agora fortalecido Estado brasileiro. Após o colapso do Estado Novo, alguns ansiavam por desfazer o legado de Vargas, outros queriam usar esse legado como base para aprimorá-lo, outros ainda queriam seguir uma linha de desenvolvimento estritamente nacionalista, e havia também os que desejavam uma economia e uma sociedade abertas a investimentos, ideias e participação de estrangeiros, mas a abertura era veementemente debatida. A incerteza não foi eliminada pelos partidos no pós-guerra, e sim intensificada por suas manobras abertamente sectárias. A moderação e a conciliação muitas vezes foram as vítimas nas discussões e debates políticos naqueles anos. Por exemplo, era comum que debates sobre o investimento na exploração de petróleo servissem para disfarçar desejos de vingança por algum aspecto ou prejuízo dos anos Vargas.[20]

A divisão entre os militares na questão da exploração de petróleo agravou-se ainda mais com a eclosão da guerra da Coreia. Os oficiais que eram contra o envolvimento americano nas atividades petrolíferas em solo nacional tendiam a culpar os Estados Unidos pela crise coreana e, assim, opunham-se a qualquer sugestão de envio de tropas brasileiras. A falta de assistência econômica americana desde a Segunda Guerra Mundial e o sentimento de que as promessas do tempo da guerra não haviam sido cumpridas compuseram o pano de fundo para um debate acirrado sobre a Coreia. O sentimento antiamericano era notável e crescente. O ministro das Relações Exteriores, João Neves da Fontoura, fervorosamente pró-Estados Unidos, achava que o Brasil não deveria cometer o mesmo erro de 1942 entrando em guerra sem garantias de que haveria benefícios para o país. Era natural que o Brasil cooperaria com os Estados Unidos, porém a cooperação deveria ser recíproca; afinal de contas, um Brasil moderno e funcional seria um baluarte para a defesa dos Estados Unidos. Durante a guerra mundial, analistas americanos, por exemplo, a Missão Cooke, haviam recomendado vultosos investimentos em infraestrutura a fim de permitir mais exportações e a expansão do mercado interno brasileiro. A missão ponderou que o comércio crescia entre países ricos, e não entre ricos e pobres, portanto a criação de um Brasil próspero interessava aos Estados Unidos. O objetivo deveria ser o aumento do poder de compra dos brasileiros.[21] A imprensa brasileira proclamou essas ideias como o prelúdio de uma nova era para o país ao lado de seus aliados americanos. Foi um eufórico aumento de expectativas.[22] A alentadora crença de que industrialização, educação, habitação, eletrificação e comércio resultariam da vitória dos Aliados parecia ter sido uma manobra para manter o Brasil do lado americano. Os pedidos de assistência no pós-guerra foram desprezados; por exemplo, em 1946, quando o Brasil solicitou 200 milhões de dólares em empréstimos ou subvenções para construir e modernizar ferrovias, as burocracias de Washington não concordaram, e sua resposta fria deixou as autoridades brasileiras confusas e desiludidas.[23] Os americanos estavam mais interessados em reconstruir seus inimigos derrotados do que em ajudar seus amigos, o que pode ter sua lógica econômica, mas foi causa de profundo ressentimento. Pior ainda era o fato de que os americanos estavam muito dispostos a tratar a Argentina em pé de igualdade com o Brasil na distribuição de armas e equipamentos excedentes. A impenitente parcialidade de Juan Perón pelos alemães parecia não ter importância.[24]

Desde 1945 Washington não cooperava com o Brasil, e durante o governo Dutra não dera (emprestara) um centavo sequer ao Brasil nem ao resto da América Latina. No entanto, na superfície as relações pareciam razoavelmente amistosas e positivas; Truman foi ao Rio para o encerramento da Conferência Interamericana que gerou o Tratado Interamericano de Assistência Recíproca (comumente chamado de Tratado do Rio) em 1947, e Dutra retribuiu a honra com uma visita de doze dias aos Estados Unidos em setembro de 1949. Como Dutra era o primeiro chefe de Estado brasileiro a ir aos Estados Unidos desde o imperador d. Pedro II em 1876, esse deve ter sido um acontecimento de importância notável. Parecia que os americanos apoiariam o desenvolvimento econômico brasileiro. A chamada Missão Abbink (1947-8) atualizou as recomendações da Missão Cooke feitas no tempo da guerra com mais um diagnóstico das necessidades brasileiras.[25] Segundo declaração de Dutra ao Congresso brasileiro, Truman frisara que os Estados Unidos estavam interessados em colaborar para o desenvolvimento econômico e o avanço social do Brasil. E ressaltou que os dois governos logo negociariam um tratado para estimular o investimento americano no Brasil.[26] Mas não foi o que aconteceu.

As eleições de 3 de outubro de 1950 devolveram o ex-ditador Getúlio Vargas à presidência. Vargas já não era o mesmo político deposto em 1945. Ele fora o aliado do tempo da guerra e compreendia os benefícios de ter laços fortes com os Estados Unidos. Mas também percebera que as promessas americanas, reais e implícitas, nem sempre foram cumpridas. E guardava profunda mágoa do mal interpretado papel intervencionista do embaixador Berle em sua destituição em 1945. Além disso, tinha menos energia mental e física para lidar com o cenário político, agora imensamente mais complicado, com muito mais problemas e atores turbulentos do que antes. A tarefa de criar uma coalizão legislativa para apoiá-lo não estava em seu rol de habilidades. Vargas queria manter o Brasil no caminho para o desenvolvimento nacional. Ansiava particularmente por criar um programa de industrialização planejada por meio de intervenção governamental, exercida de tal modo que não assustasse a iniciativa privada, mas atraísse investidores nacionais e estrangeiros como parceiros do desenvolvimento econômico do país.[27] Truman deu a impressão de que preferia apoiar os esforços pelo desenvolvimento quando enviou como seu representante na posse de Getúlio o chefe do International Development Advisory Board [Conselho Consultivo para o Desenvolvimento Internacional], Nelson Rockefeller, incumbido de implementar um programa de assistência técnica para a América Latina. Um ano antes, com Dutra ainda na presidência, os dois países haviam concordado em formar uma comissão bilateral para organizar o estabelecimento de indústrias básicas e tirar o Brasil da condição de país dependente e simples exportador de recursos naturais. Rockefeller e Vargas conversaram sobre como tornar realidade essa comissão.[28]

Agora, com a crise no Extremo Oriente, os Estados Unidos queriam que a América Latina enviasse tropas para lutar na Coreia. A assinatura de uma aliança entre China e União Soviética em fevereiro de 1950 levara Washington a temer a propagação do comunismo na Ásia e a pautar-se pela noção de que o mundo estava outra vez sob ameaça. Em junho de 1950, a invasão encabeçada pela Coreia do Norte contra a do Sul tornara essa ameaça muito real. Antes de Washington pronunciar-se, o PCB empreendeu uma virulenta campanha na imprensa, juntamente com passeatas e manifestações contra qualquer participação militar brasileira. As Forças Armadas podiam ver vantagens e desvantagens, e lutavam para manter a unidade em face de uma profunda divisão emocional.[29] As promessas americanas não cumpridas pesavam acentuadamente em favor de o Brasil ficar de fora. Washington fez repetidas propostas para que o Brasil enviasse uma divisão de infantaria. Na primeira metade de 1951, os brasileiros não negaram categoricamente, mas também não disseram sim. Em abril Truman fez um apelo direto a Vargas pedindo tropas e dizendo que, depois de nove meses de combate, as forças americanas precisavam ser rendidas, e isso só seria possível se soldados brasileiros capazes fossem substituí-las.[30] Em junho de 1951, quando o secretário-geral das Nações Unidas, Trygve Lie, solicitou soldados brasileiros, o Conselho Nacional de Segurança do Brasil discutiu a questão e decidiu que o país não tinha como bancar os custos de organizar e manter uma força expedicionária na Ásia, mas que poderia fornecer, em troca de ajuda militar e financeira, materiais estratégicos para a indústria bélica, inclusive minérios usados na produção de energia atômica. Os americanos haviam oferecido treinamento para forças brasileiras no Brasil e custeio das armas, equipamentos e transporte. Truman escrevera a Vargas argumentando que seria "uma grande ajuda para o esforço das Nações Unidas na Coreia se o Brasil pudesse enviar uma divisão de infantaria".[31] O governo Truman procurou a aprovação da Organização dos Estados Americanos (OEA) para invocar o recente Tratado do Rio, que obrigaria os latino-americanos a entrar no conflito. Os latino-americanos argumentaram que o tratado se relacionava à segurança no continente e a Coreia estava muito distante. Washington temia que os combates na Coreia fossem uma preparação para um ataque soviético à

Europa, mas não conseguiu convencer os latino-americanos a adotar sua cosmovisão.[32]

Vale a pena mencionar que foi a crise da Coreia que levou os Estados Unidos a expandirem suas instalações para treinar oficiais latino-americanos na esperança de que seus países pudessem "responder cada vez mais aos pedidos das Nações Unidas por assistência na Coreia". Vários países latino-americanos haviam solicitado treinamento em planejamento e operações de Estado-Maior Conjunto para seus oficiais superiores e, por questões de segurança, limitação de capacidade e dificuldades idiomáticas, esse tipo de capacitação nas instalações não era prático; os chefes de Estado-Maior Conjunto, então, providenciaram a criação de uma escola apropriada na Zona do Canal.[33] Essa instituição tornou-se depois a mal-afamada Escola das Américas.

Para o Brasil, a questão de enviar tropas à Coreia estava intimamente ligada à ajuda econômica. Até Osvaldo Aranha, que fora o principal responsável pela aliança na Segunda Guerra Mundial e continuava a ser um dos que preconizavam com maior veemência "apoiar os Estados Unidos no mundo em troca de seu apoio à nossa preeminência política, econômica e militar na América do Sul", opunha-se a mandar tropas. Visando mostrar solidariedade para com os americanos, ele sugeriu enviar uma divisão à Alemanha a fim de liberar soldados dos Estados Unidos para lutarem na Coreia.[34] Um importante general do Exército e comandante da artilharia da FEB na Itália, Osvaldo Cordeiro de Farias, achava que "os Estados Unidos se envolveram no conflito para manter sua autoridade na região [Extremo Oriente]".[35]

Os brasileiros queriam o comprometimento formal e a implementação efetiva da ajuda *antes* de tomarem uma decisão a respeito do envio de tropas. O general Pedro de Góes Monteiro[36] foi para Washington com o objetivo de obter um acordo nesses moldes. No entanto, tinha instruções para postergar o processo até que a guerra terminasse ou que eclodisse a Terceira Guerra Mundial. O governo brasileiro não tinha apoio interno para participar da guerra; de fato, o próprio partido de Vargas, PTB, era contra. Vargas, porém, não queria dizer não aos americanos, por isso demorou a responder. Góes descobriu que o prestígio brasileiro em Washington declinara visivelmente e que havia apreensão quanto ao governo Vargas. Como resultado, ele e os americanos se falavam mas não se entendiam. Ainda assim os americanos esboçaram o texto de um acordo destinado a reavivar a aliança do tempo da guerra. Góes levou esse rascunho para o Rio de Janeiro.[37]

ACORDO POLÍTICO-MILITAR DE 1952

Nos Estados Unidos, a campanha anticomunista de McCarthy estava em andamento, e no Brasil a desconfiança contra o "imperialismo" americano contaminava a política e as discussões sobre assuntos externos. Calma e ponderação eram raras. O Brasil ainda se ajustava à democracia eleitoral após muitos anos de ditadura e censura. Notavelmente, foi nesse clima tenso que os dois governos negociaram com êxito um acordo militar nas linhas de seu pacto de 1942. O objetivo era manter viva a aliança militar mediante a promessa de fornecimento de armas e treinamento, mas o acordo maculava esse intento porque comprometia o Brasil a exportar monazita e areias radioativas para os Estados Unidos usarem em seu programa atômico. O Brasil era rico em depósitos de urânio e tinha grande interesse em desenvolver tecnologia atômica, um intuito que os americanos bloquearam a cada tentativa. Parecia que Washington queria obter minérios do Brasil enquanto mantinha o país no subdesenvolvimento. Os acalorados debates na imprensa agitaram a opinião pública favorável ou contrariamente ao acordo militar e contribuíram para uma onda crescente de sentimento antiamericano. Além disso, muitos temiam que a Guerra da Coreia fosse o prelúdio para uma Terceira Guerra Mundial.[38] O Congresso brasileiro passou um ano em debates furiosos até aprovar o acordo. As consequências da aprovação acabaram forçando a renúncia do ministro das Relações Exteriores, João Neves da Fontoura, que havia sido a favor do acordo, e a exoneração do ministro da Guerra, Newton Estillac Leal, que fora contra. O acordo parecia contradizer os esforços de Vargas para proteger a nacionalização dos principais recursos naturais.[39]

No Exército brasileiro, esse tumulto causou uma onda de demissões e punições de oficiais considerados ultranacionalistas que argumentavam contra a continuidade do estreitamento de laços com os Estados Unidos. Esse expurgo teve o efeito de tornar a opinião militar brasileira mais homogênea e menos questionadora das motivações americanas. O petróleo continuou como um elemento irritante nas relações, porque os pedidos brasileiros de subvenção para explorá-lo eram rebatidos pelo governo Eisenhower com a insistência para que o governo brasileiro franqueasse a exploração desse recurso ao investimento americano. Investidores americanos em potencial atribuíram inspirações comunistas à lei da Petrobras. O presidente Vargas reagiu afirmando que os investidores tinham a intenção de sabotar o desenvolvimento brasileiro. O cientista político Ronald Schneider comentou sobre esses anos turbulentos: "Em grande medida, a polêmica substituiu o diálogo, com os radicais dos dois extremos apelando para interesses de classe e as tensões e a insegurança pondo em risco o processo de modernização".[40]

A política brasileira, na qual os militares tinham uma participação ativa, descambou para uma luta entre nacionalistas e internacionalistas mal compreendida na Washington infetada pelo macarthismo, onde facilmente se rotulava de comunista qualquer oposição a ideias americanas. Da perspectiva do governo brasileiro, Eisenhower era um instrumento de Wall Street. Osvaldo Aranha, pró-americano, escreveu a Vargas que o governo Eisenhower queria ser um governo republicano e militar, com Wall Street atuando como Estado-Maior. Ele predisse que o capitalismo no poder não respeitaria limitações, especialmente as de ordem internacional.[41] Dada a insistência dos americanos no investimento privado, que o governo brasileiro não queria aceitar, o Brasil teria de se desenvolver por conta própria. Em 3 de outubro de 1953, o Congresso brasileiro aprovou a lei da Petrobras e pôs a exploração do petróleo sob controle do Estado. O secretário de Estado americano, John Foster Dulles, respondeu com uma redução drástica da quantia já estipulada para um empréstimo do Export-Import Bank. Uma vez que 55% do comércio brasileiro na época era com os Estados Unidos, essa medida de Dulles foi tão danosa quanto imponderada. O Brasil reagiu com um decreto limitando a repatriação de lucros pelas firmas americanas que operavam no Brasil.

Deve estar claro que não é possível isolar as relações "militares" das relações gerais entre os países. E, no caso brasileiro, as relações militares com os Estados Unidos tiveram uma contribuição negativa para o clima político. Em fevereiro de 1954, oficiais brasileiros publicaram um manifesto para protestar contra a baixa remuneração e a escassez de armas e equipamentos adequados e denunciar uma "crise de autoridade" no Exército. Vargas postou-se ainda mais na defensiva contra os controles comerciais americanos e a falta de ajuda econômica. Em abril, ele enviou ao Congresso o projeto para criar a Eletrobras e nacionalizar a rede de energia elétrica, em detrimento das companhias canadense e americana.[42] O ex-ministro das Relações Exteriores, Neves da Fontoura, pôs lenha na fogueira política com uma entrevista à imprensa na qual acusou Vargas de estar negociando com Juan Perón a formação de uma aliança de Argentina, Brasil e Chile contra os Estados Unidos. A realidade do que Vargas tinha em mente era complicada, mas parecia implicar a possibilidade de aumentar o poder de barganha com Washington; mesmo assim, isso enfureceu seus inimigos, que usaram essa posição contra ele para dizer que Vargas queria permanecer no poder.[43] As conspirações contra Vargas começaram na oficialidade, sobretudo na Força Aérea. Essas tensões políticas misturaram-se a tensões econômicas, pois os salários não acompanhavam a inflação, a demanda por crédito crescia mais depressa que a disponibilidade; e o câmbio era desfavorável. Na época, o Brasil, acentuadamente dependente das exportações de café, via cair a demanda no mercado americano enquanto o governo brasileiro tentava manter o preço acima dos níveis de mercado.

Os acontecimentos no Brasil ganharam um ritmo tão acelerado que um alto funcionário do Departamento de Estado chegou a especular sobre um possível golpe de Estado. Pior ainda: ele opinou que um golpe "não afetaria seriamente os nossos interesses. O Exército é conservador, anticomunista em sua grande maioria e respeitaria os acordos existentes. [...] Seria em princípio uma infelicidade [...] [mas] os nossos objetivos práticos de segurança poderiam até ser favorecidos".[44]

Em uma tentativa insensata de ajudar o presidente acossado, o chefe de sua guarda pessoal organizou um atentado contra Carlos Lacerda, o mais fervoroso inimigo do presidente; porém, em vez de atingirem o alvo, os tiros mataram um oficial da Força Aérea que o acompanhava. A indignação resultante levou os militares a pedirem a renúncia de Vargas, mas culminou no dramático suicídio do presidente em 24 de agosto de 1954.[45]

RELAÇÕES NA ERA PÓS-VARGAS

A trágica morte de Vargas inaugurou uma década que começou com uma crise político-militar em torno do resultado das eleições de 1955, felizmente seguido por um período de relativa paz e de realizações durante a presidência de Juscelino Kubitschek (1956-60). Esses anos foram marcados pela construção de Brasília e de numerosas rodovias, pela instalação da indústria automotiva e pela estreia do Brasil como potência industrial. Durante todo esse tempo, Kubitschek foi um importante preconizador de vultosos investimentos dos Estados Unidos no desenvolvimento latino-americano, o qual levaria, por fim, à criação da Aliança para o Progresso em 1961. No entanto, Washington não subvencionou a industrialização do Brasil, também vista com frieza pela iniciativa privada americana. A Ford e a General Motors não quiseram instalar fábricas, por isso a Volkswagen tornou-se a principal produtora de veículos no país. Os Estados Unidos empenharam-se intensamente em solapar os esforços brasileiros para criar capacidade em usos pacíficos da energia atômica.[46] Os líderes brasileiros, sentindo que não tinham escolha, recorreram à Alemanha em busca de ajuda para desenvolver essas capacidades.

Em uma iniciativa mais positiva, os Estados Unidos haviam negociado em 1956 a instalação de uma base de rastreamento de mísseis na ilha Fernando de Noronha e de instalações militares de rádio no Nordeste, além da expansão das instalações de seu Military Air Transport System (Mats) [Sistema de Transporte Aéreo Militar].[47] Infelizmente, oficiais americanos feriram o orgulho nacional ao dizerem que os brasileiros teriam acesso vigiado e limitado a essas bases americanas. Igualmente irritante, como observou o historiador Sonny Davis, foi os americanos não "reconhecerem e tratarem o Brasil como mais importante do que seus vizinhos de língua espanhola".[48] O embaixador dos Estados Unidos, Ellis O. Briggs, recomendou que o Brasil fosse tratado como o "primeiro amigo e aliado" na América Latina. E acrescentou: "Devemos reconhecer [a] realidade de que o Brasil desponta como potência dominante na América Latina" e deve ser tratado como tal.[49] Briggs alertou sobre a insatisfação militar com a exiguidade e a lentidão das transferências de armas e com a tendência a dar tratamento igual ao Brasil e seus vizinhos sul-americanos menores. O Brasil não queria ser tratado no mesmo nível de Uruguai ou Paraguai.

Kubitschek dependia dos militares para garantir a segurança de seu governo, por isso tinha interesse em que as necessidades deles fossem atendidas. Empenhava-se em dar continuidade à tradicional política externa pró-Estados Unidos, mas em questões econômicas e militares precisava acatar o Congresso e as Forças Armadas, ambos "altamente sensíveis a qualquer situação que pareça violar a soberania brasileira".[50]

O êxito da União Soviética no lançamento da *Sputnik* (4 de outubro de 1957) levou os brasileiros a duvidar da tão antevista preeminência tecnológica americana, e o sucesso espacial conferiu certo prestígio ao comunismo. Os críticos militares das relações tradicionais questionaram o valor delas em um mundo onde a ciência soviética estava ultrapassando a ciência e a tecnologia americanas.

A Casa Branca acordou um pouco quando o vice-presidente Richard Nixon foi recebido com hostilidade na Argentina, Peru e Venezuela em maio de 1958. O governo Eisenhower aumentou a ajuda militar à América Latina, mas em essência opôs-se à ajuda para o desenvolvimento. Kubitschek aproveitou o novo enfoque de Washington sobre a região e pediu que os Estados Unidos assumissem o compromisso de fornecer 40 bilhões de dólares ao longo dos vinte anos seguintes para apoiar o que ele chamou de "Operação Pan-Americana" (OPA), uma espécie de Plano Marshall para a América Latina.[51] O governo americano recebeu a ideia com frieza. Nos anos Eisenhower, as relações com o Brasil, juntamente com o prestígio dos Estados Unidos em toda a América Latina, sofreram um óbvio declínio.

Apesar do descrito, Eisenhower queria ele próprio melhorar as relações com o Brasil e o resto da América Latina. Ficou admirado com a construção de Brasília. Em fevereiro de 1960, viajou para Brasil, Argentina e Chile, depois para o Uruguai e foi recebido com grandes manifestações públicas de boas-vindas.[52] Kubitschek sentiu-se encantado e honrado por estar na presença daquele ilustre herói de guerra, mas Eisenhower, embora horrorizado com a flagrante pobreza do Brasil, não se comoveu a ponto de apoiar o argumento de JK de que o crescimento econômico era o melhor modo de combater o comunismo. Eisenhower pôde ver que "o capital público e privado que fluiu *abundantemente* [grifo meu] para a América Latina não beneficiou as massas". Kubitschek argumentou que a pobreza e a frustração tinham "capacidade muito maior para insuflar a insatisfação do povo" do que os comunistas.[53]

A visita foi maculada pela colisão, na área da baía de Guanabara, de um avião de passageiros brasileiros com um avião americano que transportava integrantes da banda da Marinha dos Estados Unidos. Esse acidente pareceu intensificar a simpatia entre os dois presidentes, mas nada além disso. Um incidente nos bastidores revelou a ignorância americana sobre a história e a cultura brasileiras. Quando funcionários da embaixada desembrulharam o presente oficial de Eisenhower para Kubitschek, viram, horrorizados, um modelo em vidro Steuben do avião *Kitty Hawk*, dos irmãos Wright. Os brasileiros consideram seu compatriota Santos Dumont o primeiro a voar em uma máquina mais pesada do que o ar, por isso aquele modelo em vidro seria uma afronta.[54] Trataram logo de providenciar um presente substituto.

A ERA CASTRO

A vitória de Fidel Castro sobre Fulgencio Batista em Cuba em janeiro de 1959 mudou a importância relativa da América Latina para Washington. A inépcia do governo Eisenhower contribuiu para radicalizar o governo Castro e empurrar Cuba para os braços acolhedores de Moscou. A revista *Military Review*, da Escola de Comando e Estado-Maior do Exército dos Estados Unidos, começou a publicar artigos sobre "guerra não convencional". E, para enfrentar a ameaça percebida, tão próxima dos Estados Unidos, a equipe de Eisenhower optou pela intervenção intensa. A viagem do presidente americano à América do Sul em 1960 não o dissuadiu de autorizar a CIA a derrubar Castro. A nervosa atenção de Washington com os comunistas no Brasil alçou novos patamares. O governo percebia a América Latina como uma massa indiferenciada. Se podia acontecer em Cuba, podia acontecer no Brasil.

O governo seguinte, de John F. Kennedy, demonstrou instintos melhores, mas sucumbiu à onda anticomunista e anticastrista. O novo presidente fascinou-se pela "guerra não convencional" e aprovou a criação das Forças Especiais do Exército, os "boinas verdes". A visão oficial sobre a América Latina foi ainda mais distorcida quando em 1961 o governo Kennedy convenceu-se de que no Nordeste do Brasil estava prestes a eclodir uma grande revolução nos moldes cubanos. Em 1962 esse "temor" era tão forte em Washington que o governo forneceu verbas aos inimigos do presidente brasileiro João Goulart para enfraquecer sua posição.[55]

Em 1962 a noção brasileira de como funcionava a ajuda militar americana era tão confusa que oficiais da Casa Militar pensavam que autoridades americanas decidiam quais unidades brasileiras recebiam as armas e equipamentos. Isso, óbvio, seria considerado interferência de outro país em questões de competência exclusiva do Brasil. Vale a pena mencionar que o chefe do Estado-Maior das Forças Armadas (EMFA) se sentiu compelido a escrever um longo ofício negando participação americana na distribuição de material bélico.[56] Claramente, alianças requerem explicações consideráveis a todos os envolvidos.

GOLPE DE 1964 E DEPOIS: A REPÚBLICA DOMINICANA E O VIETNÃ

A situação política brasileira deteriorou inexoravelmente, e os militares foram atraídos para conspirações contra o presidente Goulart. Basta dizer que ele e seu governo foram tachados de comunistas e simpatizantes. O governo americano prestou muita atenção às ideias e ações de Goulart e tentou antevê-las desde o dia de sua posse após a renúncia do presidente Jânio Quadros, em 1961. Goulart fez uma extensa visita aos Estados Unidos em 1962, reuniu-se duas vezes com o presidente Kennedy e discursou para o Congresso. Admirava Kennedy, e os dois presidentes entenderam-se bem. No Brasil, contudo, Goulart enfrentava uma situação difícil, pois a oposição impusera um sistema parlamentarista para enfraquecer seu poder. Em 30 de julho de 1962, Kennedy e seu embaixador no Brasil, o acadêmico e diplomata Lincoln Gordon, se disseram preocupados com a tolerância excessiva de Goulart pela esquerda e disseram temer a ascensão do comunismo.[57] Em 1963 um plebiscito devolveu o Brasil ao regime presidencialista, com Goulart dotado de plenos poderes executivos. A embaixada americana, sobretudo o novo adido militar, coronel Vernon Walters, acompanhou as correntes e planos na oficialidade. Walters fora oficial de ligação e intérprete para o comandante da FEB, Mascarenhas, além de adido assistente no Rio (1945-8). Tinha fácil acesso a todo o corpo de oficiais brasileiros. O clima da crise fazia lembrar Vargas, que fora vizinho e mentor político de Goulart no Rio Grande do Sul; evocava também a solução de 1945, ou seja, outro golpe. Quando os acontecimentos avançavam na direção de um ponto de ruptura, autoridades dos Estados Unidos, segundo consta, deram um conselho a capitães e majores brasileiros: se o golpe falhasse, eles deveriam deixar o Brasil, e o governo americano trataria de financiá-los, treiná-los, armá-los e reinseri-los no país para empreender uma guerra de guerrilha contra os vencedores. Agindo de modo mais direto, Washington arregimentou uma força-tarefa naval batizada de "Operação Brother Sam", com petróleo e armas caso as forças de oposição a Goulart precisassem. Acontece que os partidários de Goulart bateram em retirada de imediato, e o *Brother Sam* zarpou de volta para o Norte. Infelizmente, o presidente Lyndon Johnson teve o mau gosto de reconhecer o novo governo enquanto Goulart, em teoria, ainda era presidente.[58]

Um golpe de Estado puramente militar não era parte da cultura política brasileira; os golpes anteriores haviam contado com a participação de civis e militares. Esse não era diferente, porém os militares detinham as armas. O chefe do Estado-Maior do Exército, Humberto de Alencar Castello Branco, tivera um papel importante no planejamento do golpe e na organização da opinião da elite. As várias facções "revolucionárias" não conseguiram entrar em acordo acerca de um político civil para assumir a presidência, mas a maioria apoiava Castello Branco.[59] Ele fora oficial de operações da FEB na Itália e tinha boa imagem entre os militares americanos. Castello concordou em exercer a presidência somente até o fim do mandato de Goulart e se recusou a institucionalizar o poder em mãos dos militares. Queria reformar o sistema político-econômico com uma reestruturação dos partidos políticos e um programa de reforma agrária semelhante ao de Goulart. A situação radicalizou-se quando os militares linhas-duras decidiram por uma limpeza completa das influências da esquerda e do populismo e os políticos civis atrasaram e obstruíram as reformas de Castello. Os primeiros pressionaram Castello a decretar um recesso e um expurgo no Congresso, a exonerar governadores questionáveis e decretar a expansão dos poderes presidenciais em detrimento do Legislativo e do Judiciário. Ele conteve a esquerda populista, mas com isso criou a base para o autoritarismo de seus sucessores.[60] Castello tentou manter certo grau de democracia, porém no fim se viu forçado a aceitar a continuidade do controle militar concordando em ser sucedido pelo ministro do Exército, Artur da Costa e Silva. Do lado positivo, ele manteve a tradição da supremacia presidencial sobre as Forças Armadas e conteve possíveis golpistas. Além disso, limitou em doze anos o tempo que um oficial podia servir como general. Não haveria mais generais de várias décadas, como Góes Monteiro, cujo tempo no posto se estendeu do começo dos anos 1930 até meados dos anos 1950.

Evidenciou-se, então, que o corpo de oficiais das Forças Armadas estava dividido entre os que acreditavam que deviam se ater a seus deveres profissionais e os que consideravam os políticos uns vilões prontos a trair o Brasil em prol do comunismo ou de alguma outra ameaça. Muitos oficiais acreditavam estar defendendo a democracia, enquanto, na verdade, a distorciam e limitavam. O governo não tentou eliminar os paramentos do constitucionalismo liberal, porque temia ser malvisto pela opinião internacional e danificar a aliança com os Estados Unidos. Como cidadela do anticomunismo, os Estados Unidos forneciam a ideologia que os militares brasileiros usavam para justificar sua permanência no poder. No entanto, Washington também pregava a democracia liberal, o que forçava os autoritários a assumir a posição contraditória de defender a democracia destruindo-a na prática. Preocupados com as aparências, eles se abstiveram de criar uma ditadura personalista como nos países hispano-americanos; no Brasil, cada general-presidente devia passar o poder a um sucessor.[61]

O papel dos Estados Unidos nesses acontecimentos foi complexo e, por vezes, contraditório. Ao longo de 1963, a imprensa americana fez uma campanha contra Goulart, e em 1964 o governo Johnson deu apoio moral à conspiração. O embaixador Lincoln Gordon admitiu mais tarde que a embaixada dera dinheiro a candidatos oponentes de Goulart nas eleições de 1962 e incentivara os conspiradores; admitiu também que havia muitos agentes adicionais da CIA e militares americanos atuando no Brasil e que quatro petroleiros da Marinha americana e o porta-aviões *Forrestal*, na "Operação Brother Sam", postaram-se próximo à costa. Washington reconhecera de imediato o novo governo e se juntara ao coro segundo o qual o golpe de Estado das "forças democráticas" contivera a mão do comunismo internacional. Analisando hoje, parece que a única mão estrangeira envolvida foi a americana. Mas seria ir longe demais dizer que fantoches brasileiros estavam dançando a música de Washington; os Estados Unidos não foram o ator principal dessa peça.[62]

Com os militares no poder, seria de imaginar que haveria grande melhora nas relações militares com os Estados Unidos, mas não foi o que aconteceu. Superficialmente o tratamento era amistoso, sem dúvida; porém, fora das vistas do público, a situação era bem outra. A intervenção americana na crise de 1965 na República Dominicana a pretexto de prevenir outra Cuba contou com o endosso da Organização dos Estados Americanos (OEA), mas o pedido dos Estados Unidos por soldados latino-americanos foi aprovado sob a condição de que o comandante fosse da América Latina. Os latino-americanos irritaram-se porque Washington só buscou a aprovação da OEA depois de mandar tropas.[63]

O presidente, general Humberto de Alencar Castello Branco, concordou em enviar um contingente brasileiro em parte porque ele se opunha a uma intervenção unilateral por qualquer país americano, especialmente os Estados Unidos.[64] Com efeito, a intervenção na República Dominicana tornou-se uma operação multilateral. O simbolismo de ter um general brasileiro comandando tropas americanas foi profundo para os militares brasileiros. O tenente-general Bruce Palmer não gostou quando o general Hugo Panasco Alvim lhe disse que o idioma a ser falado em seu quartel-general seria o português e que ele tratasse de arranjar um intérprete. Não é de surpreender que Palmer e Alvim não se tenham dado bem; por fim, ambos foram substituídos a pretexto de um rodízio de comandantes. Um importante grupo de intelectuais brasileiros expressou repulsa ao que chamaram de cumplicidade do governo brasileiro na intervenção armada dos Estados Unidos. Houve também protestos nas Forças Armadas, em especial de oficiais linhas-duras. Em consequência, Castello Branco perdeu tanto prestígio que não conseguiu cumprir sua promessa de passar a presidência a um civil eleito.[65] A participação brasileira no episódio da República Dominicana foi um dos fatores que prolongaram o controle do governo pelos militares.

Quase junto com a crise dominicana, desdobrou-se a do Vietnã. Dessa vez, os Estados Unidos agiram sem cobertura das Nações Unidas ou de qualquer outro organismo internacional. Em uma série de cartas entre 1965 e 1967, o presidente Lyndon Johnson pediu tropas brasileiras a Castello Branco. A solicitação foi adoçada com a aprovação, por Johnson, de um empréstimo de 150 milhões de dólares ao Brasil. Castello Branco disse ao embaixador Lyndon Gordon que os militares objetariam. Diante da forte oposição do povo à guerra e da probabilidade de níveis elevados de baixas sem recompensas claras, Castello Branco negou o pedido.[66] Não muito depois dessa decisão, para controlar os gastos o governo Johnson fez cortes na ajuda militar que o Brasil recebia. Em consequência, o Brasil recorreu à Europa para obter armamentos. Jatos franceses Mirage substituíram os F-5 americanos e, de 1968 a 1972, o Brasil gastou cerca de 500 milhões de dólares em armamentos europeus.

No final dos anos 1960, o presidente Richard Nixon ordenou uma cuidadosa reavaliação das relações com o regime brasileiro, agora consideravelmente mais autoritário. A reavaliação reconheceu a necessidade de "uma relação madura, amistosa e mutuamente benéfica [...] em razão do potencial de longo prazo do Brasil" e também em razão de o país possuir metade do território e metade da população da América do Sul. O comércio e o investimento foram considerados de importância fundamental, enquanto os interesses diplomáticos e militares ficaram em segundo plano.[67] O Congresso havia declarado que "não devem ser efetuadas vendas militares se armarem ditadores que negam o crescimento de direitos fundamentais ou de progresso social ao seu povo, a menos que o presidente decida que será no interesse da segurança dos Estados Unidos".[68] O governo resolveu contornar essa "percepção do Congresso" em razão da "importância [do Brasil] para os interesses dos Estados Unidos" e autorizou que as vendas à vista avançassem e que fossem liberados créditos de 30 milhões de dólares para helicópteros e aeronaves de transporte. Não fazê-lo causaria "grave irritação, prejudicando nossas relações em grau desproporcional aos pedidos em si".[69] Concomitantemente a essas medidas, o presidente Richard Nixon disse a Henry Kissinger: "Quero uma intensificação das iniciativas de estreitamento de relações com o governo brasileiro".[70] Ele explicou que preferia governos eleitos democraticamente, mas era preciso ser pragmático. Empenhou-se em assegurar ao governo e aos militares do Brasil que "não os estamos menosprezando em razão de sua forma de governo". Achava possível ter relações mais próximas sem "apoiar sua forma de governo ou ser conivente com suas ações internas".[71]

Em teoria, tais relações até eram possíveis, mas, da perspectiva brasileira, proximidade implicava apoio e aprovação. Nesse ínterim, em 1968 intensificaram-se os protestos e passeatas contra o governo militar. Em março de 1968, cerca de 60 mil pessoas congregaram-se no sepultamento de um estudante secundarista morto pela polícia durante um protesto contra o fechamento de um restaurante de estudantes no Rio; em seguida, depois da missa de sétimo dia na Igreja da Candelária, no centro da cidade, a multidão do lado de fora da igreja foi dispersada com violência considerável. Houve protestos e passeatas em todo o país. Mais repressão e prisões de estudantes levaram no mínimo 100 mil manifestantes em imensas passeatas pelas ruas do Rio. Em abril, 72 professores universitários, alguns de renome internacional, foram sumariamente demitidos e proibidos de lecionar. Centenas de pessoas haviam sido detidas, e a frustração e a raiva eram generalizadas. Um general alertou que "a repressão excessiva leva a uma radicalização crescente das reivindicações". Em vez de abrandar as tensões, a polícia e os militares intensificaram a repressão em agosto, o mês mais atroz e trágico do Brasil, com centenas de estudantes detidos em São Paulo e no Rio de Janeiro e 14 mil soldados nas ruas cariocas. O Supremo Tribunal Federal negou habeas corpus a um líder estudantil detido, e a Câmara dos Deputados rejeitou uma lei de anistia para os estudantes manifestantes. A Universidade de Brasília foi invadida pela polícia militar, e a Universidade Federal de Minas Gerais foi fechada depois de invasão semelhante.[72] Por todo o país houve prisões de professores universitários e líderes sindicais. Exagerando a realidade, oficiais militares radicais disseram que a agitação estudantil era sinal de que uma "guerra revolucionária" estava fermentando.

No final de 1968, o governo Costa e Silva decretou o draconiano Ato Institucional nº 5 e mergulhou o Brasil em uma ditadura tenebrosa. Outras centenas de pessoas foram detidas; desaparecimentos e o "uso generalizado de tortura extrema" tornaram-se comuns. Os militares americanos relutaram muito em aceitar a veracidade dos informes porque, segundo o embaixador John Crimmins, "não acreditavam que o Exército brasileiro seria capaz de agir assim". Crimmins ressaltou que a tortura "não eram apenas choques elétricos; havia métodos verdadeiramente medievais".[73] Os anos 1968 e 1969 foram os piores da era militar.

Em agosto de 1969, quando o presidente Costa e Silva foi incapacitado por um problema cardiovascular, os três ministros das Forças Armadas formaram uma Junta Governativa Provisória que governaria até que fosse escolhido o novo presidente. E a escolha ficou a cargo dos militares. Os generais e almirantes selecionaram os candidatos favoritos através de uma pesquisa feita entre seus oficiais superiores, e o alto-comando das Forças Armadas, com sete integrantes, ratificou a indicação do general Emílio Garrastazu Médici, que chefiara o Serviço Nacional de Informações (SNI). O Congresso Nacional, que estivera em recesso forçado e fora meticulosamente expurgado, foi convocado para endossar a decisão militar.[74]

Quem era Médici? Quando Goulart foi deposto em 1964, Médici comandava a Academia Militar das Agulhas Negras e apoiou o golpe mais por comprometimento com a hierarquia, disciplina e coesão do Exército do que por posição política. Costa e Silva o enviou a Washington como adido militar por pouco menos de dois anos. Ele foi promovido a general de divisão, e Costa e Silva o escolheu para chefiar o SNI porque, segundo ele, queria ter por perto alguém capaz de lhe dizer quando estivesse errado. Participando do regime, Médici argumentou que não eram necessárias medidas excepcionais para garantir a estabilidade e a segurança nacional. Apesar disso, o clima de repressão recrudesceu. Em março de 1969, Médici foi promovido a general de quatro estrelas e designado para comandar o 3º Exército no Rio Grande do Sul. Assim, quando Costa e Silva adoeceu, Médici era um dos poucos generais considerados elegíveis para a sucessão.[75]

Como observou Elio Gaspari, "a Castello Branco a ditadura parecera um mal. Para Costa e Silva, fora uma conveniência. Para Médici, um fator neutro, instrumento de ação burocrática, fonte de poder e depósito de força". Ele comentou com um de seus ministros: "Eu posso. Eu tenho o AI-5 nas mãos e, com ele, posso tudo".[76]

Médici declarou-se consternado com os relatos de maus-tratos e tortura de prisioneiros. Segundo seu chefe do SNI, general Carlos Alberto Fontoura, em duas ou três reuniões dos chefes das Forças Armadas e gabinete de ministros, Médici afirmou: "Mas não aceito torturas, nem que se maltrate o preso, nem que se mate preso. Não aceito de jeito nenhum isso".[77]

Entretanto, os maus-tratos, as torturas e os assassinatos continuaram fora do controle do presidente militar da República.

Em novembro de 1969, um grupo de clérigos e intelectuais europeus entregou ao papa um dossiê documentando a tortura no Brasil e, no mês seguinte, a Anistia Internacional publicou um relatório sobre essa prática no país. O assunto, então, ganhou a atenção do mundo. Em 8 de março de 1970, a edição dominical do *New York Times* publicou uma carta de 102 professores universitários, a maioria dos quais havia feito estudos sobre o Brasil, em protesto contra "tortura, prisão sem causa e supressão de direitos civis". Declararam ainda: "Duvidamos que na história do Brasil já tenha ocorrido um tratamento mais sistemático, generalizado e desumano de dissidentes políticos". Em abril de 1970 houve um dilúvio de revelações comprometedoras: o *Washington Post* publicou o artigo "Brazil Twists Thumbscrews", de Brady Tyson; acadêmicos americanos ilustres publicaram um dossiê intitulado "Terror in Brazil"; a revista católica *Commonweal* publicou o artigo "Torture in Brazil", de Ralph Della Cava.[78] Após meses de negação, em dezembro o ministro da Educação, Jarbas Passarinho, admitiu que haviam ocorrido "casos isolados" de tortura.[79]

A verdade é que a violência administrada pelo Estado tornara-se parte do cotidiano na cultura política. O Brasil estava preso em uma cultura do medo que imobilizava a população. O profundo envolvimento das Forças Armadas na repressão e o uso de tortura era novidade. Maus-tratos a prisioneiros já eram encontrados na história brasileira, porém as vítimas anteriores tinham sido pessoas pobres e marginalizadas; dessa vez, eram de classe média, e nem mulheres e padres estavam imunes. As ações pessoais de oficiais militares na repressão os colocaram em crimes que não podiam ter justificativa legal, e isso assegurou seu apoio a todo aquele terrível sistema. O medo do alcance da justiça garantiu a lealdade deles ao regime e sua feroz oposição a que ele fosse dissolvido. Tudo isso obviamente manchou a reputação dos militares brasileiros.[80] Além disso, prejudicou sua prontidão efetiva, apesar do aumento no número de generais, de 124, em 1964, para 155, em 1974. Consta que cerca de 7 mil caminhões foram adicionados às frotas motorizadas dos quartéis, mas nem um mecânico sequer. O Exército comprou velhos tanques americanos para os quais não se fabricava mais munição, e metade deles não andava.[81]

Essa era a situação quando o presidente Médici foi aos Estados Unidos em dezembro de 1971. Nixon fez nessa ocasião seu famoso brinde: "Sabemos que por onde vai o Brasil, irá o resto do continente latino-americano". E Médici incluiu em sua réplica: "Os Estados Unidos sempre souberam que encontrarão no Brasil um aliado leal e independente".[82] Um ouvido bem sintonizado captaria a ênfase na palavra *independente*. O brinde de Nixon assumiria um significado sinistro nos anos seguintes, quando Uruguai, Bolívia, Chile e Argentina cairiam em poder de ditaduras militares.[83] Em uma reunião na Casa Branca, Médici frisou que a assistência militar contínua dos Estados Unidos era "essencial", e o contato entre as Forças Armadas dos dois países, "indispensável". Ele se opôs a "qualquer redução de uma ou outra".[84] Contudo, a natureza do regime militar acabaria produzindo justamente esse efeito.

Médici tinha considerável apoio da população; afinal de contas, o Brasil passava por um impressionante surto de crescimento econômico que parecia melhorar a vida de pelo menos as classes média e alta. Além disso, claro, a seleção brasileira foi campeã na Copa do Mundo em 1970. Médici disse várias vezes que queria ser sucedido por um presidente civil. Tinha em mente seu chefe da Casa Civil, João Leitão de Abreu, a ser nomeado, como fora o próprio Médici, e não eleito. No entanto, como ainda havia guerrilheiros em atividade na região amazônica do Araguaia, ele achou necessário escolher outro general. Médici estava ligado a seu antecessor, Costa e Silva, porém ele e seus assessores mais próximos decidiram que o sucessor seria o general Ernesto Geisel.[85]

Geisel reformara-se no Exército e presidia a Petrobras; mais importante, porém, era o fato de ele ter sido o principal ajudante militar de Castello Branco. No Exército brasileiro, havia uma divisão entre os oficiais que apoiavam as atitudes de Costa e Silva e os que eram mais sintonizados com as ideias de Castello Branco. A principal diferença entre os dois dizia respeito à natureza do governo; os costistas preferiam o controle militar autoritário de longo prazo, enquanto os castelistas defendiam a reforma e a preservação de estruturas constitucionais. Estes últimos tendiam a ser mais refinados e a ter mais alto nível de educação formal, enquanto os primeiros eram encontrados nas fileiras dos linhas-duras. Provavelmente Médici estava um tanto iludido a respeito de Geisel. Mas achava que, como Geisel estava afastado do Exército fazia já algum tempo e atuava como uma espécie de empresário na presidência da Petrobras, escolhê-lo mostraria que a situação evoluíra de forma positiva.

Cabe mencionar que o irmão mais velho de Geisel, Orlando, era o ministro do Exército de Médici. Houve rumores de que Orlando estava por trás da ascensão do irmão à presidência, mas essa é uma imprecisão. Entre os costistas havia alguma esperança de que Médici permanecesse no cargo, porém ele não quis continuar. Votou em Ernesto Geisel, e seu voto era o decisivo. Um colégio eleitoral recém-formado anuiu, mas foi a decisão de Médici que importou. Geisel tomou posse em medos de março de 1974.[86]

O general João Batista Figueiredo, enquanto punha Geisel a par do péssimo estado de prontidão do Exército, comentou: "É um deus nos acuda [...] estão botando dinheiro fora". Geisel observou, com razão, que "o Exército, do ponto de vista moral, caiu muito". Além disso, seu escolhido para ministro do Exército, o general Dale Coutinho, lamentou que "os comandantes do exército estão sem um respaldo legal para esse problema. A verdade é essa [...] para a guerra externa a gente tem legislação, mas para a nossa guerra específica, não temos".[87]

Geisel disse ao seu gabinete que o objetivo era um "refinamento democrático gradual, mas seguro", com participação crescente de "elites responsáveis", voltado para a completa institucionalização dos "princípios da Revolução de 64". Os poderes excepcionais seriam mantidos, mas usados apenas em último recurso. Claramente, não haveria um rápido retorno ao regime democrático; em vez disso, o Brasil entrou em um período de distensão lenta. Geisel tinha em mente determinar o ritmo da mudança política. Ele e seu assessor imediato, o general Golbery do Couto e Silva, "planejavam uma abertura gradual e fortemente controlada". O Brasil não podia continuar como estava, mesmo se a mudança levasse muito tempo.[88] Médici o aconselhara a manter seu irmão Orlando como ministro do Exército, mas Geisel sabia que ele e o irmão pensavam de modos diferentes. Preferiu nomear o general Coutinho, com quem, apesar da reputação de linha-dura, ele julgava ter um propósito em comum para o Exército; os dois concordavam que os oficiais linhas-duras precisavam ser controlados; infelizmente, após dois meses no cargo, o general Coutinho adoeceu e teve uma morte súbita. Geisel nomeou para substituí-lo o chefe do Estado--Maior do Exército, general Sylvio Coelho da Frota.

Frota era um linha-dura e não pensava como Geisel. Este precisava obter o controle das Forças Armadas, e para isso tinha de contar com o apoio do Exército. A solução era limitar a autonomia do Centro de Informações do Exército Ciex, que atuava em todo o país, muitas vezes sem o conhecimento dos comandantes regionais. Novas ordens especificaram que o Ciex continuaria seu trabalho de inteligência, porém mediante a aprovação dos comandantes regionais para operar nas suas áreas. Isso, na prática, pôs fim às operações clandestinas no Rio e em São Paulo, e o número de casos informados de tortura sofreu uma queda drástica.[89] Ele também transferiu seu quartel-general do Rio para Brasília e, com isso, pôde aumentar o controle. Os linhas-duras reagiram e, segundo um executor confesso, "resolveram agir por conta própria fora da cadeia de comando".[90] Os reiterados apelos por unidade entre os militares estavam fortemente ligados à luta de Geisel para suprimir os linhas-duras transgressores. No entanto, em 1º de abril de 1974, Geisel aprovou a continuação da política do Ciex de executar certos subversivos capturados, com a condição de que os casos futuros fossem submetidos à aprovação do diretor do SNI, general Figueiredo.[91]

Nesse meio-tempo, Geisel reformulou as relações exteriores do Brasil. Ele classificava sua política externa como pragmática. Não haveria mais um alinhamento automático com os Estados Unidos: a política externa brasileira seria ecumênica. O Brasil era "do Ocidente, mas não um aliado dos Estados Unidos".[92] Agiria antes de tudo visando aos seus próprios interesses. Essa atitude baseava-se, em parte, em tendências evidentes das políticas externas de Quadros e Goulart, mas também era estimulada pela dependência brasileira de petróleo importado. Geisel queria assegurar boas relações com os países árabes ricos em petróleo e abriu novas embaixadas nos países do Golfo e no Iraque. A

Arábia Saudita financiou um programa de estudos sobre o Oriente Médio na Universidade de Brasília. O Brasil dera importante apoio para a criação de Israel, por isso seu voto a favor da resolução antissionista na Assembleia Geral da ONU em novembro de 1975 simbolizou sua guinada na direção dos países árabes. A decisão sobre esse voto resultou de certo descuido por parte do Ministério das Relações Exteriores e da precipitação americana em criticar. Quando lhe pediram para votar a favor, Geisel concordou, mas no dia seguinte pensou melhor e ordenou ao ministro que votasse contra; acontece que, nesse ínterim, o Departamento de Estado americano criticou a posição do Brasil, e com isso feriu o senso de dignidade dos brasileiros, impossibilitando o recuo.[93] O Brasil buscou novos mercados no Leste Europeu e na União Soviética, não por ter mudado sua posição a respeito do comunismo, mas por querer diversificar seus mercados e parceiros comerciais. Percebendo que a revolução portuguesa de 1974 desatara as amarras das colônias portuguesas na África à sua metrópole, o Brasil reconheceu a independência de Angola, Moçambique e Guiné-Bissau. O historiador Jerry Dávila repetiu a ideia de Osvaldo Aranha de buscar maior influência sobre Portugal e suas possessões coloniais e comentou que a "África era sua esfera de influência natural [...] [e] ajudaria a impulsionar a industrialização do Brasil e a ensejar a autonomia em relação às potências da Guerra Fria".[94] Também em 1974 o Brasil trocou embaixadores com a República Popular da China e fez acenos amistosos para Cuba. Notavelmente, Geisel fez visitas de Estado a Inglaterra, França e Japão, mas evitou os Estados Unidos.

O ponto baixo das relações militares entre Brasil e Estados Unidos veio em 1977. Depois de ser impedido pelos Estados Unidos (1951) de obter centrífugas para um programa atômico, o Brasil ingressou no programa americano Átomos para a Paz (1955), que deu ao país uma usina atômica movida por combustível de um reator fornecido pelos Estados Unidos. Em 1974, a Índia detonou um dispositivo nuclear, e os Estados Unidos, assombrados, disseram aos brasileiros que não cumpririam seu acordo de fornecer combustível enriquecido. Essa decisão veio logo após o embargo do petróleo pela Opec e deixou o Brasil em situação difícil. Para piorar, naquele ano o reator argentino *Atucha* entrou em operação. Os brasileiros, com certo desespero evidente, negociaram com a Alemanha Ocidental um contrato abrangente para a construção de reatores nucleares de água pesada usando urânio enriquecido, substancial transferência de tecnologia para a fabricação completa e processamento de minérios de urânio para transmissão de eletricidade através de uma vasta rede de força.⁹⁵

Foi espantoso ver a mistura de enriquecimento atômico com violações de direitos humanos criar uma situação volátil que pôs fim à aliança militar. Antes disso, porém, em 1976 houve um breve interlúdio, quando pareceu que o Brasil e os Estados Unidos intensificariam sua cooperação tradicional. O ministro das Relações Exteriores, Azeredo da Silveira, que tivera breve contato amistoso com o secretário de Estado Henry Kissinger, providenciou um memorando conjunto que determinava a consulta regular em assuntos de interesse.⁹⁶ A ideia sensata que fundamentava o mecanismo de consulta era que ele reduziria a possibilidade de que mal-entendidos chegassem a um nível de crise. Os brasileiros interpretaram o memorando como sinal de que os Estados Unidos reconheciam o Brasil como a principal potência econômica da região. Kissinger afirmou que os Estados Unidos aplaudiam o "novo papel do Brasil nos assuntos mundiais" e que sua "instituição de consulta" daria "sentido, força e permanência à nossa cooperação".⁹⁷

Em junho de 1976, o projeto de lei para ajuda externa foi aprovado pelo Congresso americano com a condição (Emenda Harkin) de que o Departamento de Estado elaborasse um relatório anual sobre direitos humanos em todos os países recebedores de assistência militar. O primeiro relatório, preparado antes das eleições presidenciais em novembro, criticou o Brasil. Durante toda a campanha, o candidato democrata Jimmy Carter condenara a situação dos direitos humanos no Brasil e também o acordo atômico Brasil-Alemanha. Em outubro, a Casa Branca de Ford emitiu um veemente pronunciamento a respeito da não proliferação de armas nucleares, e os brasileiros, pelo visto, o menosprezaram. A equipe de Geisel apostava que Ford ganharia a eleição e que a "grande amizade" entre Kissinger e o ministro Azeredo da Silveira os protegeria. "Os brasileiros ficaram pasmos quando Carter venceu" e se aferraram obstinadamente ao seu programa nuclear. A situação foi "fortemente agravada" pela ida do vice-presidente Walter Mondale a Bonn para tentar convencer os alemães a se retirarem do acordo. Segundo o embaixador Crimmins, os americanos decidiram apelar para os alemães ocidentais "baseados na convicção de que nada conseguiríamos com o Brasil".⁹⁸

Os brasileiros se sentiram depreciados pela manobra americana de pressionar os alemães. Pouco depois de sua posse, Carter enviou a Brasília o vice-

-secretário de Estado, Warren Christopher, para um exame abrangente da situação. Não houve ameaças, ao contrário do que noticiou a imprensa brasileira. Os americanos elucidaram por que esperavam que os brasileiros adotassem "amplas salvaguardas para todas as suas atividades nucleares". E explicaram as "proibições legislativas" contidas nas leis de ajuda externa, o que poderia ser interpretado como um aviso sutil. Os brasileiros inventaram a história de que haviam resistido a fortes pressões americanas. A seu ver, o prestígio nacional requeria que possuíssem tecnologia nuclear, e eles estavam decididos a obtê-la. Os americanos receavam que, no futuro, o Brasil viesse a fabricar uma bomba, algo que os brasileiros afirmavam não querer. O embaixador Crimmins observou que "os nervos dos brasileiros andavam à flor da pele nesse assunto da energia nuclear. Estavam alvoroçados. Havia muita invencionice espalhada pelo governo sobre o tema. E aí entrou a questão dos direitos humanos".[99]

O presidente Jimmy Carter deu ênfase a políticas duais de respeito aos direitos humanos e não proliferação de tecnologia nuclear.[100] Primeiro, tentou convencer a Alemanha a se retirar do acordo; não conseguiu, por isso pressionou o Brasil a interromper o seu programa. A reação obstinada e hostil no Brasil foi notável, pois conseguiu unir todos os setores da sociedade contra a intrusão americana em um assunto comumente considerado importante para o desenvolvimento nacional.[101] Além disso, como observou mais tarde o presidente Geisel, o programa com a Alemanha não tinha relação alguma com as Forças Armadas ou com objetivos militares. "O Brasil não podia ter tecnologia nuclear, mas os Estados Unidos, a Inglaterra, a França, Rússia, e mais tarde a China podiam? [...] Somos inferiores aos outros?", Geisel perguntou.[102] A óbvia falta de confiança dos americanos nas intenções brasileiras resultou em uma forte união em torno da bandeira.

O embaixador John Crimmins fez questão de entregar uma cópia do relatório sobre os direitos humanos no Brasil antes que o documento viesse a público em Washington. Na manhã seguinte, Crimmins foi chamado ao Ministério das Relações Exteriores e informado de que o Brasil estava renunciando ao acordo militar [1952]. O relatório sobre direitos humanos era muito positivo quanto aos esforços de Geisel para refrear o aparelho de segurança, mas, àquela altura, Geisel, como um sinal de independência, já decidira encerrar a assistência militar americana. Ambos os lados acreditavam que o acordo não tinha mais serventia para a relação, e os oficiais linhas-duras, em especial, achavam que ele mantinha as Forças Armadas subservientes aos Estados Unidos. A bravata de Geisel aumentou seu prestígio entre esses oficiais. Na verdade, talvez também tenha ajudado suas relações com a oposição. A ação contribuiu para aumentar sua capacidade de remover o ministro linha-dura Frota em outubro, fortalecer seu domínio sobre as Forças Armadas, dar continuidade à política de distensão e, por fim, impor sua escolha de sucessor, o general João Batista Figueiredo.[103]

Enquanto a política do governo Carter de barrar o acesso à energia atômica enfureceu todo o povo brasileiro, a campanha pelos direitos humanos pareceu hipocrisia para os militares do Brasil.[104] Nas Forças Armadas vinha ocorrendo um intenso debate sobre tortura e maus-tratos de prisioneiros. O presidente Ernesto Geisel se opunha a essas práticas já de longa data e, na época, travava uma luta interna para eliminá-las do aparato repressivo das Forças Armadas. Com isso, na prática, Geisel enfraqueceria os oficiais linhas-duras. A moralização de Jimmy Carter confundia os oficiais envolvidos na repressão porque eles haviam aprendido dos americanos as técnicas brutais de interrogatório. Entre 1965 e 1970, setenta oficiais brasileiros receberam treinamento na Escola das Américas, no Panamá, e 38 deles (63%) atuavam na área de inteligência. Na comparação dos nomes dos que frequentaram essa escola com os dos que foram mais tarde acusados de torturar ou executar prisioneiros, a proporção é de um para dez.[105]

O efeito da política dual de Carter para os direitos humanos e o acesso à energia nuclear foi mais do que o governo Geisel poderia tolerar. Geisel comentou: "Eu achava que nossa política externa tinha de ser realista e, tanto quanto possível, independente. Andávamos demasiadamente a reboque dos Estados Unidos. [...] Tínhamos de viver e tratar com os Estados Unidos, tanto quanto possível, de igual para igual, embora eles fossem muito mais fortes, muito mais poderosos do que nós". Em sua opinião, o desenvolvimento brasileiro estava atrelado ao Hemisfério Norte, por isso ele intensificou as relações com Inglaterra, França, Alemanha e Japão. "Não pude fazer mais coisas com os Estados Unidos por causa de exigências que foram surgindo e que me pareceram descabidas", ele acrescentou.[106]

NÃO MAIS ALIADOS, MAS AINDA AMIGOS?

O cancelamento do acordo militar de 1952 e da comissão militar mista que existia desde 1942 alterou a natureza das relações entre Brasil e Estados Unidos. Desapareceu a aliança íntima dos velhos tempos. Há quem diga que a relação teria amadurecido. As relações entre as duas Forças Armadas, porém, permaneceram cordiais, com intercâmbios de oficiais e escolas militares, mas a cooperação próxima deixou de ser um pressuposto. A controvérsia minguante sobre energia atômica continuou até 1990, porém as suspeitas perduraram.[107] O Brasil passou a se dedicar à pesquisa espacial com vários objetivos, entre eles propiciar seus contínuos esforços para obter um lugar permanente no Conselho de Segurança da ONU, alcançar maior autonomia com respeito à influência americana, que vinha sendo irritante desde o fim da Segunda Guerra Mundial, e, obviamente, também ostentar um nível de desenvolvimento mais alto que o de seus vizinhos.[108] Os dois países assinaram em 1997 um acordo sobre a participação do Brasil na Estação Espacial Internacional. O objetivo era estimular a participação brasileira na indústria de tecnologia, possibilitando ao país fabricar componentes para a estação.[109] Um brasileiro foi designado para receber treinamento como astronauta, e pareceu que se estava abrindo uma nova área de cooperação promissora; no entanto, a indústria brasileira não foi capaz de atender as especificações, e a iniciativa definhou.

Nesse meio-tempo, os brasileiros dedicaram-se intensamente à pesquisa sobre construção de foguetes, com 381 lançamentos de baixa altitude entre 1965 e 1972 de seu centro de lançamento na Barreira do Inferno, Rio Grande do Norte, e construíram uma base de lançamento mais avançada em Alcântara, Maranhão. O objetivo era adquirir capacidade para pôr em órbita seus próprios satélites com foguetes próprios.[110] A base de Alcântara foi a resposta do Brasil à estação espacial europeia na Guiana Francesa. Essa estação situa-se um pouco acima do Equador, e a do Brasil, um pouco abaixo. Os lançamentos a partir dessas duas bases são economicamente mais eficientes para atingir a órbita do que os feitos da base americana na Flórida. Em razão de acordos de controle internacional sobre a fabricação de foguetes espaciais, os brasileiros não podiam obter componentes necessários dos países signatários. O programa espacial, por ser controlado pela Força Aérea Brasileira até 1994, era visto com suspeita pelas autoridades americanas, ainda desconfiadas de possíveis ambições nucleares do

Brasil. Washington procurou dissuadir os brasileiros de tentar construir foguetes avançados. Por algum tempo pareceu que haveria alguma colaboração como resultado dessas disposições, mas não foi o que aconteceu.

Em 2000-2, os governos Fernando Henrique Cardoso e Bill Clinton formularam um acordo que daria um setor da base de Alcântara aos americanos.[111] Os brasileiros não deveriam ter acesso a essa parte da base. Os negociadores americanos decerto não conheciam bem a história das relações entre os dois países nem as atitudes brasileiras. Concordariam com uma situação similar, ou seja, estrangeiros ocupando solo americano? Os militares brasileiros ficaram horrorizados, para dizer o mínimo.[112] Para eles, isso significava a criação de uma base militar americana no Brasil que poderia dar aos Estados Unidos um recurso para controlarem a vasta região da Amazônia. Brasileiros coléricos bradaram que isso seria uma cessão da soberania. Pior: temiam que o acordo tivesse relação não tanto com o espaço, mas com as bases que os americanos estavam adquirindo na Colômbia, Equador e Bolívia. Os americanos tocaram em um ponto sensível e agravaram consideravelmente a situação com a proposta de limitar o acesso aos brasileiros. Quando Luiz Inácio Lula da Silva, de orientação mais independente, assumiu a presidência, vetou o projeto de lei do Congresso em maio de 2003.[113]

Aquele não foi um bom ano para a exploração espacial, nem para a cooperação. Em fevereiro de 2003, o ônibus espacial *Columbia* desintegrou-se ao reentrar na atmosfera, matando seus sete tripulantes; em agosto, o programa espacial brasileiro sofreu um desastre, quando o foguete VLS explodiu durante um teste pré-lançamento, destruindo a torre de lançamento e matando 21 cientistas, técnicos e trabalhadores.[114] Os dois países poderiam ter encontrado um motivo de união no luto, mas, em vez disso, imaginativos rumores brasileiros culparam os americanos pela tragédia em Alcântara! Assim como os boatos de que os americanos haviam afundado os navios em 1942, esses são difíceis de combater.[115] Mais ainda quando oficiais militares reformados lançam dúvidas sobre os resultados das investigações oficiais.[116]

Em 2006 o Brasil pagou 10,5 milhões de dólares ao governo russo para que o astronauta e tenente-coronel da Força Aérea Marcos Pontes pudesse viajar na nave espacial *Soyuz* em uma missão de onze dias na Estação Espacial Internacional. A missão foi criticada por Ennio Candotti, presidente da Sociedade Brasileira para o Progresso da Ciência, como mero "turismo espacial". A

Agência Espacial Brasileira julgou que isso ajudaria a divulgar seu trabalho e a aumentar suas verbas. Deixando de lado essa visão negativa, podemos dizer que certamente é significativo que o primeiro astronauta brasileiro tenha ido ao espaço partindo de uma base russa no Cazaquistão, e não da Flórida ou do Maranhão.[117] Também é digno de nota o fato de o tenente-coronel Pontes ter feito seu treinamento de um ano como piloto de combate na base aérea de Parnamirim, em Natal, a principal base de treinamento de pilotos do Brasil.

Não ajuda as relações o fato de brasileiros mal informados acreditarem que os Estados Unidos têm instalações militares em Alcântara e querem controlar a estação espacial para "enfraquecer a soberania brasileira na Amazônia".[118]

Deve estar claro que, para a manutenção constante de relações tranquilas, amistosas e cooperativas, é necessária uma comunicação franca. Embora os americanos possam não entender por que alguns brasileiros veem abertamente os Estados Unidos como uma ameaça, os dois gigantes do hemisfério ocidental não podem mudar a realidade de sua geografia. Tornaram-se cada vez mais interdependentes economicamente, mesmo quando o Brasil continuou a ficar para trás em educação e pesquisa. O colapso da União Soviética criou novas dinâmicas e possibilidades, enquanto a Rússia remodelada revelou-se uma concorrente, fornecendo ao Brasil armamentos modernos e buscando entrar no programa espacial brasileiro. Em parte para impedir vendas pela Rússia, os Estados Unidos reformaram suas relações militares com o Brasil, em um momento em que as Forças Armadas brasileiras se preocupavam com pesquisa e desenvolvimento, sistemas logísticos, educação e treinamento, bem como aquisição de armas e serviços.[119] Assim, em 2010, o secretário da Defesa americano Robert Gates observou que os "interesses comuns" faziam do "crescente envolvimento e relevância do Brasil nos assuntos mundiais um acontecimento importante para os Estados Unidos", e os dois países assinaram um novo acordo militar.[120] Em 2012, um estudo pelo Army War College recomendou o restabelecimento da "aliança tácita" com o Brasil. O tenente-coronel Lawrence T. Brown advertiu que "não melhorar substancialmente as relações dos Estados Unidos com o Brasil levará os líderes desse país a buscar relações mais vantajosas em outras partes — em detrimento dos Estados Unidos". Ele propôs energizar a relação com uma parceria estratégica baseada em interesses comuns no mundo todo. Tratar as relações como uma parceria interessaria à autoimagem dos brasileiros.[121] Em 2015, quando a presidente Dilma foi a Washington, ela e

Barack Obama assinaram acordos de cooperação, entre eles alguns ligados a operações militares. Estes possibilitaram maior cooperação em assuntos de defesa, em especial nas áreas de pesquisa e desenvolvimento de armas e equipamentos, apoio logístico e segurança tecnológica. O acordo especificou exercícios conjuntos, permuta de informação e equipamentos, sobretudo para aperfeiçoar operações internacionais de manutenção da paz. No comunicado à imprensa, a Casa Branca falou em "uma parceria madura e multifacetada".[122]

O tumulto político engendrado pelo colossal escândalo de corrupção envolvendo grandes empresas e compra de votos no Congresso brasileiro em 2015-7 anuviou as perspectivas do Brasil. Com Dilma Rousseff destituída da presidência depois de um processo de impeachment, o ex-presidente Luiz Inácio Lula da Silva acusado de crimes de corrupção e numerosas figuras dos altos círculos empresariais e políticos presos, o futuro do Brasil é menos certo do que uma década atrás.[123]

As relações entre as duas Forças Armadas têm sido amistosas o suficiente para que o Brasil convidasse militares americanos a participar de um exercício de treinamento em ajuda humanitária e desastre na Amazônia ao lado de tropas brasileiras, colombianas e peruanas em novembro de 2017, chamado de maior exercício militar desse tipo na Amazônia em toda a história. Cerca de uma década antes, a participação americana em uma atividade assim seria altamente improvável. O ministro da Defesa, Raul Jungmann, assistiu ao exercício e depois foi a Washington para conversar com autoridades americanas. A relação continua baseada na negociação de sua forma, substância e prática.[124]

O ÚLTIMO AMERICANO[125]

No cemitério do Alecrim, em Natal, havia sepulturas de 146 soldados americanos que morreram em solo natalense. Alguns foram vitimados por doenças ou acidentes, outros pereceram durante o transporte de volta para sua terra depois de serem feridos em batalha. O corpo de um soldado, por vontade dele mesmo ou decisão de sua família, permaneceu ali quando um navio da Marinha americana transportou os restos mortais daqueles homens em abril de 1947.

O sargento Thomas N. Browning, de Cincinnati, Ohio, do 22º Esquadrão de Meteorologia do Comando de Transporte Aéreo da Força Aérea do Exército dos Estados Unidos, morreu de repente de meningite espinhal infecciosa em 18 de julho de 1943, aos 22 anos. Evidentemente encantado com o Brasil, ele estudou português, fez amizade com brasileiros, amou as praias. Passara dois meses servindo na Bahia antes de ser designado para Natal. Seu túmulo é um lembrete duradouro da presença americana em tempo de guerra.

Créditos das imagens

p. 37: Cortesia de FDR Library, Hyde Park, NY, Nara.

p. 43: Cortesia de George C. Marshall Foundation Research Library, Lexington, Virgínia.

pp. 101, 106 e 109: Cortesia do autor.

p. 121: Fonte: Charles Hendricks, "Building the Atlantic Bases", in: Barry W. Fowle (Org.), *Builders and Fighters: U. S. Army Engineers in World War II*. Fort Belvoir, VA: Office of History, US Army Corps of Engineers, 1992, p. 36.

p. 139: Cortesia de FDR Library, Hyde Park, NY, Nara.

p. 145: Mapa elaborado pelo coronel Durval Lourenço Pereira para seu livro *Operação Brasil: O ataque alemão que mudou o curso da Segunda Guerra Mundial*, São Paulo: Contexto, 2015, p. 198. Reproduzido com permissão do coronel Durval.

pp. 160-1: Cortesia de FDR Library, Hyde Park, NY, Nara.

pp. 186, 189, 193 e 197: Cortesia do Arquivo Histórico do Exército, Rio de Janeiro.

p. 188 e 190: Copyright © 1973, renovado em 2001 por Princeton University Press. Reproduzido com permissão.

p. 195: Distintivo da FEB combinando as cores de Brasil e Estados Unidos.

Notas

1. DESEQUILÍBRIO NA RELAÇÃO DOS GIGANTES [pp. 19-32]

1. Para as relações nas décadas anteriores à de 1930, ver Frank D. McCann, "Brazil and the United States: Two Centuries of Relations". In: Sidney J. Munhoz e Francisco Carlos Teixeira da Silva (Orgs.), *Brazil-U.S. Relations in the 20th and 21st Centuries*. Maringá: Editora da Universidade Estadual de Maringá, 2013, pp. 23-51.

2. Leslie Bethell, "Brazil and Latin America". *Journal of Latin American Studies*, v. 42, n. 3, pp. 457-85, ago. 2010. Darcy Ribeiro, em seu estudo dos significados do Brasil, afirma que "nosso destino é nos unificarmos com todos os latino-americanos por nossa oposição comum [...] à América anglo-saxônica". Ver Darcy Ribeiro, *Brazilian People: The Formation and Meaning of Brazil*. Gainesville: University Press of Florida, 2000, pp. 321-2 [Tradução do original em português: *O povo brasileiro: A formação e o sentido do Brasil*].

3. Ronald M. Schneider, *"Order and Progress": A Political History of Brazil*. Boulder: Westview Press, 1991, pp. 20-1; Belmiro Valverde Jobim Castor, *O Brasil não é para amadores: Estado, governo e burocracia na terra do jeitinho*. Curitiba: IBOP-Pr, 2000, pp. 46-50; e o imprescindível Roberto da Matta, *O que faz o brasil, Brasil?*. Rio de Janeiro: Rocco, 1989, pp. 29, 41, 66-9.

4. Lívia Barbosa, *O jeitinho brasileiro: A arte de ser mais igual do que os outros*. Rio de Janeiro: Campos, 1992 (prefácio de Roberto da Matta, s.p.); ver também pp. 125-37. Roberto da Matta, *O que faz o brasil, Brasil?*, pp. 29, 41, 66-9.

5. T. Lynn Smith, *Brazil: People and Institutions*. Baton Rouge: Louisiana State University Press, 1963, p. 490.

6. Gerald Horne, *The Deep South: The United States, Brazil, and the African Slave Trade*. Nova York: New York University Press, 2007, pp. 3-4. Sobre as raças nos dois países, ver Thomas

E. Skidmore, *O Brasil visto de fora*. São Paulo: Paz e Terra, 2001, pp. 101-25. Para um estudo que analisa a participação de navios construídos nos Estados Unidos, o financiamento e a organização de suas viagens, ver Leonardo Marques, "The Contraband Slave Trade to Brazil and the Dynamics of US Participation, 1831-1856", *Journal of Latin American Studies*, v. 47, parte 4, pp. 659--84, nov. 2015.

7. Joel Wolfe, *Autos and Progress, The Brazilian Search for Modernity*. Nova York: Oxford University Press, 2010, p. 5.

8. Descrevi e analisei o movimento de 1930 em *Soldiers of the Pátria: A History of the Brazilian Army*. Stanford: Stanford University Press, 2004, pp. 259-300 [publicado no Brasil com o título *Soldados da pátria: História do Exército brasileiro, 1889-1937*. São Paulo: Companhia das Letras, 2007].

9. Dutra contou essa versão a Hélio Silva em 1959; Silva, *1937: Todos os golpes se parecem*, pp. 390-1, 394; Luiz Gonzaga Novelli Jr. e Mauro Renault Leite (Orgs.). *Marechal Eurico Gaspar Dutra*. Rio de Janeiro: Nova Fronteira, 1983, pp. 228-9; sobre encontros cruciais de generais em 27 de setembro de 1937, ver pp. 232-9. As citações são das pp. 233 e 236.

10. Descrevi em detalhes a aliança entre Vargas, Dutra e Góes Monteiro em "The Military and the Dictatorship: Getúlio, Góes, and Dutra". In: Jens R. Hentschke (Org.), *Vargas and Brazil: New Perspectives*. Nova York: Palgrave Macmillan, 2006, pp. 109-41; e "Compromisso Among Vargas, Góis Monteiro, Dutra and the Establishment of the Estado Novo", *ACERVO, Revista do Arquivo Nacional*, v. 30, n. 2, pp. 19-35, jul.-dez. 2017. Disponível em: <http://revista.arquivonacional.gov.br/index.php/revistaacervo/article/view/814/>. Acesso em: 24 jan. 2025.

11. Theodore Roosevelt, *Through the Brazilian Wilderness*. Nova York: Charles Scribner's Sons, 1914, p. 333.

12. Eric C. Wendelin, Memo, Division of American Republics, 10 jun. 1944, 832.00/5--3144, RG 59, Nara. Para uma discussão, ver McCann, *The Brazilian-American Alliance, 1937--1945*. Princeton University Press, 1973, pp. 327-3.

13. Morris Cooke para Miguel Alvaro Ozorio de Almeida e Samuel Wainer, 30 jun. 1943, Cooke Papers, 0283, FDRL; para mais informações sobre a Missão Cooke, ver Cooke, *Brazil on the March: A Study in International Cooperation*. Nova York: McGraw-Hill, 1944.

14. Walter N. Walmsley, DAR, 8 dez. 1942, 832.20/480, RG 59, Nara.

15. O livro foi lançado em 1976, e o filme em 1978.

16. José Silvestre Rebello apresentou suas credenciais em 26 de maio de 1824 e permaneceu nos Estados Unidos até 1º de setembro de 1829. Em resposta aos apontamentos de Rebello de 28 de janeiro e 6 de abril de 1825, ver Henry Clay, secretário de Estado, para José Silvestre Rebello (diplomata brasileiro nos Estados Unidos), Washington, April 13, 1825, Document 136, William R. Manning, *Diplomatic Correspondence of the United States Concerning the Independence of the Latin-American Nations*, v. 1, Nova York: Oxford University Press, 1925, pp. 233-4. A ordem do imperador d. Pedro I a Rebello para buscar uma aliança encontra-se em Luis José Carvalho e Mello a Rebello, Rio de Janeiro, 15 de setembro de 1824, Despachos Ostensivos, 1823-7 (444/2/28), Arquivo Histórico Itamaraty (Rio). O melhor estudo sobre esse período é: Stanley E. Hilton, "The United States and Brazilian Independence". In: A. J. Russell-Wood (Org.), *From Colony to Nation: Essays on the Independence of Brazil*. Baltimore: Johns Hopkins University Press, 1975, pp. 109-29.

17. Steven C. Topik, *Trade and Gunboats: The United States and Brazil in the Age of Empire*. Stanford University Press, 1996, pp. 135-77. O Império do Brasil foi derrubado por um golpe militar em 15 de novembro de 1889.

18. E. Bradford Burns, *The Unwritten Alliance: Rio-Branco and Brazilian-American Relations*. Nova York: Columbia University Press, 1966.

19. R. D. Layman, "The Brazilian Navy in the Great War". *Relevance: The Quarterly Journal of the Great War Society*, v. 5, n. 2, pp. 31-3, primavera 1996.

20. Sobre o conflito do Contestado e o Brasil durante a guerra, ver McCann, *Soldiers of the Pátria: A History of the Brazilian Army*, pp. 121-90. Sobre o Brasil na guerra, ver Francisco Luiz Teixeira Vinhosa, *O Brasil e a Primeira Guerra Mundial*. Rio de Janeiro: Instituto Histórico e Geográfico Brasileiro, 1990, pp. 99-183.

21. O comandante do exército francês, marechal Joffre, recomendou para chefiar a missão o seu ex-chefe de Estado-Maior, general de brigada Maurice Gustave Gamelin. Ele seria mais conhecido como o comandante do exército francês na desastrosa derrota pelos invasores alemães em 1940.

22. McCann, op. cit., pp. 250-1; sobre os interesses em laços brasileiros por parte de agentes e altos oficiais, pp. 360-1.

23. Estado-Maior do Exército, *Relatório... 1936... G[eneral] D[ivisão] Arnaldo de Souza Paes de Andrade*. Rio de Janeiro: Imprensa do Estado-Maior do Exército, 1937, Arquivo Histórico do Exército (Rio), pp. 4-5.

24. Ibid., p. 12.

25. General de divisão Francisco Ramos de Andrade Neves (chefe do Estado-Maior), Rio de Janeiro, 3 ago. 1934: Estado-Maior do Exército, *Exame da situação militar do Brasil*. Rio de Janeiro: Imprensa do Estado-Maior do Exército, 1934, Arquivo Histórico do Exército (Rio). Citações das pp. 5-9. Para mais informações sobre o pensamento estratégico do Exército, ver McCann, *Soldiers of the Pátria*, pp. 445-9.

26. Segundo Hélio Silva, essa história foi espalhada por agentes do Eixo a fim de lançar dúvidas sobre a motivação do Brasil para se juntar ao conflito. A longevidade e a propagação do rumor são notáveis. Estudantes de várias partes do Brasil já me perguntaram a seu respeito. Ver Hélio Silva, *1942: Guerra no continente*. Rio de Janeiro: Civilização Brasileira, 1972, p. 394. O rumor é debatido na internet, geralmente com tentativas de desacreditar sua validade; ver Túlio Vilela disponível em: <http://educacao.uol.com.br/historia-brasil/brasil-na-segunda-guerra terror-no-atlantico.jhtm>. Acesso em: 24 jan. 2025.

Uma revista de grande circulação, *Super*, publicou uma matéria sobre o Brasil e a Segunda Guerra Mundial, "Pearl Harbor no Brasil"; alguns comentários de leitores afirmam que os Estados Unidos afundaram os navios ["*na verdade foram os Estados Unidos que atacaram o Brasil, e botaram a culpa nos nazistas*"]; disponível em: <http://super.abril.com.br/forum/Revista/Edicao-setembro2010-A-genetica-fracassou/Pearl-Harbor-no-Brasil>. Acesso em: 24 jan. 2025.

Contudo, o afundamento de navios brasileiros foi cuidadosamente documentado por testemunhos registrados de sobreviventes, que disseram que os submarinos eram alemães. Ver relatos pormenorizados sobre catorze navios em Ministério das Relações Exteriores, *O Brasil e a Segunda Guerra Mundial*. Rio de Janeiro: Imprensa Nacional, v. II, 1944, pp. 61-148. Além disso, registros navais alemães capturados que tratam dos ataques aos navios brasileiros são bem claros: US Navy, Office of Naval Intelligence, *Further Conferences on Matters Dealing with the German Navy, 1939-1945*. Washington, 1947, pp. 86, 89-90. Ver "Report on a Conference between the Commander in Chief, Navy and the Fuehrer at the Berghof the afternoon of 15 June 1942", no qual Hitler aprovou o ataque de submarinos a navios e portos brasileiros. Os ataques de submarinos alemães haviam começado em fevereiro e, em junho de 1942, Hitler aprovou que continuassem e se intensificassem no Brasil a partir de agosto. No Brasil é fácil encontrar informações corretas consideráveis; na internet, por exemplo, disponível em: <https://www.naufragios dobrasil.com.br/2guerrasubmarinos.htm>. Acesso em: 24 jan. 2025. Uma análise excelente encontra-se em um livro bem fundamentado: Vágner Camilo Alves, *O Brasil e a Segunda Guerra Mundial: História de um envolvimento forçado*. Rio de Janeiro: PUC-Rio, 2002, pp. 164-84. Para o rumor, que ele qualifica como "dúvida histórica absurda", ver pp. 180-1. O estudo clássico sobre os ataques de submarinos alemães é de Durval Lourenço Pereira, *Operação Brasil: O ataque alemão que mudou o curso da Segunda Guerra Mundial*. São Paulo: Contexto, 2015.

27. Às vezes essa noção equivocada aflora em publicações, por exemplo, em um livro publicado pela imprensa do estado do Paraná: Alfredo Bertoldo Klas, *Verdade sobre Abetaio: drama de sangue e dor no 4º ataque da F.E.B. ao Monte Castello*. Curitiba: Imprensa Oficial, 2005. O autor foi tenente no 11º Regimento de Infantaria da FEB que combateu na Itália. Ele acreditava que o governo brasileiro provocara os ataques de submarinos alemães a navios do Brasil porque permitira as bases aéreas e navais americanas no Nordeste do país. Classificou o regime ditatorial de Vargas como "nazismo". Por todo o livro encontramos a insinuação de que os Estados Unidos arrastaram o Brasil para a guerra, como na ideia de que, ao enviar a FEB sem treinamento suficiente, inclusive com pouca explicação sobre as razões da guerra, "contra um inimigo experimentado e aguerrido, o governo brasileiro cometeu um crime em nome do Brasil" [p. 237]. A importância de livros como o de Klas está no fato de que alimentam rumores e surgimento de mitos para as pessoas comuns. Esses rumores foram nutridos por escritores respeitados como Nelson Werneck Sodré, que em seu livro *Memórias de um soldado* (Rio: Civilização Brasileira, 1967), p. 207, afirmou incorretamente não haver nos arquivos alemães provas do afundamento. Não é provável que ele tenha se dado o trabalho de verificar esses arquivos, que então eram mantidos nos National Archives em Washington e no Public Records Office em Londres. Em agosto de 1998 ouvi pela primeira vez a mítica história de que a Marinha americana havia afundado os navios brasileiros, mencionada por estudantes da Universidade Federal de Roraima. Seria bem útil um estudo sobre como essa história foi mantida por tantos anos.

28. Em parte como consequência da escassez de pesquisas aprofundadas no Brasil sobre a Segunda Guerra Mundial, imprecisões insinuaram-se na historiografia. Ver Boris Fausto, *A Concise History of Brazil*. Cambridge, UK: Cambridge University Press, 1999, p. 228 [publicado em português como *História concisa do Brasil*, Edusp, 2015].

29. Grifo meu. Julius H. Amberg (assistente especial do secretário da Guerra) para Hugh Fulton (chefe de assessoria jurídica, Comitê Truman, Senado dos Estados Unidos), 13 ago. 1943, OPD 580.82 Brazil (3-30-42), RG 165, Nara. Houve uma investigação no Congresso sobre os procedimentos do Exército junto à Pan American Airways. Sobre o "Programa de Desenvolvimento de Aeroportos" dessa companhia aérea, ver Therese L. Kraus, *The Establishment of United States Army Air Corps Bases in Brazil, 1938-1945*, dissertação de Ph.D., Universidade de Maryland,

1986; e meu artigo "Aviation Diplomacy: The United States and Brazil, 1939-1941", *Inter-American Economic Affairs*, v. 21, n. 4, pp. 35-50, 1968.

30. William L. Langer e S. Everett Gleason, *The Undeclared War, 1940-1941*. Nova York: Harper & Brothers, 1953, p. 603.

31. Stetson Conn e Bryon Fairchild, *The Framework of Hemisphere Defense*. Washington, DC: Office of the Chief of Military History, Department of the Army, 1960, pp. 325-6.

2. TEMORES E EXPLORAÇÕES NO PRÉ-GUERRA [pp. 33-62]

1. A revolta arruinou os conchavos políticos da chamada República Velha e pôs no poder um grupo de líderes políticos com um conjunto diferente de ideias sobre as necessidades do país. Há um debate contínuo entre os historiadores acerca da natureza dos acontecimentos político-militares de outubro de 1930. Um bom ponto de partida para o debate é Lúcia Lippi Oliveira (Org.) et al., *Elite intelectual e debate político nos anos 30: Uma bibliografia comentada da Revolução de 1930*. Rio de Janeiro: Fundação Getúlio Vargas, 1980, pp. 35-51.

2. Ver McCann, *Soldiers of the Pátria*, 2004, pp. 191-371.

3. General de divisão Francisco Ramos de Andrade Neves (chefe do Estado-Maior), Rio de Janeiro, 3 ago. 1934: Estado Maior do Exército, *Exame da situação militar do Brasil*. Rio de Janeiro: Imprensa do Estado-Maior do Exército, 1934, pp. 6-8. Para uma declaração muito explícita, ver Estado-Maior do Exército, 2ª Grande Região Militar, Rio de Janeiro, dez. 1936, Memo n. 1 (Situação do Paiz), Correspondência Pessoal, Acervo Pessoal general Pedro de Góes Monteiro, Caixa 1, Arquivo Histórico do Exército (Rio). Nesse documento observa-se (na seção "Neutralidade e Cooperação") que o Brasil não seria capaz de manter a neutralidade se houvesse um conflito mundial e teria de se aliar a um dos lados, e que, por carecer de material bélico, sua mobilização forneceria soldados que teriam de ser equipados por outra potência, "que não poderá ser outra senão os Estados Unidos da América".

4. Para uma análise da situação do comércio e da compra de armas alemãs pelo Brasil, ver o minucioso estudo de Stanley E. Hilton sobre as negociações de armas do Brasil com a Alemanha em *Brazil and the Great Powers, 1930-1939: The Politics of Trade Rivalry*. Austin: University of Texas Press, 1975, pp. 118-29; e meu livro *The Brazilian-American Alliance*, 1973, pp. 149-75.

5. G. Vargas a Osvaldo Aranha, n.p., 24 dez. 1934, GV 1934.12.14/1, AGV, CPDOC; e O. Aranha a G. Vargas, Washington, DC, 18 jan. 1935, GV 1935.01.18/2, AGV, CPDOC.

6. Osvaldo Aranha a G. Vargas, Washington, DC, 6 mar. 1935, GV 1935.03.06/1. AGV, CPDOC.

7. O compromisso pode ser definido como um pacto. Para uma análise mais completa, ver McCann, "The Military and the Dictatorship: Getúlio, Góes e Dutra". In: Jens R. Hentschke, *Vargas and Brasil: New Perspectives*. Nova York: Palgrave Macmillan, 2006, pp. 109-41.

8. Vargas, *Diário*, v. 1, pp. 523-4.

9. Sobre a situação estratégica do Brasil e as preocupações dos militares brasileiros com armas, comércio externo e relações internacionais, ver McCann, *Soldiers of the Pátria*, 2004, pp. 349-63.

10. Boris Fausto, *A Concise History of Brazil*. Cambridge: Cambridge University Press,

1999, p. 227; um exemplo de livro que descreve uma vacilação de Vargas é de Roberto Gambini, *O duplo jogo de Getúlio Vargas*. São Paulo: Símbolo, 1977.

11. Maj. Lawrence C. Mitchell (adido militar), Rio, 13 mar. 1939: "Interview with Minister of War, Army's Attitude towards Germany and the United States", n. 2202, 2257 K-33, RG 165, National Archives [Nara].

12. A Friedrich Krupp e a Carl Zeiss eram empresas essenciais na indústria bélica alemã. O contrato especificava o fornecimento de 1180 peças de artilharia de vários calibres. Uma lista por tipo encontra-se no Ministério da Guerra, *Relatório apresentado ao presidente da República dos Estados Unidos do Brasil pelo general de divisão Eurico Dutra, ministro de Estado da Guerra em maio de 1940*. Rio de Janeiro: Imprensa Nacional, 1941, pp. 5-7 [doravante indicado como MG, *Relatório... Dutra... 1940*]; Mauro Renault Leite e Luiz Gonzaga Novelli Jr. (Orgs.), *Marechal Eurico Gaspar Dutra: O dever da verdade*. Rio de Janeiro: Nova Fronteira, 1983, p. 335. As negociações levaram dois anos a partir de 1936. O contrato com a Krupp foi assinado em 9 de março de 1938.

13. Sumner Welles para F. D. Roosevelt, Washington, DC, 26 jan. 1937, President's Personal File 4473 (Vargas), FDR Library, Hyde Park, NY. Roosevelt e Vargas se encontraram no Rio de Janeiro em novembro de 1936. Além de dizer que os "interesses vitais" do Brasil estariam envolvidos se os Estados Unidos fossem atacados, ele sugeriu a possibilidade de os Estados Unidos utilizarem "alguma outra parte do território brasileiro para salvaguarda em caso de uma aproximação do canal do Panamá pelo leste". Para a biografia de Welles, ver Michael J. Devine, "Welles, Sumner"; disponível em: <http://www.anb.org/articles/06/06-00696.html>. Acesso em: 27 jan. 2025; American National Biography Online Feb. 2000.

14. Antes da Primeira Guerra Mundial, o Brasil tinha planos de contratar uma missão alemã para instruir o exército e enviara 34 oficiais em três contingentes para um treinamento de dois anos pelo Exército Imperial alemão (1905-12). Membros desse grupo fundaram em 1913 o jornal militar *A Defesa Nacional* e moldaram o Exército brasileiro moderno. Vários deles eram generais do mais alto escalão em fins dos anos 1930. Uma lista de nomes encontra-se em McCann, op. cit., p. 486. Parte da admiração pelo reconstruído Exército do III Reich era, na verdade, um sentimento nostálgico gerado pela experiência pré-Primeira Guerra Mundial.

15. Sessenta e cinco por cento do fornecimento de bauxita para a indústria de alumínio americana provinham da vizinha Guiana Holandesa (Suriname); ver William L. Langer e S. Everett Gleason, *The Undeclared War, 1940-1941*. Nova York: Harper & Brothers, 1953, p. 603.

16. Memorandum, Washington, 23 dez. 1941: Notes of Meeting at the White House with the President and the British Prime Minister Presiding. Disponível em: <http://marshallfoundation.org/library/digital-archive/memorandum-10/>. Acesso em: 27 jan. 2025.

17. "Notes on Coast Artillery Defenses of the Coast of Brazil", 16 jan. 1939, 2006-164, War Department, Military Intelligence Division, RG 165, Nara.

18. "Special Study, Brazil", 29 mar. 1939, Army War College, War Plans Division (WPD) 4115-7, WWII RS, Nara. Quando encomendou esse estudo ao War College, o general Marshall desrespeitou uma antiga política de não usar a instituição para esse tipo de estudo. Ver Brig. Gen. G. C. Marshall (chefe adjunto do gabinete) para o major-general John L. DeWitt (comandante do Colégio de Guerra do Exército), 6 fev. 1939, 14281-22, WPD, RG 165, Nara. Os oficiais envolvidos trabalharam em segredo chefiados pelo major Francis G. Bonham entre 17 de feve-

reiro e 29 de março de 1939 para elaborar o estudo sobre o Brasil e outro sobre a Venezuela. O War College na época estava em Fort Humphreys, Washington, DC. Larry I. Brand (Org.) *The Papers of George Catlett Marshall*, v.1. Baltimore: Johns Hopkins University Press, 1981, pp. 1945.

19. Maj. Lawrence C. Mitchell (adido militar), Rio, 22 set. 1939, Report 2300: "Comments on Current Events", n. 4, 2050-120, Departamento de Guerra, Estado-Maior, Divisão de Inteligência Militar, RG 165, Nara. Dutra recomendou que os oficiais brasileiros acompanhassem operações de combate para vislumbrar lições e aprender.

20. A missão da Marinha dos Estados Unidos tinha dezesseis oficiais, comandados por um contra-almirante; disponível em: <http://query.nytimes.com/mem/archive-free/pdf?res=F50716F8355B11728DDDAE0894DA415B828EF1D3>. Acesso em: 27 jan. 2025. A missão durou até 1977. Desde suas origens até os anos 1930, ver Eugênio Vargas Garcia, "Anglo-American Rivalry in Brazil: the Case of the 1920s", Working Paper CBS-14-00 (P), 15 jul. 2000, Center for Brazilian Studies, Universidade de Oxford, pp. 19-24.

21. Coronel E. R. W. McCabe (chefe adjunto do gabinete), memorando para chefe adjunto do gabinete WPD, 25 jan. 1939, WPD 4115, RG 165, Nara.

22. Instituto Brasileiro de Geografia e Estatística (IBGE), *Recenseamento, 1940*. Rio de Janeiro: IBGE, 1940, extraído de Ricardo A. Silva Seitendus, "O Brasil e o III Reich (1933-1939)", pp. 275-6. Disponível em: <https://www.degruyter.com/database/IBZ/entry/ibz.ID311493951/html>. Acesso em: 27 jan. 2025. Havia na época cerca de 900 mil alemães no Brasil.

23. McCann, "Vargas and the Destruction of the Brazilian Integralista and Nazi Partis", *The Americas*, v. XXVI, n. 1, pp. 15-34, jul. 1969. A língua alemã desapareceu até de lápides em cemitérios de cidades sulistas, como Canela, no Rio Grande do Sul. Vi isso pessoalmente quando estive na cidade.

24. Eurico Dutra, ministro da Guerra, *Relatório das principais actividades do Ministério da Guerra durante o ano de 1939*. Rio de Janeiro: Imprensa Militar, pp. 45-6, jul. 1940. Para um estudo das atividades nazistas, ver Ana Maria Dietrich, "Nazismo tropical? O Partido Nazista no Brasil", FFLCH-USP, 2007. Disponível em: <http://docshare01.docshare.tips/files/20852/208520682.pdf>. Acesso em: 27 jan. 2025. Tese (Doutorado em História).

25. Sobre os espiões alemães, ver Stanley E. Hilton, *Hitler's Secret War in South America, 1939-1945: German Military Espionage and Allied Counterespionage in Brasil*. Baton Rouge: Louisiana State University Press, 1981.

26. Coronel E. R. W. McCabe (chefe adjunto de gabinete — Staff G2), Washington, 27 jan. 1939: "Attitude of Brazil toward the United States and Intrusion of the Axis States in Brazil", 2006--164, RG 165, Nara.

27. Memorando de McCabe, 25 jan. 1939. Sobre o Integralismo, ver Stanley E. Hilton, "Ação Integralista Brasileira, Fascism in Brazil, 1932-1938", *Luso-Brazilian Review*, v. 9, n. 2, pp. 3-29, dez. 1972; McCann, op. cit., pp. 372-5; Marcus Klein, *Our Brazil Will Awake! The Ação Integralista Brasileira and the Failed Quest for Fascist Order in the 1930s*. Amsterdã: Cuadernos del Cedla, 2004, pp. 71-4.

28. Karl Ritter, Rio, 29 jun. 1938, #993, mencionou o plano dos integralistas que havia sido debelado pela polícia; ver *O III Reich e o Brasil*. Rio de Janeiro: Laudes, 1968, pp. 97-101.

29. Cor. E. R. W. McCabe (chefe adjunto de gabinete — G2), memorando para o chefe ad-

junto do Estado-Maior da divisão de Planos de Guerra, 25 jan. 1939: "Defense Policy of Brazil", G-2/2006-164, RG 165, Nara.

30. Marshall desembarcou no Rio em 25 de maio e partiu em 6 de junho, chegando a Annapolis, no estado de Maryland, em 20 de junho. O general Góes Monteiro foi com ele para uma longa visita aos Estados Unidos. Foram recebidos na Academia Naval dos Estados Unidos, cujo comandante fora membro da Missão Naval Americana no Brasil. Em maio de 1939, Marshall era chefe interino do Estado-Maior, mas o presidente Roosevelt já o nomeara sucessor do general Malin Craig (2 out. 1935 a 31 ago. 1939), e ele assumiria efetivamente o posto em 1º de setembro. Uma cronologia de sua carreira encontra-se em Larry I. Bland (Org.), *The Papers of George Catlett Marshall*, v. 1, Baltimore: The Johns Hopkins University Press, 1981, pp. XXIX-XXX.

31. Ibid., p. 716. Citação da entrevista de Marshall a Bland em 7 de dez. 1956.

32. A Comissão Permanente de Ligação, formada no começo de 1938, tinha representantes dos Departamentos de Estado, Guerra e Marinha. Como chefe do Estado-Maior interino desde meados de 1938, Marshall participava ativamente da comissão. Ela foi a precursora do Conselho de Segurança Nacional instituído no pós-guerra (1947).

33. Major Lawrence C. Mitchell, Rio, 2 mar. 1938, Report 2057 "Law of 1938 for Organization of the Brazilian Ministry of War", 2006-86, War Department, general Staff, RG 165, Nara.

34. Sobre a recepção a Marshall, ver Caffery, Rio, 26 maio 1939, 832.20111/29, #1317, RG 59, Nara. Esse longo comunicado inclui a programação completa da visita ao país, com os horários de chegada e os meios de transporte. Traz anexos recortes, editoriais e fotos de primeira página de jornais. Um detalhado programa de onze páginas sobre a visita de Marshall encontra-se em "Programa das homenagens do Brasil à missão militar chefiada por S. Exa. o general George C. Marshall, chefe do Estado-Maior do Exército americano e sua ilustre comitiva". Rio de Janeiro, 1939, HB 203f, Arquivo Horta Barbosa, CPDOC. Góes Monteiro era o sobrenome do general. Muitos americanos referiam-se a ele incorretamente como "Monteiro". Os amigos e até a imprensa tratavam-no simplesmente por Góes. Sua biografia encontra-se em "Góes Monteiro", Israel Beloch e Alzira Alves de Abreu (Orgs.), *Dicionário histórico-biográfico brasileiro, 1930-1983*, v. 3. Rio de Janeiro: Forense-Universitária, 1984, pp. 2246-59; sobre Dutra, ver "Eurico Gaspar Dutra", ibid., v. 2, pp. 1126-54. Em razão da reforma ortográfica, hoje algumas publicações grafam seu nome como Góis. Uso a grafia que ele próprio adotava. Os comentários do general Pinto encontram-se no relatório em Caffery, 26 maio 1939.

35. General George C. Marshall para general Malin Craig, Rio de Janeiro, 26 maio 1939. Disponível em: <http://marshallfondation.org/library/to-general-malin-craig-6/>; e Marshall para Craig, Belo Horizonte, 1 jun. 1939. Disponível em: <http://marshallfoundation.org/library/digital-archive/1-577-to-general-malin-craig-june-1-1939/>. Acesso em: 27 jan. 2025. Os originais estão em Records of the Adjutant General's Office, 1917-, 210.482 Brazil [4-29-39], RG 407, Nara.

36. Lourival Coutinho, *O general Góes depõe...* Rio de Janeiro: Coelho Branco, 1956, pp. 357-60. Góes forneceu informações sobre o convite e observou que Dutra não era a favor da ideia. A proposta de Marshall e a resposta de Góes encontram-se em Estevão Leitão de Carvalho, *A serviço do Brasil na Segunda Guerra Mundial*. Rio de Janeiro: A Noite, 1952, pp. 58-9. Leitão era o general comandante no Rio Grande do Sul durante a visita de Marshall. Um resumo minucioso da viagem está em general Paulo Q. Duarte, *O Nordeste na II Guerra Mundial: Antecedentes e ocupação*. Rio de Janeiro: Record, 1971, pp. 45-62.

37. Major William Sackville (adido militar), Rio de Janeiro, 4 mar. 1936: "Brazil's Authorized Army, 1936-7-8", RG 165, Nara.

38. Major William Sackville, "Agitation within Army to Prevent Reduction of Effectives", Rio, 1 nov. 1935, 1552, 2006-102, G-2 Regional, Brazil 6300-c, MID G2, WD, RG 165, Nara. Sackville não podia estar mais enganado quando concluiu seu relatório dizendo: "Não há muita probabilidade de os oficiais causarem mais agitação".

39. McCann, op. cit., pp. 471-8.

40. Major Emmanuel Kant Torres Homem ao tenente-coronel José Agostinho dos Santos, s.d., Forte de São João (Niterói, RJ), incluído em Relatório, Segundo Período de Instrucção, 2 GAC, 1936, III-IV, Arquivo Histórico do Exército (Rio).

41. General de divisão, *Relatório... Dutra... 1940*, p. 132.

42. George C. Marshall para general Malin Craig, Rio, 26 maio 1939, e Belo Horizonte, 1 jun. 1939, in Larry I. Bland (Org.), op. cit., pp. 716-20. Ele esboçou ideias para a visita de Góes aos Estados Unidos.

43. Comentário em memorando de Orme Wilson a Sumner Welles, Rio, 15 nov. 1940, 832.20/261/ RG 59, NA. A missão militar estava no Brasil desde 1934, e seus quatro oficiais ministravam treinamento e davam assessoria em questões de defesa costeira e outros assuntos técnicos.

44. Marshall sempre atentou para os custos; ele comentou que a Pan American havia oferecido um voo gratuito para o Norte. General George C. Marshall para general Malin Craig, Rio de Janeiro, 26 maio 1939. Disponível em: <http://marshallfoundation.org/library/to-general-malin-craig-6/>. Acesso em: 27 jan. 2025. Ridgway e Chaney seguiram carreiras com distinção. Marshall designou Ridgway para a War Plans Division em setembro de 1939; em 1942 ele assumiu o comando da 82ª Divisão de Paraquedistas, destacou-se nas invasões da Sicília e da Normandia, comandou o 8º Exército na Coreia e em 1952 sucedeu Eisenhower no comando da Otan. Em 1942 Chaney era o primeiro comandante das forças do Exército americano na Grã-Bretanha e foi sucedido nesse posto por Eisenhower. Por quanto tempo as impressões que eles formaram sobre o Brasil terão continuado a influenciar seu pensamento?

45. Matthew B. Ridgway para G. C. Marshall, *USS Nashville*, 17 jun. 1939, Memo: "Brazil in Hemisphere Defense", WPD 4224-11, World War II Records Section, RG 165, Nara.

46. Góes Monteiro a Getúlio Vargas, Washington, 7 jul. 1939 e 10 jul. 1939, Arquivo Getúlio Vargas, CPDOC. Curiosamente, em meados dos anos 1930 os planos de guerra argentinos pressupunham que Brasil e Estados Unidos fossem aliados contra a Argentina; ver capitão Vernon A. Walters, Rio, 27 jan. 1944, "The Plano Maximo", G-2 Regional Files 5995, RG 165, Nara. Esse documento indica o plano da Argentina para uma guerra contra o Brasil. Na visita planejada de Góes à Europa, ele não iria só à Alemanha; primeiro visitaria Inglaterra, França e Itália. O convite americano fora recebido depois dos outros quatro, mas Vargas decidira aceitá-lo primeiro. No fim, Góes não foi à Europa. Sobre planos para a viagem e o interesse de Vargas, ver Jefferson Caffery (embaixador do Brasil), Rio, 8 maio 1939, 832.20111/8, RG 59, Nara.

47. Forrest C. Pogue, *George C. Marshall: Education of a General*. Nova York: MacGibbon & Kee, 1964, pp. 332-3.

48. Sobre o papel de Góes Monteiro e Dutra no estabelecimento da ditadura do Estado Novo, ver McCann, "The Military and the Dictatorship: Getúlio, Góes, and Dutra". In: Jens R.

Hentschke (Org.), *Vargas and Brazil: New Perspectives*. Nova York: Palgrave Macmillan, 2006, pp. 109-41.

49. Estado-Maior do Exército, *Relatório dos Trabalhos do Estado-Maior... 1937... pelo GD Pedro Aurélio de Góes Monteiro*. Rio de Janeiro: Imprensa do Estado-Maior do Exército, 1938, pp. 4-5, 8-9. "Herdamos [...] um exército quase que apenas nominal, desprovido do essencial e, portanto, imprestável para o campo de batalha", p. 5.

50. G. C. Marshall para Jefferson Caffery, Washington, 24 jul. 1939, #2-018, Marshall Papers, Pentagon Office Collection, General Materials, George C. Marshall Research Library, Lexington, VA.

51. O relato sobre Góes em West Point baseia-se em G. C. Marshall para tenente-coronel Harold R. Bull, Washington DC, 15 jul. 1939 #2012, Larry I. Brand, Sharon Ritenour Stevens e Clarence E. Wunderlin Jr. (Orgs.), *George Catlett Marshall Pappers*, v. 2, "We Cannot Delay", 1 jul. 1939-6 dez. 1941. Baltimore e Londres: The Johns Hopkins University Press, 1986, p. 13. O coronel Bull havia encerrado recentemente suas viagens como secretário do Estado-Maior. Para a foto na Casa Branca, ver Getty Images. O embaixador brasileiro Carlos Martins também foi com Góes à Casa Branca. Um vídeo de um minuto mostrando Marshall e Góes na apresentação da força aérea na base de Langley em 22 de junho de 1939 está disponível em: <http://marshallfoundation.org/library/video/langley-field-virginia-air-show/>. Acesso em: 27 jan. 2025.

52. G. C. Marshall para embaixador Jefferson Caffery, Washington DC, 24 jul. 1939, #2--018. Disponível em: <http://marshallfoundation.org/library/digital-archive/to-jefferson-caffery/>. Acesso em: 27 jan. 2025.

53. Marshall para general Malin Craig, no USS Nashville "Off Recife", 10 jun. 1939 [aerograma manuscrito via Panair] 2257 K32, RG 165, Nara.

54. Subsecretário Sumner Welles para embaixador Jefferson Caffery, Washington, 8 maio 1940, 810.20 Defense/58 ½, *United States Foreign Relations 1940*, v. 5, pp. 40-2; Hélio Silva, *1939: Véspera de guerra*. Rio de Janeiro: Civilização Brasileira, 1972, pp. 194-5. A extensão do litoral brasileiro equivale à distância de San Diego, Califórnia, ao Círculo Ártico no Alasca.

55. Estado-Maior do Exército, 2ª Grande Região Militar, Rio de Janeiro, dez. 1936, Memo n. 1 (Situação do Paiz), (Sec IV), Correspondência Pessoal, Acervo Pessoal general Pedro de Góes Monteiro, Caixa 1, Arquivo Histórico do Exército (Rio).

56. Jefferson Caffery para Marshall, Rio, 10 ago. 1939, Marshall Papers, Pentagon Office, General (Brazil-American Military Mission), George C. Marshall Research Library, Lexington, VA.

57. Lourival Coutinho, op. cit., p. 40. Esse livro baseia-se em uma série de entrevistas com o general.

58. G. C. Marshall para embaixador Jefferson Caffery, Washington, DC, 24 jul. 1939, #2-018. Disponível em: <http://marshallfoundation.org/library/digital-archive/to-jefferson-caffery>. Acesso em: 27 jan. 2025. Miller era de New Hampshire e se formou em nono lugar em West Point na célebre turma de 1915.

59. Góes Monteiro a Marshall, Rio, 8 ago. 1939, Arquivo Getúlio Vargas, CPDOC. Para as cartas de Góes-Marshall e as listas dos armamentos solicitados, ver WPD 4224-7 a 13, WWII Records Section, Nara.

60. G. C. Marshall para P. de Góes Monteiro, Washington DC, 5 out. 1939, #2-061. Disponível em: <http://marshallfoundation.org/library/digital-archive/to-general-pedro-góes-mon-

teiro/>. Acesso em: 27 jan. 2025. Marshall respondia a uma carta de Góes datada de 8 de setembro de 1939, WPD4224, RG 165, Nara. Ele julgava que as encomendas de material bélico à Alemanha tinham sido "praticamente canceladas e embargadas" pela eclosão da guerra. Queria saber se os Estados Unidos poderiam "fornecer material bélico idêntico com extrema urgência".

61. Lourival Coutinho, op. cit., p. 365; Forrest C. Pogue, *George C. Marshall: Education of a General*. Nova York: Viking, 1962, p. 342.

62. Jefferson Caffery para Sumner Welles, Rio de Janeiro, 24 maio 1940, 810.20 Defense/58 ½, telegrama, *United States Foreign Relations 1940*, v. 5, pp. 42-3. Segundo Caffery, Aranha lhe dissera naquela manhã que o Brasil estava disposto a "cooperar cem por cento com os Estados Unidos em planos de defesa militar e naval ou para repelir agressões e até cooperar com os Estados Unidos na guerra".

63. Ricardo Antônio Silva Seintefus, *O Brasil de Getúlio Vargas e a formação dos blocos, 1930-1942: O processo do envolvimento brasileiro na II Guerra Mundial*. São Paulo: Companhia Editora Nacional, 1985, pp. 348 e seguintes.

64. Embora vários livros tenham ressaltado que ele foi convidado a participar de manobras na Alemanha, também havia planos para Góes observar manobras na Grã-Bretanha. O Ministério das Relações Exteriores brasileiro fez o cronograma das visitas a Itália, Inglaterra, Alemanha e França. Ver Osvaldo Aranha a Getúlio Vargas, Rio, 18 ago. 1939, Arquivo Getúlio Vargas, CPDOC. Frank D. McCann, *The Brazilian-American Alliance*, p. 146, nota 46. Sobre o persistente mito no Brasil de que Góes Monteiro foi à Alemanha, ver, por exemplo, Luiz Alberto Moniz Bandeira, *Presença dos Estados Unidos no Brasil*. Rio de Janeiro: Civilização Brasileira, 1973, p. 263. Esse mito penetrou tão fundo na historiografia brasileira que o encontramos até em estudos culturais como a biografia de Carmen Miranda por Ruy Castro; ver *Carmen: Uma biografia*. São Paulo: Companhia das Letras, 2005, p. 243. Sobre a viagem cancelada à Europa, ver Hélio Silva, *1939: Véspera de guerra*. Rio de Janeiro: Civilização Brasileira, 1972, pp. 158-60.

65. Caffery, Rio, 25 maio 1939, Telegrama 174 (16h), 832.20111/18, RG 59, Nara e Caffery, Rio, 6 jun. 1939, Telegrama 184, RG 59, Nara.

66. Osvaldo Aranha a G. Vargas, Rio, 18 ago. 1939, Arquivo Osvaldo Aranha, CPDOC. Ter acesso a documentos dos dois lados nem sempre esclarece a questão.

67. Eurico Dutra a G. Vargas, Rio, 5 maio 1939, Arquivo Getúlio Vargas, CPDOC. Surpreendentemente, Dutra achava que uma guerra na Europa atrairia a Rússia para uma aliança contra a Alemanha e receava que isso acarretasse um alastramento do comunismo no Brasil. Segundo Dutra, qualquer aliança ou acordo comercial com a Rússia poderia ter as mais graves consequências para o Brasil. Em 1935, o Exército brasileiro sofrera uma revolta comunista em suas fileiras, apoiada por agentes e dinheiro de Moscou. Embora tenha logo sido suprimido, o levante perturbou profundamente a oficialidade brasileira durante anos. McCann, *Soldiers of the Pátria*, pp. 474-90.

68. Eurico Dutra a G. Vargas. Rio, 5 maio 1939, Arquivo Getúlio Vargas, CPDOC.

69. Vargas a Dutra, Rio, 9 maio 1939, Arquivo Getúlio Vargas, CPDOC.

70. Eurico Dutra a Góes Monteiro, Rio de Janeiro, 11 maio 1939, Aviso Secreto N. 9, Arquivo Marechal Dutra, extraído de Mauro Renault Leite e Luiz Gonzaga Novelli Jr. (Orgs.), *Marechal Eurico Gaspar Dutra: O dever da verdade*. Rio de Janeiro: Nova Fronteira, 1983, pp. 400-1.

71. A Lei de Neutralidade de 1939 cancelou o embargo às armas e permitiu exportações

de armas e munições no regime "*cash and carry*" [pagamento à vista e transporte dos armamentos em embarcações não americanas] para países beligerantes. A votação final na Câmara dos Deputados foi em 2 de novembro.

72. Tenente-coronel Lehman W. Miller, memorando para embaixador americano, Rio, 24 set. 1940, "Sending of Brazilian Army Officers to the US for Instructional Purposes", 2257-K-18/181; ver também Eurico Dutra a maj. Edwin L. Sibert (adido militar), Rio, 8 jan. 1941, 2257-K-18/247, WD, GS, MID, RG 165, Nara.

73. Gen. Sherman Miles (chefe adjunto de gabinete) para adido militar brasileiro, Washington, 16 jan. 1940, telegrama 217, 2257-K-18; e maj. Edwin L. Silbert para chefe adjunto do gabinete — G2, Rio, 3 jan. 1941, N. 2565: "Brazilian Officers to US Service Schools", 2257-k-18/232, WD, GS, MID, RG 165, Nara.

74. Getúlio Vargas, *A nova política do Brasil*, v. 7. Rio de Janeiro: José Olympio, 1940, pp. 317-20. O discurso foi em 13 de maio de 1940, relatado a Washington por Randolph Harrison, Rio, 16 maio 1940, Despacho 3014, 832.00/1289, RG 59, NA. O uso por Getúlio da imagem de "Ulisses" evitando a sedução das sereias talvez tenha sido uma referência aos 29 navios estrangeiros que tinham estado no Brasil nos dezessete meses anteriores. Ver Duarte, *O Nordeste na II Guerra Mundial*, p. 67.

75. Robert C. Burdett para George C. Marshall, Salvador (Bahia), 17 maio 1940, 832.00 /1289 ½, RG 59, Nara. Ele conversou com Góes no Rio em 13 de maio. O encarregado de negócios chefiava a embaixada na ausência do embaixador.

76. Em 23 de maio de 1940, Roosevelt disse a um grupo de empresários que a derrota da Grã-Bretanha e da França removeria o anteparo representado pela frota britânica e o Exército francês. "Por isso [...] temos de pensar [em proteger] as Américas cada vez mais e infinitamente mais rápido." O Exército belga rendeu-se em 28 de maio, e teve início a evacuação de Dunquerque pelas forças britânicas. Stetson Conn e Byron Fairchild, *The Framework of Hemisphere Defense*. Washington, DC: Office of the Chief of Military History, 1960 p. 34.

77. Harry P. Ball, *Of Responsible Command: A History of the U.S. Army War College*. Carlisle Barracks, PA: Alumni Association of the United States Army War College, 1983, pp. 212-9.

78. Obviamente esse tipo de "planejamento" baseia-se em suposições sobre as capacidades do inimigo cujo grau de precisão depende das informações disponíveis e do grau de familiaridade dos planejadores com o terreno em que irão operar. Os documentos não evidenciam familiaridade adequada com o terreno nem noção da dificuldade de movimentação por um país sem estradas. "Course at the Army War College, 1939-1940. War Plans. Formulation of War Plans Period." Report of Staff Group N. 3. Subject: War Plan Purple. Date of Conference: 20 May 1940, AWC WPDC4081. Cópia no US Army Military History Institute, Carlisle, PA. O tenente-coronel L. W. Miller participou desse exercício.

79. Sobre a operação "Pote de Ouro", ver Conn e Fairchild, *Framework of Hemisphere Defense*, pp. 273-4. Connn e Fairchild empenharam-se em evidenciar as preocupações de americanos e ingleses com o interesse da Alemanha em estabelecer uma base em Dacar, na África ocidental francesa, e as possíveis consequências disso para a segurança brasileira. Ver p. 120. A origem do relatório britânico sobre uma possível força expedicionária alemã não é clara. Os 6 mil soldados alemães são mencionados em "Foreign Policy and Armed Forces". Disponível em: <http://www.history.army.mil/books/wwii/csppp/ch04.htm>, p. 95. Acesso em: 27 jan. 2025.

80. Getúlio Vargas, *Diário, 1937-1942*, v. 2, São Paulo: Siciliano e Rio de Janeiro: Fundação Getúlio Vargas, 1995, p. 317, 4 jun. 1940. Outros disseram que essa reunião aconteceu em 5 de junho. Sigo a data anotada no diário de Vargas. A existência do diário foi um segredo de família guardado zelosamente até sua publicação em 1995.

81. Mauro Renault Leite e Luiz Gonzaga Novelli Jr. (Orgs.), *Marechal Eurico Gaspar Dutra*, p. 401. Os organizadores dizem que a reunião foi em 5 de junho, porém não citam um documento específico.

82. Hélio Silva, *1939: Véspera de guerra*, p. 201. Lehman Miller, oficial de engenharia da turma de 1915 de West Point, estivera no Brasil com a pequena Missão Militar dos Estados Unidos (1934-8), foi para o Rio como adido militar e depois tornou-se chefe da missão militar e foi promovido a general de brigada.

83. Cyro Freitas Valle, Berlim, 17 jun. 1940, #193, Arquivo Histórico do Ministério das Relações Exteriores (MRE), Palácio do Itamaraty, Rio de Janeiro (doravante AHMRE). O Ministério das Relações Exteriores incentivou os americanos a fortalecerem o comércio; ver MRE a Embaixada/Washington, Rio, 5 ago. 1940, #155, Expedido 3801, AHMRE.

84. *The New York Times*, 12 jun. 1940; Cyro de Freitas Valle, Berlim, 12 jun. 1940, #183; 15 jun. 1940, #189; 2 jul. 1940, #233, *Arquivo Histórico do Ministério das Relações Exteriores*. Palácio do Itamaraty, Rio de Janeiro. AHMRE.

85. Lourival Coutinho, op. cit., pp. 365-7.

86. Disponível em: <http://www.history.com/speeches/franklin-d-roosevelts-stab-in-the-back-speech>. Acesso em: 27 jan. 2025. Roosevelt também criticou os isolacionistas que estavam pondo em risco a segurança do país. O discurso foi na Universidade da Virgínia, onde seu filho estava se formando na faculdade de direito.

87. Texto extraído de Getúlio Vargas, *A nova política do Brasil*, v. 7. Rio de Janeiro: José Olympio, 1940, pp. 331-5. Uma tradução para o inglês de alguns trechos ambíguos encontra-se em Caffery, Rio, 11 jun. 1940, *Foreign Relations of the United States, 1940*, v. 5, pp. 616-7.

88. Getúlio Vargas, *Diário, 1937-1942*, v. 2, pp. 319-20 [11 e 12 jun. 1940]. Ele classificou como irracional ou absurda a acusação de germanófilo. Para as várias interpretações e preocupações, ver McCann, *The Brazilian-American Alliance*, pp. 185-90.

89. Getúlio Vargas, *Diário, 1937-1942*, v. 2, p. 320 e nota 29 [13 jun.].

90. Gerson Moura, *Brazilian Foreign Relations, 1939-1950: The Changing Nature of Brazil--United States Relations During and After the Second World War*. Dissertação de Ph.D. não publicada, University College London, 1982, pp. 55-7. Para ele, o compromisso americano de apoiar a construção de uma siderúrgica e fortalecer as Forças Armadas era o preço para que o Brasil abandonasse a neutralidade (p. 56). Moura baseou seu estudo em arquivos britânicos, americanos e brasileiros. Muitas vezes suas interpretações foram influenciadas por perspectivas britânicas. Ele resumiu a pesquisa para sua dissertação no livro *Sucessos e ilusões: Relações internacionais do Brasil durante e após a Segunda Guerra Mundial*. Rio de Janeiro: Ed. da Fundação Getúlio Vargas, 1991. Infelizmente o livro não inclui a ampla documentação da dissertação.

91. Getúlio Vargas, *Diário, 1937-1942*, v. 2, p. 321 [17 e 20 jun 1940]; Kurt M. Prüfer, Rio, 21 jun. 1940, 235/15723, telegrama reproduzido em Departamento de Estado, *Documents on German Foreign Policy*, Series D, v. IX, p. 659. Segundo Prüfer, a reunião foi em 21 de junho, mas o diário de Vargas menciona 20 de junho. Alguns historiadores aceitam o discurso de 11 de junho como indi-

cação de que, na pior das hipóteses, Vargas estava jogando dos dois lados. Outros julgam que ele procurava destravar as negociações entre Brasil e Estados Unidos sobre a cooperação militar e econômica; Ricardo A. Silva Seitenfus, *O Brasil de Getúlio Vargas e a formação dos blocos, 1930--1942*. São Paulo, 1985, pp. 324-30; Amado Luiz Cervo e Clodoaldo Bueno, *A política externa brasileira, 1822-1985*. São Paulo: Ática, 1986, pp. 72-3; Gerson Moura, citado na nota 90.

92. Edgard Carone, *A Terceira República (1937-1945)*. São Paulo: Difel/Difusão, 1976, p. 55. Carone não esclareceu exatamente a quais expectativas ele se referia.

93. Kurt M. Prüfer, Rio, 2 jul. 1940, 235/157134, telegrama reproduzido in Department of State, *Documents on German Foreign Policy*, Series D, v. X, pp. 100-1.

94. Emil Wiehl (diretor de Política Econômica) a Prüfer, Berlim, 19 jun. 1940, 8719/E609576-77, telegrama reproduzido em Departamento de Estado, *Documents on German Foreign Policy*, Series D, v. IX, pp. 630-1.

95. Declaração de Vargas em *Nación*. Buenos Aires, jun. 1940, citado em Demócrito Cavalcanti de Arruda, "Nossa participação na Primeira e Segunda Guerras Mundiais", em *Depoimento de oficiais da reserva sobre a F.E.B*. Porto Alegre: Cobraci Publicações, 1949, p. 36.

96. Paulo Germano Hasslocher a Getúlio Vargas, Washington, 14 jun. 1940, Arquivo Getúlio Vargas, CPDOC. Hasslocher era do Rio Grande do Sul e trabalhava em estreita colaboração com Vargas desde que este fora governador daquele estado (1927-30). Em Washington ele foi cônsul comercial desde 1931. Para sua biografia, ver "Paulo Germano Hasslocher" in Israel Beloch e Alzira Alves de Abreu (Orgs.), *Dicionário histórico-biográfico brasileiro, 1930-1983*. Rio de Janeiro: Forense Universitária, 1984, v. 2, p. 1582.

97. Public Resolution 83, 76th Congress, 3rd Session, Joint Resolution 367, assinada por Roosevelt em 15 jun. 1940.

98. Randolph Harrison Jr. (segundo-secretário), Rio, 24 jun. 1940, 3186, 832.20/209, RG 59, Nara. McCann, *The Brazilian-American Alliance*, pp. 189-90.

99. General Estevão Leitão de Carvalho, *A serviço do Brasil na Segunda Guerra Mundial*. Rio de Janeiro: A Noite, 1952, p. 24. O general era na época comandante regional em Porto Alegre. Posteriormente ele chefiaria a delegação brasileira na Comissão Mista de Defesa Brasil--Estados Unidos em Washington.

100. Eurico Dutra, ministro da Guerra, *Relatório das principais atividades do Ministério da Guerra durante o ano de 1939*. Rio de Janeiro: Imprensa Militar, 1940, datado de jul. 1940, p. 31.

Obviamente a referência ao Sul do continente dizia respeito à Argentina, que os brasileiros continuavam a ver como sua provável oponente.

3. A BUSCA POR BENEFÍCIOS MÚTUOS [pp. 63-95]

1. Embaixador Caffery para Sumner Welles, Rio, 10 jun. 1940, 832.20/203-1-2, RG 59, Nara. Caffery relatou a conversa de Góes e Miller naquela tarde.

2. Eurico Dutra a Getúlio Vargas, Rio, 29 ago. 1940, Mensagem n. 40-12, in Mauro Renault Leite e Luiz Gonzaga Novelli Jr. (Orgs.), *Marechal Eurico Gaspar Dutra*, pp. 402-4.

Os generais brasileiros fizeram uma pressão constante sobre o adido militar britânico, coronel Parry-Jones, e seu colega americano coronel Edwin L. Sibert para que liberassem do bloqueio britânico as armas encomendadas. O coronel Sibert informou que os generais talvez tivessem razões financeiras além de patrióticas para aquela insistência. Supostamente dez por centro do preço de compra total, cerca de 4 milhões de dólares, iriam para um seleto grupo de oficiais. Naturalmente, isso tornava "esses oficiais interessados na continuidade do contrato em detrimento até de qualquer consideração patriótica". Não se sabe se isso é verdade ou mero boato, mas ainda assim temos aí uma interessante ideia secundária. Coronel Edwin L. Sibert, Rio de Janeiro, adido militar, Report: comentários sobre eventos atuais, 31 jan. 1941, MID, Estado-Maior do Departamento de Guerra, 2052-120, RG 165, Nara. Menciono a patente que Sibert tinha quando escreveu o comunicado.

3. Caffery, Rio, 8 jul. 1940, *Foreign Relations of the United States, 1940*, p. 608; Caffery, Rio, 16 jul. 1950, ibid., pp. 49-54.

4. Divisão das Repúblicas Americanas, Departamento de Estado, 1 jul. 1940: "Attitude of Brazilian Chief of Staff Góes Monteiro and Federal Interventor Cordeiro de Farias towards Nazis", G-2 Regional File Brazil, 5900-5935, RG 165, Nara. Autoridades do governo americano fizeram declarações desse tipo sem apresentar provas da validade de tais interpretações.

5. Góes Monteiro a Dutra, *Bases de convenção com os Estados Unidos* (Base do acordo com os Estados Unidos), Rio de Janeiro, 11 set. 1941, Ofício Secreto 284 e Anexo, pp. 1-2 e 4. Acervo Góes Monteiro, Arquivo Histórico do Exército, Rio de Janeiro, reproduzido em Giovanni Latfalla, "O Estado-Maior do Exército e as negociações militares Brasil-Estados Unidos entre os Anos de 1938 e 1942". *Caminhos da História*, Vassouras, jul.-dez. 2010, v. 6, n. 2, pp. 65-6. Esse documento foi escrito em preparação para a viagem de Góes a Washington em outubro de 1941.

6. Góes Monteiro a Getúlio Vargas, Rio, 26 jul. 1940, Relatório do Estado-Maior do Exército, Arquivo Getúlio Vargas, CPDOC.

7. Carlos Martins Pereira e Sousa (embaixador brasileiro nos Estados Unidos) a Getúlio Vargas, Washington, 24 set. 1940, Arquivo Getúlio Vargas, CPDOC.

8. Frederick B. Pike, *FDR's Good Neighbor Policy: Sixty Years of Generally Gentle Chaos.* Austin: University of Texas Press, 1995, pp. 247-50. Stetson Conn e Byron Fairchild, *The Framework of Hemisphere Defense.* Washington, DC: Office of the Chief of Military History, 1960, pp. 48-56 (doravante citado como Conn e Fairchild, *Framework*).

9. Conn e Fairchild, *Framework*, pp. 49-50.

10. Esses estudos oferecem um quadro vívido da vida e organização nessas cidades em 1940-1. Os que tratam de Rio de Janeiro e Belém do Pará são bons exemplos: War Department, "Survey of Rio de Janeiro Region of Brazil", v. 1: Text, Military Intelligence Division (MID), 6 ago. 1942, S30-772; "Survey of the Pará Region of Brazil", v. 1: Text, MID, 6 jun. 1941, S30-770, RG 165, Nara. Tenente-coronel Archibald King (WPD, Judge Advocate General) para chefe de gabinete — G2, Washington, 15 ago. 1940, 2052-121, MID, General Staff (GS), War Dept. RG 165, Nara. Lt. A. R. Harris (Liaison Branch) para adido militar (Rio), Washington, 25 mar. 1941: "Priority for Strategic Surveys", 2052-121, MID, GS, War Dept., RG 165, Nara. Por exemplo, cor. Edwin L. Sibert (adido militar), Rio, 3 maio 1941 Rpt. 2704: "Narrative of a Trip by the MA Across Bahia and Piauhy [sic] during early March, 1941", 2052-121, MID, GS, War Dept., RG 165, Nara. O fato de esses oficiais americanos serem autorizados a fazer viagens assim é uma indicação da cooperação brasileira.

11. Tenente-coronel Lehman W. Miller para chefe do Estado Maior do Exército brasileiro, Rio, 19 set. 1940, Arquivo Getúlio Vargas, CPDOC.

12. Thomas D. White chegou ao Brasil em abril de 1940 como adido da Força Aérea e depois se tornou chefe da missão militar da Força Aérea. Mais tarde serviu nos Estados Unidos no Estado-Maior do Exército como um dos especialistas em Brasil. Foi promovido a general quatro estrelas em 1953 e chefiou Estado-Maior da Força Aérea de 1957 a 1961.

13. Caffery, Rio, 6 set. 1940 #3538, 832.20/224 ½, RG 59, Nara.

14. Caffery, Rio, 23 set. 1940, Telegrama 476, 711.31/91, RG 59, Nara.

15. Ciro de Freitas Vale a Getúlio Vargas, Berlim, 23 out. 1940, Arquivo Getúlio Vargas, CPDOC. A escolha de palavras do embaixador mostra a atitude típica dos brasileiros com os falantes do espanhol, referindo-se a eles como "castelhanos", o povo de Castela, antigo inimigo de Portugal.

16. "War Department: Pan American Aviation Contract for Latin American Aviation Facilities", 2 nov. 1940, WPD 4113-3, World War II RS, Nara. Uma discussão interessante sobre a criação da Pan American encontra-se em Rosalie Schwartz, *Flying Down to Rio: Hollywood, Tourists and Yankee Clippers*. College Station: Texas A & M University Press, 2004, pp. 221-57.

17. Memorando, chefe do gabinete do secretário da Guerra, Washington, 7 set. 1940, citado em Conn & Fairchild, *Framework*, p. 252.

18. F. P. Powers (gerente de negócios da *Panair*) para Evan Young (encarregado das relações exteriores da PAA), Rio de Janeiro, 18 dez. 1940, "ADP", Cauby C. Araújo Papers; entrevista do autor com Cauby C. Araújo, Rio de Janeiro, 4 out. 1965. Presumivelmente deve existir uma cópia nos arquivos da PAA na Universidade de Miami.

19. Esse relato provém de minha entrevista com Cauby C. Araújo, 4 out. 1965. Vargas nomeou Joaquim Pedro Salgado Filho ministro da Aeronáutica em fins de janeiro de 1941. Góes Monteiro viu essa nomeação como o expediente usado por Getúlio para enfraquecer a influência das Forças Armadas. Uma fascinante coleção de recortes de jornal encontra-se em A. W. Childs, "New Air Ministry", 22 jan. 1941, 832.000/1332, RG 59, Nara.

20. Requerimento ao Ministério da Viação e Obras Públicas, 20 jan. 1941, "Requerimento 30/31" e "Requerimento 28/41 ao Presidente, Conselho Superior de Segurança Nacional", 20 jan. 1941, ambos em "ADP", Araújo Papers. Infelizmente essa coleção privada parece ter se perdido.

21. Antes da reunião de gabinete, Vargas pedira a Osvaldo Aranha que assinasse logo abaixo dele no decreto, mas durante a reunião Aranha viu que o nome do presidente havia desaparecido. Aranha mostrou uma fotocópia do original onde constava a assinatura de Vargas e declarou veementemente que não iria aparecer sozinho perante o Exército como o apoiador dos Estados Unidos. Vargas tornou a assinar o documento e o gabinete o aprovou como decreto-lei 3462 (25 jul. 1941). O decreto foi publicado no *Diário Oficial* de 26 de julho de 1941. Quem me contou a história das assinaturas foi o filho do ministro das Relações Exteriores, Euclydes Aranha, em 15 de novembro de 1965 no Rio de Janeiro. Curiosamente, a única referência no diário de Vargas a uma reunião de gabinete em julho é de 26 de julho. Vargas, *Diário, 1937-1942*, v. 2, p. 410.

22. "Official History South Atlantic Division Air Transport Command", Part I, II, p. 71, US Army Center for Military History.

23. Vargas, *Diário, 1937-1942*, v. 2, anotação de 23 de julho, p. 409.

24. War Department, "A Survey of the Natal Region of Brazil", 14 maio 1941, v. 1, p. 35, reproduzido em History Sadatc, Parte I, II, p. 72.

25. Citado em general Estevão Leitão de Carvalho, *A serviço do Brasil na Segunda Guerra Mundial*. Rio de Janeiro: A Noite, 1952, p. 63. O autor chefiou a delegação brasileira na Comissão Mista de Defesa Brasil-Estados Unidos durante a guerra.

26. General de divisão, *Relatório... Dutra... 1940*, pp. 4-6. Para uma análise mais aprofundada da situação do material bélico brasileiro, ver meu artigo "The Brazilian Army and the Pursuit of Arms Independence, 1899-1979", in Benjamin F. Cooling (Org.), *War, Business and World Military-Industrial Complexes*. Port Washington, NY: Kennikat Press, 1981, pp. 171-93.

27. O Exército possuía 129 085 carabinas, 8732 fuzis automáticos, 5738 metralhadoras Madison e Hotchkiss, vinte metralhadoras antiaéreas, 13 986 espadas e 7797 lanças. Coronel Ralph C. Smith (oficial executivo, G-2, Estado-Maior), memorando para o Colégio do Exército: "Brazilian Army: Armament and Munitions on Hand, Status of Training", 3 nov. 1941, G-2 Arquivos regionais, Brazil 6000, RG 165, Nara.

28. Em 20 de setembro, Dutra levou os documentos de Miller para Vargas, que considerou a atitude de Miller "um tanto impertinente". No dia seguinte, Vargas discutiu o assunto com maiores detalhes na companhia dos ministros da Guerra, Marinha, Relações Exteriores e Góes; ver Vargas, *Diário, 1937-1942*, v. 2, p. 339 (anotações de 20 e 21 set. 1940). Memorando, cor. L. Miller para Góes Monteiro, Rio de Janeiro, 19 set. 1940 e Relatório do Estado-Maior do Exército americano sobre a cooperação militar com o Brasil, Rio, 19 set. 1940 (tradução em português do relatório feita em Washington), em *Acervo Góes Monteiro*, Arquivo Histórico do Exército, Rio de Janeiro, reproduzido em Giovanni Latfalla, "O Estado-Maior do Exército e as negociações militares Brasil-Estados Unidos entre os anos de 1938 e 1942". *Caminhos da História*, Vassouras, v. 6, n. 2, jul./dez. 2010, pp. 61-78.

29. Provavelmente Dutra confundiu a Mongólia com a Manchúria, que fora invadida pelo Japão em 1932 e instituíra o estado fantoche de Manchukuo.

30. Uma análise minuciosa do contrato de fornecimento de armas com a Alemanha e dos processos do bloqueio britânico que apreendeu as armas a caminho do Brasil encontra-se em major Edwin L. Sibert, Rio de Janeiro, 21 jan. 1941, Relatório do adido militar: comentários sobre eventos atuais, MID, Estado-Maior do Departamento de Guerra, 2052-120, RG 165, Nara.

31. Eurico Dutra a Getúlio Vargas, Rio, 20 nov. 1940, n. 58/19, in Mauro Renault Leite e Luiz Gonzaga Novelli Jr. (Orgs.), *Marechal Eurico Gaspar Dutra*, pp. 404-7.

32. Para um estudo minucioso sobre essas bases desde a América do Sul até a Terra Nova [Newfoundland], ver Steven High, *Base Colonies in the Western Hemisphere, 1940-1967*. Nova York: Palgrave, Macmillan, 2009.

33. Sobre a complicada política que levou à aprovação da Lend-Lease Act, ver William L. Langer e S. Everett Gleason, *The Undeclared War, 1940-1941*. Nova York: Harper & Brothers, 1953, pp. 252-89.

34. William L. Langer e S. Everett Gleason, *The Challenge to Isolation: The World Crisis of 1937-1940 and American Foreign Policy*. Nova York: Harper & Row, 1952, v. 2, p. 614.

35. General George C. Marshall, memorando do chefe do Estado-Maior do Exército americano para o subsecretário de Estado (Welles): cooperação militar do Brasil, Washington, 17 jun. 1941, reproduzido em *Foreign Relations of the United States*, 1941, v. 6. Washington: GPO,

1963, pp. 498-501. Essa afirmação ignora o fato de que a suficientemente numerosa população imigrante alemã que poderia constituir essa força quinta-colunista estava milhares de quilômetros ao sul, nos estados do Paraná, Santa Catarina e Rio Grande do Sul. Parece não ter sido considerado o modo como toda essa gente poderia ser arregimentada, treinada e transportada para o Nordeste.

36. "The Wooing of Brazil", Fortune, XXIV, n. 4 (Out. 1941), p. 100.

37. Darlene J. Sadlier, *Americans All: Good Neighbor Cultural Diplomacy in World War II*. Austin: University of Texas Press, 2012, p. XII. Esse é o melhor estudo do Ociaa.

38. Harriet M. Brown e Helen Bailey, *Our Latin American Neighbors*. Boston: Houghton-Mifflin, 1944, p. 1. Antes de dizer que os cidadãos do Brasil e os dos Estados Unidos eram todos americanos, as autoras explicam que o termo "América" deve ser aplicado "aos dois continentes do hemisfério ocidental". Desse modo, os povos de todos os países do hemisfério são americanos. Para uma excelente análise do escritório de Rockefeller e seus registros arquivísticos, ver Gisela Cramer e Ursula Prutsch, "Nelson A. Rockefeller's Office of Inter-American Affairs (1940-1946) and Record Group 229", *Hispanic American Historical Review*, v. 84, n. 4, nov. 2006, pp. 785-806.

39. Para um estudo recente sobre o programa de tradução, ver Eliza Mitiyo Morinaka, "Ficción y política em tiempos de guerra: El proyecto de traducción stadunidense para la literatura brasileña (1943-1947)", *Estudos Históricos*, Rio de Janeiro, v. 30, n. 62, set.-dez. 2017, pp. 661-80. Um excelente estudo sobre os programas do *Office* de Rockefeller para o Brasil, ver Alexandre Busko Valim, *O triunfo da persuasão: Brasil, Estados Unidos e o cinema da política de boa vizinhança durante a Segunda Guerra Mundial*. São Paulo: Alameda, 2017.

40. Darlene J. Sadlier, *Americans All: Good Neighbor Cultural Diplomacy in World War II*. Austin: University of Texas Press, 2012, p. 75.

41. Darlene J. Sadlier, *Brazil Imagined 1500 to the Present*. Austin: University of Texas Press, 2008, pp. 215-33. O filme inacabado de Welles intitulava-se *It's All True* [É tudo verdade]; ver Catherine Benamou, *It's All True: Orson Welles Pan-American Odyssey*. Berkeley: University of California Press, 2007. Sobre a parte do filme com os jangadeiros cearenses, ver José Henrique de Almeida Braga, *Salto sobre o lago e a guerra chegou ao Ceará*. Fortaleza: Premius, 2017, pp. 147-52. Sobre as aventuras e desventuras de Carmen Miranda como mediadora cultural, ver Bryan McCann: *Hello, Hello Brazil: Popular Music in the Making of Modern Brazil*. Durham, N.C.: Duke University Press, 2004, pp. 129-50; e a excelente biografia de Ruy Castro, *Carmen: Uma biografia*. São Paulo: Companhia das Letras, 2005, especialmente pp. 258-349. A elite brasileira criticava Carmen Miranda como excessivamente americanizada; ver Castro, pp. 244-51.

42. *Saludos Amigos* estreou no Rio de Janeiro em 24 de agosto de 1942. Para um estudo aprofundado das atividades da Disney, ver J. B. Kaufman, *South of the Border with Disney: Walt Disney and the Good Neighbor Program, 1941-1948*. Nova York: Disney Editions, 2009. "What Walt Disney Learned from South America", Walt & El Grupo; Documents Disney Diplomacy, NPR, 17 set. 2009. Disponível em: <https://www.npr.org/templates/story/story.php?storyId=112916523>. Acesso em: 27 jan. 2025. Os artistas da Disney visitaram Brasil, Argentina e Chile em agosto-outubro de 1941. O grupo deslumbrou-se com o contagiante samba brasileiro; ver Kaufman, *South of the Border*. A "Aquarela" de Barroso, de 1939, foi americanizada simplesmente como "Brazil" e entrou nas playlists das *big bands*.

43. David J. Epstein, *Agency of Fear: Opiates and Political Power in America*. Nova York: G. P. Putnam's Sons, 1977, p. 36. O autor não informou sua fonte, mas suas afirmações parecem dignas de crédito.

44. John Baxter, *Disney During World War II: How the Walt Disney Studio Contributed to Victory in the War*. Nova York: Disney Editions, 2014, pp. 173-4.

45. Ver, por exemplo, chefe de polícia Filinto Müller a Benjamin Vargas, Caxambu, 30 abr. 1941, Arquivo Getúlio Vargas, CPDOC, Rio. Ele alertou que Fairbanks vinha como agente de propaganda para os Estados Unidos e a Grã-Bretanha. Ele se encontrou com Getúlio. Para mais informações sobre Fairbanks e outros representantes de Hollywood enviados em missões, ver Darlene J. Sadlier, *Americans All: Good Neighbor Cultural Diplomacy in World War II*. Austin: University of Texas Press, 2012, pp. 34-6.

46. Antonio Pedro Tota, *O imperialismo sedutor, a americanização do Brasil na época da Segunda Guerra*. São Paulo: Companhia das Letras, 2000, p. 90.

47. James Reston, "Our Second Line of Defense", *The New York Times Magazine*, p. 7, 29 jun. 1941.

48. McCann, *The Brazilian-American Alliance*, pp. 246-9. Os esforços do Ociaa não pretendiam levar o Brasil a entrar na guerra, porém aumentaram cada vez mais a preocupação com a Alemanha nazista entre os brasileiros. Não houve grande empenho em descobrir como os programas dessa agência afetaram atitudes locais. Uma ênfase proveitosa em Fortaleza encontra-se em José Henrique de Almeida Braga, op. cit., pp. 153-69. Mais documentação e interpretação estão disponíveis em: <http://cpdoc.fgv.br/producao/dossies/AEraVargas1/anos37-45/AGuerraNoBrasil/TioSam>. Acesso em: 27 jan. 2025.

49. General Amaro Soares Bittencourt a Eurico Dutra, Washington, 2 mar. 1941, in Mauro Renault Leite e Luiz Gonzaga Novelli Jr. (Orgs.), *Marechal Eurico Gaspar Dutra*, pp. 407-9. O general Amaro fora enviado para tratar dos detalhes imediatos das compras de armas. Ele se referia a um artigo do *Washington Times-Herald* de 28 fev. 1941.

50. O Lend-Lease Act permitiu que qualquer país cuja defesa o presidente considerasse vital para a defesa dos Estados Unidos recebesse armas, equipamento e suprimentos por meio de venda, transferência, permuta ou arrendamento.

51. Eurico Dutra a Getúlio Vargas, Rio, 8 mar. 1941, in Mauro Renault Leite e Luiz Gonzaga Novelli Jr. (Orgs.), *Marechal Eurico Gaspar Dutra*, pp. 410-1.

52. Coronel Trent N. Thomas e tenente-coronel Charles F. Moler, "A Historical Perspective of the USAWC Class of 1940". US Army War College, Carlisle Barracks, PA, 15 abr. 1987, ADA 183148. pdf, p. 47. Entre os colegas de turma de Miller estavam Maxwell Taylor, Lyman Lemnitzer, Anthony C. McAuliffe e Charles Bolte. Miller formou-se em West Point em 1915, a turma "estrelada". Ficou em nono lugar nessa turma de 164 cadetes. Seus colegas de turma Dwight Eisenhower, Omar Bradley, Joseph T. McNarney e James Van Fleet ficaram em 61º, 44º, 41º e 92º lugares. Claramente a classificação na turma não determinou o sucesso em suas carreiras militares. Disponível em: <https://en.wikipedia.org/wiki/The_class_the_stars_fell_on>. Acesso em: 27 jan. 2025.

53. Cor. L. Miller para Cor. M. B. Ridgway, Washington, 13 fev. 1941, WPD 4224-122, RG 165, Nara.

54. Cor. Trent N. Thomas e tenente-coronel Charles F. Moler, "A Historical Perspective of the USAWC Class of 1940", US Army College, Carlisle Barracks, PA, 15 abr. 1987, ADA183148.pdf, p. 81.

55. George C. Marshall para gen. Lehman W. Miller, Washington, 6 maio 1941, 2-441, Marshall Papers, Pentagon Office Collection, General Materials, George C. Marshall Research Library, Lexington, VA.

56. O acordo Alemanha-Vichy foi anunciado em 15 de maio de 1941.

57. Graças a avanços no transporte aéreo, a viagem de Washington ao Rio de Janeiro agora era bem mais rápida que os dez dias por via marítima que haviam sido necessários a Marshall em 1939. Até 1940 a viagem aérea levava cinco dias pela rota costeira, pois era impossível voar à noite. Em 1940 a Pan American abriu uma rota interiorana de Belém ao Rio, usando o novo DC-3 que reduziu o tempo pela metade.

58. Welles a Caffery, Washington, 22 maio 1941, 868.20232/206:Telegrama; e Caffery para Welles, Rio de Janeiro, 28 maio 1941, 862.20232/2061:Telegrama reproduzido em *Foreign Relations of the United States,* 1941, v. 6. Washington: GPO, 1963, pp. 494-6.

59. Milton Freixinho, *Instituições em crises: Dutra e Góis Monteiro, duas vidas paralelas.* Rio de Janeiro: Biblioteca do Exército Editora, 1997, p. 382.

60. Para um estudo detalhado das atividades alemãs no Brasil, ver Leslie B. Rout e John F. Bratzel, *The Shadow War: German Espionage and United States Counterespionage in Latin America during World War II.* Frederick, Md: University Press of America, 1986, pp. 106-72; e o relato contemporâneo em Aurélio da Silva Py, *A 5ª coluna no Brasil: A conspiração nazi no Rio Grande do Sul.* Porto Alegre: Livraria Globo, 1942. O autor foi chefe de política no Rio Grande do Sul e liderou os esforços antinazistas.

61. Góes Monteiro a Eurico Dutra, Rio, 2 jun. 1941, ofício n. 82 "Entendimento com o chefe da Missão Militar Americana", in Mauro Renault Leite e Luiz Gonzaga Novelli Jr. (Orgs.), *Marechal Eurico Gaspar Dutra,* pp. 425-31. Talvez valha a pena observar que antes de Miller ter essa conversa com o chefe do Estado-Maior do Exército, o embaixador Caffery perguntara ao presidente Vargas se ele a autorizaria. Não se sabe por que o presidente precisaria autorizar uma reunião entre o chefe da Missão Militar e o chefe do Estado-Maior do Exército.

62. Ibid., p. 429.

63. Ibid., p. 431.

64. "Sizes of the Brazilian Armed Forces in July 1941", Ramo de Inteligência, MID, Fator de Combate, Brasil, 1 jul. 1941, 6010, G2 Regional, RG 165, Nara.

65. Leite e Novelli Jr. (Orgs.), *Marechal Eurico Gaspar Dutra: O dever da verdade,* p. 430. O adido britânico era o tenente-coronel Parry-Jones. Na verdade, o Exército brasileiro nunca havia feito uma manobra de treinamento em larga escala como essa no Nordeste.

66. Sobre a competição militar entre Brasil e Argentina, ver Luiz Alberto Moniz Bandeira, *Brasil, Argentina e Estados Unidos: Conflito e integração na América do Sul (Da Tríplice Aliança ao Mercosul 1870-2003).* Rio de Janeiro: Revan, 2003, pp. 197-217.

67. No segundo trimestre de 1942 o governo brasileiro já havia concordado com um abrangente programa de mapeamento fotográfico desde Caiena, na Guiana Francesa, até o Uruguai, por uma faixa de cem quilômetros de largura a partir da costa, e ao longo do Amazonas até Iquitos, no Peru. War Dept., Special Staff, Historical Division, "History of United States Army Forces South Atlantic", 1945, p. 30.

68. Eurico Dutra a Getúlio Vargas, Rio, 5 jun. 1941, n. 35-25 (Pessoal e Secreta) e Getúlio

Vargas a Eurico Dutra, Rio, 6 jun. 1941, in Mauro Renault Leite e Luiz Gonzaga Novelli Jr. (Orgs.), *Marechal Eurico Gaspar Dutra*, pp. 418-25.

69. Joachim von Ribbentrop a Prüfer, Berlim, 11 jun. 1941, 235/157214, telegrama reproduzido em *Documents on German Foreign Policy*, Series D, v. XII, p. 41. Essa é uma resposta ao telegrama de Prüfer de 6 de junho. Getúlio Vargas, *Diário, 1937-1942*, v. 2, p. 398 (5 jun. 1941). O presidente não dá nenhuma indicação sobre o que conversou com o embaixador alemão.

70. O comentário sobre o programa Lend-Lease encontra-se em Vargas, *Diário, 1937-1942*, v. 2, p. 399 (10 jun. 1941) e a conversa com o embaixador japonês em ibid., pp. 396-7 (29 maio 1941).

71. Cor. Paul M. Robinett, memorando para o chefe de gabinete, Washington, 14 jun. 1941, BDC 5400, RG218 (arquivos do Conjunto americano de chefes do Estado-Maior), Nara. O sigilo desses registros dos chefes do Estado-Maior Conjunto foi levantado em 20 ago. 1973. O coronel Robinett trabalhava em grande proximidade com o general Marshall, participou da Conferência Arcadia (1941), e mais tarde combateu e foi ferido no Norte da África. Vale a pena notar que o Exército brasileiro concedeu a ele a Ordem do Mérito Militar. Ver Biographical Sketch, Paul M. Robinett Papers, George C. Marshall Research Library, Lexington, VA.

72. Stetson Conn e Byron Fairchild, *The Framework of Hemisphere Defense*. Washington, DC: Office of the Chief of Military History, 1960, pp. 286-7.

73. Sumner Welles para Jefferson Caffery, Washington, 26 jun. 1941, 810.20 Defense/892a: Telegrama reproduzido em *Foreign Relations of the United States*, 1941, v. VI. Washington: GPO, 1963, pp. 501-2.

74. Caffery para Welles, Rio de Janeiro, 27 jun. 1941 (três da tarde), 810.20 Defense/892 1//2:Telegrama reproduzido em *Foreign Relations of the United States, 1941*, v. VI, Washington: GPO, 1963, p. 502.

75. Robert Sherwood, *Roosevelt and Hopkins: An Intimate History*. Nova York: Harper, 1948, pp. 303-4.

76. Stetson Conn e Byron Fairchild, *The Framework of Hemisphere Defense*. Washington, DC: Office of the Chief of Military History, 1960, pp. 286-7.

77. Ibid., p. 287.

78. Ibid., p. 291. Os membros americanos voltaram para os Estados Unidos em 5 de outubro de 1941.

79. Comissão de oficiais do Estado-Maior norte-americano ao comissário de oficiais do Estado-Maior brasileiro, Rio de Janeiro, 25 set. 1941, com memorando anexo de Góes Monteiro, mesmo local e data, BDC 5700, 5740 Reports The Defense of Northeastern Brazil, Joint Chiefs of Staff, RG 218, Nara.

80. Jefferson Caffery, Rio, 24 set. 1941, n. 5437, Brazil 5900, G2 Regional, RG 165, Nara.

81. Getúlio Vargas, *Diário, 1937-1942*, v. 2, pp 415-6 (19 ago. 1941), pp. 424-5 (22-26 ago. 1941).

82. Ibid., p. 424.

83. Memorando, WPD for GHQ, 17 dez. 1941, WPD 4516-38; Relatório do G-3 GHQ, 18 dez. 1941, GHQ 337 Staff Conferences Binder 2, MMB, RG 165, Nara.

84. Ibid., p. 425, 25 ago. 1941. Góes fez Miller ser chamado de volta aos Estados Unidos; ver Stetson Conn e Byron Fairchild, *The Framework of Hemisphere Defense*, pp. 301-2.

85. Getúlio Vargas, *Diário, 1937-1942*, v. 2, pp. 440-2 (anotações de 7-12 dez. 1941).

86. Ibid., p. 443 (21 dez. 1941). A desconfiança americana contra Dutra e Góes persistiu.

87. Wesley F. Craven e James L. Cate, *The Army Air Forces in World War II*. Chicago: University of Chicago Press, 1956, v. 1, p. 332. No fim de dezembro de 1941, a Conferência Arcadia da Grã-Bretanha e dos Estados Unidos, que estabeleceu a estratégia para a guerra, designou a rota via Brasil como a mais importante entre os continentes; Conn e Fairchild, *Framework of Hemisphere Defense*, p. 304.

88. Conn e Fairchild, ibid., pp. 292-3. A série anterior, Rainbow 4, baseava-se na suposição de que a Grã-Bretanha seria derrotada. A mudança de enfoque para o Atlântico Sul aumentou necessariamente a importância da segurança do Brasil nos planos do Exército americano.

89. WPD Study, 21 dez. 1941, subject: "Immediate Military Measures", OPD Exec 4, Book 2, MMB, RG 165, Nara.

90. Comentários do general Marshall na reunião do Standing Liaison Committee, 3 jan. 1942, SLC Minutes, v. 2, item 42, MMB, RG 165, Nara.

91. Brief Joint Estimate (General Marshall and Admiral Stark), 20 dez. 1941, WPD 4402--136, MMB, RG 165, Nara. Essa estimativa foi apresentada na Conferência Arcadia, onde Roosevelt reuniu-se com Churchill. Eles concordaram que a Península Ibérica e a África eram alvos prováveis.

92. Memorando do Divisão de Planos de Guerra para o chefe de gabinete, 21 dez. 1941, WPD 4224-208, MMB, RG 165, Nara.

93. O Selective Training and Service Act foi aprovado em 16 de setembro de 1940. Estipulava um ano de treinamento para 1,2 milhão de homens entre 21 e 35 anos de idade. Essa foi a primeira vez na história em que os Estados Unidos aprovaram um recrutamento em tempo de paz.

94. Conn e Fairchild, *The Framework of Hemisphere Defense*, pp. 146-8.

95. Ibid., p. 149. As outras operações preliminares eram concluir a ocupação da Islândia, ocupar Dacar e proteger por meio de ocupação as ilhas portuguesas dos Açores e Cabo Verde, além das Canárias espanholas. Obviamente, para que fosse possível o deslocamento para qualquer parte do Atlântico Sul, era preciso assegurar o Nordeste como base de operações.

96. A embaixada dos Estados Unidos apresentou essa proposta ao presidente Vargas em 13 de novembro, e ele a examinou com Dutra nesse dia; ver Getúlio Vargas, *Diário, 1937-1942*, v. 2, p. 435 (13 nov. 1941).

97. Sobre a viagem de Clay e Candee para o Brasil, ver Oral History Interview, Major General Kenner F. Hertford by Richard D. McKinzie, 17 jun. 1974, Truman Presidential Library, Independence, MO. Sobre a construção de bases aéreas americanas, ver McCann, *The Brazilian--American Alliance*, pp. 221-39.

98. Getúlio Vargas, *A nova política do Brasil*. Rio de Janeiro: José Olympio, 1943, v. 9, pp. 187-90. Ele apresentou uma fachada otimista aos seus militares e lembrou aos Estados Unidos que continuava à espera das armas. Simmons, Rio, 2 jan. 1942, #6172, 832.00/1454, RG 59, Nara. Vargas declarou dramaticamente aos oficiais: "Estarei convosco, pronto para lutar, para vencer, para morrer".

4. DIMINUEM AS OPÇÕES PARA O BRASIL [pp. 96-134]

1. O crítico Carleton Beals propunha chamar de volta as missões militares e parar de vender armas a governos latino-americanos, muitos deles impopulares; Beals argumentou que "não estamos apoiando as forças da democracia e da liberdade [...]. Meramente jogamos um jogo de poder político convencional no Sul do continente". Carleton Beals, *The Coming Struggle for Latin America*. Nova York: Halcyon House, 1938, pp. 299-316.

2. A complexidade das atitudes norte-americanas e latino-americanas foi analisada em detalhes em Fredrick B. Pike, *FDR's Good Neighbor Policy: Sixty Years of Generally Gentle Chaos*. Austin: University of Texas Press, 1995. Ver esp. pp. 164-76. Citação da p. 174.

3. Vargas, *Diário, 1937-1942*, v. 2, p. 452, anotação de 16 de janeiro. Ele escreveu: "Não o fez espontaneamente. Foram coagidos pela pressão americana".

4. William F. Sater, *Chile and the United States: Empires in Conflict*. Athens: University of Georgia Press, 1990, p. 114.

5. Simon Collier e William F. Sater, *A History of Chile, 1808-2002*. Cambridge: Cambridge University Press, 2004, pp. 179-80; Graeme Stewart Mount, *Chile and the Nazis: From Hitler to Pinochet*. Montreal: Black Rose Books, 2002, pp. 63-70. Em junho de 2017 vi unidades da guarda de honra do Exército usando capacetes desse tipo durante cerimônias no Palácio La Moneda, em Santiago.

6. Luiz Alberto Moniz Bandeira, *Brasil, Argentina e Estados Unidos*, pp. 204-11. Vargas invariavelmente se opôs a políticas violentas dos Estados Unidos contra a Argentina. Sendo um homem da fronteira, ele compreendia que os dois países sempre seriam vizinhos.

7. Ronald C. Newton, *The "Nazi Menace" in Argentina, 1931-1947*. Stanford: Stanford University Press, 1992, pp. 215-7. A citação sobre o "Mercado de Ouro" está nas pp. 215-6.

8. Frederick M. Nunn, *Yesterday's Soldiers: European Military Professionalism in South America, 1890-1940*. Lincoln: University of Nebraska Press, 1983, pp. 122-31.

9. Max Paul Friedman, *Nazis & Good Neighbors: The United States Campaign against Germans of Latin America in World War II*. Cambridge: Cambridge University Press, 2003, p. 27. Joseph S. Tulchin observou: "O objetivo principal da política argentina era evitar a dominação pelos Estados Unidos". Ver seu livro *Argentina and the United States: A Conflicted Relationship*. Boston: Twayne Publishers, 1990, p. 83. Os argentinos também tentaram obter armas dos Estados Unidos para se manter em equilíbrio com os brasileiros. Um dado importante, como comentou Tulchin, é que havia "evidências de que líderes argentinos frequentemente faziam de seus desejos a base para a política externa" (p. 83).

10. Getúlio Vargas, *A nova política do Brasil*. Rio de Janeiro: José Olympio, 1943, pp. 187-90. O título do discurso é "O Brasil em paz perante a guerra". Em Simons, Rio, 2 jan. 1942, #6172, 832.00/1454, a embaixada informou que o discurso recebeu "comentários incomumente favoráveis em editoriais da imprensa do Rio de Janeiro".

11. Benjamin Welles, *Sumner Welles: FDR's Global Strategist*. Nova York: St. Martin's Press, 1997, p. 315.

12. Vargas, *Diário, 1937-1942*, v. 2, p. 450. Ele comentou que trabalhou com três assessores para preparar o texto.

13. Ver a biografia de seu filho Benjamin, em especial o cap. 13, "Growing Links with FDR",

pp. 134-43. A amizade entre as famílias Roosevelt e Welles começara bem antes do nascimento de Sumner. Quando menino, ele levara a aliança no casamento de Franklin e Eleanor. E Sumner estudara nas faculdades de Roosevelt: Groton e Harvard. O presidente tinha grande confiança em Sumner. Para um relato biográfico detalhado, ver *Pathfinder,* Washington, p. 16, 24 jan. 1942.

14. O relato baseia-se em um telegrama pormenorizado que Welles enviou ao presidente Roosevelt; Welles para Roosevelt (através do Departamento de Estado), Rio de Janeiro, 18 jan. 1942, 740.0011 European War 1939/18611: Telegrama reproduzido em *Foreign Relations of the United States, 1942,* v. 5, pp. 633-6. Aranha, comentando com Caffery sobre a reunião, disse que Vargas declarara-se a favor da total cooperação com os Estados Unidos; Caffery, Rio, 2 jan. 1942, 740.0011 European War 1939/18402, Telegrama 115, RG 59, NA. Tanto Welles como Caffery referiram-se a essa sessão como uma reunião de gabinete, mas Vargas chamou-a de reunião do Conselho de Segurança Nacional, Vargas, *Diário,* v. 2, p. 450.

15. Roosevelt a G. Vargas, Washington, 7 jan. 1942, FDR, Papers as President, Official File 11 Brazil, 1942-1943, FDRL. Welles entregou essa carta pessoalmente em 12 de janeiro.

16. Vargas, *Diário, 1937-1942,* v. 2, p. 451.

17. Ibid., pp. 451-2, anotação de 14 de janeiro.

18. Ibid., p. 451, anotação de 13 de janeiro. Benjamin, irmão de Getúlio, trouxe um aviso do chefe de polícia Müller: Góes iria pedir para ser dispensado da chefia do Estado-Maior do Exército e Dutra enviou uma carta de renúncia. Pelo visto, Góes queria mostrar solidariedade com o general Álvaro Mariante, sob o qual servira na tentativa de suprimir as revoltas dos tenentes dos anos 1920. Getúlio disse ao irmão para devolver a carta de Dutra, e o general disse que falaria com Góes. Anos depois, Góes explicou que se opusera ao rompimento de relações apenas porque o Brasil ainda não estava militarmente preparado. Ver Lourival Coutinho, op. cit., pp. 378-9.

19. Welles para Roosevelt (através do Departamento de Estado), Rio de Janeiro, 18 jan. 1942, *FRUS, 1942,* V, p. 634.

20. Sumner Welles, *Seven Decisions that Shaped History.* Nova York: Harper, 1950, p. 100.

21. Welles para Roosevelt (através do Departamento de Estado), Rio de Janeiro, 18 jan. 1942, *FRUS, 1942,* V, pp. 634-5. Essa conversa ocorreu no sábado, 17 de janeiro, em uma exposição em Petrópolis.

22. Citado em Benjamin Welles, *Sumner Welles,* p. 315.

23. Curiosamente, cada um deles disse que foi o outro quem pediu a reunião particular.

24. Caffery, Rio, 3 jan. 1942, 710. Consultation (3)/192, RG 59, Nara.

25. Vargas, *Diário, 1937-1942,* v. 2, p. 453. Infelizmente Vargas não explicou a ideia de Guiñazú.

26. Ibid., pp. 451-2 (12, 13 e 15 jan. 1942). Ele se reuniu com Welles no dia 12, com Osvaldo Aranha no dia 13 e com Dutra e Góes no dia 15.

27. Welles para Roosevelt (através do Departamento de Estado), Rio de Janeiro, 18 jan. 1942, *FRUS,* 1942, V, p. 635. Welles indicou a importância desse telegrama marcando-o como "tripla prioridade"; ver B. Welles, *Sumner Welles,* p. 318.

28. B. Welles, *Sumner Welles,* p. 318. A opinião do general Marshall a respeito do Brasil não ser confiável não aparece no telegrama de 18 de janeiro reproduzido em *FRUS.* Benjamin Welles cita uma cópia que se encontra nos Sumner Welles Papers; ver nota 21, p. 412. A coleção está em FDRL em Hyde Park, NY.

29. Roosevelt para Welles, Washington, 19 jan. 1942, 832.24/634, *FRUS, 1942*, v, p. 636.

30. Vargas, *Diário, 1937-1942*, v. 2, pp. 453-4 (19 jan. 1942). Essa conversa aconteceu no local preferido de Vargas para descansar e refletir, o pavilhão no alto do morro Mundo Novo, atrás da residência presidencial, o Palácio da Guanabara.

31. Ibid., p. 454 (19 jan. 1942). Para mais detalhes sobre a conferência e as posições chilena e argentina, ver Michael J. Francis, "The United States at Rio, 1942: The Strains of Pan-Americanism", *Journal of Latin American Studies*, v. 6, n. 1, maio 1974, pp. 77-95.

32. B. Welles, *Sumner Welles*, p. 318.

33. William F. Sater, *Chile and the United States*, p. 115.

34. Para uma discussão sobre o conflito na fronteira entre Peru e Equador, ver Lawrence A. Clayton, *Peru and the United States: the Condor and the Eagle*. Athens: University of Georgia Press, 1999, pp. 149-50.

35. B. Welles, *Sumner Welles*, pp. 320-1.

36. Christopher D. Sullivan, Sumner Welles, *Postwar Planning, and the Quest for a New World Order, 1937-1943*. Nova York: Columbia University Press, 2008, pp. 63-4.

37. Getúlio Vargas, *Diário, 1937-1942*, v. 2, pp. 455-6 (anotações de 21, 22 e 25 jan. 1942).

38. Recorreu a um linguajar rebuscado, digressivo, lamentoso e monótono, repetindo de muitos modos que "não estamos preparados". Mauro Renault Leite e Novelli Júnior, *Marechal Eurico Gaspar Dutra: O dever da verdade*. Rio de Janeiro: Nova Fronteira, 1983, pp. 481-91. A carta de Góes Monteiro está na p. 486.

39. Ibid., p. 457 (anotação de 27 jan. 1942).

40. Aranha refere-se à "América" como a coletividade das repúblicas americanas, e não como os Estados Unidos. Caffery descreveu a cena em seu despacho, Rio, 28 jan. 1942, Telegrama 270, 740.0011 European War 1939/19015, RG 59, Nara.

41. Eugênio Vargas Garcia (Org.), *Diplomacia brasileira e política externa: Documentos históricos, 1493-2008*. Rio de Janeiro: Contraponto, 2008, pp. 440-3. Para o texto dos telegramas enviados às embaixadas brasileiras, ver pp. 444-5.

42. Vargas, *Diário, 1937-1942*, v. 2, p. 458 (anotação de 28 jan. 1942).

43. A mensagem de Roosevelt encontra-se em Hull to American delegation, Washington, 28 jan. 1942, Telegrama 98, 740.0011 European War 1939/500, RG 59, Nara.

44. Vargas, *Diário, 1937-1942*, v. 2, p. 458 (anotação de 29 jan. 1942).

45. Para o que estava acontecendo fora das vistas do público, ver McCann, *The Brazilian-American Alliance*, pp. 250-8. Dutra alertou várias vezes que as Forças Armadas estavam despreparadas para a guerra. Ver Dutra a Vargas, Rio de Janeiro, 24 jan. 1942, Arquivo Getúlio Vargas, CPDOC. Fotos da conferência e documentos estão disponíveis em: <http://cpdoc.fgv.br/producao/dossies/AEraVargas1/anos37-45/AGuerraNoBrasil/ReuniaoChanceleres>. Acesso em: 27 jan. 2025.

46. Relatório, adido militar para embaixador Caffery, Rio, 30 jan. 1942, War Plans Division, 4424-204, MMB, RG 165, Nara.

47. Memorando, cor. Clay para WPD, 24 fev. 1942, GHQ 381, MMB, RG 165, Nara.

48. Relatório, adido militar do Rio para embaixador, Rio, 30 jan. 1942, WPD 4424-204, RG 165, Nara.

49. Memorandum, Brig. Gen. Lehman W. Miller (adido militar) para embaixador Caffery,

Rio, 29 jan. 1942, "Report of a conversation with Brigadeiro Eduardo Gomes held on January 28, 1940", Office of Strategic Services, RG 228, Nara.

50. A fonte foi Harold J. T. Horan de *Time, Life, Fortune* em Buenos Aires, que acabara de voltar da Reunião do Rio. Enviado por Lang, Buenos Aires, 12 fev. 1942, Brazil 5900, G-2 Regional RG 165, Nara.

51. Não assinado, "Transmited by the FBI", Memorando, "Political Situation in Brazil", 7 jan. 1942, G-2 Regional Files, Brazil 5900-5935, RG 165, Nara.

52. Sobre os ataques a submarinos após o rompimento de relações, ver Paulo de Q. Duarte, *Dias de guerra no Atlântico Sul*. Rio de Janeiro: Biblioteca do Exército Editora, 1968, pp. 85-108.

53. Brig. Gen. Raymond E. Lee (chefe adjunto do gabinete, G-2), Washington, 12 mar. 1942, "Situation in Brazil" 381 Brazil (8-28-42), Modern Military Branch, Nara. Segundo ele, os brasileiros acreditavam que tinham a situação sob controle, mas "autoridades militares qualificadas dos Estados Unidos" achavam que "os brasileiros precisam, sem demora, do forte apoio dos Estados Unidos".

54. Cor. E. M. Benitez [Enrique Manuel Benitez], Washington, 14 mar. 1942, Memorando para o cor. [Henry A.] Barber, WPD, chefe adjunto do gabinete, G-2 "Highlights of Dean Ackerman's Report". O relatório mencionado intitula-se "Volcanoes on Our Southern Flank", OPD 381 Brazil (3-14-42), MMB, RG 165, Nara.

55. Ofício secreto de Góes Monteiro a Eurico Gaspar Dutra, Rio, 30 out. 1941, CPDOC-FGV, "relatando palestra com o general Lehman Miller versando sob suspeita de Departamento de Guerra em relação à colaboração brasileira, proteção militar para o Nordeste, fornecimento de material para o Brasil e *intenção de Miller de demitir-se das funções* que exerce no Brasil" (grifo meu).

56. Paul Vanorden Shaw para general George Marshall, Rio, 4 mar. 1942, OPD 381, Brazil, 3 dez. 1942, RG 165 (Records of War Department General and Special Staffs), MMB, Nara. Há várias cartas nos arquivos do CPDOC que o censor do Governo brasileiro interceptou, copiou e remeteu ao escritório de Vargas, portanto Shaw era importante o suficiente para atrair a atenção do censor. Ver, por exemplo, Paul V. Shaw para A. Kayston, Rio, 16 jun. 1941, GV Confidential, 1941.06.16/3, CPDOC, FGV Rio.

57. Winston S. Churchill, *The Second World War: The Hinge of Fate*. Boston: Houghton Mifflin Company, 1950, pp. 109-12. A referência a Hitler e à Noruega está na p. 112.

58. Jefferson Caffery, Rio, 14 fev. 1942, n. 6528, "Brazilian Opinion Regard to the War", Brazil 5900, G-2 Reg., RG 165, Nara.

59. G. Vargas a A. de Sousa Costa, Petrópolis, 14 fev. 1942, Arquivo Getúlio Vargas, CPDOC, FGV-Rio. Para uma análise minuciosa da Missão Sousa Costa, ver meu livro *The Brazilian-American Alliance*, pp. 259-69.

60. Pensava-se na época que o Brasil não tivesse petróleo, cuja descoberta só aconteceria anos mais tarde. O único carvão brasileiro era uma variedade macia, inadequada à produção de aço. Sobre o grau de atenção do presidente, ver, por exemplo, Vargas a Sousa Costa, Petrópolis, 14 fev. 1942, sem data, mas provavelmente de 26 ou 27 fev. 1942, Arquivo Getúlio Vargas, CPDOC, FGV-Rio. Sousa Costa mencionou a inclusão de todo o material bélico juntamente com Volta Redonda em seu telegrama de 16 de fevereiro a Vargas. O Brasil tornou-se elegível para a ajuda pelo sistema Lend-Lease em 6 de maio de 1941; o acordo negociado por Sousa Costa tem

data de 3 mar. 1942 e seria modificado quando o Brasil assinasse a Declaração da ONU em 6 de fevereiro de 1943. Sobre o Lend-Lease, ver Official File 4-193 (1941-), FDRL-Hyde Park.

61. Sousa Costa entregou a Sumner Welles um telegrama de Vargas datado de 16 de fevereiro. Welles transmitiu as informações a Roosevelt em Welles to Roosevelt, 18 fev. 1942, President's Secretary File, Brazil 1942, Box 95, FDRL.

62. O adido Augusto do Amaral Peixoto era irmão do genro de Vargas, Ernani do Amaral Peixoto, interventor do estado do Rio de Janeiro; as citações são de seu relatório ao embaixador José de Paula Rodrigues Alves, Buenos Aires, 26 fev. 1942, Arquivo Getúlio Vargas, CPDOC, FGV-Rio.

63. As tripulações dos outros três navios — *Buarque*, *Olinda* e *Arabutan* — identificaram como alemães os submarinos atacantes. Os navios estavam bem iluminados e marcados claramente com bandeiras brasileiras. O *Cairú* navegava às escuras e camuflado. A tripulação não conseguiu identificar o agressor, porém mais tarde descobriu-se que se tratava do U-94. Para testemunhos dos sobreviventes, ver Ministério das Relações Exteriores, *O Brasil e a Segunda Guerra Mundial*, Rio de Janeiro: Imprensa Nacional, 1944, v. 2, pp. 61-148. Para as perdas marítimas do Brasil em 1942-3, ver Ministério da Marinha, *Subsídios para a história marítima do Brasil*, Rio de Janeiro, v. 12, 1953, pp. 11-2; Office of Naval Intelligence, "Post-Mortems on Enemy Submarines", 250-G: Serial 8, US Naval Archives, Nara. Um relatório sobre o *Buarque* encontra-se em Jay Walker, Pará, 24 fev. 1942, 832.00/14531/2, RG 59, Nara.

64. Vargas tinha grande respeito por Roosevelt, e o fato de este fazer o pedido pessoalmente foi importante. Getúlio Vargas, *Diário, 1937-1942*, v. 2, p. 466 (28 fev. e 1 mar. 1942); a autorização oficial foi pelo decreto-lei n. 4142, 2 mar. 1942.

65. Welles para Caffery, Washington, 21 mar. 1942, 832.20/359, RG 59, Nara; History of South Atlantic Division, Air Transport Command (Sadatc), Part I, III, pp. 133-7; Part II, IV, pp. 4-5, US Army Center for Military History, Washington. Para um estudo detalhado, ver Theresa Louise Kraus, *The Establishment of the United States Army Air Corps Bases in Brazil, 1938-1945m*, dissertação de doutorado, University of Maryland, 1986. Bolling Field situa-se em Anacostia, no distrito de Columbia.

66. "History of United States Army Forces South Atlantic", Apêndice IV (cópia de 3 mar. 1942 Lend-Lease Agreement); Sadatc, Chap. III, 132-3, US Army Center for Military History, Washington.

67. Getúlio Vargas, *Diário, 1937-1942*, v. 2, p. 468 (7 e 8 mar. 1942).

68. Memorando para relatório da Divisão de Planos de Guerra, WPD 4224-233; memorando da Divisão de Proteção Operacional para os coronéis Robert L. Walsh e Henry A. Barber, 1 abr. 1942, OPD 336.6 Brazil-U.S. MMB, RG 165, Nara.

69. Para uma biografia de Müller, ver Israel Beloch e Alzira Alvez de Abreu (Orgs.), *Dicionário histórico-biográfico brasileiro, 1930-1983*, v. 3. Rio de Janeiro: Forense Universitária, 1984, pp. 2342-6. Sobre a ameaça de renúncia por Aranha, ver Getúlio Vargas, *Diário, 1937-1942*, v. 2, p. 469 (10 mar. 1942).

70. Getúlio Vargas a embaixador Carlos Martins Pereira e Sousa, Rio, 17 mar. 1942, Arquivo Getúlio Vargas, CPDOC-Rio, FGV.

71. Diário de Guerra, Comandante da Força do Atlântico Sul, 28 abr. 1942, A12/Serial 0025 e Commander of Task Force 23, Report of Situation in Brazil, 22-26 abr. 1942, Serial 0018, US Navy, Nara.

72. Disponível em: <https://www.history.navy.mil/our-collections/photography/us-people/i/ingram-jonas-h.html>. Acesso em: 27 jan. 2025. Sobre Vera Cruz, ver Robert E. Quirk, *An Affair of Honor: Woodrow Wilson and the Occupation of Vera Cruz*. Nova York: University of Kentucky Press, 1962.

73. Jefferson Caffery para o secretário Cordell Hull, Rio de Janeiro, 7 abr. 1942, #6952, G2 Regional Brazil 5900, RG 165, Nara.

74. General Lehman W. Miller para cor. Henry A. Barber, Washington, 29 abr. 1942, G2 Regional Brazil (4-22-42), RG 165, Nara.

75. Cor. Thomas D. White, memorando para o chefe de gabinete, Washington, 8 maio 1942, 336.4. Monteiro, Gen. Goes (4-22-42), 381 Brazil, RG 165, Nara. A pedido de Vargas, o coronel White, que chegou como adido em abril de 1940 e se tornou chefe da missão de aviação em agosto de 1941, fora substituído junto com Miller. No pós-guerra, White tornou-se o quarto chefe de Estado-Maior da Força Aérea dos Estados Unidos, 1957-61. Quando o chefe de Polícia Müller foi exonerado de seu posto, entrou para o gabinete o ministro da Guerra, Dutra.

76. Os comentários de Miller nas margens das páginas 2 e 4 de Góes Monteiro para George Marshall, Rio de Janeiro, 22 abr. 1942, 336.4. Monteiro, Gen. Góes (4-22-42), 381 Brazil, RG 165, Nara. Góes pediu ainda mais munições, citando a situação na Argentina como particularmente perigosa.

77. Memorando do general de Divisão David D. Eisenhower (chefe adjunto de gabinete) para o subsecretário do Estado Welles, Washington, 15 maio 1942, OPD 381 Brazil, Box 1238, MMB, RG 165, Nara.

78. Esse "sistema" envolveria estacionar oficiais em vários pontos para informar suas observações de atividades militares. Cap. Lloyd H. Gomes (adido militar) para cor. Henry A. Barber, Rio de Janeiro, 24 abr. 1942, Army Chief of Staff, 381 Brazil, War Dept. General & Special Staffs, MMB, RG 165, Nara. Ao término da guerra, o coronel Sibert seria o mais alto oficial da inteligência militar na Europa.

79. General Towsend Heard para general Strong, n. p., 1 maio 1942, 381 Brazil (4-24-42) War Dept. General & Special Staffs, MMB, RG 165, Nara. O chefe, obviamente, era George Marshall.

80. General Lehman W. Miller para George Marshall, Washington, 4 maio 1942, 381, Brazil (5-4-42) War Dept. General & Special Staffs, MMB, RG 165, Nara.

81. Gustav Parson, "Fort Belvoir's Engineer Replacement Training Center", *Engineer* (set.--dez. 2011), pp. 36-40. Disponível em: <http://www.wood.army.mil/engrmag/PDFs%20for%20Sept-Dec%2011/Person.pdf>. Acesso em: 27 jan. 2025.

82. Para a carreira de Miller, disponível em: <http://www.generals.dk/general/Miller/Lehman_Wellington/USA.html>. Para Camp Sutton, disponível em: <http://monroenc.blogspot.com/2012/08/camp-sutton.html>, e Camp Claiborne, disponível em: <https://www.facebook.com/Camp.Claiborne>. Acesso em: 27 jan. 2025.

83. Welles para Roosevelt, Washington, 1 jul. 1942, OF 884 Jefferson Caffery, Franklin D. Roosevelt Library; Vargas para Roosevelt, Rio, 30 jul. 1942, Arquivo Getúlio Vargas CPDOC.

84. Rainbow Plan Lilac. Quartel-general do Exército americano, "Operation Plan of Northeast Brazil Theater", 1 nov. 1941 (atualizado em 23 abr. 1942), Annex 1j, Boxes 38 & 39, MMB, RG 407, Nara. A citação está em Box 38, Update, 23 abr. 1942, p. 5; ver também pp. 13, 18-9.

85. Ibid., citações de Box 38, Update, 23 abr. 1942, pp. 13, 18-9.

86. J. Ingram (coordenador da Força-Tarefa 23) para o chefe de Operações Navais, USS Memphis, 15 maio 1942, OPD 381 Brazil, Box 1238, MMB, RG 165, Nara. Citações das pp. 5-7 e 12. Ele também mencionou o medo brasileiro de uma agressão argentina e observou que "eles trocarão de bom grado qualquer garantia nossa por apoio contra um ataque argentino" (p. 7). Seu comando foi depois promovido e se tornou a 4ª Frota da Marinha dos Estados Unidos. Mais detalhes sobre Ingram encontram-se em McCann, *The Brazilian-American Alliance,* pp. 276-7, 293-6, 307-9.

87. J. Edgar Hoover (dir. do FBI) para cor. William J. Donovan (coordenador de informações) Washington, 13 jun. 1942, OSS Files, 17662, MMB, RG 226, Nara. Hoover não identificou a "fonte confiável", mas disse que ela se baseou em uma "conversa entreouvida" de dois altos oficiais brasileiros. Roosevelt ordenara em 13 de junho de 1942 a criação do OSS chefiado por Donovan. Hoover não gostava de Donovan, e consta que ele mantinha um dossiê depreciativo sobre ele que desapareceu misteriosamente. Ver Curt Gentry, *J. Edgar Hoover: The Man and the Secrets.* Nova York: W. W. Norton, 1991; sobre a criação do OSS, pp. 266-7; sobre a atitude e dossiê de Hoover, pp. 734-5.

88. A campanha de Brasil e Estados Unidos para aumentar a coleta de borracha natural não cultivada na Amazônia não está no escopo deste livro. Ela foi estudada por Seth Garfield, *In Search of the Amazon: Brazil, the United States and the Nature of a Region.* Durham, N.C.: Duke University Press, 2013, esp. cap. 3, "Rubber Soldiers".

89. Caffery, Rio, 1º maio 1942, Teleg. 1485, 832.001: Vargas, Getúlio 10/99, e séries seguintes como os relatórios de Caffery em 6 e 9 maio, 10 e 18 jul. e 1 set. 1942, RG 59, Nara.

90. Getúlio Vargas, *Diário, 1937-1942,* v. 2, p. 477 (a última anotação com data é de 30 abr. 1942). Ele não datou a anotação final na qual anunciava que deixaria de escrever no diário. Sua convalescença durou três meses.

91. OSS, "Highlights on the General Political Situation in Brazil", cópia em 19354, MMB, RG 226, Nara. O documento não traz o nome do agente nem a data, mas pelo conteúdo parece ter sido escrito em julho de 1942. O autor anônimo recomendou que "se preste muita atenção ao Exército brasileiro". A embaixada da Alemanha alimentou alguns jornais com dinheiro e propaganda: ver José Carlos Peixoto Júnior, *A ascensão do nazismo pela ótica do* Diário de Notícias da Bahia *(1935-1941): um estudo de caso.* Salvador: UFBA, 2003. Tese (Mestrado em História Social — Faculdade de Filosofia e Ciências Humanas); Igor Silva Gak, *Os fins e seus meios: diplomacia e propaganda nazista no Brasil (1938-1942).* Niterói: UFF, 2006. Tese (Mestrado em História — Instituto de Ciências Humanas e Filosofia). Um estudo útil sobre o jornal *Meio-Dia* (Rio de Janeiro) influenciado pelos nazistas encontra-se em João Arthur Ciciliano Franzolin, "Joaquim Inojosa e o jornal *Meio-Dia* (1939-1942)", Anais do XXVI Simpósio Nacional de História, Anpuh, São Paulo, jul. 2011. Disponível em: <http://www.snh2011.anpuh.org/resources/anais/14/1299918891_ARQUIVO_Textocompleto-JoaquimInojosaeojornalMeio-Dia(1939-1942).pdf>. Acesso em: 27 jan. 2025.

5. A DECISÃO DE LUTAR [pp. 135-68]

1. Conn e Fairchild, *Framework of Hemisphere Defense,* pp. 318-9; e dois manuscritos não publicados, "History of US Army Forces South Atlantic", pp. 34-6, e "History of South Atlantic

Divisions Air Transport Command", parte I, III, pp. 137-40. Esses dois manuscritos foram redigidos por historiadores do Estado-Maior nas bases brasileiras. Existem cópias no US Army Center for Military History, Washington. A aliança militar perduraria até 1977.

2. Memorando, Marshall para Welles, Washington, 10 maio 1942, "Situation in Northeastern Brazil", in Larry I. Bland (Org.), op. cit., pp. 193-5; reproduzido em *Foreign Relations*, 1942, v. 5, pp. 659-61.

3. Marshall para Góes Monteiro, Washington, 12 maio 1942, in Larry I. Bland (Org.), op. cit., p. 196.

4. Sobre o apelido, ver Larry L. Bland (Org.), *The Papers of George Catlett Marshall*, v. 2, "We Cannot Delay", 1. jul. 1939-6 dez. 1941. Baltimore e Londres: The Johns Hopkins University Press, 1986, pp. 502-3. Disponível em: <http://marshallfoundation.org/library/digital-archive/to-lieutenant-colonel-claude-m-adams/>. Acesso em: 27 jan. 2025. Adams sofreu um ataque cardíaco quando estava concluindo o curso de comando em Ft. Leavenworth. Sua correspondência com Marshall evidencia uma grande amizade. Adams era do Tennessee; serviu na Guarda Nacional durante a Primeira Guerra Mundial e obtivera uma patente no Exército Regular em 1920. Marshall requisitara sua transferência de um posto no Corpo de Treinamento de Oficiais da Reserva na Universidade da Flórida para o Quartel de Vancouver, onde Adams passou a trabalhar como oficial administrativo de Marshall. Larry L. Bland (Org.), *The Papers of George Catlett Marshall*, v. 1, "The Soldierly Spirit", dez. 1880-jun. 1939. Baltimore: Johns Hopkins University Press, 1981, p. 551, nota 2. Ver também Marshall para Mrs. Claude M. Adams, 24 ago. 1939, *Papers of George Catlett Marshall*, #2-036[2:39-40] e Marshall para Claude M. Adams, 28 dez. 1939, #2-093. Disponível em: <http://marshallfoundation.org/library/to-major-claude-m-adams-2/>. Acesso em: 27 jan. 2025.

5. Forrest C. Pogue, *George C. Marshall: Education of a General, 1880-1939*. Nova York: Viking Press, 1963, pp. 311-2. Como comandante, Marshall supervisionava as atividades do Civilian Conservation Corps da região.

6. McCann, *The Brazilian-American Alliance*, p. 281. Para a biografia de Müller, ver "Filinto Müller" in Israel Beloch e Alzira Alves de Abreu (Orgs.), *Dicionário histórico-biográfico brasileiro, 1930-1983*, v. 3. Rio de Janeiro: Forense Universitária, 1984, pp. 2342-6. Ele se reformou como tenente-coronel do Exército em 1947 e mais tarde foi eleito senador.

7. Nelson Werneck Sodré, *Memórias de um soldado*. Rio de Janeiro: Civilização Brasileira, 1967, p. 207. Ele chamou os dois generais de nazistas. Na época em que escreveu, estava decepcionado com as políticas americanas da Guerra Fria e provavelmente suas críticas aos Estados Unidos afetaram sua avaliação da história.

8. Stanley Hilton, *Oswaldo Aranha: Uma biografia*. Rio de Janeiro: Objetiva, 1994, p. 398; McCann, *The Brazilian-American Alliance*, p. 278; *Fuehrer Conferences on Matters Dealing with the German Navy*, pp. 89-90.

9. Durval Lourenço Pereira, *Operação Brasil*, pp. 133-4. Para uma análise da história econômica brasileira, ver Warren Dean, "The Brazilian Economy, 1870-1930", in Leslie Bethel (Org.), *The Cambridge History of Latin America*, v. 5, Cambridge: Cambridge University Press, 1986, pp. 685-724; e o clássico de Werner Baer, *The Brazilian Economy: Growth and Development*, 5ª ed., Westport, Conn.: Greenwood Press/Praeger, 2001.

10. General Vernon Walters, *The Mighty and the Meek: Dispatches from the Front Line of Diplomacy*. Londres: St. Ermin's Press, 2001, p. 172.

11. Em 1936 a viagem de Nova York ao Rio de Janeiro em hidroaviões da Pan American Airways demorava sete dias. Toda esta seção se baseia em Durval Lourenço Pereira, *Operação Brasil*, pp. 111-49.

12. Dois terços do sal brasileiro provinham do Rio Grande do Norte e eram transportados por via marítima para outras regiões. Ver ibid., p. 136.

13. Ibid., p. 138.

14. O coronel Durval, hoje reformado no Exército brasileiro, interessa-se pela Segunda Guerra Mundial desde seus tempos de cadete. Sua análise provavelmente será conclusiva. Durval Lourenço Pereira, *Operação Brasil*, pp. 183-91. Os historiadores americanos são Conn e Fairchild, *Framework of Hemisphere Defense*, pp. 323-4. Eles mencionam um ataque a embarcações costeiras por uma "matilha de dez submarinos". Anteriormente supus que eles estavam certos quanto ao número de submarinos. Stanley Hilton, *Oswaldo Aranha: Uma biografia*, p. 398, afirmou que foram oito.

15. Elísio Gomes Filho, "U-507: Um estudo interpretativo das ações de um submarino alemão nas águas do Brasil", *Revista Navigator: Subsídios para a História Marítima do Brasil*. Rio de Janeiro, v. 2, n. 3, jun. 2006, pp. 56-71.

16. Jürgen Rower, "Operações navais da Alemanha no litoral do Brasil durante a Segunda Guerra Mundial". *Revista Navigator*: Ibid., n. 18, jan.-dez. 1982, p. 15.

17. Ver Durval, *Operação Brasil*, pp. 192-3 para uma descrição minuciosa do sistema de mapas em quadrantes da Marinha alemã.

18. Durval, *Operação Brasil*, pp. 194-7.

19. Ibid., p. 199.

20. Samuel E. Morison, *The Battle of the Atlantic, 1939-1943*, v. 1 de *History of United States Naval Operations in World War II*. Boston: Little, Brown and Company, 1964, p. 381. Os tanques contribuíram mais tarde para a vitória britânica em El Alamein. O comboio AS-4 fez uma parada de quarenta horas em águas do Recife. Os alemães sabiam que ele estava lá, mas nenhum submarino alcançou uma posição de ataque.

21. Durval, *Operação Brasil*, pp. 200-2. Durval usou o diário de operações do Comando de Submarinos para estudar as mensagens por rádio.

22. Morison, *The Battle of the Atlantic, 1939-1943*, p. 378. A declaração de Ingram é de setembro de 1941. Ele disse ainda que, como porto, Salvador, da Bahia, era muito superior ao Recife em todos os aspectos, exceto a localização. Distava dos Estados Unidos mais 650 quilômetros ao sul.

23. Para a atmosfera e ocorrências na Bahia nessa época, ver Consuelo Novais Sampaio, "A Bahia na Segunda Guerra Mundial", *Olho da História: Revista da Teoria, Cultura, Cinema e Sociedades*, UFBA. Disponível em: <https://repositorio.ufba.br/bitstream/ri/35277/1/Vivendo%20com%20o%20outro%20s%20alem%C3%A3es%20na%20Bahia%20no%20per%C3%ADodo%20da%20II%20guerra%20mundial.pdf>. Acesso em: 27 jan. 2025.

24. Os números de afundamentos atribuídos a tão poucos capitães provêm de Durval, *Operação Brasil*, p. 210. *U-boat net* classificou Schacht como um "top U-boat Ace" [ás submarinista]. O site menciona movimentos do U-507. Em quatro patrulhas, o submarino havia afun-

dado sete navios americanos, um norueguês, um sueco, dois hondurenhos, três britânicos e seis brasileiros. Disponível em: <http://uboat.net/men/schacht.htm>. Acesso em: 27 jan. 2025.

25. Durval, *Operação Brasil*, pp. 208-13.

26. Ibid., p. 217. A questão da responsabilidade confunde-se nas ordens e contraordens. O efeito dos afundamentos sobre a população litorânea foi profundo e chocante. O rumor de que o submarino era americano parece ter uma raiz no Nordeste do Brasil. Ver Luiz Antônio Pinto Cruz e Lina Maria Brandão de Aras, "Submarinos alemães ou norte-americanos nos malafogados de Sergipe (1942-1945)?", *Navigator*, n. 17, pp. 69-81; e dos mesmos autores "A guerra submarina na costa sergipana", *Revista Navigator*, n. 15. Disponível em: <https://portaldeperiodicos.marinha.mil.br/index.php/navigator/article/view/457>. Acesso em: 27 jan. 2025.

27. Em fevereiro e março foram afundados os seguintes navios em águas territoriais norte-americanas no Atlântico: *Cabedelo, Buarque, Olinda, Aratutã* e *Cairú*. De maio a julho seguiram-se outros sete no Caribe: *Parnaíba, Gonçalves Dias, Alegrete, Pedrinhas, Tamandaré, Piave* e *Barbacena*. Muitos deles foram atacados próximo às ilhas de Trinidad, Tobago e Barbados. Cada incidente foi meticulosamente relatado por diplomatas brasileiros, que também entrevistaram sobreviventes. Os relatórios e as entrevistas encontram-se em Ministério das Relações Exteriores, *O Brasil e a Segunda Guerra Mundial*, v. II. Rio de Janeiro: Imprensa Nacional, 1944, pp. 61-148. Para o contexto geral, ver Victor Tempone, "A batalha do Atlântico e o Brasil na II Guerra Mundial". Disponível em: <http://www.revistanavigator.com.br/navig18/art/N18_art3.pdf>. Acesso em: 27 jan. 2025.

28. O *SS Seatrain Texas* zarpou de Nova York em 29 de julho sem escolta nem comboio para a viagem de dezoito dias até a Cidade do Cabo. Por alguns dias, contou com cobertura aérea. As ordens para a arriscada viagem solo foram dadas por Roosevelt. Na época, os acossados britânicos possuíam apenas setenta tanques para combater os Panzers de Rommel. Ver "American Merchant Marine at War", <www.usmm.org>, 1998-2001. Disponível em: <http://www.usmm.org/images/seatrainroute.gif>. Acesso em: 27 jan. 2025. Ver também Durval, *Operação Brasil*, pp. 269-73.

29. Cordell Hull, *The Memoirs of Cordell Hull*, v. 2. Nova York: Macmillan Co., 1948, p. 1423.

30. Durval, *Operação Brasil*, p. 158.

31. Ibid., pp. 152-61. Jürgen Rohwer, *Axis Submarine Successes of World War Two: German, Italian and Japanese Submarine Successes, 1939-1945*. Londres: Greenhill Books, 1999, p. 116. Essa é a lista definitiva de todos os navios afundados. Para vários detalhes sobre o afundamento do *Baependi*, ver Elísio Gomes Filho, "U-507: Um estudo interpretativo das ações de um submarino alemão nas águas do Brasil", *Navigator*, Rio de Janeiro, v. 2, n. 3, p. 61, jun. 2006.

32. Durval, *Operação Brasil*, pp. 162-3.

33. Ibid., pp. 165-6.

34. Ibid., p. 167.

35. Ibid., p. 168.

36. Ibid., p. 169.

37. Ibid., p. 170-1.

38. Ibid., p. 173-6. Fotos de U-Boots estão disponíveis: <http://www.gazetadopovo.com.br/ra/mega/Pub/GP/p3/2012/08/25/VidaCidadania/Imagens/submarino_alemão_240812.jpg>. Acesso em: 27 jan. 2025.

39. Para uma descrição mais detalhada dos acontecimentos em Fortaleza e outras partes, ver José Henrique de Almeida Braga, op. cit., pp. 129-36.

40. John F. Simmons, conselheiro da Embaixada e cônsul-geral, Rio, 19 ago. 1942, Telegrama 3121 (encaminha telegrama diplomático de Fortaleza); 832.00/4242, Simmons, Rio, 18 ago. 1942, Telegrama 3091 (encaminha telegrama diplomático de Vitória), 832.00/4238; Walker, Pará, 18 ago. 1942, 832.00/4244; Simmons, Rio, 19 ago. 1942, Telegrama 3118 (encaminha telegrama diplomático de Manaos), 832.00/4245; Simmons, Rio, 19 ago. 1942, Telegrama 3126 (encaminha telegrama diplomático de Porto Alegre) 832.00/4247; Simmons, Rio, 19 ago. 1942, Telegrama 3124 (encaminha telegrama diplomático de Natal), 832.00/4248; Simmons, Rio, 19 ago. 1942, Telegrama 3127 (encaminha telegrama diplomático de São Paulo), 832.00/4249 todos RG 59, Nara.

41. Durval, *Operação Brasil*, pp. 295-9. Os capitães britânicos capturados a bordo do U-507 e seus navios foram James Stewart (ss *Oakbank*), Donald MacCallum (ss *Baron Dechmont*) e Frank H. Fenn (ss *Yorkwood*). Ver também José Henrique de Almeida Braga, op. cit., p. 425.

42. Caffery, Rio, 28 ago. 1942, Telegrama 3296, 832.00/4268, RG 59, Nara.

43. Mauro Renault Leite e Novelli Júnior, op. cit., pp. 502-4.

44. Caffery, Rio, 28 ago. 1942, Telegrama 3296, 832.000/4268, RG 59, Nara.

45. Simmons, Rio, 19 ago. 1942, Telegrama 3122, 832.00/4346, RG 59, Nara. Osvaldo Aranha pediu que Caffery, então em Washington, fosse informado de que "o Brasil declarará guerra à Alemanha amanhã". Simmons, Rio, 21 ago. 1942, Telegrama 3182, 832.00/4254, RG 59, Nara. Ver também *Foreign Relations of the United States, 1942, American Republics*, v, pp. 666 e seguintes.

46. A. D. Struble, gabinete do chefe de Operações Navais, memorando para o Departamento de Estado, 25 ago. 1942, 832.20;434, RG 59, Nara.

47. Mauro Renault Leite e Novelli Júnior, op. cit., p. 507

48. Caffery, Rio, 1 set. 1942, aerograma 203, 740.0011 European War 1939/24081, RG 59, Nara. O decreto suspendeu os artigos 122, 136, 137, 138, 156 e 175 da Constituição. Para uma exposição sobre o estado de guerra, ver Patrícia Aparecida Ferreira e Rodrigo Borges de Barros, "O papel das Forças Armadas na defesa nacional". Universidade de Uberaba, MG, 2016, pp. 6-9. Disponível em: <http://www.defesa.gov.br/arquivos/cadn/artigos/xiii_cadn/o_papel_das_forças_armadas_na_defesa_nacional.pdf>. Acesso em: 27 jan. 2025.

49. Mauro Renault Leite e Novelli Júnior, op. cit., p. 509.

50. Simmons, Rio, 4 set. 1942, #8367, 832.20/437 e Caffery, Rio, 7 set. 1942, Airgram 249, 832/20/440, RG 59, Nara.

51. O 7º Grupo de Artilharia de Dorso estava a bordo com todo o seu equipamento. Entre os passageiros havia esposas e filhos de oficiais e soldados da unidade. Existe um informe sobre o 7º Grupo de Artilharia de Dorso do Exército alojado nos arredorres do Recife: Major Charles H. Dayhuff, Recife, 21 jul. 1943, 6010, G2 Regional Brazil, MMB, RG 165, Nara.

52. Military Intelligence Division, War Dept., General Staff, MID 6300, 745,009, 26 ago. 1942, G2 Regional WFRC, RG 165, Nara. Um relatório do OSS, 18 set. 1942, #22875, RG 226 (Departamento de Serviços Estratégicos), NA, afirma que, embora Dutra houvesse assinado a proclamação, ela fora escrita pelo chefe do Estado-Maior, Góes Monteiro. Consta que Dutra opusera-se ao reconhecimento do estado de guerra. O texto de sua proclamação encontra-se em Mauro Renault Leite e Novelli Júnior, op. cit., pp. 504-5.

53. "Area Controller, MID 350-5 9-11-42 (7-23-41)", Extract, 11 set., 1942, 6300, G2 Files, Box 273, RG 165, Nara.

54. Randolph Harrison Jr. (segundo-secretário), Rio, 4 out. 1940, 3697 "Anti-Nazi Demonstration at Brazilian Military Academy" 6300, G-2 Regional Brazil, Box 273, RG 165, Nara. O adido militar alemão, general Gunther Niedenfuhr, oferecera os filmes e estava presente na exibição. A imagem de Hitler causou "pandemônio" e a sessão teve de ser encerrada. O comandante da escola repreendeu os cadetes e suspendeu as licenças por uma semana. O cadete participante foi Octávio Pereira da Costa, segundo o qual o incidente mostrou que "a grande maioria dos cadetes posicionou-se de maneira irrefragável em favor da liberdade e da democracia". *História oral do Exército na Segunda Guerra Mundial*. Rio de Janeiro: Biblioteca do Exército Editora, 2001, v. 5, pp. 23-4.

55. Extract, Military Attaché Weekly Estimate of Stability, n. 4548, 30 set. 1942, 6300, G2 Regional, Box 273, RG 165, Nara. Ele informou os nomes dos oficiais e suas posições. Seria interessante fazer um estudo que comparasse esses oficiais com seus dossiês pessoais. Curiosamente, ele afirmou que os sentimentos pró-germânicos eram intensos na Artilharia de Costa, que vinha sendo assessorada por oficiais americanos desde 1934.

56. O comentário sobre os tenentes da turma de 1942 provém de capitão Richard T. Cassidy (adido adjunto militar), Rio de Janeiro, 22 out. 1942: "Brazilian Army Officers to Visit the U.S. [for training]", Report 6979, 6770, G2 Regional Brazil, RG 165, Nara. Ele indicou quais eram tenentes. Sobre o movimento tenentista, ver McCann, *Soldiers of the Pátria*, pp. 209-11, 260-77.

57. A Carta do Atlântico foi uma declaração de objetivos do pós-guerra composta de Roosevelt e Churchill em seu encontro a bordo de um navio na costa da Terra Nova em agosto de 1941; nela declarou-se o direito de todos os povos a escolher sua forma de governo, à liberdade dos mares, à vida livre de privações e medo, ao desarmamento dos países agressores e a renúncia à expansão territorial.

58. O integralismo foi um movimento de características fascistas no Brasil nos anos 1930. Ver Marcus Klein, *Our Brazil Will Awake: The Acção Integralista Brasileira and the Failed Quest for Fascist Order in the 1930s*. Amsterdã: Cuadernos del Cedla, 2004. O estudo clássico é de Hélgio Trindade, *Integralismo: O fascismo brasileiro na década de 1930*. São Paulo: Difusão Europeia do Livro, 1974.

59. "Estillac Leal", Beloch, Israel e Alzira Alves de Abreu (Orgs.), *Dicionário histórico--biográfico brasileiro, 1930-1983*. Rio de Janeiro: Forense-Universitária, 1984, v. 2, p. 1753; Claude M. Adams, adido militar, Rio, 6 nov. 1942, G2 Regional Brazil 5900, RG 165, Nara. Esse informe foi importante o suficiente para ser encaminhado imediatamente ao chefe de Estado-Maior, Marshall; ver W. Sexton, memorando para o chefe de gabinete, 6 nov. 1942, OPD 336 Brazil (11-5-42) (Sec I), MMB, RG 165, Nara. Para uma noção do programa da escola de Estado-Maior, ver a tradução de um documento do Exército brasileiro, "Program of Instruction for the School Year 1943-1944", General Staff, Directorate of Instruction, 6740, G2 Regional Brazil, RG 165, Nara. O órgão de censura, DIP, também se encarregava da propaganda do governo: ver "Departamento de Imprensa e Propaganda", Israel e Abreu (Orgs.), *Dicionário histórico-biográfico brasileiro*, v. 2, pp. 1076-9. Leal ascendeu até ser um proeminente general comandante em Natal em 1943. No segundo governo Vargas, em 1951, ele foi ministro da Guerra.

60. Cor. Claude M. Adams, Rio, 3 dez. 1942, Report #4683, MID: "Movement of Group of Military Officers" 6210, G2 Regional Brazil, RG 165, Nara.

61. Cor. Claude M. Adams, Rio, 12 dez. 1942, #4716, 6905, G2 Regional Brazil, RG 165, Nara.

62. *Correio da Manhã*, Rio, 23 dez. 1942.

63. Cor. Claude M. Adams, Rio, 21 dez. 1942, #4738: "Pro-Allied Political Faction in the Army", 6110, G2 Regional Brazil, RG 165, Nara.

64. *Diário Carioca*, Rio, 24 dez. 1942; texto do discurso de 31 de dezembro em Getúlio Vargas, *A nova política do Brasil*. Rio de Janeiro, 1938-47, v. IX, pp. 323-7.

65. Roosevelt para Vargas, s.l., 24 dez. 1942, President's Personal File 4473 (Vargas), Franklin D. Roosevelt Library Hyde Park, NY. Para a análise da situação político-militar pelo embaixador americano no começo de 1943, ver Jefferson Caffery, Rio, 6 fev. 1943, 832.00/4349, Nara.

66. Eurico Dutra a Vargas, Rio de Janeiro, 6 jan. 1943, APG, Caixa II, Pasta 4, Doc. 2, Arquivo Histórico do Exército, Rio de Janeiro.

67. O melhor relato sobre o encontro de Roosevelt e Churchill em Casablanca provavelmente é de Winston S. Churchill, *The Second World War: The Hinge of Fate*. Boston: Houghton Mifflin Company, 1950, pp. 674-93.

68. Caffery, Rio, 6 jan. 1943, 832.001 Vargas, Getúlio/134 1/2: Telegrama e memorando, Roosevelt para S. Welles, Washington, 8 jan. 1943 832.001 Vargas, Getúlio/134 2/3 in *FRUS, 1943*, v. V, pp. 653-4

69. Aranha a Vargas, Rio, 25 jan. 1943, Arquivo Osvaldo Aranha, CPDOC-Rio.

70. Aranha a Eurico Dutra, Rio, 11 ago. 1943, Arquivo Osvaldo Aranha, CPDOC-Rio.

71. Aranha a Vargas, Rio, 25 jan. 1943, Arquivo Osvaldo Aranha, CPDOC-Rio. Esse documento é um dos mais importantes da história das relações internacionais brasileiras. Aranha deixara que o embaixador Caffery lesse o documento para que fosse capaz de expor a Roosevelt exatamente o pensamento brasileiro antes de ele se sentar com Vargas. Para análise mais detalhada e a lista dos onze objetivos, ver McCann, *Brazilian-American Alliance*, pp. 304-9. Para a edição brasileira: *Aliança Brasil-Estados Unidos, 1937-1945*. Rio de Janeiro: Biblioteca do Exército Editora, 1995, pp. 242-6.

72. Caffery para Roosevelt, Rio, 9 fev. 1943, President's Secretary File, Franklin D. Roosevelt Library Hyde Park, NY; sobre a cooperação do Brasil, ver Caffery para secretário de Estado, Rio de Janeiro, 30 jan. 1943, 740.0011 European War 1939/27590; Telegrama in *Foreign Relations 1943*, v. V, pp. 655-6. Caffery esteve presente durante as conversas.

73. Caffery, Rio, 30 jan. 1943, 740.0011 European War 1939/27588: Telegrama em *FRUS, 1943*, v. V, p. 656.

74. Oliver La Farge, *The Eagle in the Egg*. Boston: Houghton Mifflin Co., 1949, p. 150. La Farge, quando tenente-coronel da Reserva, atuou como o historiador-chefe do Comando de Transporte Aéreo. Foi um antropólogo renomado e ganhador do prêmio Pulitzer de 1929. Para uma história ilustrada, combinada a memórias de um militar da Marinha sobre as Forças Armadas americanas no Nordeste brasileiro, ver John R. Harrison, *Fairwing Brazil: Tales of South Atlantic in World War II*. Atglen, Pa.: Schiffer Publishing, 2014, pp. 24-73, 182-224.

75. Press release, Natal. 30 jan. 1943, in "Política exterior do Brasil, 1938-1944", Arquivo Osvaldo Aranha, CPDOC-Rio. Para uma análise da Conferência de Natal e sua relação com Casablanca, ver Hélio Silva, *1944: O Brasil na guerra*. Rio de Janeiro: Civilização Brasileira, 1974,

pp. 45-61. Imagens em Natal de Roosevelt com Getúlio estão disponíveis em: <https://www.youtube.com/watch?v=iSR7bUyCOQs&t=65s>. Acesso em: 27 jan. 2025.

76. General de brigada Gustavo Cordeiro de Farias (comandante da Div. Inf. 14 e Guarnição de Natal), Natal, 1 fev. 1943: "Conferência dos 2 Presidentes em Natal", *Relatório*, Acervo Pessoal General Góes, Caixa II, Pasta 4, Doc 7, Arquivo Histórico do Exército, Rio de Janeiro. O comentário de Vargas sobre o "anfitrião" encontra-se em Caffery para secretário de Estado, Rio de Janeiro, 30 jan. 1943, 740.0011 European War 1939/27588; Telegrama em *Foreign Relations 1943*, v. v, pp. 655-6. Vale a pena mencionar que Vargas foi para Natal em um avião americano em companhia do almirante Ingram, levando dois assessores brasileiros.

77. A embaixada no Rio criou uma pasta de reportagens e editoriais de jornais: "News Summary for Week Ending February 4, 1943", 832.9111/34, Nara. Ver também "Natal", *Brazil* 17, n. 172, mar. 1943, p. 19.

78. Caffery para Roosevelt, Rio, 9 fev. 1942, President's Secretary File, Franklin D. Roosevelt Library Hyde Park, NY. Os britânicos não gostaram da ideia e combinaram com Salazar o envio de forças britânicas para as ilhas. Sobre Portugal, ver Hugh Kay, *Salazar and Modern Portugal*. Nova York: Hawthron Books, 1970.

79. Caffery, Rio, 30 jan. 1943, 740.0011 EW 1939/27588, NA. O resumo das conversas entre Vargas e Roosevelt é tão detalhado quanto o registro permite. O registro documental integral encontra-se em "Conference between President Roosevelt and President Vargas of Brazil at Natal", *Foreign Relations 1943*, v. v, pp. 653-8.

80. Para a mobilização do Brasil, ver Manoel Thomaz Castello Branco, *O Brasil na II Grande Guerra*. Rio de Janeiro: Biblioteca do Exército Editora, 1960, pp. 77-9. Sobre o treinamento do exército, a educação de oficiais e a influência da Missão Militar Francesa, ver McCann, *Soldiers of the Pátria*, pp. 241-53.

81. Capitão T. L. Ridge (adido adjunto naval das Forças Navais), Rio de Janeiro, 3 jul. 1942, OSS Files 20, 128, MMB, RG 226, Nara. Mascarenhas descreveu os problemas que enfrentou como comandante regional no Recife em *Marechal Mascarenhas de Morais: Memórias*. Rio de Janeiro: José Olympio, 1969, v. 1, pp. 110-6. Ele comandou cerca de 50 mil homens, todos em postos militares fixos e em pequena escala. Essas instalações não tinham espaço para treinamento de combate.

82. Mascarenha queixou-se a seus assessores da falta de unidade de comando; ver Carlos Meira Mattos, *O marechal Mascarenhas de Morais e sua época*. Rio de Janeiro: Biblioteca do Exército Editora, 1983, v. 1, pp. 82-3. O autor foi ajudante de ordens do general.

83. Tenente-coronel John M. Raymond (Serviço de Inteligência Militar) para chefe de gabinete das Forças Aéreas, Recife, 13 jan. 1943, "Changes in Brazilian High Command", OPD 319.1 Brazil, MMB, RG 165 e general de brigada R. L. Walsh para Cor. Kenner F. Hartford (Divisão de Operações, Estado-Maior), Recife, 14 jan. 1943, OPD 336 Brazil (Sec I) MMB, RG 165, Nara. Walsh comentou que Mascarenhas "quer deixar o Rio fora da jogada". Walsh também falara com o general Marshall sobre organizar uma visita ao Norte da África para o general Eduardo Gomes, comandante da Força Aérea no Nordeste, que Walsh considerava um importante aliado. A seu ver, essa viagem fortaleceria a posição de Gomes nas disputas por prestígio então em curso no Brasil. Pouco tempo depois disso, Gomes foi mesmo para a África, a convite do general

Eisenhower. Ver Military Attaché (Rio), "Weekly Estimate of Stability", Report n. 5094, 23 mar. 1943, 6300, G2 Regional Brazil, RG 165, Nara.

84. Marshall para o general de brigada Claude M. Adams, Washington, 16 abr. 1943 Radio n. 872 Secret, "From Marshall to Adams for his eyes only. Reference your 1028 regarding Dutra", OPD 336 Brazil, RG 165, Nara.

85. Military Attaché (Rio), "Weekly Estimate of Stability", Report n. 4968, 23 fev. 1943, 6300 G2 Regional Brazil, RG 165, Nara.

86. A campanha antinazista foi lançada nessa época; ver Aurélio da Silva Py, *A 5ª Coluna no Brasil: A conspiração nazi no Rio Grande do Sul*. Porto Alegre: 1942. O governo expulsara o embaixador alemão Karl Ritter por seus protestos contra as políticas antinazistas. A campanha foi estudada em William N. Simonson, *Nazi Infiltration in South America, 1933-1945* (dissertação de Ph.D. não publicada, Fletcher School, Tufts University, 1964), e em Priscila Ferreira Perazzo, "O perigo alemão e a repressão policial no Estado Novo", *Revista Histórica*, v. 3, n. 4, pp. 69-73, jul. 2001.

87. Fernando da Silva Rodrigues, "Discriminação e intolerância: Os indesejáveis na seleção dos oficiais do Exército brasileiro (1937-1946)". *Antíteses*, v. 1, n. 2, pp. 464-5, jul.-dez. 2008. Disponível em: <http://www.uel.br/revistas/uel/index.php/antiteses>. O artigo completo está nas pp. 455-74. Acesso em: 27 jan. 2025.

88. Minutes, War Council meeting, 16 dez. 1942, Secretary of War Conference Binder 2, Office of Chief of Staff Records, RG 165, Nara.

89. Osvaldo Aranha a Eurico Dutra, Rio, 11 ago. 1943, Arquivo Osvaldo Aranha, CPDOC. Ele escreveu isso a Dutra quando este foi aos Estados Unidos negociar detalhes da FEB. Ele admitiu que uma aliança assim estreita trazia perigos potencialmente incompatíveis com a soberania e os interesses do Brasil, mas era o caminho de menor risco e maior segurança. Era um mal menor, e eles precisariam estar constantemente atentos para evitar perigos ocultos.

90. Eurico Dutra a Getúlio Vargas, Rio, 6 jan. 1943, citado em Mauro Renault Leite e Novelli Júnior, op. cit., citação da p. 579.

6. A FORÇA EXPEDICIONÁRIA BRASILEIRA: COBRAS FUMANTES [pp. 169-202]

1. MG J. G. Ord para George C. Marshall, Washington, 16 abr. 1943, OPD 336 Brazil (Sec I), MMB, RG 165, Nara.

2. MG J. G. Ord para George C. Marshall, Washington, 21 abr. 1943, OPD 336 Brazil (Sec I), MMB, RG 165, Nara. Os leitores brasileiros talvez reparem que essa carta foi escrita no Dia de Tiradentes.

3. Em uma anotação na margem, o coronel Kenner F. Hartford (Divisão de Operações do Estado-Maior) disse que os chefes do Estado-Maior Conjunto receberam o endosso de Marshall em 4 de maio e no dia seguinte deram sua aprovação em JCS 284. Hartford mencionou que o equipamento para treinar uma divisão poderia ser remetido em cerca de três meses; ver general John E. Hull (chefe interino adjunto do gabinete) para gen. Marshall, Washington, 28 abr. 1943, OPD 336 Brazil (4-21-43) (Sec I), MMB, RG 165, Nara; Memorando de Marshall para chefes do Estado-Maior Conjunto: "Armament of Brazilian Expeditionary Force", 4 maio 1943, 314-1 (JCS

284) (aparentemente redigido em 3 de maio) anexo a general J. E. Hull para general de divisão J. G. Ord: "Proposal of Brazil that an Expeditionary Force be Formed in Brazil", 5 maio 1943, OPD 336 Brazil (21-4-43) MMB, RG 165, Nara.

4. Major Lloyd H. Gomes, adido militar, Rio de Janeiro, IG 5990, Report 5508, 8 maio 1943, G2 Regional Brazil, RG 165, Nara. José Joaquim de Maia foi um estudante na França que, em nome de um movimento pró-independência, secretamente fez contato com Jefferson em busca de ajuda dos Estados Unidos.

5. Observador naval americano, Porto Alegre, 13 maio 1943, G2 Regional Brazil, 6900 BEF, Part II, RG 165, Nara. O cônsul era Daniel M. Braddock, que se reuniu com Cordeiro em 4 de maio de 1943. Cordeiro comandou a artilharia da FEB na Itália. O interventor era o governador nomeado do estado, que tinha cerca de um terço das unidades do Exército. Para a experiência de Cordeiro na FEB, ver seu testemunho em história oral em Aspásia Camargo e Walder de Góes (Orgs.), *Meio século de combate: Diálogo com Cordeiro de Farias*. Rio de Janeiro: Nova Fronteira, 1981, pp. 293-380.

6. Esse relatório "secreto" não está assinado, mas foi enviado a G2 and Naval Intelligence. Rio de janeiro, 25 maio 1943: "Integralism in the Army" 6300, G2 Regional Brazil, RG 165, Nara.

7. Os franceses tiveram uma abrangente missão no Brasil no período entreguerras. Para subsídios sobre a Missão Militar Francesa, ver McCann, *Soldiers of the Pátria*, pp. 202-19, 245-51.

8. General de divisão J. G. Ord, memorando para o chefe adjunto do gabinete: "Observations of Certain Brazilian Forces", 16 jun. 1943, OPD 336.2 Brazil (Sec I), MMB, RG 165, Nara.

9. Observação para relatório, 19 jun. 1943: "Instruction in the U.S. of Brazilian Officers for Expeditionary Force", OPD 350.2 (Sec I), MMB, RG 165, Nara.

10. Harold Sims, US Consul, Natal, 19 jun. 1943: "Example of Friendly Relations between American and Brazilian Military Authorities", 711.32/178 e 6210, G2 Regional Brazil, RG 165, Nara.

11. General Claude M. Adams (adido militar) para cor. W. W. Cox (AIS Miami), Rio de Janeiro, 30 jul. 1943, 6900 BEF, Part II, G2 Regional Brazil, RG 165, Nara. Castello Branco seria mais tarde chefe do Estado-Maior do Exército e então presidente por meio da "revolução" de 1964. Caiado de Castro seria senador federal de 1954 a 1963.

12. General Claude M. Adams, Recife, 31 jul. 1943, 5900, G2 Regional Brazil, RG 165, Nara. Provavelmente a administração do Exército foi responsável pela lentidão em organizar a força.

13. Clark D. Burton (adido adjunto militar), 2 ago. 1943, 6905, G2 Regional Brazil, MMB, RG 165, Nara.

14. Osvaldo Gudolle Aranha ganhara fluência em inglês quando seu pai fora embaixador em Washington em 1934-8. Ele acompanhou Dutra durante toda a sua visita de 1943 aos Estados Unidos. Mais tarde serviria na FEB como soldado intérprete e motorista na artilharia. "Economista Oswaldo Gudolle Aranha", Aricildes de Moraes Motta (Coord.), *História oral do exército na Segunda Guerra Mundial*, tomo 6. Rio de Janeiro: Biblioteca do Exército Editora, 2001, pp. 199-215.

15. General de divisão J. G. Ord, memorando para chefe de gabinete, Washington, 12 ago. 1943, OPD 336 Brazil (Sec II), Records of General and Special Staffs, RG 165, Nara. Dutra se reuniria com o secretário da Guerra, Stimson, e o general Marshall em 18 de agosto.

16. Conversa entre o chefe de gabinete e o gen. Dutra, 2 set. 1943, OPD 336 Brazil (Sec II), Records of General and Special Staffs, RG 165, Nara.

17. Disponível em: <http://apps.westpointaog.org/Memorials/Article/6964>. Acesso em: 27 jan. 2025. Hertord formou-se em West Point (Academia Militar dos Estados Unidos) em 1923. Graduara-se em engenharia civil pela Universidade Cornell, servira na Nicarágua e na França e tinha facilidade com idiomas.

18. General John E. Hull (chefe do Teatro de Operações da Divisão de Proteção Operacional) para general Handy, Washington, 15 out. 1943, OPD 336 Brazil (Sec II), Records of General and Special Staffs, RG 165, NA. "Overlord" era o codinome da invasão da Normandia (6 jun. 1944). Para a carreira de Hull, ver: <https://www.redirectify.com/people/john-e-hull.html>. Acesso em: 27 jan. 2025. Ele foi um dos principais planejadores. Na década seguinte, seria o comandante-chefe do Comando do Extremo Oriente.

19. Claude Adams sofrera um ataque cardíaco em 1939, quando era oficial estudante na Escola de Comando e Estado-Maior em Fort Leavenworth.

20. Telegramas, cor. Kenner F. Hertford para Selser e Adams, 1 e 4 out. 1943 ["desejam-se apenas investigação e informe e nenhuma proposta específica deve ser submetida a aprovação ou desaprovação brasileira"]; Caffery para o secretário de Estado, Rio de Janeiro, 4 out. 1943, #4695; Caffery, Rio de Janeiro, 4 out. 1943, #4707; cor. K. F. Hertford para general Hull, OPD, 7 out. 1943, OPD 336 Brazil (Sec I), MMB, RG 165; Hull para Caffery via departamento de Estado., Washington, 6 out. 1943, 740.0011 European War 1939/31419 in *Foreign Relations 1943*, v. V, p. 642.

21. Laurence Duggan (chefe de Estado da divisão latino-americana) do Caffery, Washington, 8 out. 1943, 740.0011 European War 1939/31617a in *Foreign Relations 1943*, v. V, pp. 642-3.

22. Caffery para o secretário de Estado, Rio de Janeiro, 13 out. 1943, 740.0011 European War 1939/31644, Airgram in *Foreign Relations 1943*, v. V, p. 644.

23. Cap. Richard T. Cassidy, Rio de Janeiro, 21 dez. 1943, Report 6406, G2 Regional Brazil, 6110, RG 165, Nara. Cassidy era da turma de 1940 da U.S. Military Academy.

24. Cor. Charles G. Mettler (Inteligência militar, Bomis Miami), 26 out. 1943, Report 354, G2 Regional Brazil 6900, BEF, RG 165, Nara.

25. Ibid.

26. Cor. Charles G. Metler (Inteligência militar, Bomis Miami) 31 out. 1943, Report 364, G2 Regional Brasil 6900, BEF, RG 165, Nara. O oficial que coligiu as informações foi o tenente-coronel E. J. Hall.

27. João B. Mascarenhas de Morais, *Memórias*. Rio de Janeiro: José Olympio, 1969, v. 1, pp. 117-26. O telegrama de Dutra é de 10 de agosto de 1943. Em 17 de agosto, Mascarenhas deixou o comando regional e foi para o Rio "a fim de tratar do apresto da tropa Expedicionária" (p. 118).

28. Cap. Richard T. Cassidy, Rio de Janeiro, 4 nov. 1943, Report 376, G2 Regional Brazil, 6900 BEF Part II, RG 165, Nara.

29. Cap. Richard T. Cassidy, Rio de Janeiro, 8 dez. 1943, Report 6323, G2 Regional Brazil, 6115, RG 165, Nara.

30. "General Banquete", ver Cap. Richard T. Cassidy, Rio de Janeiro, 21 dez. 1943, Report 6406, G2 Regional Brazil, 6110 RG 165; Cap. T. L. Ridge (USMC, adido adjunto naval), Rio de Janeiro, 3 jul. 1942, OSS Files 20128, MMB, RG 226, Nara. Esse relatório avaliou os comandantes regionais. Cardoso comandou a 2ª Região Militar em 1939-42 e era comandante da 1ª Região Militar do Rio quando foi nomeado chefe do Estado-Maior. Em dezembro de 1944 reformou-se.

31. Cap. Richard T. Cassidy, Rio de Janeiro, 8 nov. 1943, Report 6153, G2 Regional Brazil,

6900, BEF Part II, RG 165, NA. Os oficiais do Estado-Maior eram coronel Floriano Lima Brayner (chefe do Estado-Maior), coronel Henrique Baptista Duffles Teixeira Lott (chefe adjunto do Estado-Maior), tenente-coronel Thales Montinho Ribeiro da Costa (G1), tenente-coronel Amaury Kruel (G2), tenente-coronel Humberto de Alencar Castello Branco (G3) e major Aguinaldo Sena Campos (G4). Mesmo nessa fase tão adiantada, o ministro da Guerra brasileiro disse que preferia a proposta do Departamento de Guerra americano de treinar as divisões da FEB no teatro europeu porque isso deixaria o equipamento e os campos livres para treinar as divisões internas mais cedo. O novo Centro de Instrução Especializada que deveria treinar 2600 especialistas não começara a funcionar segundo determinava o cronograma.

32. Maj. Frank G. Burns (oficial de ligação militar), Belo Horizonte, 26 nov. 1943, 6210, G2 Brazil 6900 BEF, RG 165, Nara.

33. *Diário Carioca*, 17 dez. 1943; Mascarenhas de Moraes, *Memórias*. Rio de Janeiro: José Olympio, 1969, v. I, pp. 131-6; ele detalhou os acontecimentos de sua viagem pelo Norte da Itália. General Carlos de Meira Mattos, *O marechal Mascarenhas de Morais e sua época*, pp. 99-106.

34. Mascarenhas, *Memórias*, pp. 130-1.

35. Capitão Richard T. Cassidy, Rio de Janeiro, 8 dez. 1943, Report 6328, MID 6115, G2 Regional Brazil, RG 165, Nara.

36. Carlos Paiva Gonçalves, *Seleção médica do pessoal da FEB: Histórico, funcionamento e dados estatísticos*. Rio de Janeiro: Biblioteca do Exército, 1951, pp. 67-142. O autor foi um médico do Exército que participou do processo, que elogiou a qualidade dos exames que revelaram casos de tuberculose, imbecilidade, hérnia, daltonismo, parasitas, doenças circulatórias e respiratórias e dois casos de lepra. Ver p. 82.

37. Alfredo Oscar Salun, *"Zé Carioca" vai à guerra: Histórias e memórias sobre a FEB*. São Paulo: Pulsar, 2004, pp. 39-41.

38. Memorando: Cor. D. R. Patrick (quartel-general americano das Forças do Exército no Atlântico Sul) para chefe adjunto do gabinete, OPD, "Brazilian Replacements", Recife, 23 fev. 1945, OPD 336.2 Brazil (Sec IV), RG 165, Nara. O coronel comentou: "Obviamente, essa situação torna desaconselhável recorrer ao Brasil para futuros envios de pessoal ao ultramar se for possível evitar".

39. Uma descrição em detalhes da viagem de Mascarenhas à Itália encontra-se em general Aguinaldo José Senna Campos, *Com a FEB na Itália: Páginas do meu diário*. Rio de Janeiro: Imprensa do Exército, 1970, pp. 30-57. Os americanos perderam 25 mil homens nos encarniçados combates travados na cabeça de ponte em Anzio de 22 de janeiro a 5 de junho de 1944; entre os mortos estava o enteado do general Marshall.

40. Capitão Richard T. Cassidy, Rio de Janeiro, 10 mar. 1944, Report 6706, G2 Regional Brazil, 6900, BEF, MMB, RG 165, Nara. Provavelmente Mascarenhas queria manter-se por perto de seu ministro do Exército para prevenir problemas burocráticos.

41. Mascarenhas de Moraes, *Memórias*, p. 136.

42. O quartel-general era um prédio na rua São Francisco Xavier, 409, e o general tinha um "posto de comando" em um espaço emprestado no Diretório do Material Bélico do Palácio da Guerra. Mascarenhas, *Memórias*, pp. 136-7; Meira Mattos, *O marechal Mascarenhas de Moraes e sua época*, pp. 112-3. Pelo visto, Mascarenhas comentou com seus assistentes: "Agora que vencemos o inimigo interno, vamos ver de perto o Exército alemão", p. 113.

43. E. R. Sterrinius, Washington, 12 maio 1944, 740.0011. European War Stettinius Mission/112 1/2, RG 59, Nara. Esse é um relatório sobre sua viagem de 7 a 29 de abril de 1944.

44. Carlos de Meira Mattos, *O marechal Mascarenhas de Moraes e sua época*, pp. 89-90; comentários de Meira Mattos ao autor, Rio, dez. 1991. Ele era ajudante de ordens de Mascarenhas. As outras duas divisões seriam comandadas pelos generais Newton Cavalcanti e Heitor Borges.

45. O livro de Democrito Cavalcanti de Anuda et al., *Depoimento de oficiais de reserva sobre a FEB*. Rio de Janeiro: Cobraci Publicações, 1949. Sobre o número de reservistas, ver McCann, *The Brazilian-American Alliance*, p. 368, n. 40.

46. J. B. Mascarenhas a E. Dutra, Cifrado #33-G1, 7 abr. 1945, Cifrados FEB, de 15 set. 1944 a 5 jul. 1945, 433.40, "1944/1945", MG 665C, CDOC-EX, Brasília. Ele viu que o prestígio da FEB estava em jogo. Também os americanos estavam preocupados com os oficiais subalternos. O relatório de Mascarenhas quando ele comandou a 7ª Região Militar indicou déficit de tenentes (165 autorizados, mas 123 de serviço, ou seja, déficit de 46), Mascarenhas, "Relatório 0,7 RM, 1941", Recife, 12 fev. 1942, p. 25 in CDOC-EX, Brasília. Infelizmente o centro de documentação do Exército (CDOC-EX) foi desativado depois de eu ter feito essas anotações. Cito-as aqui para ajudar outros que talvez queiram localizá-las. Agora elas provavelmente estão no Arquivo Histórico do Exército, Rio. O general Ralph Wooten, que teve papel importante nas relações com os brasileiros, chamou a atenção do general Dutra "para a ausência de liderança nos escalões inferior e não comissionado dos oficiais" e sugeriu várias soluções. General de divisão Ralph H. Wooten para chefe adjunto do gabinete, OPD, Recife, 23 jan. 1945, "Resume of Situation in this Theater", OPD 336, Latin American Section IV, Cases 80-93, RG 165, Modern Military Branch, Nara.

47. Virginia Maria de Niemeyer Portocarrero, "A mulher brasileira apresentou-se voluntariamente", *Revista do Exército Brasileiro*, v. 131, n. 3, jul./set. 1994, pp. 59-63.

48. Para os dados de recrutamento na 7ª Região Militar, ver João B. Mascarenhas de Morais, "Relatório apresentado ao Exmo. sr. general de Divisão [Eurico Dutra] ministro da Guerra pelo general de brigada João Batista Mascarenhas de Morais Comandante da 7ª Região Militar, ano de 1941". Recife, 12 fev. 1942, CDEX — Brasília, pp. 32-4. Sobre a seleção para a FEB, ver tenente-coronel Carlos Paiva Gonçalves, *Seleção médica do pessoal da FEB, histórico, funcionamento e dados estatísticos*. Rio de Janeiro: Biblioteca do Exército, 1951, pp. 67-142. Para relatórios americanos, ver general de divisão Ralph H. Wooden para ACS OPD, Recife, 23 jan. 1945, "Resume of Situation in this Theater", OPD 336 Latin American (Sec IV) casos 80-93; e Cor. Charles B. B. Bubb para comandante geral do Teatro de Operações do Mediterrâneo do exército americano, Rio, 6 dez. 1944, "Medical Report on the Fourth Echelon of the Brazilian Expeditionary Force", OPD 336.2 Brazil (Sec IV), RG 165, Nara. Esse relatório é um apanhado preocupante e desalentador do péssimo estado de saúde do povo brasileiro. McCann, *The Brazilian-American Alliance*, pp. 369-72.

49. Gen. Eurico Dutra para cor. Edwin L. Sibert, Rio, 8 jan. 1941, 2257 K18/247; e cor. Edwin L. Sibert para ACS G2, Rio, 18 mar. 1941, n. 2650, "Student Officers from Brazil to US Service Schools", 2257 K18/306, RG 165, WD, GS, MID, Nara. McCann, *The Brazilian-American Alliance*, pp. 353-4, n. 18. Em comparação, os chineses enviaram 249 oficiais a Ft. Leavenworth; os britânicos, 208; os venezuelanos, 73; os mexicanos, sessenta; e os argentinos, 31. O comentário do comandante da Escola de Comando e Estado-Maior, general Karl Truesdell, sobre a qualidade dos oficiais brasileiros foi informado pelo general de divisão J. G. Ord em um pronuncia-

mento ao Estado-Maior do coordenador de Assuntos Interamericanos, 11 ago. 1944, BDC 5400, RG 218 (Records of the US Joint Chiefs of Staff), Nara.

50. Robert H. Berlin, "United States Army World War II Corps Commanders: A Composite Biography", *The Journal of Military History*, n. 53, pp. 9-10, 147-67, abr. 1989.

51. Ibid., pp. 137-40. Meira Mattos, *O marechal Mascarenhas de Moraes e sua época*, p. 113. Para o melhor estudo sobre a frente à qual os brasileiros estavam prestes a juntar-se, ver Rick Atkinson, *The Day of the Battle: The War in Sicily and Italy, 1943-1944*. Nova York: Henry Holt and Company, 2007. Infelizmente o autor encerra o livro com a captura de Roma, desconsiderando os derradeiros e difíceis meses da campanha italiana. Ele nem sequer menciona os brasileiros. O *General Mann* zarpou com o segundo escalão em 22 de dezembro de 1944. O *General Meigs* partiu do Rio com o terceiro e o quarto em 22 de setembro e 23 de novembro, e com o quinto em 8 de fevereiro de 1945.

52. Anotações de 30-31 de outubro de 1944, Combat Diary, Report 1/Inf.Div. BEF, US Army Center of Military History, Washington; José Alío Piason, "Alguns erros fundamentais observados na FEB", Depoimento de oficiais da reserva, pp. 103-7, citação da p. 106. Piason foi subcomandante de uma das companhias participantes (3ª Co. 1/6 IR). Mascarenhas, *Memórias*, v. I, pp. 183-8. Para um relatório feito por um observador aéreo dos preparativos alemães antes da ação, ver Elber de Mello Henriques, *A FEB doze anos depois*. Rio de Janeiro: Biblioteca do Exército, 1959, pp. 72-4. O relato mais equilibrado é de Manoel Thomaz Castello Branco, *O Brasil na II Grande Guerra*. Rio de Janeiro: Biblioteca do Exército, 1960, pp. 206-14.

53. Floriano de Lima Brayner, *A verdade sobre a FEB: Memórias de um chefe de Estado-Maior, na campanha da Itália, 1943-1945*. Rio de Janeiro: Civilização Brasileira, 1968, p. 234.

54. William Waack, *As duas faces da glória: A FEB vista pelos seus aliados e inimigos*. Rio de Janeiro: Nova Fronteira, 1985. O tom básico do livro questiona a importância da FEB. É interessante notar que os alemães levaram a FEB a sério o suficiente para transmitir diariamente um programa chamado *Ouro e Verde* pela Rádio Victoria, das proximidades de Como, na Itália, usando dois brasileiros como comentaristas — Margarida Hirschman e Emilio Baldino; depois da guerra, os dois foram julgados e sentenciados à prisão. Daniels to Secretary of State, Rio, 9 dez. 1946, 832.203/12-946, RG 59, Nara.

55. Emílio Varoli, "Aventuras de um prisioneiro na Alemanha Nazista", in *Depoimento de oficiais da reserva sobre a FEB*, p. 447. Esse relato de um participante contemporâneo não condiz com a interpretação de Waack, segundo a qual os veteranos alemães, nos anos 1980, não se recordaram de lutar contra brasileiros. Infelizmente, consta que os registros do Exército alemão correspondentes foram destruídos em um incêndio no pós-guerra.

56. *A Manhã*, Rio de Janeiro, 27 fev. 1945. Visitei o local da batalha em fins de fevereiro de 1994.

57. Waack supôs que, como os veteranos alemães que ele entrevistou décadas depois da guerra não se recordavam de monte Castello, sua tomada só pode ter sido insignificante; ver *As duas faces*, pp. 90-3. FEB Combat Diary, 35, anotação de 21 fev. 1945, in "Report on the 1st Infantry Division, Brazilian Expeditionary Forces in the Italian Campaign from 16 July 1944 to the Cessation of Hostilities in May 1945", 301 (BEF)-033, Nara.

58. Vale a pena mencionar que esse foi "o primeiro grande enfrentamento do inimigo" para a 10ª Divisão de Montanha. "Fourth Corps History", p. 512. Em maio de 1944, o general de

brigada Harold W. Nelson, chefe de História Militar do Exército dos Estados Unidos, e o general de divisão Sérgio Ruschel Bergamaschi, diretor de Assuntos Culturais do Exército Brasileiro, fizeram uma "viagem de Estado-Maior" conjunta americano-brasileira para reconstituir a campanha lado a lado da 10ª Divisão de Montanha e da FEB; ver "Sérgio Gomes Pereira, "Ação conjunta 1 DIE (BR)/10ª Div. MTH (Estados Unidos), *Revista do Exército Brasileiro*, v. 131, n. 3, pp. 54-6, jul./set. 1994.

59. Para uma valiosa discussão sobre a "escola do soldado", ver Paul Fussell, *Wartime: Understanding and Behavior in the Second World War*. Nova York: Oxford University Press, 1989, pp. 52-65.

60. Coronel Newton C. de Andrade Mello, *A epopeia de Montese*. Curitiba: Imprensa Oficial do Estado, 1954.

61. O general Mascarenhas ordenou a seus homens: "Somente depois que os alemães estiverem aqui é que daremos a informação aos americanos". Aspásia Camargo e Walder de Góes, *Meio século de combate: Diálogo com Cordeiro de Farias*. Rio de Janeiro: Nova Fronteira, 1981, p. 368. O general Osvaldo Cordeiro de Farias comandou a artilharia da FEB.

62. Sobre as músicas dos febianos, ver McCann, *The Brazilian-American Alliance*, pp. 432 e 435; e o LP *Expedicionários em ritmos: 20 anos depois*, Chantecler, São Paulo, lançamento CMG 2397, 1965. Para um comentário mais recente sobre os sambas da FEB, ver Cesar Campiani Maximiano, "Neve, fogo e montanhas: A experiência brasileira de combate na Itália (1944/45)", in Celso Castro et al., *Nova história militar brasileira*. Rio de Janeiro: Ed. FGV, 2004, pp. 352-4. E Maria Elisa Pereira, *Você sabe de onde eu venho? O Brasil dos cantos de guerra (1942-1945)*, FFLCH-USP, 2009. Tese (Doutorado em História).

63. *The New York Times*, 2 set. 1945.

64. Octavio Costa, *Trinta anos depois da volta: O Brasil na II Guerra Mundial*. Rio de Janeiro: Biblioteca do Exército Editora, 1976, p. 61. "Em meados de março de 1944, o Onze estava pronto para seguir rumo ao Rio. Foi aí que ouvi, pela primeira vez, a expressão 'a cobra vai fumar', que os soldados usavam para indicar a proximidade da partida, assemelhando o trem à cobra". Não se sabe exatamente como essa expressão foi parar no distintivo dos uniformes da FEB. Ver Costa, pp. 32-3.

65. John Baxter, *Disney During World War II: How the Walt Disney Studio Contributed to Victory in the War*. Nova York: Disney Editions, 2014, p. 123.

66. João Batista Mascarenhas de Morais, *Memórias*, v. 1, p. 189. Senna Campos disse que Clark incentivou Mascarenhas a criar um emblema de divisão, e ele adotou a "cobra fumando", que já era uma expressão popular entre os soldados. Em seu livro há uma foto de Senna Campos e Mascarenhas supostamente mostrando o desenho a Dutra. General Aguinaldo José Senna Campos, *Com a FEB na Itália: Páginas do meu diário*. Rio de Janeiro: Imprensa do Exército, 1970, pp. 95-8. Cesar Campiani Maximiano, *Barbudos, sujos e fatigados: Soldados brasileiros na Segunda Guerra Mundial*. São Paulo: Grua Livros, 2010, pp. 303-6. Declaração no YouTube do sargento Evaldo [Meyer]: criador do desenho da cobra fumando Força Expedicionária Brasileira, disponível em: <https://www.youtube.com/watch?v=Uug5DvQoUHU>. Acesso em: 27 jan. 2025. Filmado por Nahor L. de Souza Jr., Antonio Pedro Tota relata uma versão ligeiramente diferente em *O imperialismo sedutor: A americanização do Brasil na época da Segunda Guerra*. São Paulo: Companhia das Letras, 2000, pp. 138-9. Segundo o sargento Evaldo, Walters disse que en-

viaria seu desenho para Walt Disney aprimorar. Walters não menciona papel algum na criação do emblema da cobra fumando em sua autobiografia *Silent Missions*. Nova York: Doubleday & Company, 1978.

67. John W. F. Dulles, *Castello Branco: The Making of a Brazilian President*. College Station: Texas A&M University Press, 1978, pp. 167-8. Castello achava que se os Aliados abandonassem a Itália, "ela pegará fogo e, além disso, o nazifascismo ressurgirá um pouco das cinzas". No entanto, ele admitiu à esposa: "Estou saturado disso tudo e já é tempo de voltar". O embaixador Vasco declarou: "A razão de ser da FEB foi mais política que militar. Foi uma confirmação com sangue da nossa aliança com os Estados Unidos. E foi uma confirmação para os Aliados da nossa posição antinazista e antifascista. [...] E nós não soubemos aproveitar essa vantagem, ficamos com fofoquinhas, coisas de somenos, quando tínhamos um aliado natural. Ficamos de pé atrás com os Estados Unidos". Vasco Leitão da Cunha, *Diplomacia em alto-mar: Depoimentos ao CPDOC*. Rio de Janeiro: FGV, 2003, pp. 104-6.

68. General de brigada Ord, Rio, 21 mar. 1945, OPD 336.2 Brazil Sec IV, Cases 56-84, MMB, RG 165, Nara.

69. João Batista Mascarenhas de Moraes, *A FEB pelo seu comandante*. Rio de Janeiro: Biblioteca do Exército Editora, 2005, pp. 312-4.

70. Charles M. Wiltse, *United States Army in World War II: The Medical Department: Medical Service in the Mediterranean and Minor Theaters*. Washington, DC, Office of the Chief of Military History, 1965, p. 506; ver tabela 35.

71. Rick Atkinson, *The Day of Battle: The War in Sicily and Italy, 1943-1944*. Nova York: Henry Holt and Company, 2007, pp. 508-9. Antes da tomada de Roma, um estudo das divisões na Itália constatou que um soldado de infantaria não se perguntava "*se* ele seria ferido, mas *quando* e com que gravidade".

72. Rick Atkinson, *The Guns at Last Light: The War in Western Europe, 1944-1945*. Nova York: Henry Holt & Co., 2013, pp. 340-1.

73. Chefe de divisão J. G. Ord, memorando para chefe adjunto do gabinete, Divisão de Proteção Operacional, Subject: "Brazilian sick and wounded from Italy", 6 dez. 1944, OPD 336.2 Brazil, Sec III, Cases 38-55, RG 165, Box 967, MMB, Nara.

74. Eurico Dutra para general Hayes Kroner, Rio, 15 maio 1945, OPD 336 Brazil, RG 165, NA. Dutra conversou com Kroner em 21 de março, 30 de abril e 11 de maio sobre o retorno da FEB, e estava ansioso para que os homens voltassem trazendo as armas que haviam usado na Itália e o material capturado do inimigo. Dutra queria que a primeira leva chegasse de navio ao Rio de Janeiro em fins de junho. Como o governo planejava uma grande celebração, "seria muito desejável que os soldados chegassem aqui bem equipados e armados".

75. Agradeço ao coronel reformado do Exército brasileiro Sérgio Paulo Muniz Costa por essa informação.

76. Memorando para relatório: "Demobilization of the Brazilian Expeditionary Force", 6 abr. 1945, OPD 336.2, Brazil, Sec V, Cases 85-, Box 967, RG 165, MMB, NA; ver também memorando do coronel P. W. Edwards (chefe adjunto, Pan American Group, OPD).

77. Esses valiosos relatórios não foram transferidos para os arquivos do Exército brasileiro, mas mantidos no escritório do ministro. Uma pesquisa minuciosa feita por funcionários do arquivo e, a meu pedido, por oficiais do escritório do comandante em Brasília em junho de 2011

não conseguiu localizá-los. Esperemos que estejam a salvo, juntando poeira em alguma estante e um dia venham a ser descobertos.

78. Anotações feitas pelo coronel C. H. Calais durante visita à base e conversas com o comandante do 350º, tenente-coronel John C. Robertson, Pisa, 17 jan. 1945, OPD 336.2 Brazil (Sec IV), RG 165, Nara. Sobre os mortos e os prisioneiros de guerra, ver major John W. Buyers, US Liaison Officer, 16 jun. 2001, in Aricildes de Moraes Motta (Org.), *História oral do exército na Segunda Guerra Mundial*, tomo 8. Biblioteca do Exército Editora, 2001, p. 228. Muitos pilotos haviam completado as 35 missões requeridas, mas não puderam ser mandados para casa por falta de substitutos. Para o 350 Fighter Group, 8th US Army Air Corps, ver <https://www.8thafhs.org/fighter/350fg.htm>. Acesso em: 27 jan. 2025.

79. Citação em "Major John W. Buyers", US Liaison Officer, 16 jun. 2001, in Aricildes de Moraes Motta (Org.), *História oral do exército na Segunda Guerra Mundial*, tomo 8. Rio de Janeiro: Biblioteca do Exército Editora, 2001, p. 226.

80. Citação de Conn e Fairchild, *Framework of Hemisphere Defense*, p. 326. Para um estudo das bases aéreas, ver Therese L. Kraus, *The Establishment of United States Army Air Corps Bases in Brazil, 1938-1945*, tese de doutorado, University of Maryland, 1986, p. 185.

O alto oficial americano no Rio de Janeiro resumiu "a contribuição do Brasil, no presente conflito, para a defesa do hemisfério, em ordem de importância: bases aéreas no Nordeste do Brasil; materiais estratégicos; soldados para combate no ultramar; assistência aérea e naval na guerra contra submarinos; e neutralização de atividades do Eixo. A estas deve-se acrescentar o valor moral de ter um país sul-americano participando ativamente na guerra contra as potências do Eixo". Gen. de brigada Hayes Kroner, Rio de Janeiro, 18 maio 1945, "Notes on "THE PRESENT AND FUTURE POSITION OF BRAZIL", OPD 336 Brazil, RG 165, MMB, Nara.

81. Charles Hendricks, "Building the Atlantic Bases", p. 43, disponível em: <www.SACE.army.mil.publications/eng_pamphelts/ep870-42/c-1.3.pdf>. Acesso em: 27 jan. 2025. Uma lista de bases e discussões em negociações para a continuidade do uso encontra-se em maj. gen. Raplph H. Wooten (comandante das Forças do Exército americano no Atlântico Sul), memorando: "Implementation of Airbase Agreement between Brazil–U.S. Govenments", 15 abr. 1945, OPD 580.82 Brazil (3-30-42), RG 165, Nara.

82. Samel Eliot Morison, *The Battle of the Atlantic, 1939-1943*. Boston, 1964, p. 376. Para a guerra da perspectiva da Marinha brasileira, ver Dino Willy Cozza, "A Marinha do Brasil na II Grande Guerra", *Revista do Exército Brasileiro*, v. 31, n. 3, pp. 64-6, jul./set. 1994.

83. Franklin D. Roosevelt a Getúlio Vargas, Washington, 2 abr. 1944, GV 44.01.08, XLIV.9, Arquivo Getúlio Vargas, CPDOC, Rio. Na cópia em microfilme, aparece como quadro 0014.

84. Tenente-general George H. Brett para chefe de gabinete, HDQ, Caribbean Defense Command, 6 dez. 1944, OPD 336 Brazil, FW78/2, General and Special Staffs, RG 165, Nara.

85. Joseph C. Grew (Secretário de Estado interino), memorando da conversa (Truman, Grew, Berle), 13 jun. 1945, 711.32/6-1345, RG 59, NA. Ver também J. C. Grew, Secret "Circular Airgram to Certain American Missions", Washington, 27 jun. 1945, 711.32/6-2745, CS/D, RG 59, Nara. Esse documento trata da deterioração das relações com o Brasil. Menciona que o Brasil ficou "desgostoso" pelo tratamento recebido na Conferência de San Francisco (25 abr. a 26 jun. 1945).

86. Existe uma vasta documentação que ainda não foi suficientemente estudada, por exemplo, os resumos das onze reuniões de generais no quartel-general do Exército no Rio de

agosto a outubro de 1945. "Resumo das Reuniões de Generais realizadas no edifício do Ministério da Guerra, em agosto, setembro e outubro de 1945", Acervo Pessoal General Góes, Caixa 11, Arquivo Histórico do Exército, Rio de Janeiro.

87. Maj. gen. Ralph H. Wooten (comandante das Forças do Exército americano no Atlântico Sul), memorando: "Implementation of Airbase Agreement between Brazil-U.S. Governments", 15 abr. 1945, OPD 580.82 Brazil (3-30-42), RG 165, Nara.

88. Entre as mudanças incluíram-se coisas comuns como o sorvete. Os conhecidos sorvetes Kibon surgiram no mercado em 1942. Uma empresa americana (US Harkson do Brasil) fugiu da China ocupada pelos japoneses e se instalou no Brasil. O nome Kibon vem da expressão "que bom, sorvete no Brasil!". *Business Week*, p. 24, 21 nov. 1942.

89. Larry Rohter, *Brazil on the Rise: The Story of a Country Transformed*. Nova York: St. Martin's Griffin, 2012, p. 248. Para um resumo sobre Brasil e Estados Unidos na Segunda Guerra Mundial, ver Frank D. McCann e Francisco César Alves Ferraz, "Brazilian-American Joint Operations in World War II", in Sidney J. Munhoz e Francisco Carlos Teixeira da Silva (Orgs.), *Brazil-U.S. Relations in the 20th and 21st Centuries*. Maringá: Editora da Universidade Estadual de Maringá, 2013, pp. 83-128.

7. DECEPÇÃO NO PÓS-GUERRA [pp. 203-21]

1. Solicitei acesso aos registros militares em 1963; demorou um ano para o Exército liberar uma licença "*top secret*" para eu fazer a pesquisa e mais um ano para o Exército devolver minhas anotações "censuradas".

2. Edward R. Stettinius a certos representantes diplomáticos nas repúblicas americanas, Washington, 1 ago. 1944, 810.20 Defense/8-144, em *FRUS, 1944*, v. VII, pp. 105-6.

3. Cordell Hull a William D. Leahy, Washington, 24 ago. 1944, 810.24/5-3044, em *FRUS, 1944*, v. VII, p. 115.

4. Estiveram presentes os três ministros das Forças Armadas brasileiras, os chefes de Estado-Maior, o ministro das Relações Exteriores, o almirante Jonas Ingram da 4ª frota, o comandante da 6ª Força Aérea na Zona do Canal e outras autoridades. Chargé Donnelly, Rio de Janeiro, 10 out. 1944, 810.20 Defense/10-1044: Telegrama em *FRUS, 1944*, v. VII, pp. 123-5. A possibilidade de conversações militares foi sugerida ao presidente Vargas em 10 de julho de 1944; ver o memorando de Caffery com essa data em ibid., p. 125. O memorando fala sobre um acordo para garantir a colaboração em caso de ataque a qualquer dos dois países e diz que os Estados Unidos se "comprometem a fornecer material bélico ao Brasil" segundo um acordo que "substituiria o presente acordo Lend-Lease". Conversas similares ocorreram no período muito mais tenso em fins dos anos 1940.

5. Curiosamente, as instruções aos oficiais americanos participantes foram enviadas em janeiro de 1945 e envolviam dezesseis países. Ver notas em "Discussions Regarding Military and Naval Cooperation between the United States and Brazil", *FRUS, 1945*, v. IX, p. 600. O documento do Exército foi assinado em 31 de março de 1945, o da Força Aérea, em 12 de abril de 1945 e o da Marinha, em 15 de abril de 1945.

6. Adolf A. Berle para secretário de Estado, Rio, 26 jul., 1945, n. 2186, 810.20 De-

fense/7-2645 em *FRUS,* 1945, v. IX, pp. 600-6. Aqui Berle analisou o documento sobre as conversações com o Estado-Maior da Marinha com um grau de detalhamento considerável; nesse dia ele fez o mesmo também com o documento do Exército (pp. 606-14), e no dia seguinte analisou o da Força Aérea (pp. 614-20).

7. Adolf A. Berle para secretário de Estado, Rio, 26 jul., 1945, n. 2187, 810.20 Defense/7-2645 em *FRUS, 1945,* v. IX, p. 607. A Argentina era então uma preocupação. Graças ao programa proposto, Berle disse: "O Brasil será capaz, dado o poder de organização, de mobilizar um exército em campo maior do que qualquer estado sul-americano e possivelmente maior do que qualquer combinação deles".

8. Ver comentários de Berle em *FRUS, 1945,* v. IX, pp. 602-3. Americanos com frequência comentavam as más condições de manutenção de material bélico brasileiro transferido pelos Estados Unidos. Muitos desses comentários visavam criticar futuras transferências. Curiosamente, veículos e navios da Segunda Guerra Mundial mantiveram-se em uso no Brasil por décadas, indicando alto nível de manutenção. Em maio de 1965 visitei a base naval no Recife e vi que as oficinas usavam equipamentos deixados pelos americanos quando se retiraram.

9. Ibid., p. 603.

10. "U.S. Navy to Give Vessels to Brazil", *The New York Times,* p. 3, 5 jul. 1945; "Brazil Takes Over Bases Tomorrow", *The New York Times,* p. 6, 7 jul. 1945.

11. Berle referiu-se aos comentários como "não autorizados" e "muito lamentáveis", *FRUS, 1945,* IX, p. 606. Ele observou que Ingram naquele momento foi "um herói brasileiro por ter prometido ao Brasil uma Marinha livre de custos". O estranho foi Berle ter exagerado os comentários reais de Ingram.

12. Berle, como na nota 11, *FRUS, 1945,* v. IX, p. 606.

13. Ibid., pp. 610-1.

14. O aumento na frota incluiria ainda um acréscimo de 57 para sessenta bombardeiros leves, de 41 para 120 bombardeiros médios e nenhum aumento dos doze bombardeiros pesados então em uso (1948), de nove para 150 aviões-transporte e de 21 para sessenta aviões-patrulha. Adolf A. Berle para secretário de Estado, Rio, 27 jul. 1945, n. 2196, 810.20 Defense/7-2745 em *FRUS, 1945,* v. IX, p. 615.

O memorando derivado das conversações militares foi intitulado "Missions and Plans of the Brazilian Air Force", Rio de Janeiro, 12 abr. 1945.

15. Ibid., p. 615.

16. "José Bina Machado", perfil biográfico in Israel Beloch e Alzira Alves de Abreu (Orgs.), *Dicionário histórico-biográfico brasileiro, 1930-1983,* v. 3, p. 1981. Uma certa confusão advém do fato de seu irmão, João Bina Machado, ter sido oficial do Exército na mesma época; ver ibid., p. 1980.

17. Daniels (Chargé), Rio de Janeiro, 28 dez. 1945, 711.32/12-2845: Telegrama, em *FRUS, 1945,* v. IX, pp. 620-2.

18. Byrnes para Chargé Daniels, Washington, 31 dez. 1945, 711.32/12-2925: Telegrama, ibid., pp. 622-3. Ele não deu nomes aos "certos elementos".

19. Em 12 de junho de 1945, o presidente Truman, em uma reunião com o embaixador Berle e o secretário interino, Grew, disse a Berle que "ele estava mais ansioso para ter boas relações com o Brasil do que com qualquer outro país da América Latina". Joseph C. Grew, Memo-

randum of Conversation, 13 jun. 1945, 711.32/6-1345, RG 59, Nara. É notável o fato de que Grew comunicou essa declaração de Truman a 26 missões americanas na Europa, Oriente Médio e Canadá; ver Grew, Circular Airgram, 27 jun. 1945, 711.32/6 -2745, RG 59, Nara.

20. O alto oficial americano no Rio de Janeiro resumiu "a contribuição do Brasil, no presente conflito, para a Defesa do Hemisfério, em ordem de importância: bases aéreas no Nordeste do Brasil; materiais estratégicos; soldados para combate no ultramar; assistência aérea e naval na guerra contra submarinos; e neutralização de atividades do Eixo. A estas deve-se acrescentar o valor moral de ter um país sul-americano participando ativamente na guerra contra as potências do Eixo". General Hayes Kroner, Rio de Janeiro, 18 maio 1945, "Notes on "THE PRESENT AND FUTURE POSITION OF BRAZIL", OPD 336 Brazil, RG 165, MMB, Nara.

21. Para um resumo das reações em jornais, ver *A Noite* (João Pessoa, Paraíba), domingo, p. 12, 15 abr. 1945. Disponível em: <http://memoria.bn.br/DocReader/Hotpage/HotpageBN.aspx?bib=348970_04pagfis=33235&url=http://memoria.br.br/docreader#>. Acesso em: 27 jan. 2025.

22. Getúlio Vargas, *A nova política do Brasil: O Brasil na guerra*, v. XI, Rio de Janeiro: José Olympio, 1947, p. 163.

23. Ibid. Kroner admitiu francamente que a política pró-Brasil por ele recomendada reduziria a Argentina "a um poder equivalente ao do México ou Canadá". Porém, para justificar sua opinião, ele observou que "a atitude da Argentina durante esta guerra demonstrou claramente que o que os Estados Unidos precisam e devem ter é, inquestionavelmente, de *um amigo forte na América do Sul*" (grifo do original).

24. General de divisão Clayton Bissell, chefe adjunto do gabinete, G-2, Washington, 1 jun. 1945 e general John Weckerlin, vice-chefe adjunto do gabinete, G-2, Washington, 6 jun. 1945, OPD 336 Brazil, Section IV, RG 165, Records WD General and Special Staffs, MMB, Nara.

25. General de divisão J. E. Hull, chefe adjunto do gabinete, OPD, Washington, 9 jun. 1945, OPD 336 Brazil, Section IV, RG 165, Records WD General and Special Staffs, MMB, Nara. Esse documento foi marcado como "Noted" [merecedor de atenção] pelo chefe do Estado-Maior do Exército em 12 de junho de 1945. Para um estudo dos debates mais amplos então em curso, ver Sonny B. Davis, *A Brotherhood of Arms: Brazil-United States Military Relations, 1945-1977*. Niwot, Colorado: University Press of Colorado, 1996, pp. 43-54. Davis comentou (p. 51) que "os membros do Estado-Maior Conjunto sofreram de miopia" e que "os líderes dos Estados Unidos viram os laços entre Brasil e Estados Unidos como episódicos".

26. Julius H. Ambert (assistente especial do secretário de Guerra) para Hugh Fulton (conselheiro Chefe do comitê Truman), Washington, 13 ago. 1943, Tab A, OPD 580.82 Brazil (3-30-42), MMB, Nara.

27. Por exemplo, o esmerado estudo de Leslie Bethell sobre o pós-guerra enfatizou a política interna: "Brazil", in Leslie Bethell e Ian Roxborough (Orgs.), *Latin America Between the Second World War and the Cold War, 1944-1948*. Cambridge: Cambridge University Press, 1992, pp. 33-65.

28. J. B. Mascarenhas de Morais ao general Eurico Dutra, Itália, 27 fev. 1945, Ofício n. 90: Tropa de ocupação (ponderação), Pasta *FEB* 1945, Arquivo Histórico do Exército (Rio). Ele disse que ninguém lhe pedira um parecer e apenas queria comunicar a Dutra sua "opinião pessoal e franca". Estava procurando "antever as consequências e as vantagens de ordem política que para o Brasil resultariam dessa medida de caráter puramente policial". O que impeliu Mascarenhas

a comunicar suas ideias a Dutra não está claro, mas indica que a futura ocupação estava em debate. É notável o fato de essa carta ter sido escrita após a vitória brasileira em monte Castello, quando sua confiança provavelmente era bem grande.

29. Ele não compreendeu que o Exército americano precisava prestar contas de todas as suas despesas, mas essa contabilidade não significava que o Brasil receberia uma conta a pagar no fim da guerra. É uma pena ele não ter entendido como funcionava o sistema Lend-Lease. Floriano de Lima Brayner, *A verdade sobre a FEB: Memórias de um chefe de Estado-Maior na campanha da Itália, 1943-1945*. Rio de Janeiro: Civilização Brasileira, 1968, pp. 511-3. Ele qualificou a atitude americana como "ingratidão".

30. Existem muitos documentos sobre modificações no acordo Lend-Lease; ver, por exemplo, MG J. E. Hull (ACS, OPD) Memo for Commanding General, Army Service Forces, Washington, 5 abr. 1945, OPD 336.2 Brazil, Section IV Cases 56-84, MMB, Nara.

31. John F. Dulles, *Castello Branco: The Making of a Brazilian President*. College Station: Texas A&M University Press, 1978, pp. 167-8. Castello achava que se os Aliados abandonassem a Itália, "ela pegará fogo e, além disso, o nazifascismo ressurgirá um pouco das cinzas". No entanto, ele admitiu à esposa: "*Estou saturado* disso tudo e já é tempo de voltar".

32. Os *Relatórios* anuais de 1945 e 1946 do Ministério da Guerra não se encontram no Arquivo Histórico do Exército (Rio de Janeiro). Dutra considerou-os tão secretos que ordenou que fossem guardados em um arquivo especial em seu gabinete. Embora em 2010 o comandante do Exército tenha ordenado uma busca pelos *Relatórios*, eles continuam perdidos.

33. "Pracinhas" era o apelido dos soldados da FEB. Vasco Leitão da Cunha, *Diplomacia em alto-mar: Depoimento ao CPDOC*. Rio de Janeiro: Editora FGV, 2003, pp. 104-6. O CPDOC (Centro de Pesquisa e Documentação de História Contemporânea do Brasil) contém grande número de arquivos pessoais, faz pesquisa histórica e tem um programa acadêmico sediado na Fundação Getúlio Vargas no Rio de Janeiro.

34. Ver Sonny B. Davis, *A Brotherhood of Arms*, pp. 44-5.

35. "Brazil Pledges Aid for War in Pacific". *The New York Times*, p. 16, 9 maio 1945.

36. "GI's on Italian Front Go Direct to Pacific", *The New York Times*, p. 17, 10 maio 1945.

37. Eugênio V. Garcia, "De como o Brasil quase se tornou membro permanente do Conselho de Segurança da ONU em 1945", *Revista Brasileira de Política Internacional*, v. 54, n. 1, Brasília, 2011. Disponível em: <http://www.scielo.br/scielo.php?pid=S0034-73292011000100010&script=sci_arttext>. Acesso em: 27 jan. 2025.

38. Correspondência relativa à Conferência de San Francisco, GV 45.04.30, *Arquivo Getúlio Vargas*, CPDOC, Fundação Getúlio Vargas, Rio.

39. Acting Secretary of State Joseph C. Grew to Chargé Daniels (Rio), Washington, 6 jun. 1945, 740.0011 P.W./6-145: Telegrama; Acting Minister of Foreign Affairs Macedo Soares to Secretary of State, Rio de Janeiro, 6 jun. 1945, 740.0011 P.W./6-645 em *FRUS, 1945*, v. IX, pp. 626-7.

40. Secretário de Estado interino Joseph C. Grew para embaixador Berle, Washington, 6 jun. 1945, 740.0011 Pacific War/6-645 em *FRUS, 1945*, v. IX, p. 628. O documento contém texto de telegrama de Truman a Vargas.

41. Para estudos excelentes sobre a imigração japonesa, ver Kozy K. Amemiya, "Being Japanese in Brazil and Okinawa", Japan Policy Research Institute Occasional Paper N. 13, maio 1998. Disponível em: <http://www.jpri.org/publications/occasionalpapers/op13.htm>. Acesso

em: 27 jan. 2025; Marcia Yumi Takeuchi, *O perigo amarelo: Imagens do mito, realidade do preconceito, 1920-1945*. São Paulo: Associação Editorial Humanista, 2005.

42. Ver Fábio Koifman e Humberto Manabu Oda, "A declaração brasileira de guerra ao Japão", XXVII Simpósio Nacional de História, Associação Nacional de História, Natal, RN, 22-26 jul. 2013, pp. 6-8.

43. Byrnes to Chargé Daniels, Washington, 31 dez. 1945, 711.32/12-2925: Telegrama no *FRUS, 1945,* v. IX, pp. 622-3.

44. Ver reunião de 28 de setembro em "Resumo das reuniões de generais realizadas no edifício do Ministério da Guerra, em agosto, setembro e outubro de 1945"; Acervo Pessoal General Góes, Caixa 11, Arquivo Histórico do Exército, Rio de Janeiro. Os cartazes clamando pela Constituinte erguidos nas comemorações de 7 de Setembro, dia da Independência, no estádio Vasco da Gama, no Rio, preocuparam Góes Monteiro.

45. Citado em Alfred Stepan, *The Military in Politics: Changing Patterns in Brazil.* Princeton: Princeton University Press, 1971, pp. 102-3.

46. Mariano Magalhães, "Civil-Military Relations in Brazil and the Coup of 1945: The Application of a New Model to Explain Military Behavior", *Delaware Review of Latin American Studies*, v. 3, n. 2, pp. 16-7, 15 ago. 2002. Disponível em: <http://www.udel.edu/LASP/Vol3-2Magalhaes.html>. Acesso em: 27 jan. 2025.

47. Werner Baer, *The Brazilian Economy: Its Growth and Development.* Westport, Conn: Greewood Publishing, 1979, pp. 38-45.

48. Apelidado de Convenção de Chicago, o evento sobre o acordo multilateral intitulava-se oficialmente Convenção Internacional sobre Aviação Civil.

49. Adolf A. Berle, Memorandum of Conversation (with President Vargas), Rio de Janeiro, 1 out. 1945, President's Secretary's File, Foreign Affairs — Brazil, Box 171, Harry S Truman Library. Esse memorando foi liberado para consulta em 1976.

50. Stanley E. Hilton, *O ditador & o embaixador: Getúlio Vargas, Adolf Berle Jr. e a queda do Estado Novo.* Rio de Janeiro: Record, 1987, pp. 90-5. Lira Neto, *Getúlio: Do governo provisório à ditadura do Estado Novo (1930-1945).* São Paulo: Companhia das Letras, 2013, pp. 476-7. CPDOC, perfil biográfico de Adolf E. Berle. Disponível em: <http://www.fgv.br/cpdoc/acervo/dicionarios/verbete-biografico/adolf-augustus-berle-junior>. Acesso em: 27 jan. 2025.

51. Lourival Coutinho, op. cit., pp. 430-2. O general afirmou não haver envolvimento americano na deposição de Getúlio.

52. Stanley E. Hilton, "The Overthrow of Getúlio Vargas in 1945: Diplomatic Intervention, Defense of Democracy, or Political Retribution?". *Hispanic American Historical Review*, v. 67, n. 1, pp. 1-37, fev. 1987. O estudo de Hilton é o mais bem documentado.

53. Joel Wolfe, *Working Women, Working Men: São Paulo and the Rise of Brazil's Industrial Working Class, 1900-1955.* Durham, NC: Duke University Press, 1993, p. 158.

54. Para um estudo sobre a repressão aos militares, ver Shawn C. Smallman, *Fear and Memory in the Brazilian Army and Society, 1889-1954.* Chapel Hill: University of North Carolina Press, 2002.

55. Frank D. McCann, "Commentary for Dialogos", *Diálogos*, v. 6, pp. 61-6, 2002. Disponível em: <www.dialogos.uem.br>; (241-707-1-PDF). Acesso em: 27 jan. 2025.

56. Sobre a evolução das relações entre Vargas e os militares, ver José Murilo de Carvalho,

Forças armadas e política no Brasil. Rio de Janeiro: Zahar, 2005, pp. 102-17. A complicada história da deposição de Vargas é documentada em Hélio Silva, *1945: Porque depuseram Vargas*. Rio de Janeiro: Civilização Brasileira, 1976.

8. VENTO FRIO DO LESTE [pp. 222-56]

1. Para as revoltas de 1935 apadrinhadas e financiadas por Moscou, ver McCann, *Soldiers of the Pátria*, pp. 375-88; Paulo Sérgio Pinheiro, *Estratégias da ilusão: A revolução mundial e o Brasil, 1922-1935*. São Paulo: Companhia das Letras, 1991, pp. 287-326; Hélio Silva, *1935: A Revolta Vermelha*. Rio de Janeiro: Civilização Brasileira, 1969. Para um estudo que mostra como a Guerra Fria imiscuiu-se nas relações internacionais, ver Sidnei J. Munhoz, "At the Onset of the Cold War: the USA and the repression of comunism in Brazil", in Sidnei J. Munhoz e Francisco Carlos Teixeira da Silva (Orgs.), *Brazil-U.S Relations in the 20th and 21st Centuries*. Maringá: Ed. da Universidade Estadual de Maringá, 2013, pp. 128-64.

2. General de divisão Robert L. Walsh (USAFSA) para Jefferson Caffery, 28 nov. 1943, Aviation Agreement between us and Brazil, OPD 580.82 Brazil, Nara. Essa carta foi um rascunho enviado por Walsh ao Departamento de Guerra para aprovação. Caberia ao Departamento de Estado dar o primeiro passo. Aparentemente, todas as discussões posteriores resultaram de sugestões de Walsh.

3. Robert A. Lovett [carta] para Adolf A. Berle, secretário de Estado adjunto, Washington, 7 dez. 1943, OPD 580.82, Nara.

4. Em 8 de janeiro de 1944 Roosevelt escrevera para o secretário de Estado, e o secretário da Guerra, Henry L. Stimson, comentou e citou uma cópia dessa carta em Stimson to Secretary of State, 14 jan. 1944, OPD 580.82 Brazil, Nara.

5. Tenente-coronel Eiseman, memorando para OPD Record, 19 dez. 1945, "Use of us Controlled Brazil owned Real Estate and buildings for Brazilian Air Force Program", OPD 336 Brazil, Nara. Para uma análise da propriedade brasileira, do papel da Pan American e Panair e da manutenção futura, ver cor. George A. Brownell para chefe adjunto do gabinete, Plans, 13 ago. 1945, "Implementation of Air Base Agreement", OPD 580.82 Brazil, Nara.

6. MG Ralph H. Wooten para adjunto geral do Departamento de Guerra, Recife, 15 abr. 1945, OPD 580.82 Brazil, Nara.

7. Walter N. Walmsley, memorando do chefe da Divisão de Assuntos Brasileiros, Washington, 24 fev. 1944, 711.3227/47 em *FRUS, 1944*, v. VII, pp. 554-6.

8. Jefferson Caffery, Rio de Janeiro, 1 fev. 1944, 711.32/206: Telegrama no *FRUS 1944*, v. VII, p. 551. Em junho de 1944, a embaixada no Rio e o Ministério das Relações Exteriores trocaram textos em suas respectivas línguas sobre um Acordo de Aviação Militar que teria permitido usar e manter as bases por dez anos por pessoal americano desarmado e em trajes civis. Ver *FRUS 1944*, v. VII, pp. 561-5. Caffery recebera do presidente Roosevelt instruções para tentar obter a continuidade do acesso às bases.

9. Caffery informou que Vargas queria laços fortes com os Estados Unidos, não diretamente ligados ao uso das bases, e que era necessário afetar simpatia. Caffery, Rio de Janeiro, 25

abr. 1944, 711.3227/79: Telegrama no *FRUS 1944*, v. VII, pp. 559-60. Sobre a oposição dos oficiais da Força Aérea, ver p. 559.

10. Cordell Hull a Osvaldo Aranha, Washington, 17 jul. 1944, AGV C 1944.07.17, CPDOC--FGV-Rio. Seria interessante saber por que essa carta pessoal foi parar no arquivo de Vargas, e não no de Aranha.

11. Inter-American Conference on Problems of War and Peace held at Chapultepec, Cidade do México, mar. 1945. Disponível em: <http://academic.brooklyn.cuny.edu/history/johnson/chapultepec.htm>. Acesso em: 27 jan. 2025.

12. General de brigada John Weckerling, vice-chefe adjunto do gabinete G2 para major gen. Clayton Bissell, chefe adjunto do gabinete G2, Washington, "Comments on [...] Memo on Brazil of 18 may 1945", 6 jun. 1945, OPD 336 Brazil, Nara.

13. Sonny B. Davis, *A Brotherhood of Arms*, p. 63. O relatório da CIA tem data de 30 nov. 1948, segundo encontrado na Truman Library.

14. Frank D. McCann, *Soldiers of the Pátria*, pp. 251-8; "The Brazilian General Staff and Brazil's Military Situation, 1900-1945", *Journal of Interamerican Studies and Worlds Affairs*, v. 25, n. 3 (ago. 1983), pp. 299-324. A premissa de guerra com a Argentina persistiu até pelo menos 1977, e depois disso os dois países buscaram a cooperação como base de suas relações.

15. Sonny B. Davis, *A Brotherhood of Arms*, pp. 86-7. Para uma excelente análise das relações militares na era pós-guerra, ver Davis, "Brazil-United States Military Relations in the Twentieth Century", in Sidney J. Munhoz e Francisco Carlos Teixeira da Silva (Orgs.), *Brazil-U.S. Relations in the 20th and 21st Centuries*. Maringá: Editora da Universidade Estadual de Maringá, 2013, pp. 291-324.

16. A ESG é mais conhecida por organizar uma doutrina de segurança nacional destinada a incentivar o desenvolvimento econômico mantendo a ordem na sociedade. Há uma vasta literatura sobre a ESG. Um bom começo está em Alfred Stepan, *The Military in Politics: Changing Patterns in Brazil*. Princeton University Press, 1971, pp. 178-83; Wayne A. Selcher, "National Security Doctrine and Policies of the Brazilian Government", Military Issues Research Memorandum, Strategic Studies Institute, US Army War College, 16 jul. 1977; Sonny B. Davis, *A Brotherhood of Arms*, pp. 93-115; Antônio de Arruda, *A Escola Superior de Guerra: História de sua doutrina*. São Paulo, Edições GRD, 1983; Francisco César Alvez Ferraz, *À sombra dos carvalhos: Escola Superior de Guerra e política no Brasil (1948-1955)*. Londrina: UEL, 1997, pp. 108-20; ESG, Departamento de Estudos, *Manual básico*. Rio de Janeiro: ESG, 1975.

17. Wilson D. Miscamble, *George F. Kennan and the Making of American Foreign Policy, 1947-1950*. Princeton: Princeton University Press, 1992, p. 315.

18. Citado em Mark Gilderhus, "An Emerging Synthesis? U. S.–Latin American Relations Since the Second World War", in Michael J. Hogan (Org.) *America in the World: The Historiography of American Foreign Relations since 1941*. University of Cambridge Press, 1995, p. 442.

19. Miscamble, *George F. Kennan*, pp. 317-8.

20. A questão do petróleo esteve no cerne do tumulto que levou ao suicídio de Vargas. Para um excelente relato sobre aqueles anos turbulentos, ver W. Michael Weis, *Cold Warriors & Coup d'état: Brazilian-American Relations, 1945-1964*. Albuquerque: University of New Mexico Press, 1993, esp. pp. 48-50, 71-9. Ver também a esmerada análise em Peter S. Smith, *Oil and Politics in Modern Brazil*. Toronto: Macmiullan of Canada, 1976.

21. Morris L. Cooke, *Brazil on the March: A Study in International Cooperation*. Nova York: McGraw Hill, 1944.

22. Ver os numerosos recortes de jornal sobre a Missão Cooke nos arquivos do Departamento de Estado, 832.60/52, RG 59, Nara.

23. C. Michael Weis, *Cold Warriors and Coups d'état: Brazilian-American Relations, 1945- -1964*. Albuquerque: University of New Mexico Press, 1993, pp. 19-21. Um dos problemas em Washington era a incerteza quanto às respectivas jurisdições do Export-Import Bank e do "International Bank" (mais tarde Banco Mundial). Para aumentar a confusão, havia a Comissão Mista Brasil-Estados Unidos para o Desenvolvimento Econômico, criada sob a autoridade do International Development Act (Seção 410), e o Point Four Program não podia avançar realmente enquanto os bancos não decidissem suas posições. Ver Dean Acheson, Memo of Conversation: "Financial Aid for Development Projects in Brazil", 19 out. 1950, Papers of Dean Acheson, Box 65, Harry S. Truman Library, Independence, MO.

24. Vágner Camilo Alves, "Ilusão desfeita: A 'aliança especial' Brasil-Estados Unidos e o poder naval brasileiro durante e após a Segunda Guerra Mundial", *Revista Brasileira de Política Internacional*, v. 48, n. 1, Brasília, pp. 151-77, jan.-jun. 2005. Os brasileiros não conseguiam entender a política americana de tratamento igual. Juan Perón, que tinha "simpatia pela Alemanha e por tudo que fosse alemão", criticou os julgamentos de Nuremberg; ver Ronald C. Newton, *The "Nazi Menace" in Argentina, 1931-1947*. Stanford: Stanford University Press, 1992, p. 381.

25. As instruções de Paulo H. Nitze (subsecretário interino da Secretaria de Assuntos Econômicos) para o líder da missão, John Abbink, delinearam a posição americana quanto a essa ajuda econômica. Ver Joint Brazil-United States Technical Commission, *FRUS, 1948*, v. IX, pp. 364-6.

26. Mensagem apresentada ao Congresso Nacional por ocasião da abertura da Sessão Legislativa de 1950 pelo general Eurico G. Dutra, presidente da República. Rio de Janeiro, 1950, pp. 101-2. Paulo Fagundes Visentini, "Populism and Brazil-USA Relations (1945-64): The Dialectic of Alignment and Autonomy", in Sidney J. Munhoz e Francisco Carlos Teixeira da Silva (Orgs.). *Brazil-U.S. Relations in the 20th and 21st Centuries*. Maringá: Editora da Universidade Estadual de Maringá, 2013, pp. 165-93.

27. Berle fez um discurso aparentemente elogioso as eleições marcadas, porém no Brasil foi interpretado como uma indicação de que os Estados Unidos estavam por trás da oposição a Vargas. O embaixador não obteve a aprovação do Departamento de Estado e acabou prejudicando Vargas e seus partidários. Em algumas versões do acontecimento, ele leu o discurso para Vargas em uma reunião privada e mais tarde o presidente disse que não conseguiu entender o português truncado de Berle. Como já mencionei, Berle disse que entregou o discurso por escrito a Vargas. Para o episódio Berle, ver Stanley Hilton, *O ditador e o embaixador: Getúlio Vargas, Adolf Berle Jr. e a queda do Estado Novo*. Rio de Janeiro: Record, 1987, pp. 75-99; Bryce Wood, *The Dismantling of the Good Neighbor Policy*. Austin: University of Texas Press, 1985, pp. 122-31. Sobre suas ideias para o desenvolvimento, ver Lira Neto, *Getúlio: Da volta pela consagração popular ao suicídio (1945-1954)*. São Paulo: Companhia das Letras, 2014, p. 208.

28. Neto, *Getúlio: Da volta pela consagração popular ao suicídio*, p. 208.

29. Alex Semm, "O Capitão X, herói ou vilão? Considerações sobre os efeitos político- -militares da guerra da Coreia no Brasil (1950-1953)", in Thiago Mourelle e André Fraga (Orgs.), *Olhares sobre o governo Vargas*. Rio de Janeiro: Autografia, 2017, pp. 174-206.

30. Neto, *Getúlio: Da volta pela consagração popular ao suicídio*, p. 211.

31. Truman a Vargas, Washington, 4 set. 1951, Arquivo de Getúlio Vargas, CPDOC-Rio.

32. Davis, *A Brotherhood of Arms*, p. 121; para um resumo do Tratado do Rio, ver Robert H. Holden e Eric Zolov (Orgs.), *Latin America and the United States: A Documentary History*. NY: Oxford University Press, 2000, pp. 187-9. Eles conseguiram convencer a Colômbia a enviar um batalhão de infantaria e um navio de guerra.

33. Memorando do chefe do Estado-Maior do Exército americano para o Estado-Maior Conjunto: "Establishment of Joint School for Senior Latin American Officers", 28 maio 1951, JCS 1976/53, CCS 352 (5-25-51), Records of the Joint Chiefs of Staff, RG 218, Nara.

34. Stanley Hilton, *Osvaldo Aranha: Uma biografia*, pp. 463, 467 (citação da p. 463); Luiz Alberto Moniz Bandeira, *Presença dos Estados Unidos no Brasil*. Rio de Janeiro: Civilização Brasileira, 1973, pp. 327-32.

35. Aspásia Camargo e Walder de Góes (Orgs.) *Meio século de combate: Diálogo com Cordeiro de Farias*. Rio de Janeiro: Nova Fronteira, 1981, nota 6, p. 440.

36. Góes Monteiro, na época, era chefe do novo Estado-Maior Conjunto do Brasil. Sofria de problemas cardíacos e trabalhava notavelmente com mais lentidão.

37. Davis, *A Brotherhood of Arms*, pp. 128-9; memorando da conversa, "Farewell Visit by General Goes Monteiro — Brazil-U.S. Military Cooperation", 15 out. 1951, 452 S/S, Papers of Dean Acheson, Box 66, Harry S. Truman Library.

38. Alex Semm, *"Carne pra canhão!" A imprensa e o Acordo Militar Brasil-Estados Unidos (1950-1953)* UFRJ: 2016, p. 49. Dissertação (mestrado).

39. Uma análise interessante do acordo e sua aprovação encontra-se em Vasco Leitão da Cunha, *Diplomacia em alto-mar: Depoimento ao CPDOC*. Rio de Janeiro: FGV, 2003, pp. 186-7, 214-5; para uma análise do impacto do acordo sobre os debates ideológicos, especialmente entre a oficialidade, ver Maria Celina Soares D'Araújo, *O segundo governo Vargas, 1951-54*. Rio de Janeiro: Zahar, 1982, pp. 148-59; para texto e memorandos comentando o acordo de "Assistência Mútua à Defesa" que entrou em vigor em 19 de maio de 1953, ver Joint Chiefs of Staff File, 092.2 Brazil, Modern Military Branch, Nara.

40. Ronald M. Schneider, *"Order and Progress": A Political History of Brazil*. Boulder: Westview Press, 1991, p. 178.

41. Aranha a Vargas, Washington, 2 fev. 1952, Arquivo Osvaldo Aranha, CPDOC-Rio.

42. Thomas E. Skidmore, *Politics in Brazil, 1930-1964*. Nova York: Oxford University Press, 1967, p. 132.

43. O estudo mais bem documentado sobre Vargas e Peron é Moniz Bandeira, *Brasil, Argentina e Estados Unidos: Conflito e integração na América do Sul*. Rio de Janeiro: Revan, 2003, pp. 251-9.

44. W. Michael Weis, *Cold Warriors & Coup d'état: Brazilian-American Relations, 1945--1964*. Albuquerque: University of New Mexico Press, 1993, p. 77.

45. A crise conducente ao suicídio de Vargas é minuciosamente documentada em Hélio Silva, *1954: Um tiro no coração*. Rio de Janeiro: Civilização Brasileira, 1978. Ronaldo Conde Aguiar levantou questões importantes sobre a realidade do ataque a Carlos Lacerda em seu livro *Vitória na derrota: A morte de Getúlio Vargas*. Rio de Janeiro: Casa da Palavra, 2004.

46. Densa documentação sobre esse assunto encontra-se em Moniz Bandeira, *Presença dos Estados Unidos no Brasil*, pp. 354-76.

47. O texto do acordo sobre a base de rastreamento encontra-se em J. F. Dulles, Washington, 22 dez. 1956, Telegrama 512, *FRUS, 1955-1957*, pp. 732-4.

48. Davis, *A Brotherhood of Arms*, p. 150.

49. Briggs, Rio de Janeiro, 18 dez. 1956, Telegrama 619, *FRUS, 1955-1957*, v. VII, pp. 731-2.

50. National Intelligence Estimate 93-57, Washington, 8 jan. 1957, "Probable Developments in Brazil", em *FRUS, 1955-1957*, v. VII, pp. 737-46. Citação da p. 738.

51. Stephan G. Rabe, *Eisenhower and Latin America: The Foreign Policy of Anticommunism*. Chapel Hill: University of North Carolina Press, 1988, pp. 100-10.

52. *FRUS US 1958-1960*, v. V, pp. 167-286. Para uma análise das políticas de Eisenhower para a América Latina, ver Rabe, *Eisenhower and Latin America*, pp. 64-9, 94-9, 135-7.

53. Ibid., pp. 136-7.

54. O embaixador John Crimmins era então um funcionário subalterno das Relações Exteriores na embaixada do Rio e testemunhou a cena. Ele me falou sobre o episódio em 1976, quando era chefe de missão em Brasília. Sobre Santos Dumont, ver em: <http://www.smithsonianeducation.org/scitech/impacto/graphic/aviation/alberto.html>. Acesso em: 27 jan. 2025.

55. W. Michael Weis, *Cold Warriors & Coups d'état: Brazilian-American Relations, 1945--1964*. Albuquerque: University of New Mexico Press, 1993, pp. 161-6.

56. General de brigada Albino Silva (chefe da Casa Militar) ao chefe do Estado-Maior das Forças Armadas, Ofício n. 76-2 s, Rio, 22 out. 1962, HL62.10.22, CPDOC-Rio e resposta E. M. n. 337-c/57. Rio, 30 nov. 1962, HL62, CPDOC-Rio. Os dois documentos têm o carimbo de "Secreto".

57. "Meeting on Brazil on 30 July 1962", Tape 1, John F. Kennedy Library, President's Office Files, Presidential Recordings Collection, Presidential Recordings Digital Edition [The Great Crises, v. 1, Org. Timothy Naftaly]. Charlottesville: University of Virginia Press, 2014-. Disponível em: <http://prde.upress.virginia.edu/conversations/8010002>. Acesso em: 27 jan. 2025.

58. Minha principal fonte para as promessas americanas aos oficiais mais jovens foi o coronel Luiz Paulo Macedo de Carvalho; para o golpe, ver Davis, *A Brotherhood of Arms*, pp. 179--83; Thomas E. Skidmore, *The Politics of Military Rule in Brazil, 1964-85*. Nova York: Oxford University Press, 1988, pp. 3-17. Moniz Bandeira, *Brasil-Estados Unidos: A Rivalidade Emergente, 1950-1988*. Rio de Janeiro: Civilização Brasileira, 1989, pp. 103-38.

59. Os melhores estudos sobre o papel de Castello são Lira Neto, *Castello, a marcha para a ditadura*. São Paulo: Contexto, 2004, esp. pp. 218-45; Elio Gaspari, *A ditadura envergonhada*. São Paulo: Companhia das Letras, 2002, pp. 45-125.

60. O Ato Institucional n. 2, de outubro de 1965, expandiu poderes arbitrários do Executivo, e Castello não teve escolha senão aceitar a sucessão do ministro do Exército, general Artur da Costa e Silva (1967-9).

61. Isso não aconteceu segundo um plano prévio, e sim em um processo de evolução. Uma característica simbólica dessa atitude foi o fato de os generais-presidentes usarem trajes civis em vez de farda militar. Costa e Silva sofreu um ataque cardíaco e morreu em 1969. Foi sucedido pelos generais Emílio Garrastazu Médici (1969-74), Ernesto Geisel (1974-9) e João Batista Figueiredo (1979-85).

62. Ver Editorial Note (resumo das ações), *FRUS, 1964-1968*, v. XXXI, pp. 431-2; John W. F.

Dulles, *President Castello Branco: Brazilian Reformer*. Texas A & M University Press, 1981; Skidmore, *The Politics of Military Rule in Brazil, 1964-1985*. Nova York: Oxford University Press, 1988; Jan Knippers Black, *United States Penetration of Brazil*. Filadélfia: University of Pennsylvania Press, 1977; Phyllis R. Parker, *Brazil and the Quiet Intervention, 1964*. Austin: University of Texas Press, 1979. Hélio Silva, *1964: Golpe ou contragolpe?* Rio de Janeiro: Civilização Brasileira, 1975; René A. Dreifus, *1964: A conquista do Estado: Ação política, poder e golpe de classe*. Petrópolis: Vozes, 1981; Edgar Carone, *A Quarta República (1945-1964)*: Documentos. São Paulo: Difel/Difusão, 1980; Daniel Drosdof, *Linha dura no Brasil: O governo Médici, 1969-1974*. São Paulo: Global, 1986; Ruth Leacock, *Requiem for Revolution: The United States and Brazil, 1961-1969*. Kent: Kent State University Press, 1990.

63. Embaixador John Hugh Crimmins, entrevista, 10 maio 1989, Association of Diplomatic Studies and Training, Foreign Affairs Oral History Project, Library of Congress, pp. 27-8. Disponível em: <http://memory.loc.gov/service/mss/mssmisc/mfdip/2004/2004crio1/2004 crio1.pdf>. Acesso em: 27 jan. 2025. A irritação perdurou e solapou os esforços americanos para organizar uma intervenção similar na Nicarágua anos mais tarde.

64. Luís Vianna Filho, *O governo Castello Branco*. Rio de Janeiro: Ed. Biblioteca do Exército e José Olímpio, 1975, v. 2, pp. 433-5.

65. Lira Neto, *Castello: A marcha para a ditadura*. São Paulo: Contexto, 2004, pp. 330-1.

66. Os americanos parecem ter usado várias rotas para solicitar a participação brasileira. Um jornal informou que o general Maxwell Taylor pediu paraquedistas brasileiros. "Taylor pede tropas do Brasil para o Vietnã", *Folha de S. Paulo*, 12 mar. 1965. O embaixador Gordon fez um pedido especial: Geneton Moraes Neto, Entrevista, "O dia em Lincoln falou...", *O Globo*, Rio, 21 dez. 2009. Disponível em: <http://g1.globo.com/platb/geneton/2009/12/21/o-dia-em-lincoln-gordon-falou-sobre-dois-temas-explosivos-primeiro-os-estados-unidos-queriam-que-o-brasil-participasse-da-guerra-do-vietnam-segundo-a-cia-financiou-a-campanha-de-candidatos-simpati/>. Acesso em: 27 jan. 2025. O ministro da Marinha estava disposto a mandar seus fuzileiros navais, mas o ministro do Exército, Costa e Silva, opôs-se ao envio de quaisquer soldados. Ver Orivaldo Leme Biagi, "O (quase) envolvimento militar do Brasil na Guerra do Vietnã". Disponível em: <http://www.historica.arquivoestado.sp.gov.br/materias/anteriores/edicao05/materia03/militar.pdf>. Acesso em: 27 jan. 2025. Sobre a correspondência Johnson-Castello, ver Luís Vianna Filho, *O governo Castello Branco*. Rio de Janeiro: Ed. Biblioteca do Exército e José Olympio, 1975, v. 2, pp. 442-3.

67. Brazil Program Analysis, Washington, 1 nov. 1969, National Security Council, Institutional Files (H-Files), Box H-49, Senior Review Group, NSC Files 12-1-70, Nixon Presidential Materials, Nara. O estudo estabeleceu três objetivos das políticas para o Brasil: "um governo pró-Estados Unidos, crescimento econômico e ajuda para promover uma estrutura social mais moderna".

68. Isso foi feito na chamada emenda Reuss à Lei de Vendas Militares a Estrangeiros para expressar a percepção do Congresso.

69. Viron P. Vaky, memorando para dr. Kissinger, National Security Council, 19 maio 1970, assunto: Brazil and Reuss Amendment to Foreign Military Sales Act; NSC Files, Box 771, Country Files, Latin America, Brazil, v. 1, ago. 1970, Nixon Presidential Materials, Nara.

70. Ele escreveu essa instrução em um memorando em Kissinger: NSC Files, Box 29, Country Files, Brazil, President's Daily Briefing, Chronological File, 1-15 dez. 1970, Nara.

71. Memorando da reunião na Casa Branca, Washington, 14 dez. 1970, Nixon, embaixador William Rountree and Arnold Nachmanoff (NSC), assunto: Brazil; NSC Files, Box 771, Country Files, Brazil, v. 2, set. 1970-31 jul. 1971 Nixon Presidential Materials, K.

72. "Passeata dos cem mil", Israel Beloch e Alzira Alves de Abreu (Orgs.), *Dicionário histórico-biográfico brasileiro, 1930-1983*. Rio de Janeiro: Forense Universitária e FGV/CPDOC, 1984, v. 3, pp. 2626-9. O general que deu o alerta foi Carlos de Meira Mattos, que preparou um relatório sobre muitos problemas nas universidades. Meira Mattos fora ajudante de campo de Mascarenhas com a FEB.

73. Embaixador John H. Crimmins, Association of Diplomatic Studies and Training, Foreign Affairs Oral History Projects, 10 maio 1989, p. 37. Disponível em: <http://www.loc.gov/item/mfdipbib000247>. Acesso em: 27 jan. 2025.

74. Ronald M. Schneider, *"Order and Progress": A Political History of Brazil*. Boulder: Westview Press, 1991, pp. 261-2.

75. "Emílio Garrastazu Médici", Israel Beloch e Alzira Alves de Abreu (Orgs.), *Dicionário histórico-biográfico brasileiro, 1930-1983*. Rio de Janeiro: Forense Universitária e FGV/CPDOC, 1984, pp. 2159-72.

76. Elio Gaspari, *As ilusões armadas: A ditadura escancarada*. São Paulo: Companhia das Letras, 2002, pp. 129-30.

77. Carlos Alberto da Fontoura, Oral History Interview. *Carlos Alberto da Fontoura (depoimento, 1993)*. Rio de Janeiro: CPDOC, Fundação Getúlio Vargas, 2005, p. 128.

78. Richard Morse, Thomas Skidmore, Stanley Stein, Charles Wagley e 97 outros, "A Protest to the Brazilian Government", *The New York Times*, 8 mar. 1970 (eu fui um dos 97); William L. Wipfler, "Repression and Terror, The Price of 'Progress' in Brazil". *Christianity and Crisis*. NY, 16 mar. 1970, pp. 44-8; Brady Tyson, "Brazil Twists Thumbscrews", *The Washington Post*, 5 abr. 1970; American Committee for Information on Brazil, "Terror in Brazil: A Dossier", abr. 1970 (informou que havia quase 12 mil prisioneiros políticos); Ralph Della Cava, "Torture in Brazil", *Commonweal*, v. XCII, n. 6, pp. 135-41, 24 abr. 1970; James N. Green, "Opposing the Dictatorship in the United States: Human Rights and the Organization of American States", in Sidnei J. Munhoz e Francisco Carlos Teixeira da Silva (Orgs.), *Brazil-U.S. Relations in the 20th and 21st Centuries*. Maringá: Editora da Universidade Estadual de Maringá, 2013, pp. 391-413.

79. Thomas E. Skidmore, *The Politics of Military Rule in Brazil, 1964-1985*. Nova York: Oxford University Press, 1988, p. 154.

80. Muitos oficiais opuseram-se a essas práticas e tentaram resistir a elas no âmbito das Forças Armadas. Maria Helena Moreira Alves, *Estado e oposição no Brasil (1964-1984)*, Petrópolis: Vozes, 1984, pp. 166-81. Anos depois, os que se opuseram saíram publicamente em defesa do comportamento de seus colegas como lamentável, mas necessário. Enquanto eu fazia pesquisas no quartel-general do Exército em Brasília em 1976-7, alguns oficiais superiores, sem que eu solicitasse, vieram dizer que tinham sido contra a repressão.

81. Elio Gaspari, *O sacerdote e o feiticeiro: A ditadura derrotada*. São Paulo: Companhia das Letras, 2003, pp. 287-8.

82. Richard Nixon, "Toasts of the President and President Medici of Brazil", 7 dez. 1971.

Ver online, Gerhard Peters e John T. Wooley, The American Presidency Project. Disponível em: <http://www.presidency.ucsb.edu/ws/?pid=3247>. Acesso em: 27 jan. 2025.

83. A Comissão da Verdade instituída no Brasil encontrou consideráveis evidências de apoio brasileiro ao golpe de 1973 contra o governo de Salvador Allende, inclusive oferecendo treinamento em tortura e equipamento militar. A embaixada brasileira apoiou plenamente o golpe chileno. Ver o relato "Memória das trevas: Arquivos revelam como o Brasil ajudou a ditadura chilena". *Diário do Poder*, 27 abr. 2014. Disponível em: <http://www.diariodopoder.com.br/noticias/arquivos-revelam-como-o-brasil-ajudou-a-ditadura-chilena/>. Acesso em: 27 jan. 2025.

84. Nixon-Médici meeting in White House, 7 dez. 1971, *FRUS, 1969-1976*, V. e-10, Documents on American Republics, 1969-72, Document 141. Disponível em: <http://history.state.gov/historicaldocuments/frus1969-76ve10/d141>. Acesso em: 27 jan. 2025.

85. "Ernesto Geisel", Israel Beloch e Alzira Alves de Abreu (Orgs.), *Dicionário histórico--biográfico brasileiro, 1930-1983*. Rio de Janeiro: Forense Universitária e FGV/CPDOC, 1984, pp. 1450-9.

86. Devido à intensa censura da imprensa, o processo de seleção foi escondido do público brasileiro. Há excelentes reconstruções em Ronald M. Schneider, *"Order and Progress": A Political History of Brazil*. Boulder: Westview Press, 1991, pp. 262-6; Thomas E. Skidmore, *The Politics of Military Rule in Brazil, 1964-8*. Nova York: Oxford UniversityPress, 1988, pp. 149-54; Elio Gaspari, *O sacerdote e o feiticeiro: A ditadura derrotada*. São Paulo: Companhia das Letras, 2003, pp. 215-28.

87. Elio Gaspari, *O sacerdote e o feiticeiro*, pp. 287-8, 322.

88. Thomas E. Skidmore, *The Politics of Military Rule in Brazil, 1964-85*. Nova York: Oxford University Press, 1988, pp. 167 e 364, nota 18. Em uma entrevista em 1974, Geisel disse a Alfred Stepan que "não só ele não tinha alçado ao cargo para promover a distensão, mas também uma parte significativa dos militares tinha opinião contrária à distensão". Isto é, o "aparelho de segurança" era contra. Alfred Stepan, *Rethinking Military Politics: Brazil and the Southern Cone*. Princeton: Princeton University Press, 1988, pp. 35-9.

89. Entre 1965 e 1968, o número médio de casos informados por ano foi 71. No último ano de Médici tinham sido 736; em 1974 houve 67 casos informados de tortura ou morte. Ver Elio Gaspari, *O sacerdote e o feiticeiro: A ditadura derrotada*, p. 403. Ao que parece, para evitar revelações e registros, os linhas-duras simplesmente eliminavam suspeitos em vez de prendê--los; *Brasil: Nunca mais*. Petrópolis: Vozes, 1985, p. 64. Segundo esse relato, na época em que Geisel assumiu a presidência, cerca de vinte indivíduos desapareceram depois de serem detidos.

90. Cláudio Guerra, *Memórias de uma guerra suja*. Rio de Janeiro: Top Books, 2012, pp. 151-2. Alguns ex-torturadores prestaram depoimento sobre seus crimes à Comissão Nacional da Verdade.

91. CIA, Office of the Director of Central Intelligence, Job 80 M01048A: Subject Files Box 1, Folder 29:B-10 Brazil Secret Memorandum from Director of Central Intelligence William Colby para o secretário de Estado Kissinger, Washington, 11 abr. 1974, *FRUS, 1969-76*, v. E-11, part 2 Documents on South America, 1973-6, document 99.

92. Embaixador John H. Crimmins, *Association of Diplomatic Studies and Training, Foreign Affairs Oral History Project*, 10 maio 1989, p. 49. Disponível em: <http://www.loc.gov/item/mfdipbib000247>. Acesso em: 27 jan. 2025.

93. Walder de Góes, *O Brasil do general Geisel*. Rio de Janeiro: Nova Fronteira, 1978, p. 30.

94. Jerry Dávila, *Hotel Trópico: Brazil and the Challenge of African Decolonization, 1950--1980*. Durham, NC: Duke University Press, 2020, p. 51; James G. Hershberg, "'No Longer Anyone's Sacristan': New Evidence on Brazil's Surprise Recognition of the MPLA Government in Angola". Artigo apresentado por ocasião da "Southern Africa in the Cold War Era Conference" em Lisboa, Portugal, maio 2009.

95. Dani K. Nedal e Tatiana Coutto, "Brazil's 1975 Nuclear Agreement with West Germany". Nuclear Proliferation International History Project, Wilson Center. Disponível em: <http://www.wilsoncenter.org/publication/brazils-1975-nuclear-agreement-west-germany>. Acesso em: 27 jan. 2025. "Memorandum from Brazilian Foreign Minister Silveira to President Geisel, US Threats and Promises and Brazilian Responses", 25 fev. 1977, History and Public Policy Program Digital Archive, Centro de Pesquisa e Documentação de História Contemporânea do Brasil (CPDOC), Fundação Getúlio Vargas (FGV), Arquivo Azeredo da Silveira, 1974.08.15, pp. 544-9.

96. Assinaram o memorando em Brasília em 21 de fevereiro de 1976. Frank D. McCann, "The Value of U.S.-Brazilian Consultation", artigo de opinião no *New York Times*, 6 mar. 1976.

97. Citações de *Department of State Bulletin*, v. LXXIV, n. 1916, 15 mar. 1976, text of agreement, pp. 337-8. O Brasil negociou acordos consultivos similares com França, Grã-Bretanha e Alemanha. Observadores esperançosos viram nele um reforço à aliança tradicional. Para análise mais aprofundada, ver Thomas E. Skidmore, *The Politics of Military Rule in Brazil, 1964-85*. Nova York: Oxford University Press, 1988, pp. 96-196.

98. Todo o parágrafo baseia-se em embaixador John H. Crimmins, "Association of Diplomatic Studies and Training, Foreign Affairs Oral History Project", 10 maio 1989, pp. 44-5. Disponível em: <http://www.loc.gov/item/mfdipbib000247>. Acesso em: 27 jan. 2025.

99. Embaixador John H. Crimmins, "Association of Diplomatic Studies and Training, Foreign Affairs Oral History Project", 10 maio 1989, pp. 45-6. Disponível em: <http://www.loc.gov/item/mfdipbib000247>. Acesso em: 27 jan. 2025.

100. Para uma análise interna pelo Departamento de Estado da política de direitos humanos dos Estados Unidos, ver Human Rights S/P Study-Policy Planning, v. II, L/HR Files: Lot 80 D 275, RG 59, Nara. Disponível em: <http://history.state.gov/historicaldocuments/frus1969-76ve03/d264>. Acesso em: 27 jan. 2025.

101. Robert Wesson, *The United States and Brazil: Limits of Influence*. NY: Praeger, 1981, pp. 75-89. Na época eu morava em Brasília e observei de perto esses acontecimentos.

102. Maria Celina D'Araújo e Celso Castro (Orgs.). *Ernesto Geisel*. Rio de Janeiro: FGV, 1997, pp. 305, 340-1; citação da p. 340; Dani K. Nedal, "U.S. Diplomatic Efforts Stalled Brazil's Nuclear Program in 1970s". Disponível em: <http://www.wilsoncenter.org/publication/us-diplomatic-efforts-stalled-brazils-nuclear-program-1970s>. Acesso em: 27 jan. 2025.

103. Ver André Gustavo Stumpf e Merval Pereira Filho, *A Segunda Guerra: Sucessão de Geisel*. São Paulo: Brasiliense, 1979. Para as posições de Frota, ver Sylvio Frota, *Ideais traídos: A mais grave crise dos governos militares*. Rio de Janeiro: Jorge Zahar, 2006, esp. pp. 499-536.

104. A reação brasileira foi discutida em "Impact of the US Stand on Human Rights", Memorandum Prepared in the Central Intelligence Agency, Washington, 11 maio 1977, *FRUS, 1977-1980*, v. II, Human Rights and Humanitarian Affairs, Document 42. Disponível em: <http://history.state.gov/historicaldocuments/frus1977-80v02/d42>. Acesso em: 27 jan. 2025.

105. Elio Gaspari, *As ilusões armadas: A ditadura escancarada*, pp. 305-6; para um estudo

abrangente, ver Martha K. Huggins, *Political Policing: the United States and Latin America*. Durham, NC: Duke University Press, 1998. Obviamente era comum policiais maltratarem prisioneiros; o incomum era sua institucionalização nas Forças Armadas.

106. Maria Celina D'Araújo e Celso Castro (Orgs.), *Ernesto Geisel*. Rio de Janeiro: FGV, 1997, pp. 336-7; Paulo Fagundes Visentini, "As relações Brasil-Estados Unidos durante o regime militar (1964-1985)", in Sidney J. Munhoz e Francisco Carlos Teixeira da Silva (Orgs.), *Relações Brasil-Estados Unidos, séculos XX e XXI*. Maringá: Editora da Universidade Estadual de Maringá, 2013, pp. 195-216.

107. "O programa nuclear secreto brasileiro" (Programa nuclear paralelo), *Gamevicio*, 17 dez. 2011. Disponível em: <http://gamevicio.com/i/noticias/106/106426-o-programa-nuclear-secreto-brasileiro-programa-nuclear-paralelo/>. Acesso em: 27 jan. 2025.

108. Robert C. Harding, "Ergue-se, Marte! Evolução do Programa Espacial Brasileiro em apoio à segurança nacional", *Air & Space Power Journal* [U.S. Air Force], v. XXI, n. 4, dez, 2009. Disponível em: <http://www.au.af.mil/au/afri/aspj/apjinternational/apj-p/2009/4trio9/harding.html>. Acesso em: 27 jan. 2025.

109. Disponível em: <https://www.state.gov/documents/organization/106612.pdf>. Acesso em: 27 jan. 2025. O acordo foi assinado em 14 de outubro de 1997, em Brasília.

110. Décio Castilho Ceballos, "The Brazilian Space Program: A selective strategy for space development and business", 16 nov. 1999. Disponível em: <https://www.sciencedirect.com/science/article/pii/026596469592254B>. Acesso em: 27 jan. 2025.

111. Os mandatos de Fernando Henrique Cardoso coincidiram parcialmente no tempo com os de Clinton e Bush. Cardoso queria que as boas relações se tornassem a regra; ver Paulo Roberto Almeida, "Brazil-USA Relations During the Fernando Henrique Cardoso Governments", Sidney J. Munhoz e Francisco Carlos Teixeira da Silva (Orgs.), *Brazil-U.S. Relations in the 20th and 21st Centuries*. Maringá: Ed. da Universidade Estadual de Maringá, 2013, pp. 217-38.

112. Até oficiais que durante muito tempo haviam sido inequivocamente pró-Estados Unidos zangaram-se tanto com a insensibilidade dos americanos que falaram em devolver suas cobiçadas medalhas americanas.

113. Ricardo Pereira Cabral, "The Foreign Policy of Luiz Inácio Lula da Silva's Government and Its Relations with the USA", in Sidney Munhoz e Francisco Carlos Teixeira da Silva (Orgs.), *Brazil-U.S. Relations in the 20th and 21st Centuries*. Maringá: Editora da Universidade Estadual de Maringá, 2013, pp. 247-87. "Brazil to Say 'No, Thanks' to US", *Brazzil*, Brazil/US, maio 2003. Disponível em: <http://www.brazzil.com/p128may03.htm>. Acesso em: 27 jan. 2025.

114. Stephan Clark, "Brazilian Rocket Explodes on Launch Pad", *Spaceflight Now*, 22 ago. 2003. VLS é a sigla de "Veículo Lançador de Satélites".

115. Embora investigações desmentissem os rumores de sabotagem, eles continuaram a circular. Sean T. Mitchell, *Constellations of Inequality: Space, Race & Utopia in Brazil*. Chicago: University of Chicago Press, 2017, pp. 80-90, 159-64. Afirmações na imprensa insinuaram uma "sabotagem gradual" do projeto; Eduardo Hollanda e Hélio Contreiros, "Joia da coroa: Interesse estrangeiro pela base de Alcântara põe o Brasil mais perto do sonho de lançar seu próprio satélite". *IstoÉ*, São Paulo, 25 fev. 2004. Disponível em: <https://istoe.com.br/27183_JOIA+DA+COROA/>. Acesso em: 27 jan. 2025.

116. Provavelmente o melhor exemplo de insinuação de sabotagem é o "estudo" de Ronal-

do Schlichting e coronel Roberto Monteiro de Oliveira, "A sistemática sabotagem contra a Missão Espacial Completa Brasileira (MECB) e contra o projeto VLS-1". *Análises Estratégicas: Política Nacional e Global*, Curitiba, 8 dez. 2004. Disponível em: <http://www.suaaltezaogato.com.br/arq/Gavetao/Ronaldo_Schlichting_(Sabotagem_Programa_EspacialBrasileiro).pdf>. Acesso em: 27 jan. 2025.

117. Depois da desintegração da espaçonave *Columbia*, os americanos dependeram de veículos russos para chegar à estação espacial, ao custo de 60 milhões de dólares por astronauta. Em comparação, o valor cobrado ao Brasil foi uma ninharia. A vida e a carreira do coronel Pontes são relatadas em <http://www.marcospontes.com/$SETOR/MCP/VIDA/biografia.html>. "First Brazilian astronaut returns to Earth", *New Scientist,* Daily News, 10 abr. 2006. Disponível em: <https://www.newsscientist.com/article/dn8972-first-brazilian-astronaut-returns-to-earth/>; Marcos C. Pontes (Tenente-coronel, astronauta da Força Aérea brasileira, Agência Espacial brasileira). Disponível em: <https://www.jsc.nasa.gov/Bios/htmlbios/pontes.html>. Acesso em: 27 jan. 2025.

118. Sean T. Mitchell, *Constellations of Inequality: Space, Race & Utopia in Brazil.* Chicago: University of Chicago Press, 2017, p. 160.

119. Frank D. McCann, "Brasil: Acima de Tudo!! The Brazilian Armed Forces: Remodeling for a New Era". *Diálogos*, v. 21, n. 1, pp. 57-95, 2017. Disponível em: <https://doi.org/10.4025/dialogos/v2lil>. Acesso em: 27 jan. 2025.

120. "Why Brazil Signed a Military Agreement with the US", *The Christian Science Monitor,* 13 abr. 2010.

121. Tenente-coronel Lawrence T. Brown, "Restoring the 'Unwritten Alliance' in Brazil--United States Relations", Strategy Research Project, U.S. Army War College. Carlisle Barracks, PA, 12 mar. 2012, ADA 560773.pdf.

122. The White House, "Fact *Sheet*: The United States and Brazil: A Mature and Multifaceted Partnership", 30 jun., 2015. Disponível em: <https://obamawhitehouse.archives.gov/the-press-office/2015/06/30/fact-sheet-united-states-and-brazil-mature-and-multi-faceted-partnership>. Acesso em: 27 jan. 2025

123. Disponível em: <https://www.nytimes.com/2016/09/01/world/americas/brazil-dilma-rousseff-impeached-removed-president.html> e <https://www.nytimes.com/2017/09/05/world/americas/brazil-dilma-rousseff-lula-corruption-workers-party.html?rref=collection%2Ftimestopic%2FDa%20Silva%2C%20Luiz%20In%C3%A1cio%20Lula&action=click&contentCollection=timestopics&region=stream&module=stream_unit&version=latest&contentPlacement=2&pgtype=collection>. Acesso em: 27 jan. 2025.

124. Disponível em: <https://www.reuters.com/article/us-brazil-usa-military-u-s-military-joins-brazil-army-exercises-in-amazon-idUSKBN1D8347>. Acesso em: 27 jan. 2025.

125. Rostand Medeiros, "Segunda Guerra Mundial: O último militar Americano em Natal", *Tok de História*, 17 dez. 2012. Disponível em: <https://tokdehistoria.com.br/2012/11/17/4341/>. Acesso em: 27 jan. 2025. Medeiros é especialista em história de Natal. Ele foi meu guia e anfitrião em uma visita à cidade e à base aérea de Parnamirim em junho de 2013. Para os efeitos da guerra e das tropas americanas em Natal, ver João Wilson Melo, *A cidade e o trampolim*. Natal: Sebo Vermelho, 2003; Clyde Smith Junior, *Trampolim para a Vitória: Os americanos em Natal — RN/Brasil durante a Segunda Guerra Mundial*. Natal: UFRN, 1992; Giovana Paiva de Oliveira, *Natal em guerra: As transformações da cidade na Segunda Guerra Mundial*. Natal: UFRN, 2014.

Índice remissivo

Abissínia (Etiópia), 48, 51
Abreu, João Leitão de, 245
Academia Militar das Agulhas Negras (RJ), 12, 180, 190, 198, 243
aço, 86, 284
Açores, 80, 141, 160, 167, 280
Adams, Claude M., 136, 154-5, 162, 164, 177-8, 288, 292-3, 295-7
Adams, Ruth, 136
Aeronáutica, 68, 83, 123, 129, 136, 139, 152, 163, 178, 224, 274; Comando de Transporte Aéreo (Estados Unidos), 120, 159, 197, 200, 256, 293; Estado-Maior da Inteligência da (Estados Unidos), 132; Ministério da (Brasil), 68; *ver também* Força Aérea
aeronaves: americanas, 73, 120-1, 236, 294; brasileiras, 67, 242; caças, 113, 120, 170, 178, 200, 206; de combate, 32, 93, 120, 128; F-5 (jatos americanos), 241; Mirage (jatos franceses), 241; *ver também* aviação
aeroporto/aeroportos: brasileiros, 122, 139; Pan American Airports Corporation (subsidiária da Pan American Airways), 67; primeiro, civil brasileiro, 139; Programa de Desenvolvimento de (PDA — Estados Unidos), 67-70, 262; Santos Dumont (Rio de Janeiro), 99, 111, 139
África, 22, 31, 38-9, 56, 64, 67, 77, 89, 93, 100, 120-1, 127-8, 142, 144, 154-8, 161, 163-4, 169, 176, 200, 210, 223-4, 248, 270, 280, 294; base aérea conjunta Brasil-Estados Unidos no Oeste da, 224; colônias na, 85; Leste da, 38; Norte da, 25, 39, 69-70, 79-80, 88, 117, 155, 159, 163, 165, 167, 169-70, 177, 181, 279, 294; ocidental, 38, 89; teatros europeus-africanos, 176; tráfico de africanos escravizados, 22
Afrika Korps (força expedicionária alemã na África), 125, 145, 169
Agência Espacial Brasileira, 254
agentes secretos alemães, 41
agricultura, 129
Air Corps Ferrying Command [Comando de Transporte do Corpo de Aviação], 94
Air France (companhia aérea francesa), 69

ajuda humanitária, 255
Albuquerque, José Pessoa Cavalcanti de, 179
Alcântara (MA), base de, 252-4, 318
Alecrim, cemitério do (Natal, RN), 255
Alemanha, 25, 29, 34-6, 38-43, 51, 53-8, 60-1, 64, 66, 72-3, 75, 78, 86-8, 92, 97, 99, 102, 110, 116, 121, 126-7, 136, 138-9, 144, 146, 151, 153, 164, 172-3, 175, 212, 231, 235, 248, 250-1, 263, 267, 269-70, 275, 277-8, 289, 291, 300, 311, 317; acordo atômico Brasil-Alemanha (1975), 248-9; agentes alemães no Brasil, 118; agentes secretos alemães, 41; comunidades alemãs no Brasil, 41, 45; embaixada no Brasil, 41, 287; empresas alemãs, 37, 151; germanófilos no Brasil, 29, 60, 212, 271; governo da, 80, 138; nazista, 25, 36, 277 (*ver também* nazismo/nazistas); Ocidental, 248-9; organização militar da, 172; Reich alemão, 27, 64, 72, 82, 86, 151, 264-5; Tratado de Tríplice Aliança (1940), 67
Alexander, Harold R. L. G., 211
Alexandria (Egito), 145
algodão, 60
Aliados, 25, 27, 31, 36, 55, 57, 72, 97, 112-3, 117, 130, 141-3, 145-6, 150, 154-5, 157, 159, 162-3, 167, 174, 180, 191, 193, 196, 200, 202, 211-2, 228, 302, 307; navios mercantes dos, 143
Aliança para o Progresso (Estados Unidos, 1961), 235
"aliança tácita" entre Brasil e Estados Unidos (séc. XIX-XX), 28, 62, 254
Allende, Salvador, 316
almirantado britânico, 57
Alô, amigos (filme de animação), 75, 201, 276
Alvim, Hugo Panasco, 241
Amado, Jorge, 75
Amapá, 223
Amaral Peixoto, Augusto do, 118-9, 285
Amaral Peixoto, Ernâni do, 109, 285
Amazonas, rio, 130, 278

Amazônia, 24-5, 34, 66, 118, 253-5, 287; estados da, 130
América Central, 97, 102
América do Norte, 20, 92
América do Sul, 11, 20, 26, 38, 57, 65, 67, 72, 89, 119, 126-7, 143, 157, 167, 200, 204-6, 209, 231, 237, 241, 275, 306, 312
América Latina, 20, 24, 46, 67, 74-5, 88, 132, 201, 204, 209, 222, 225-6, 228-30, 235-7, 240, 305, 313; bases aéreas na, 88
analfabetismo, 22, 45-6
Angola, 248, 317
Aníbal Benévolo (navio brasileiro), 148
Anistia Internacional, 244
antiamericanismo, 36, 42, 123, 207, 228, 232
Antígua (Caribe), 72
Anzio (Itália), 182, 298
"Aquarela do Brasil" (canção), 75
árabes, países, 247
Arábia Saudita, 248
Arabutan (navio brasileiro), 121, 285
Aragipe (iate), 148
Araguaia, região amazônica do, 245
Aranha, Osvaldo, 26-7, 34-5, 43, 52-3, 58, 69, 80, 88-9, 92, 99, 101-3, 106, 108-10, 114, 121-2, 129-33, 137, 140, 151, 155-7, 162, 166, 175, 185, 201, 224-5, 231, 233, 248, 263, 269, 274, 282-3, 285, 288-9, 291, 293, 295-6, 310, 312
Aranha, Osvaldo Gudolle (filho), 185, 296
Arará (navio brasileiro), 148
Araraquara (navio de luxo brasileiro), 147
Araújo, Cauby C., 68, 274
Arcangel, porto de (Rússia), 144
Argel (Argélia), 169
Argentina, 23, 26-7, 32, 34-5, 45, 47-8, 52, 54, 97-9, 101, 103, 105-8, 111, 118-9, 130-1, 140, 162, 167, 204, 209, 213, 217, 224-5, 228, 234, 236, 245, 267, 272, 276, 278, 281, 286, 305-6, 310-2; aliada a rebeldes, 56; "ameaça nazista" na, 97, 119; *Atucha* (reator argentino), 248; campanha brasileira contra a, 131; como rival do Brasil, 26;

Conferência Interamericana (1936) na, 48, 158; e a Guerra do Chaco (1932-5), 34-5, 48; Exército argentino, 118; fenômeno peronista na, 215; imagem negativa da, perante os Estados Unidos, 97; neutralidade da, 119; política da, 281; populações alemã e italiana na, 42; relação da, com a Alemanha, 97; relações da, com o Eixo, 103-4, 111

armas/armamentos, 10, 23, 36, 47-8, 50, 54, 56-7, 61, 63-4, 71, 77, 85, 90, 101, 105, 145, 154, 204, 241, 254, 268, 270; americanas, 35; brasileiras, 126; compra de, 29, 263; corrida armamentista e, 207; desenvolvimento de, 255; entrega de, 117; excedentes de, 51-2, 55, 228; fornecimento de, 47, 60, 225, 232, 275; fornecimento de, pela Alemanha, 29, 263-4; fornecimento de, pela Rússia pós-soviética, 254; fornecimento de, pelos Estados Unidos, 51, 254; padronização de, no Brasil, 173, 204; transferências de, 235; *ver também* Lend-Lease Act [Lei de Empréstimo-Arrendamento — Estados Unidos, 1941]

Army Air Corps [Corpo de Aviação do Exército — Estados Unidos], 46, 57, 92-3, 285, 303

Army War College Estados Unidos[Colégio de Guerra do Exército dos Estados Unidos], 39, 78-9, 254, 264, 270, 277, 310, 319

Arnold, Henry H., 46

Ártico: Círculo, 268; rota do, 144

artilharia: baterias antiaéreas brasileiras, 55; canhões, 51, 120, 128, 138, 148, 191-2; defesa antiaérea brasileira, 39; escola americana de, 28; regimentos antiaéreos brasileiros, 93

Aruba, 140

AS-4 (comboio americano), 142-3, 289

Ásia, 31-2, 54, 92, 230

Assembleia Constituinte (Brasil), 23, 215, 218, 308

astronautas, 252-4, 319

Ataque Doolittle (bombardeio americano de Tóquio, 1942), 145; Atlântico, oceano, 81; Norte, 31, 72, 88-9, 92, 116-7, 200; Sul, 10, 25, 31, 40, 57, 73, 79, 88-9, 92-3, 113, 120, 122, 127, 138, 142, 144-5, 163, 200, 223, 280, 284; estreito do, 141, 200

Ato Institucional nº 5 (Brasil), 243

Átomos para a Paz (programa americano, 1955), 248

Atucha (reator argentino), 248

Áustria, 210, 212

automóveis brasileiros, 23, 235

autoritarismo, 60, 215, 239-40

aviação: Acordo de Aviação Militar (Brasil-Estados Unidos, 1944), 223-4, 309; avanços na, 56; civil, 68, 216, 224; naval, 113; *ver também* aeronaves

B-17 (avião americano), 70

B-17 (bombardeiros americanos), 52

B-25 (bombardeiro americano), 120, 138

Baependi (navio brasileiro), 137, 146-7, 153, 290

Bahamas, 72

Bahia, 75, 143, 147, 256, 270, 273, 287, 289; *ver também* Salvador (BA)

Baía de Todos os Santos (BA), 149

Bálcãs, 38

Barber Jr., Henry A., 132-3, 284-6

Barra da Tijuca (Rio de Janeiro), 103

Barreira do Inferno (centro de lançamento no RN), 252

Barroso, Ary, 75

Barton, Henry A., 125

bases aéreas, 10, 25, 31, 50, 52, 64, 67, 70, 79, 89, 91, 93, 129, 167, 200-1, 203-4, 209-10, 212, 216, 223, 262, 280, 303, 306; conjuntas Brasil-Estados Unidos no Oeste da África ou nas ilhas Cabo Verde 224; de Bolling Field (Estados Unidos), 120, 285; de Langley (Estados Unidos), 49, 268; em Belém (PA), 46, 66, 69-70, 89, 91-2,

128, 130, 173, 204, 212, 223, 278; em Camocim (CE), 69; em Fernando de Noronha (PE), 50, 64, 141, 235; em Fortaleza (CE), 69, 150, 223; em Maceió (AL), 69; em Natal (RN), 10-1, 50, 66, 69-70, 88-9, 91-3, 114, 121, 128, 143, 146, 159, 173-4, 200, 204, 212, 223, 254, 292; em Salvador (BA), 69; na América Latina, 88; no Amapá, 223; projeto de, no Recife (PE), 46, 66, 69-70, 89, 91-2, 114, 128, 146, 173, 204, 212, 223

base naval, 10; no Recife (PE), 305; projetos de, americana em um porto brasileiro, 30

Batista, Fulgencio, 237

Bearn (porta-aviões francês), 65

Belém (PA), 119, 139, 150; base aérea de, 46, 66, 69-70, 89, 91-2, 128, 130, 173, 204, 212, 223, 278

Bélgica, 38, 59

Belo Horizonte (MG), 44, 46, 55, 181

Belvedere, monte (Itália), 191, 193

Bergamaschi, Sérgio Ruschel, 301

Berle, Adolf, 107-8, 201, 205-7, 216-9, 229, 303-5, 307-9, 311

Berlim (Alemanha), 58, 60-1, 66, 84, 110, 115, 138, 151, 271-2, 274, 279; rádio, 138

Bermudas, ilhas, 72

Birmânia, 128

Bittencourt, Amaro Soares, 77, 277

Blohm & Voss (estaleiro alemão), 146

Bolívia, 34, 245, 253

Bolling Field (Estados Unidos), base aérea de, 120, 285

Bolonha (Itália), 187, 191

bombardeiros, 52, 92-3, 120, 138, 206, 305

Bonham, Francis G., 264

Bonn (Alemanha), 249

borracha, 117, 130, 287

Bradley, Omar, 79, 125, 277

Braga, Jane Gray, 11, 179, 276-7, 291

Brasil: acordo atômico Brasil-Alemanha (1975), 248-9; Acordo de Aviação Militar (Brasil-Estados Unidos, 1944), 223, 309; acordo político-militar (Brasil-Estados Unidos, 1952), 232; Agência Espacial Brasileira, 254; agentes alemães no, 118; agricultura no, 129; "aliança tácita" entre, e Estados Unidos (séc. XIX-XX), 28, 62, 254; alto comando brasileiro, 104, 140, 163; ambições nucleares do, 252; ameaça da penetração comercial do Eixo no, 40; analfabetismo no, 22, 45-6; apoio do, para a criação de Israel, 248; Assembleia Constituinte e, 23, 215, 218, 308; ataques de submarinos do Eixo no (1942) *ver* "Operação Brasil" (ataque alemão a navios brasileiros, 1942); aumento do custo de vida no, 130, 216; autoritarismo no, 215; base de rastreamento de mísseis na ilha Fernando de Noronha, 235; baterias antiaéreas do, 55; brancos na população do, 22; e Estados unidos tornam-se aliados (1942), 135; Câmara dos Deputados, 23, 243, 270; camisas-verdes (integralistas), 172; cidades costeiras do, 139; classe média no, 172, 245; classe trabalhadora no, 215; clérigos brasileiros, 244; Comissão Mista de Defesa Brasil-Estados Unidos, 94, 112, 169-70, 183, 272, 275; comissões militares mistas Brasil-Estados Unidos, 135; como potência industrial, 235; comunidades alemãs no, 41, 45; Conselho de Segurança Nacional, 69, 99, 266, 282; constitucionalismo liberal no, 240; Constituição de 1934, 47, 220; Constituição de 1937, 220; Constituição de 1946, 219; construção de Brasília, 235-6; Copa do Mundo (1970) e, 245; Corpo Expedicionário Brasileiro, 170, 180; costa do, 22, 46, 141-3, 145; defesa antiaérea do, 39; defesa do, 43, 52, 57, 113, 205; desenvolvimento econômico do, 118, 222, 229, 310-1; dia da Independência do (7 de setembro), 152, 308; direitos humanos no, 249-50; discriminação racial no, 165; ditadura militar do (1964-85), 240, 243-

5; dívida externa do, 36; dívida nacional do, 23; e a Guerra do Chaco (1932-5), 34-5, 48; economia do, 26, 140, 215-6; eleições presidenciais no, 23, 65, 215, 217-9, 229, 234, 240, 249, 311; embaixada alemã no, 41, 287; embaixada americana no, 116, 154, 177, 207, 238; EMFA (Estado--Maior das Forças Armadas do), 155, 237, 313; energia elétrica no, 234; energia hidrelétrica no, 26; ensino público no, 22; "estado de guerra" no, 151-3, 212, 214, 291; Estados Unidos fornece armas ao, 51, 254; exportações do, 228, 234; forças armadas do, modernizadas no pós-guerra, 201; forma de governo do, 25; frota do, 35, 138; germanófilos no, 29, 60, 212, 271; golpe militar no (1964), 238, 240, 243, 246; governo do, 28, 30, 40, 66, 68-71, 86, 124-5, 127, 133, 167, 177, 196, 198-9, 206, 231, 233-4, 241-2, 262, 278; governo constitucional no, 24; governos civis de centro no, 25; guerra civil no (1932), 33, 56, 220; herança católica do, 20; Império do, 19, 261; indústria de tecnologia no, 252; industrialização do, 11, 26, 60, 235, 248; "jeitinho" brasileiro e, 21; lei marcial e, 151; luta entre nacionalistas e internacionalistas no, 233; mercado interno do, 228; Ministério da Aeronáutica do, 68; miscigenação racial no, 22; Missão Naval Americana no (1922), 28, 35, 131, 266; movimento jovem no, 220; mulatos no, 75; mulheres no, 245; Mutual Broadcasting System e, 171; negros no, 22, 165; neutralidade do, e temores americanos, 38; no Átomos para a Paz (programa americano, 1955), 248; Norte do, 89, 154, 172; oficiais brasileiros no Exército americano, 55; oligarquias no, 23; operação americana de contraespionagem no, 124; opinião pública do, sobre a Segunda Guerra Mundial, 76, 119, 130, 155; organização militar alemã admirada no, 172; países árabes e, 247; "panelinha" e, 21; "para os brasileiros" (lema), 114-5; pardos no, 22; PCB (Partido Comunista do Brasil) e, 215, 230; Pavilhão Brasileiro na Feira Mundial em Nova York (1939--40), 49; perdas do, na Segunda Guerra Mundial, 201; pesquisa espacial no, 252; "pistolão" (uso da influência) no, 21; Plano Lilac (plano bélico dos Estados Unidos para o Brasil) e, 66, 91, 286; plebiscito de 1963 e, 238; política externa do, 29, 60, 62, 156-7, 235, 247, 251; política nacional do, 227; população do, 22, 30, 216; população de imigrantes e descendentes germânicos e italianos no, 40, 118, 167; populismo no, 239; preconceito racial no, 22; primeiro aeroporto civil do, 139; programa espacial do, 253-4; proposta do, 130, 170; reforma agrária no, 239; reforma política no (anos 1930), 33; regime presidencialista no, 238; regimentos antiaéreos do, 93; relações atuais do, com os Estados Unidos, 252-5; relações do, com o Eixo, 100, 103-4, 111; represálias possíveis do, contra a Alemanha, 151; rompe relações diplomáticas com o Eixo, 110; Rússia pós-soviética fornece armas ao, 254; segurança nacional do, 33, 36; similaridades e diferenças entre, e Estados Unidos, 19; Sociedade Brasileira para o Progresso da Ciência, 253; Sudeste do, 46, 93; Sul do, 46, 66, 118, 167; suposta conjunção de rebelião e invasão do, pelo Eixo, 56; Supremo Tribunal Federal, 242-3; temor do, de virar uma "Mongólia americana", 71, 275; tenentismo no (anos 1920), 154, 292; tortura durante a ditadura militar no, 243-4, 247, 251, 316; tráfico de africanos escravizados para o, 22; universidades públicas no, 22; urânio no, 232, 248-9; vota a favor da resolução antissionista na Assembleia Geral da ONU

(1975), 248; *ver também* Nordeste do Brasil
Brasília (DF), 302, 313, 315, 317-8; construção de, 235-6; Universidade de, 243, 248
Brayner, Floriano de Lima, 190, 211, 298, 300, 307
"Brazil Twists Thumbscrews" (artigo de Tyson), 244, 315
Brazilian-American Alliance, 1937-1945, The (McCann Jr.), 27, 188, 190, 260, 263, 269, 277, 283-4, 287-8, 293, 299, 301
Briggs, Ellis O., 235, 313
Broadway (Nova York), 46, 75
Brother Sam (navio americano), 239
Brown, Lawrence T., 254, 276, 289, 319
Browning, Thomas N., 255
Buarque (navio mercante brasileiro), 119, 285, 290
Buenos Aires (Argentina), 76, 98, 101, 105, 118-9; Conferência Interamericana em (1936), 48, 158
Burdett, William C., 55, 270
burocracia, 13, 21, 137, 216
Bush, George, 318
Byrnes, James F., 207, 214, 305, 308

Cabo Verde, 56, 280; base aérea conjunta Brasil-Estados Unidos em, 224
cacau, 149
Cachoeira (SP), 180
Caffery, Jefferson, 50, 52-3, 57-8, 64, 66, 80-1, 88-90, 100, 103-4, 107-8, 111, 114, 117, 120, 122, 124-6, 128-33, 136-7, 151, 159-61, 177-8, 205, 224, 266-9, 271-4, 278-9, 282-7, 291, 293-4, 297, 304, 309-10
Caiado de Castro, Aguinaldo, 174-5, 296
Cairú (vapor brasileiro), 120, 122, 285, 290
Califórnia (Estados Unidos), 11, 140, 213, 268
Câmara dos Deputados (Brasil), 23, 243, 270
Câmara dos Deputados (Estados Unidos), 94
camisas-verdes (integralistas), 172
Camocim (CE), base aérea de, 69

Camp Claiborne (Louisiana), 126
Camp Sutton (Carolina do Norte), 125, 286
Campiani, Cesar, 196, 301
canal da Mancha, 56, 59
Canárias, ilhas, 56, 280
Candee, Robert C., 94, 111, 280
Candelária, igreja da (Rio de Janeiro), 242
Candotti, Ennio, 253
canhões, 51, 120, 128, 138, 148, 191-2
Cardoso, Fernando Henrique, 208, 253, 318
Cardoso, Maurício José, 180
Caribe, 13, 65, 97, 128, 144, 290
Carl Zeiss (indústria bélica alemã), 264
Carneiro, Rui, 208
Carolina do Norte (Estados Unidos), 121, 125
Carter, Jimmy, 249-51
carvão, 117, 122, 151, 284
Casa Branca (Washington D.C.), 39, 49, 88, 105, 107, 226, 236, 245, 249, 255, 268
Casa Civil (Brasil), 245
Casa Militar (Brasil), 237, 313
Casablanca (Marrocos), 159, 169, 200; Conferência de (1943), 156, 159, 200, 293
Casa-grande e senzala (Freyre), 75
Cassidy, Richard, 179, 292, 297-8
Castello Branco, Humberto de Alencar, 174, 211, 239-41, 244, 246, 294, 296, 298, 300, 302, 307, 314
Castillo, Ramón, 101, 107, 119
Castro, Fidel, 237
Catalina PBY (hidroavião americano), 149-50
Cazaquistão, 254
Ceará, 11, 142, 150, 276
censura, 119, 154, 232, 292, 316
Central do Brasil, Estrada de Ferro, 117
Chaco, Guerra do (Paraguai e Bolívia, 1932--5), 34-5, 48
Chaney, James E., 46, 267
Chapultepec, resolução de (Cidade do México, 1945), 225, 310
Chateaubriand, Francisco de Assis (Chatô), 162

Chicago (Estados Unidos), 216-7, 308
Chile, 48, 97-9, 101, 104, 106, 108, 111, 140, 209, 225, 234, 236, 245, 276, 281, 283; comunidade germano-chilena, 106; Exército do, 97; Partido Radical do, 106; prussianização do Exército do, 97; relação do, com a Alemanha, 97; relações do, com o Eixo, 104, 106, 111
China, 31, 48, 51, 128, 164, 230, 248, 250, 304
Christopher, Warren, 250
Churchill, Winston, 39, 117, 119, 144, 183, 280, 284, 292-3
CIA (Central Intelligence Agency), 134, 225, 237, 240, 314
Cia. Aéropostale Brasileira (subsidiária da Air France), 69
Cidade do Cabo (África do Sul), 143, 146, 290
Ciex (Centro de Informações do Exército — Brasil), 247
Cincinnati (Estados Unidos), 255
cinema, 115, 276, 289
Cingapura, 117, 145
Clark, Mark, 178, 186-7, 195, 210, 296, 301, 318
classe média brasileira, 172, 245
classe trabalhadora, 215-6
Clay, Lucius D., 94, 111
clérigos brasileiros, 244
Cleveland, Grover, 28
Clinton, Bill, 253, 318
Colômbia, 34, 97, 253, 312
Columbia (ônibus espacial americano), 253
Comando de Transporte Aéreo (Estados Unidos), 120, 159, 197, 200, 256, 293
comboios, 122, 129, 131, 141-4, 152, 289-90
combustíveis, 130, 143, 149, 151, 158, 248
"comércio de compensação", 29, 35
comércio internacional, 34
Comissão Mista de Defesa Brasil-Estados Unidos, 94, 112, 169-70, 183, 272, 275
Comissão Permanente de Ligação (Estados Unidos), 43, 266

Commonweal (revista católica), 244, 315
companhias aéreas: Air France, 69; Cia. Aéropostale Brasileira (subsidiária da Air France), 69; Lutfhansa (companhia aérea alemã), 68; Pan American Airways (PAA), 31, 67-8, 94, 224, 262, 274, 289; Panair do Brasil, 31, 68-9, 94, 224, 274, 309
comunismo/comunistas, 10, 215, 217, 219, 230, 233, 236-40, 248, 269; PCB (Partido Comunista do Brasil), 215, 230
Conferência de Casablanca (1943), 156, 159, 200, 293
Conferência de Natal (RN, 1943), 156, 159, 162, 165, 168, 293
Conferência de Teerã (1943), 200
Conferência Interamericana (Buenos Aires, 1936), 48, 158
Conferência Interamericana (Petrópolis, 1947), 217, 228
Congresso: americano, 22, 51, 67, 222, 249; brasileiro, 23, 226, 229, 232-3, 243, 255, 311
Conselho de Segurança Nacional (Brasil), 69, 99, 266, 282
constitucionalismo liberal, 240
Constituição de 1934, 47, 220
Constituição de 1937, 220
Constituição de 1946, 219
contratorpedeiros, 72, 205
Cooke, Morris, 26, 260, 311; Missão Cooke (1942), 26, 228-9, 260, 311
Copa do Mundo (1970), 245
Copacabana Palace (hotel no Rio de Janeiro), 107
Copacabana, praia de (Rio de Janeiro), 153
Corcovado (Rio de Janeiro), 152
Cordeiro de Farias, Gustavo, 173, 294
Cordeiro de Farias, Osvaldo, 139, 162, 171, 179, 182, 231, 273, 296, 301, 312
Coreia, 228, 230; do Norte, 230; do Sul, 230; Guerra da (1950-3), 10, 201, 227, 230-2, 267
Corpo de Cadetes (Estados Unidos), 49

Corpo Expedicionário Brasileiro, 170, 180
"Corredor Persa" (rota), 144
Corregidor (ilha filipina), 117
Correio da Manhã (jornal), 155, 293
corrida armamentista, 207
Costa, Euclides Zenóbio da, 182, 187, 189
Costa e Silva, Artur da, 239, 243-6, 313-4
Coutinho, Dale, 246-7, 266, 268-9, 271, 282, 308
Couto e Silva, Golbery, 246
CPDOC (Centro de Pesquisa e Documentação de História Contemporânea do Brasil), 218, 277, 283, 308
Craig, Malin, 42, 44, 266-8
Crimmins, John, 243, 249-50, 313-7
Cristo Redentor (Rio de Janeiro), 152
Crittenberger, Willis D., 189, 211
Cuba, 237, 240, 248
Cunha, Euclides da, 74
custo de vida no Brasil, aumento do, 130, 216

DAC (Departamento de Aviação Civil — Brasil), 69
Dacar (Senegal), 38-9, 80, 88-9, 141, 154, 158, 270, 280
da Matta, Roberto, 21, 259
Darlan, Jean-François, 80
Dávila, Jerry, 248, 317
Davis, Sonny B., 13, 235, 306-7, 310, 312-3
Declaração de Assistência Recíproca (repúblicas americanas, 1940), 65
Della Cava, Ralph, 244, 315
democracia, 22-3, 38, 59, 72, 100, 127, 175, 216, 219-20, 232, 239, 281, 292
democratas (Estados Unidos), 23
Departamento de Estado (Estados Unidos), 11, 26, 66, 76-7, 88, 103-4, 116, 124-6, 129-30, 135, 165, 204, 207-8, 213, 223, 225-6, 234, 248-9, 272, 309, 311, 317
Departamento de Guerra (Estados Unidos), 39, 52, 63, 66-7, 69, 90, 111-2, 136, 160, 165, 169, 176-8, 208-9, 223-5, 298, 309

dia da Independência do Brasil (7 de setembro), 152, 308
Diário Carioca (jornal), 155, 215, 293, 298
Diário Oficial (jornal), 69, 274
Diários Associados, 162
Dinamarca, 72
diplomacia, 87, 120, 126, 211, 287
direitos humanos, 249-51, 317
discriminação racial no Brasil, 165
Disney, estúdios, 75, 195-6, 276
Disney, Walt, 75, 201, 276-7, 301-2
Distrito Federal (Rio de Janeiro), 121, 137, 219
ditadura militar brasileira (1964-85), 240, 243-5
dívida externa brasileira, 36
dívida nacional brasileira, 23
divisões militares: 1º Regimento de Infantaria (Brasil), 175, 180; 2ª Região Militar (Brasil), 163, 179-80, 297; 3º Exército (Brasil), 244; 4ª Frota (Estados Unidos), 205, 287; 4º Corpo (Estados Unidos), 187, 189, 191, 194, 211; 4º Exército (Estados Unidos), 46; 5º Exército (Estados Unidos), 186-7, 189, 191, 195, 210-1; 7ª Região Militar (Brasil), 163, 185, 299; 7º Exército (Estados Unidos), 187; 7º Grupo de Artilharia (Brasil), 137, 147-8, 291; 82ª Divisão de Paraquedistas (Estados Unidos), 267; 8º Exército Britânico, 146, 169; 10ª Divisão de Montanha (Estados Unidos), 191, 193, 300-1; 10º Regimento de Infantaria (Brasil), 181; 11º Regimento (Brasil), 195, 262; 148ª Divisão (Alemanha), 194, 197; 15º Grupo de Exércitos (Grã-Bretanha), 211; 22º Esquadrão de Meteorologia do Comando de Transporte Aéreo (Estados Unidos), 255; 92ª Divisão ("Búfalo Negro", Estados Unidos), 189, 191; 101ª divisão de paraquedistas (Estados Unidos), 126; 350º Grupo de Caça (Estados Unidos), 199, 303; em Monte

Rosa (Itália), 194; em San Marco (Itália), 194; francesas, 176; polonesas, 176
Dönitz, Karl, 140
Donovan, William, 75, 287
Doutrina Monroe (Estados Unidos, 1823), 39
Duggan, Lawrence, 104, 297
Dulles, John Foster, 233, 302, 307, 313-4
Dunquerque (França), 38, 270
Dutra, Eurico Gaspar, 23-4, 36, 40-1, 44-5, 47-8, 54-5, 57, 62-4, 71-2, 77-8, 81, 83-7, 90-2, 98-9, 101, 103-4, 108-10, 120, 137, 151-7, 162-5, 167, 171, 175-84, 187, 195-6, 198, 201, 207, 210-1, 218-21, 228-9, 260, 263-73, 275, 277-80, 282-4, 286, 291, 293, 295-7, 299, 301-2, 306-7, 311
Dúvida, rio da (Amazônia ocidental), 24

É Tudo Verdade (documentário), 75
economia: americana, 22; brasileira, 26, 140, 215-6; "comércio de compensação", 29, 35; de guerra, 116, 157; desenvolvimento econômico do Brasil, 118, 222, 229, 310-1
Egito, 25, 145
Eisenhower, Dwight D., 79, 124-5, 131, 160, 163-4, 169, 178, 198, 233, 236-7, 267, 277, 286, 295, 313
Eixo: agentes do, 137, 261; aliança do, 38; ameaça da penetração comercial do, no Brasil, 40; ameaça do, 38, 72, 97, 136; Brasil rompe relações diplomáticas com o, 110; Conferência Interamericana (Buenos Aires, 1936) e, 48, 158; defesa contra o, 71; embarcações do, 138; guerra do, com o Brasil, 119; manifestações contra o, 150, 153; países do, 61, 108, 150, 210; possibilidade de revolução instigada pelo, no Nordeste do Brasil, 104; propaganda do, 76, 115; relações argentinas e chilenas com o, 103-4, 111; relações brasileiras com o, 100, 103-4, 111; relações do, com Argentina e Chile, 97; rompimento de relações com o, 97; simpatizantes do, 123, 150, 154; submarinos do, 25, 31, 93, 115-6, 119, 200; suposta conjunção de rebelião e invasão do Brasil pelo, 56; Tratado de Tríplice Aliança (1940), 67; tropas do, na Tunísia, 169
El Alamein (Egito), 143, 145-6, 289
eleições presidenciais no Brasil, 23, 65, 215, 217-9, 229, 234, 240, 249, 311
Eletrobras, 233
embaixada americana no Brasil, 116, 154, 177, 207, 238
Emenda Harkin (Estados Unidos, 1976), 249
EMFA (Estado-Maior das Forças Armadas do Brasil), 155, 237-8, 313
Emmons, Delos C., 52
energia atômica, 25, 230, 235, 251-2; ambições nucleares do Brasil, 252; interesse brasileiro em desenvolver tecnologias de, 232; não proliferação de tecnologia nuclear e, 250; programa atômico americano, 232; teste nuclear na Índia (1974), 248
engenheiros, 69, 80, 91, 94, 118, 125
Engineer Replacement Training Center [Centro de Treinamento para Substituição de Engenheiros — Estados Unidos], 125, 286
ensino público no Brasil, 22
Equador, 107, 252-3, 283
Esao (Escola de Aperfeiçoamento de Oficiais — Rio de Janeiro), 198
Escandinávia, 144
Escola das Américas (Panamá), 231, 251
Escola de Comando e Estado-Maior do Exército do Brasil, 154
Escola de Comando e Estado-Maior do Exército dos Estados Unidos, 237, 297, 299
Escola Militar do Realengo (Rio de Janeiro), 153
escravidão, 20, 22; Abolição da (Brasil, 1888), 22; trabalho escravo e, 20, 22; tráfico de africanos escravizados e, 22
ESG (Escola Superior de Guerra — Brasil), 226, 310

Espanha, 42, 48, 67, 93; Guerra Civil Espanhola (1936-9), 42, 51, 153
espanhol/língua espanhola, países falantes de, 67, 76, 209, 235, 274
espionagem, 41, 115, 119, 123; contraespionagem, 124
Espírito Santo: base aérea de Vitória (ES), 139, 149
Esquadrão de Patrulha Naval dos Estados Unidos, 174
Estação Espacial Internacional, 252-3
Estado Novo (1937-45), 24, 36, 152, 162, 165-6, 215-6, 219-21, 227, 260, 267, 295, 308, 311; *ver também* Vargas, Getúlio
Estado-Maior Conjunto, 88, 93, 115, 168, 170, 178, 204, 209, 213, 231, 279, 295, 306, 312
Estado-Maior da Inteligência da Aeronáutica (Estados Unidos), 132
Estado-Maior Geral: do Brasil, 54, 176; dos Estados Unidos, 56, 83, 177
Estados Unidos: acordo político-militar (Brasil-Estados Unidos, 1952), 232; "aliança tácita" entre Brasil e Estados Unidos (séc. XIX-XX), 28, 62, 254; antiamericanismo e, 36, 42, 123, 207, 228, 232; aviação e, 28, 126, 140, 185; Acordo de Aviação Militar (Brasil-Estados Unidos, 1944), 223, 309; Brasil e, tornam-se aliados (1942), 135; Câmara dos Deputados dos, 94; comércio marítimo dos, 20; Comissão Mista de Defesa Brasil-Estados Unidos, 94, 112, 169-70, 183, 272, 275; comissões militares mistas (Brasil-Estados Unidos), 135; Doutrina Monroe (1823), 39; economia dos, 22; embaixada dos, no Brasil, 116, 154, 177, 207, 238; experiência colonial protestante nos, 20; Grande Depressão nos (1929), 23; Guarda Nacional dos, 78, 288; Guerra de Secessão nos (1861-5), 22; Homestead Act dos (1862), 22; Lei de Defesa Nacional dos (1920), 47; Lend-Lease Act e (1941), 72, 77, 87, 213, 275, 277, 279; livros brasileiros publicados nos, 74; macarthismo nos, 233; Military Appropriation Act e (1940), 67; Missão Naval Americana no Brasil e (1922), 28, 35, 131, 266; Morrill Act e (1862), 22; Mutual Broadcasting System entre, e Brasil, 171; negros nos, 22; neutralidade brasileira e temores dos, 38; Neutrality Acts e (1935-7), 28-9, 51-2, 55; Office of Production Management [Departamento de Administração de Produção] e, 72; "Operação Brother Sam" e (1964), 238, 240; Pentágono dos, 183, 226; política dos, 35, 46, 64, 162, 168, 199, 212, 311; política nacional dos, 20; programa atômico dos, 232; Rainbow Plans e, 56, 66, 91, 286; Reforma Protestante e, 20; segregação racial nos, 22; similaridades e diferenças entre Brasil e Estados Unidos, 19; Sistema de Observação Militar dos, 124; tropas dos, 88-9, 127; universidades públicas nos, 22
Etiópia (Abissínia), 48, 51
Eurásia, 127
Europa, 31-2, 39, 43, 47, 53-5, 61, 65, 67, 70, 82, 85, 92, 98, 113, 140, 156-7, 161, 187, 196, 211, 213, 223, 225, 231, 241, 267, 269, 286, 306; colônias europeias e, 65; conflitos europeus e, 60; estação espacial europeia e, 252; guerra europeia, 28, 54, 61, 78, 91, 198, 213, 269 (*ver também* Segunda Guerra Mundial); Leste da, 248; países da, 54, 204; potências da, 209, 225; teatro da, 200, 298; teatros europeus-africanos, 176
Exército: alemão, 43, 50, 82, 153, 164, 187, 298, 300; americano, 31, 37, 40-1, 44, 46-7, 49, 55, 57, 69, 78-9, 83, 85, 87-94, 112, 115, 117, 122, 124, 126-8, 135, 146, 153, 161, 163, 165, 167, 174, 176, 179, 186-7, 196-8, 208, 210-1, 222, 237, 256, 267, 280, 301, 307; argentino, 118; brasileiro, 9-10, 12, 28-9, 33, 39, 42-5, 52, 54, 65, 71, 77, 80-3, 85, 89, 102, 114, 120, 122-3,

126, 134, 152, 154, 159, 163-4, 171, 173-4, 178, 180-1, 185, 193-4, 196, 199, 206-7, 211, 232, 243, 246, 264, 269, 278-9, 287, 289, 302 [*ver também* FEB (Força Expedicionária Brasileira)]; chileno, 97; francês, 28, 270
exploração espacial, 253
exportações brasileiras, 228, 234
Export-Import Bank, 64, 77, 233, 311

F-5 (jatos americanos), 241
Fairbanks Jr., Douglas, 75, 277
fascismo/fascistas, 42, 50, 58, 78, 134, 154, 172, 194, 197, 292;
Fausto, Boris, 30, 262-3
FBI (Federal Bureau of Investigation), 98, 124
FEB (Força Expedicionária Brasileira), 25, 30, 166, 180, 186, 188-98, 203, 210-2, 231, 238-9; como "Cobras Fumantes", 194; pracinhas (soldados) da, 212, 307
Feira Mundial em Nova York (1939-40): Pavilhão Brasileiro na, 49
Fernando de Noronha (PE), base aérea de, 50, 64, 141, 235
ferrovias, 57, 115, 139, 228
Figueiredo, João Batista, 246-7, 251, 313
Filipinas, 92, 117, 145
Florença (Itália), 188, 191
Flórida (Estados Unidos), 142, 252, 254, 288
foguetes, 252
Fontoura, Carlos Alberto, 244
Força Aérea: Brasileira, 114, 178, 213, 252; dos Estados Unidos, 286; *ver também* Aeronáutica
Força Expedicionária Brasileira *ver* FEB (Força Expedicionária Brasileira)
Força Pública de São Paulo, 185
Forças Armadas: brasileiras, 11, 32-3, 52, 77, 83-4, 87, 90, 123, 152, 159, 166, 168, 204-5, 254, 304; Wehrmacht (Forças Armadas da Alemanha), 43
Forças Especiais do Exército (Estados Unidos), 237

forças militares: aéreas, 70, 88, 122, 152, 173, 223; navais, 122, 127, 152; terrestres, 45, 112, 115, 130
Ford (montadora), 235
Ford, Gerald, 249
Foreign Relations (relatórios americanos), 210
Forrestal (porta-aviões americano), 240
Fort Belvoir (Virgínia), 125, 286
Fort Leavenworth (Kansas), 136, 186-7, 288, 297, 299
Fort Monroe (Virgínia), 55
Fort Sill (Oklahoma), 55
Fort Benning (Geórgia), 55
Fortaleza (CE), 139, 149-50, 223; base aérea de, 69, 150, 223
França, 24, 28, 38, 53, 58-9, 65, 80, 149-50, 154, 187, 248, 250-1, 267, 269-70, 296-7, 317; costa da Bretanha e, 141; de Vichy, 80, 154
Franco, Francisco, 102
Freetown (Serra Leoa), 143
Freyre, Gilberto, 75
Friedrich Krupp (indústria bélica alemã), 264
Frota, Sylvio Coelho da, 247, 317
Fundo de Emergência (Estados Unidos), 67
fuzis, 29, 71, 192, 275

G-2 Division (serviço de inteligência militar americano), 125, 209, 266-7, 273, 275, 284, 292, 306
Gama, Domício da, 35
gasolina, 70, 84, 128, 151
Gaspari, Elio, 244, 313, 315-7
Gates, Robert, 254
Geisel, Ernesto, 245-51, 313, 316-8
Geisel, Orlando, 246-7
General Motors, 235
General W. A. Mann (navio americano) *ver* USS *General W. A. Mann* (navio de transporte de tropas)
Georgetown (Guiana), 141-2
Gerow, Leonard, 89

331

Gettysburg, Batalha de (Estados Unidos, 1863), 49
Gleason, Everett, 27, 263-4, 275
Globo, O (jornal), 195, 314
Góes Monteiro, Pedro Aurélio, 21, 24, 36, 43-4, 47, 50, 54-5, 58, 62-4, 66, 70, 77, 79, 81, 84, 90-1, 99, 103, 110, 114-6, 125, 128, 136, 155, 164, 180, 207, 218-20, 239, 260, 263, 266-9, 273-5, 278-9, 283-4, 286, 288, 291, 308, 312
Golden Gate (San Francisco), 49
Golfo Pérsico, países do, 247
golpe militar de 1964, 238, 240, 243, 246
Gomes, Eduardo, 112, 120, 218, 224, 284, 294
Gomes, Ivano, 174
Gordon, Lincoln, 238, 240-1, 314
Goulart, João, 237-40, 243, 247
governos civis de centro no Brasil, 25
Grã-Bretanha, 66, 70, 72, 78, 88-9, 127, 131, 174, 187, 203, 267, 269-70, 277, 280, 317; almirantado britânico e, 57; colônias da, 38; cônsul britânico no Brasil, 130; forças da, 69, 89, 117, 142, 270, 294; Império Britânico e, 72; *ver também* Inglaterra
Grande Depressão (Estados Unidos, 1929), 23
Grande Guerra *ver* Primeira Guerra Mundial
Grécia, 38
Groenlândia, 72
Guanabara, baía de, 111, 137, 139, 187, 236
Guaratinguetá (SP), 180
Guarda Nacional dos Estados Unidos, 78, 288
Guerra Civil Espanhola (1936-9), 42, 51, 153
Guerra de Secessão (Estados Unidos, 1861--5), 22
Guerra Fria, 10, 201, 222, 248, 288, 309
"guerra não convencional", 237
guerrilha, guerra de, 238
Guiana Francesa, 154, 252, 278
Guiana Holandesa (Suriname), 264
Guiana Inglesa, 72
Guiné-Bissau, 248

Hamburgo (Alemanha), 146
Hammarem (navio sueco), 149
Hasslocher, Paulo Germano, 61, 272
Hatteras, cabo (Carolina do Norte), 121
Havana (Cuba), 65, 81, 96, 132
Hemisfério Norte, 251
Hertford, Kenner, 177-8, 280, 297
Hilton, Stanley, 218-9, 260, 263, 265, 288-9, 308, 311-2
Hitler, Adolf, 50, 61, 117, 134, 138, 140-2, 144, 153-4, 194, 262, 265, 281, 284, 292
Holanda, 38, 59
Hollywood, filmes de, 20, 75-6, 201, 277
Homestead Act (Estados Unidos, 1862), 22
Hull, Cordell, 27, 49, 64, 167, 204, 208, 286, 290, 304, 310
Hull, John E., 177, 295, 297

Idade Média, 20
Ilhéus (Bahia), 149
imperialismo, 68, 232, 277, 301
Império Britânico, 72
Império do Brasil, 19, 261
Império do Japão, 214
imprensa: alemã, 67; americana, 66, 77, 217, 240; brasileira, 138, 162, 228, 250
Índia, 31; britânica, 194; teste nuclear na (1974), 248
Índias Orientais Holandesas, 145
Índico, oceano, 144
Indochina francesa, 38
indústria: bélica, 36, 48, 56, 79, 158, 230, 264; Brasil como potência industrial, 235; de tecnologia, 252; industrialização do Brasil, 11, 26, 60, 235, 248
Inglaterra, 53, 58, 60-1, 87, 126, 164, 248, 250-1, 267, 269; *ver também* Grã-Bretanha
Ingram, Jonas H., 122, 127, 139, 143, 151-2, 160, 205, 287, 289, 294, 304-5
integralismo/integralistas, 42, 45, 114, 130, 154, 172-3, 265, 292; camisas-verdes, 172
intelectuais, 20, 241, 244

Intentona Comunista (levante de novembro de 1935), 45
International Development Advisory Board [Conselho Consultivo para o Desenvolvimento Internacional — Estados Unidos], 229
Ipanema, praia de (Rio de Janeiro), 153
Irã, 79, 144; conferência de Teerã (1943), 200
Iraque, 247
Islândia, 72, 88-9, 280
Israel, 248
It's All True [*É tudo verdade*] (documentário), 276
Itagiba (navio brasileiro), 148
Itália, 10, 29, 38, 40, 42, 51, 53-4, 67, 78, 92, 97, 102, 110, 126, 136, 138, 140, 153, 175, 180-2, 184, 187-8, 190, 192, 195, 204, 210-3, 231, 239, 262, 267, 269, 296, 298, 300-2, 306-7; campanha da, 25, 30, 191, 300, 307; Leste africano atacado pela, 38; península da, 169; Tratado de Tríplice Aliança (1940) e, 67; *ver também* fascismo/fascistas
Itamaraty *ver* Ministério das Relações Exteriores (Brasil)
Itanhangá, Clube (Rio de Janeiro), 103

Jacyra (barcaça brasileira), 149
Jamaica, 72
Japão, 29, 38, 41, 51, 67, 97, 102, 105, 110, 115, 136, 140, 212-4, 248, 251, 275, 308; ataque do, a Pearl Harbor (1941), 32, 70, 91-2, 94, 96-7, 149, 186, 204, 261; Ataque Doolittle (1942), 145; embaixada do, no Chile, 97; Império do, 214; Tratado de Tríplice Aliança e (1940), 67
Jefferson, Thomas, 171, 296
Jockey Club (Rio de Janeiro), 62
Johnson, Lyndon, 239-41, 314
judeus, 165
Jungmann, Raul, 255
Junkers (aviões alemães), 139

Kals, Ernst, 141-2
Kansas (Estados Unidos), 186
Kennan, George F., 226, 310
Kennedy, John F., 237-8, 313
Kimberley, Allen, 62, 66
Kissinger, Henry, 242, 249, 314-6
Kitty Hawk (avião americano), 237
Knox, Frank, 21
Kubitscheck, Juscelino, 235-7

Lacerda, Carlos, 234, 312
Lacey, John M., 149
Langer, William, 27, 263-4, 275
Langley, base aérea de (Estados Unidos), 49, 268
Leahy, William D., 204, 304
Leal, Newton Estillac, 154, 232, 292
Leão Veloso, Pedro, 213
Leblon, praia do (Rio de Janeiro), 153
Lee, Raymond E., 115, 284
"Legião de Voluntários Latino-Americanos", 162
Lei de Defesa Nacional (Estados Unidos, 1920), 47
Leis de Neutralidade *ver* Neutrality Acts [Leis de Neutralidade, Estados Unidos, 1935-7]
Leitão da Cunha, Vasco, 211-2, 302, 307, 312
Leitão de Carvalho, Estevão, 62, 168-70, 266, 272, 275
Leme, praia do (Rio de Janeiro), 153, 314
Lend-Lease Act [Lei de Empréstimo-Arrendamento, Estados Unidos, 1941], 72, 77, 87, 213, 275, 277, 279
"*lend-lease*", sistema de (na URSS), 32
Letícia (Colômbia), 34
Líbia, 117, 145, 169
Lie, Trygve, 230
Liga das Nações, 165
Lilac (plano bélico dos Estados Unidos para o Brasil), 66, 91, 286
Lima (Peru), 96
Linha Gótica (defesa nazifascista), 187, 191
Londres (Inglaterra), 183, 262

333

Lorient, porto de (França), 141
Louisiana (Estados Unidos), 126, 161, 259, 265
Lovett, Robert A., 223, 309
Lula da Silva, Luiz Inácio, 208, 253, 255, 318
Lutfhansa (companhia aérea alemã), 68
Lyra Tavares, Aurélio de, 174

macarthismo, 233
MacArthur, Douglas, 117
Macedo Soares, José Eduardo de, 155
Maceió (AL), 139; base aérea de, 69
Machado, José Bina, 206, 305
Madeira, ilha da, 160, 167
Madrid (Espanha), 132
Magalhães, estreito de (Chile), 143
Maia, José Joaquim de, 171, 296
Manaus (AM), 150, 208
manganês, 51-2
Manhã, A (jornal), 159, 192, 300
manifestações/protestos no Brasil, 149, 153, 215-6, 230, 236
Manila (Filipinas), 145
Mantiqueira, Serra da, 180
Mar Vermelho, 146
Maranhão, 252, 254
"Maria Fumaça" (trem de Minas Gerais), 194-5
marines (fuzileiros navais americanos), 70
Marinha: alemã, 138, 141-3, 145, 289; americana, 21, 30, 40, 57, 97, 122, 127, 149-51, 236, 240, 255, 262, 265, 287; brasileira, 151-2, 205, 207, 303; britânica, 72
Marshall, George C., 13, 42-4, 46-53, 55, 67, 70, 72-3, 77, 79-81, 87-8, 93, 102, 104, 116, 123-5, 135-6, 163, 168-70, 176-8, 264-70, 275, 278-80, 282, 284, 286, 288, 292, 294-6, 298
Marshall, Katherine, 136
Martinica, 65-6
Martins, Carlos, 122, 179, 268, 273, 285
Martins, Jorge Dodsworth, 207
Mascarenhas de Morais, João Batista, 163-4,
179, 181-2, 184-8, 194-6, 210, 238, 294, 297-302, 306, 315
material bélico, 32, 34, 51, 54, 69, 81, 85, 90, 104, 108, 111, 123, 127, 129, 131, 161, 170, 206, 209, 238, 263, 269, 275, 284, 304-5
matérias-primas, 25, 51, 58, 129, 155, 200-1
Mato Grosso, 34, 66
Mats (Military Air Transport System) [Sistema de Transporte Aéreo Militar], 235
Mauser (fuzis), 71
Médici, Emílio Garrastazu, 243-7, 313-6
Mediterrâneo, 128, 169, 176
Meninos do Brasil, Os (filme), 27
Mesbla (loja de departamentos), 152
metralhadoras, 94, 138, 149, 173, 192, 275
México, 97, 116, 132, 204, 226, 306, 310
Meyer, Evaldo, 196, 301
Miami (Estados Unidos), 31, 121, 179, 274, 296-7
Milão (Itália), 211
militares: americanos, 29, 39, 73, 77, 82, 88, 114, 183, 196, 199, 204, 208, 223, 239-40, 243, 255; brasileiros, 29, 34, 53, 57, 70, 82, 85, 108, 122, 153, 166, 222, 227, 240-1, 245, 253, 263; *ver também* Forças Armadas
Military Appropriation Act (1940) [Lei de Dotação Militar dos Estados Unidos], 67
Military Review (jornal), 237
Miller, Lehman W., 50-2, 57, 63-4, 66, 71, 78-81, 84, 91, 114-6, 122-5, 136, 270, 274, 278, 283, 286
Minas Gerais, 22, 194-5, 243
Minas Gerais (encouraçado), 58
Ministério da Aeronáutica (Brasil), 68
Ministério da Viação e Obras Públicas (Brasil), 69, 274
Ministério das Relações Exteriores (Brasil), 12, 106, 140, 212, 218, 248, 250, 261, 269, 271, 285, 290, 309
Mirage (jatos franceses), 241
Miranda, Carmem, 75, 269, 276

Missão Abbink (1947-8), 229, 311
Missão Cooke (1942), 26, 228-9, 260, 311
Missão Naval Americana no Brasil (1922), 28, 35, 131, 266
mísseis, base de rastreamento de (Fernando de Noronha, PE), 235
missionários protestantes, 118
Moçambique, 248
monarquia portuguesa, 20
monazita (minério), 232
Mondale, Walter, 249
"Mongólia americana", temor brasileiro de se tornar uma, 71, 275
Monroe, James, 19; Doutrina (1823), 39
Monte Castello (Itália), 192-4, 210, 262, 300, 307
Montese (Itália), 191, 194, 301
Montevidéu (Uruguai), 180
Morrill Act (Estados Unidos, 1862), 22
Morrison, Samuel E., 200
morteiros, 71, 191
Moura, Gerson, 60, 271-2
muçulmanos, 165
mulheres, 194, 245
Müller, Filinto, 121, 123, 137, 277, 288
multilateralismo, 225
mundo pós-guerra, 196, 212, 225
Munique, Conferência de (Alemanha, 1938), 41
Mussolini, Benito, 58, 102, 134
Mutual Broadcasting System (Brasil-Estados Unidos), 171

nacionalismo/nacionalistas, 59, 68, 79, 114, 214, 216, 225, 233
Nações Unidas ver ONU (Organização das Nações Unidas)
Nápoles (Itália), 187
Natal (RN), 139, 150, 159, 165; americanos em, 159; base aérea de, 10-1, 50, 66, 69-70, 88-93, 114, 121, 128, 143, 146, 159, 173-4, 200, 204, 212, 223, 254, 292; cemitério do Alecrim, 255; Conferência de (1943), 156, 159, 162, 165, 168, 293; defesa aérea da região de, 90; levante de novembro de 1935 (Intentona Comunista) e, 45; *marines* em, 70
navios de guerra, 28, 40, 138, 201, 205
navios mercantes: aliados, 143; brasileiros, 122, 143, 146, 201; britânicos, 150
nazismo/nazistas, 29, 50, 59, 65, 68, 77, 80, 97, 118, 134, 174, 287; "ameaça nazista" na Argentina, 97, 119; Partido Nazista, 41, 98, 165
negociações militares, 74, 203-4
Nelson, Harold W., 301
Neutrality Acts [Leis de Neutralidade, Estados Unidos, 1935-7], 28-9, 51-2, 55
Neves da Fontoura, João, 228, 232, 234
New York Times, The (jornal), 36, 76, 244, 271, 277, 301, 305, 307, 315, 317
Niedenfuhr, Gunther, 84, 292
Nielson, Ariel W., 199
Nixon, Richard, 236, 241-2, 245, 314-6
"No limiar de uma nova era" (discurso de Getúlio Vargas, 1940), 58
Noite, A (jornal), 159, 266, 272, 275, 306
Nordeste do Brasil, 10, 25, 30-1, 38-9, 44, 47, 50-2, 69-70, 73-4, 77, 79-80, 83, 85, 87-94, 99, 102, 104, 111-4, 120-1, 124, 129, 132, 135, 141, 151-2, 163, 166, 172-3, 175, 183-5, 209, 224, 235, 237, 262, 266, 270, 276, 278, 280, 284, 290, 293-4, 303, 306; defesa do, 53, 112, 114; levante de novembro de 1935 (Intentona Comunista) no, 45; participação americana no, 83, 85; possibilidade de revolução instigada pelo Eixo no, 104; Saliente Nordestino no, 31, 38-9, 79, 93, 112; tropas americanas no, 30-1, 39, 78, 80, 102, 114, 132, 241
Normandia (França), 177, 267, 297
Norte do Brasil, 89, 154, 172
Noruega, 117, 284
Nova Escócia (Canadá), 73
Nova York (Estados Unidos), 13, 28, 67, 128,

198, 289, 290; Broadway, 46, 75; Wall Street, 233
Novo Mundo, 96, 100
Nuremberg, julgamentos de (Alemanha, 1945--6), 140, 144, 311

Obama, Barack, 255
Ociaa (Office of the Coordinator of Interamerican Affairs) [Escritório do Coordenador de Assuntos Interamericanos], 74-6
Ocidente, 10, 126, 247; Hemisfério Ocidental, 19, 72-4, 82, 88, 94, 98, 100, 127, 157, 163, 177, 200, 212, 223, 254, 276
OEA (Organização dos Estados Americanos), 230, 240
Office of Production Management [Departamento de Administração de Produção dos Estados Unidos], 72
Ohio (Estados Unidos), 255
Olds, Robert, 120, 128
oligarquias brasileiras, 23
ONU (Organização das Nações Unidas), 154, 157-8, 199, 210, 213-4, 230-1, 241, 252; Conselho de Segurança da, 213, 252, 307; resolução antissionista na Assembleia Geral da (1975), 248
OPA ("Operação Pan-Americana"), 236
OPD (Divisão de Operações do Estado-Maior Geral — Estados Unidos), 177-8, 209
Opec (Organização dos Países Exportadores de Petróleo), 248
"Operação Brasil" (ataque alemão a navios brasileiros, 1942), 119, 138-44, 262, 288-91; *Aníbal Benévolo* (navio brasileiro) e, 148; *Arabutan* (navio brasileiro) e, 121, 285; *Araraquara* (navio de luxo brasileiro) e, 147; *Baependi* (navio brasileiro) e, 137, 146-7, 153, 290; *Buarque* (navio mercante brasileiro) e, 119, 285, 290; *Cairú* (vapor brasileiro) e, 120, 122, 285, 290; *Itagiba* (navio brasileiro) e, 148; U-507 (submarino alemão) e, 138, 141-50, 289-91

"Operação Brother Sam" (força-tarefa naval americana, 1964), 238, 240
Operação Overlord (invasão da Normandia), 177, 297
"Operação Pan-Americana" *ver* OPA ("Operação Pan-Americana")
Operation Plans Division (Estados Unidos), 123
Oran (Argélia), 169
Ord, James G., 170, 173, 181, 199, 295-6, 299, 302
Oriente: Extremo, 31, 92-3, 161, 230-1, 297; Médio, 31, 92, 248, 306; Próximo, 176
OSS (Office of Strategic Services — Estados Unidos), 75, 134
ouro, 35, 65, 212

P-40 (avião americano), 120
PAA (Pan American Airways), 31, 67-8, 94, 224, 262, 274, 289
Pacífico, oceano, 57, 81, 92, 113, 122, 156, 213-4; guerra no, 212; Sul, 92
Palácio da Guanabara (Rio de Janeiro), 100-1, 103, 105, 134, 152, 216, 283
Palácio do Catete (Rio de Janeiro), 109, 120, 204
Palácio La Moneda (Santiago), 281
Palácio Rio Negro (Petrópolis, RJ), 162
Palácio Tiradentes (Rio de Janeiro), 103
Palmer, Bruce, 241
Pan American Airports Corporation (subsidiária da PAA), 67
Panair do Brasil, 31, 68-9, 94, 224, 274, 309
Panamá, 65, 81, 96, 251; canal do, 31, 38-9, 42, 136, 264; Zona do Canal do, 231, 304
pan-americanismo, 62, 110, 156-7; reunião pan-americana no Rio de Janeiro (1942), 98, 103
Panzer Mark IV (tanques alemães), 146
Pão de Açúcar (Rio de Janeiro), 152, 187
Pará, 66, 119, 130, 150, 213, 273, 285, 291; *ver também* Belém (PA)
Paraguai, 27, 34, 98, 151, 162, 235; Guerra do (1864-70), 58

Paraguai, rio, 35
Paraíba, 208
Paraná, 28, 40, 262, 276
pardos no Brasil, 22
Paris (França), 56, 132
Parnamirim, base aérea de *ver* Natal (RN)
Partido Comunista do Brasil (PCB) *ver* PCB (Partido Comunista do Brasil)
Partido Radical (Chile), 106
Passarinho, Jarbas, 244
Passo de Kasserine, batalha do (Tunísia, 1943), 169
Pato Donald (personagem), 75, 201
Paulo VI, papa, 244
PCB (Partido Comunista do Brasil), 215, 230
PDA (Programa de Desenvolvimento de Aeroportos), 67, 70, 262
Pearl Harbor, ataque japonês a (Havaí, 1941), 32, 70, 91-2, 94, 96-7, 149, 186, 204, 261
Pedro I, d., 27, 260
Pedro II, d., 24, 229
Pentágono (Estados Unidos), 183, 226
Pereira, Durval Lourenço, 12, 140, 144, 262, 288-9
Pernambuco, 142; *ver também* Recife (PE)
Perón, Juan, 119, 217, 228, 234, 311
peronismo na Argentina, 215
Peru, 34, 98, 107, 209, 225, 236, 278, 283
pesquisa espacial brasileira, 252
Petrobras, 233, 245
petroleiros, 116, 143, 240
petróleo, 44, 116-7, 122, 226-7, 232-3, 238, 247-8, 284, 310
Petrópolis (RJ), 68, 103, 162, 282; Conferência Interamericana em (1947), 217, 228
Pietro Calvi (submarino italiano), 141
pilotos, 84, 129, 199, 254, 303
Pinto, Francisco José, 68
Pires, Ary, 115
Pisa (Itália), 199, 303
Pistoia (Itália), 191
"pistolão" (uso da influência) no Brasil, 21
Plano Marshall, 236
Plaza de Armas (Santiago), 106

plebiscito no Brasil (1963), 238
Pó, vale do (Itália), 187, 191
polícia, 116, 121, 123, 137, 149, 184, 219-20, 242, 265, 277, 282, 286
política: americana, 35, 46, 64, 162, 168, 199, 212, 311; da boa vizinhança, 76, 96; externa brasileira, 29, 60, 62, 156-7, 235, 247, 251; internacional, 61; nacional americana, 20; nacional brasileira, 227
Polônia, 38, 53, 153
Pontes, Marcos, 253
populismo brasileiro, 239
porta-aviões, 65, 205, 240;
Porto Alegre (RS), 44, 46, 150, 172, 208, 272
Portugal, 27, 53, 93, 151, 158, 248, 274, 294, 317
português/língua portuguesa, 76; treinamentos em, nos fortes americanos, 55
Posadas (Misiones, Argentina), 118
"Pote de Ouro" (operação americana, 1940), 57, 270
pracinhas (soldados da FEB), 212, 307
Prata, vice-reinado do, 34
Presidential Unit Citation (menção honrosa americana), 199
Primeira Guerra Mundial, 28, 32, 40, 132, 146, 161, 166, 226, 261, 264, 288, 294, 300, 303
prisioneiros de guerra, 125, 303
professores brasileiros, 242-4
programa espacial brasileiro, 253-4
"Project X" (operação americana), 92
Prüfer, Kurt M., 60-1, 86, 271-2, 279
prussianização do exército chileno, 97
PSD (Partido Social Democrático), 216, 218
PTB (Partido Trabalhista Brasileiro), 216, 231

Quadros, Jânio, 238

rádio, 38, 42, 72, 75, 107, 111, 118, 138, 141-3, 147, 171, 235, 289; Mutual Broadcasting System (Brasil-Estados Unidos), 171; Berlim, 138
Raeder, Erich, 138, 144

Rainbow Plans (planos bélicos americanos), 56, 66, 91; Lilac (plano americano para o Brasil) e, 66, 91, 286
Reagan, Ronald, 200
rearmamento latino-americano, 23, 48
Rebello, José Silvestre, 19, 260
Recife (PE), 10, 127, 138-9, 142, 163, 205, 294; base aérea de, 46, 66, 69-70, 89, 91-2, 114, 128, 146, 173, 204, 212, 223; base naval no, 305; "Batalha do Recife" (1943), 175; porto de, 289
recursos naturais, 19, 25-6, 38
rede de energia elétrica do Brasil, 234
refinarias atacadas pelos alemães, 140
reforma agrária, 239
Reforma Protestante, 20
Reich *ver* Alemanha
Reino Unido, 72, 160; *ver também* Grã-Bretanha; Inglaterra; Londres
Reis, Lauro Mourinho dos, 147
Renascença, 20
Reno, vale do, 189
República Dominicana, 240-1
republicanos (Estados Unidos), 23
Resende (RJ), 179-80
reservistas, 83, 86, 93, 161, 172, 184, 299
Reston, James, 76, 277
Reunião do Rio (reunião pan-americana de 1942), 98, 107, 111, 115-7, 119, 128, 174, 284
Riachuelo, batalha naval do (1865), 58
Ribbentrop, Joachim von, 86-7, 279
Ridgway, Matthew B., 46, 78, 80, 132, 267, 277
Rio de Janeiro (RJ), 195, 242, 247; III Reunião de Consulta dos Ministros das Relações Exteriores das Repúblicas Americanas no (1942), 98, 110; aeroporto Santos Dumont no, 99, 111, 139; Barra da Tijuca no, 103; blecaute total no (1942), 153; cariocas e, 146; comissão militar mista em, 135; doca do, 44; igreja da Candelária no, 242; Jockey Club do, 62; Palácio do Catete no, 109, 120, 204; Palácio Tiradentes no, 103; Reunião do (1942), 98, 103, 107, 111, 115-7, 119, 128, 174, 284; Vila Militar no, 172-3, 180, 182-3, 198; Zé Carioca (personagem) e, 13, 75, 201
Rio de Janeiro (estado), 22, 25, 66, 179-80, 285
Rio Grande do Norte, 150, 252, 289; *ver também* Natal (RN)
Rio Grande do Sul, 22-3, 40, 46, 162, 171, 217, 221, 238, 244, 265-6, 272, 276, 278, 295
Ritter, Karl, 42, 140-1, 265, 295
RKO (estúdio cinematográfico americano), 75
Rockefeller, Nelson A., 74-6, 229-30, 276
Rodrigues Alves, José de Paula, 119, 285
Rodríguez, Manuel A., 34
Roma (Itália), 110, 212, 300, 302
Romênia, 38
Rommel, Erwin, 79, 117, 126, 145, 169, 290
Rondon, Cândido, 24
Roosevelt, Franklin D., 13, 23-4, 30, 35, 37-9, 42, 48-9, 57-8, 61-2, 65-7, 70-2, 74-5, 78, 80-1, 86, 88, 92, 96, 99-100, 102, 104-5, 107-8, 111, 119-20, 126, 128, 139, 144, 155-62, 165, 167, 200, 208, 223-4, 264, 266, 270-2, 279-80, 282-3, 285-7, 290, 292-4, 303, 309
Roosevelt, rio (Amazônia), 24
Roosevelt, Theodore, 24, 260
Rossetti, Gabriel, 97
Rossetti, Juan Bautista, 105
Rousseff, Dilma, 254-5
Rower, Jürgen, 141, 289
Ruiz Guiñazú, Enrique, 100-3, 105, 107, 282
Rússia, 31, 89, 93, 144, 160, 177, 250, 254, 269; base da, no Cazaquistão, 254; frente da, 127, 191; governo da, 253

sabotagem, 70, 318
Sadlier, Darlene, 13, 74, 276-7
Saicã, campo de instrução em (RS), 162
Salazar, António de Oliveira, 160, 294
Salgado Filho, Joaquim P., 178, 274

Salvador (BA), 75, 130, 138-9, 146, 148-9; base aérea de, 69; porto de, 143, 148, 289
Santa Bárbara (Califórnia), 140
Santa Catarina, estado de, 28, 40-1, 276
Santa Helena, ilha de, 143
Santa Lúcia (Caribe), 72
Santiago (Chile), 97, 106, 281; embaixada japonesa em, 97; Plaza de Armas, 106
Santos Dumont, aeroporto (Rio de Janeiro), 99, 111, 139
Santos Dumont, Alberto, 237
São Francisco (Califórnia), 46, 49, 213, 298, 303, 307
São João del Rei (MG), 195
São Luís (MA), 139
São Paulo (SP), 39, 150, 158, 163, 242, 247
São Paulo (estado), 22-3, 33, 56, 220; Força Pública de, 185; guerra civil em (1932), 33, 56, 220
São Roque, cabo de (RN), 64, 143
Sardenha (Itália), 169
Schacht, Harro, 141-50, 289
Schneider, Ronald, 233, 259, 312, 315-6
Seatrain Texas (navio mercante), 146, 290
segregação racial nos Estados Unidos, 22
Segunda Guerra Mundial, 10-1, 13, 25, 30-1, 56, 187, 198, 201-3, 212, 228, 231, 252, 261-2, 266, 271-2, 275-6, 285, 289-90, 292, 296, 301, 303-5, 311; "estado de guerra" no Brasil durante a, 151-3, 212, 214, 291; neutralidade da Argentina, durante a 119; neutralidade brasileira e temores americanos durante a, 38; opinião pública brasileira sobre a, 76, 119, 130, 155; perdas brasileiras na, 201
segurança nacional do Brasil, 33, 36
Selective Service Act (Estados Unidos, 1941), 93-4
semanas, 53
Senna Campos, Aguinaldo José, 196, 298, 301
Sergipe, 143, 290
Sertões, Os (Cunha), 74
Shaw, Paul Vanorden, 116, 284

Sherman (tanques), 142, 146, 270
Sibert, Edwin L., 124, 270, 272-3, 275, 286, 299
Sicília (Itália), 169, 267
Silveira, Azeredo da, 249, 317
Simmons, John F., 151, 280, 291
Sims, Harold, 173-4, 296
Sindicato dos Jornalistas (Rio de Janeiro), 218
Siqueira Campos (navio brasileiro), 174
Sistema de Observação Militar (Estados Unidos), 124
SNI (Serviço Nacional de Informações — Brasil), 243-4, 247
soberania nacional, 25, 63, 119, 225
Sociedade Brasileira para o Progresso da Ciência, 253
Sodré, Nelson Werneck, 137-8, 262, 288
Sousa Costa, Artur de, 117, 128, 284-5
Soyuz (nave espacial russa), 253
"Special Strategic Study of Brazil" (1939) [Estudo Estratégico Especial do Brasil], 39-40
Sputnik (satélite russo), 236
Stack, Harold S., 73
Stettinius, Edward R., 183, 299, 304
Steuben (fabricante americana de vidro artístico), 237
Stimson, Henry L., 67, 88, 128, 181, 296, 309
submarinos: alemães (U-boots), 12, 72, 119, 137-8, 141, 143-4, 166, 262; Comando de (Alemanha), 142-4, 146, 289; do Eixo, 25, 31, 93, 115-6, 119, 200; italianos, 138, 141; japoneses, 140; U-155 (alemão), 121; U-507 (alemão), 138, 141-50, 289-91
Sudeste do Brasil, 46, 93
Suez, canal de (Egito), 145-6
Sul do Brasil, 46, 66, 118, 167
Supremo Tribunal Federal (Brasil), 242-3
Suriname (Guiana Holandesa), 264

Talleyrand, Charles-Maurice de, 61
tanques, 70-1, 99, 102, 105, 120, 128, 130, 142, 146, 173, 176, 220, 245, 289-90

Tchecoslováquia, 41, 153
Teerã, conferência de (Irã, 1943), 200
tenentismo (Brasil, anos 1920), 154, 292
Terceira Guerra Mundial, hipótese de, 231-2
Terme di Poretta (Itália), 191
Terra Nova (Canadá), 72-3, 275, 292
Terras do sem-fim (Amado), 75
"Terror in Brazil" (dossiê de acadêmicos americanos), 244
Texas (Estados Unidos), 161
Time (revista), 179
TNT (dinamite), 146, 150
Tobruk (Líbia), 117, 145
Tóquio (Japão), 110, 145
Torracia, monte (Itália), 191
tortura durante a ditadura militar brasileira, 243-4, 247, 251, 316
"Torture in Brazil" (artigo de Della Cava), 244, 315
Toulon (França), 169
trabalhadores, 130, 215, 219, 253
tráfego marítimo, 141-2
tráfico de africanos escravizados, 22
Tratado de Tríplice Aliança (Alemanha, Itália e Japão, 1940), 67
Tratado Interamericano de Assistência Recíproca (Tratado do Rio, 1947), 228-30, 312
Três Rios (RJ), 182
Trindade e Tobago (Caribe), 72-3, 137, 141, 156, 290
Trípoli (Líbia), 169
Truman, Harry S., 200, 207-8, 213-4, 216, 226, 228-30, 262, 280, 303, 305-8, 310-2
Tunísia, 169
turismo: de guerra, 164; "espacial", 253
Tyson, Brady, 244, 315

U-155 (submarino alemão), 121
U-507 (submarino alemão), 138, 141-50, 289-91
UDN (União Democrática Nacional), 218

União Soviética, 31, 79, 89, 144, 196, 203, 222, 226, 230, 236, 248; colapso da, 254
Universidade Columbia, 116
Universidade de Brasília, 243, 248
Universidade de São Paulo, 30, 116
Universidade Federal de Minas Gerais, 243
Universidade Johns Hopkins, 158
universidades públicas (Brasil-Estados Unidos), 22
urânio brasileiro, 232, 248-9
Urca (Rio de Janeiro), 152
Uruguai, 23, 162, 180, 235-6, 245, 278; populações alemã e italiana no, 42
Uruguai, rio, 118
Uruguaiana (RS), 217
USAFSA (Army Forces South Atlantic) [Forças do Exército dos Estados Unidos no Atlântico Sul], 163, 287, 298, 303-4
USS *General W. A. Mann* (navio de transporte de tropas), 187, 300
USS *Humboldt* (cruzador), 149, 160-1
USS *Nashville* (cruzador), 42, 46, 49
USS *Somers* (destróier), 149

Valença (RJ), 182
Vancouver, Quartel de (Washington), 136, 288
Vargas, Benjamin, 220, 277, 282
Vargas, Getúlio, 10, 13, 23-4, 27, 30, 34, 36-7, 41, 44, 47, 53-5, 57-8, 60-4, 66, 68, 70-1, 74-5, 77-8, 80-1, 84-92, 94-5, 97-105, 107-11, 117-8, 120-2, 126-8, 134, 137, 139-40, 150-2, 154-62, 164-5, 167, 169-70, 175, 177, 179-81, 185, 187, 199-201, 204-5, 208, 210, 213-21, 224, 227, 229-34, 238; acidente de automóvel de (1942), 134, 140, 158; acordo político-militar (Brasil-Estados Unidos, 1952) e, 232; Conferência de Natal (RN, 1943) e, 156; destituição de (1945), 215, 217, 220, 227, 229; "estado de guerra" no Brasil e, 151-3, 212, 214, 291; governo, 36, 41-2, 51, 65, 68, 76, 93, 98, 109, 115, 134, 165, 168,

174-5, 199, 213, 224, 231, 292, 311-2; neutralidade brasileira e temores americanos e, 38; retorno de, à presidência (1950), 229; *ver também* Estado Novo (1937-45); "No limiar de uma nova era" (discurso de Getúlio Vargas, 1940)
Vargas, Lutero, 185
Venezuela, 73, 97, 116, 226, 236, 265
Veracruz, ocupação americana do porto de (México, 1914), 122
Vickers-Armstrongs (companhia britânica), 207
Vietnã, Guerra do (1955-75), 10, 201, 241, 314
Vila Militar (Rio de Janeiro), 172-3, 180, 182-3, 198
Virgínia (Estados Unidos), 13, 125, 271
Vitória (ES), 139, 149
Volkswagen, 235
Volta Redonda, siderúrgica de (RJ), 25-6, 117, 202, 284
VP-83 (esquadrão americano), 149

Waack, William, 190, 300
Wall Street (Nova York), 233
Walsh, Robert L., 132, 160, 163-4, 223, 285, 294, 309
Walters, Vernon, 186, 195-6, 238, 267, 289, 301-2
Washington, DC, 27, 34, 37-9, 43, 53, 56, 58, 61, 63-4, 66-7, 72-3, 77-8, 80-1, 99, 107, 111, 115-7, 120-1, 127-32, 135-6, 162, 168-9, 171, 173, 178-9, 206-10, 224-5, 228, 230-1, 236-7, 240, 243, 250, 254-5, 262, 270, 272-3, 275, 278, 291, 296, 311; comissão militar mista em, 135
Washington Post, The (jornal), 244, 315
Weckerling, John, 225, 310
Wehrmacht (Forças Armadas da Alemanha), 43
Welles, Orson, 75, 276
Welles, Sumner, 27, 43, 80, 88, 93, 99, 112, 124, 128, 264, 267-9, 272, 279, 281-3, 285
West Point (Academia Militar dos Estados Unidos), 49, 79, 125, 132, 268, 271, 277, 297
White, Thomas D., 66, 123, 135, 274, 286
Wolfe, Joel, 23, 260, 308
Wooten, Ralph H., 185, 224, 299, 303-4, 309
WPD (War Plans Division) [Divisão de Planos de Guerra], 41, 88, 93
Wright, irmãos, 237

Zé Carioca (personagem), 13, 75, 201
Zona do Canal do Panamá, 231, 304

ESTA OBRA FOI COMPOSTA PELO ESTÚDIO O.L.M./ FLAVIO PERALTA EM MINION
E IMPRESSA EM OFSETE PELA GRÁFICA PAYM SOBRE PAPEL PÓLEN NATURAL
DA SUZANO S.A. PARA A EDITORA SCHWARCZ EM MAIO DE 2025

A marca FSC® é a garantia de que a madeira utilizada na fabricação do papel deste livro provém de florestas que foram gerenciadas de maneira ambientalmente correta, socialmente justa e economicamente viável, além de outras fontes de origem controlada.